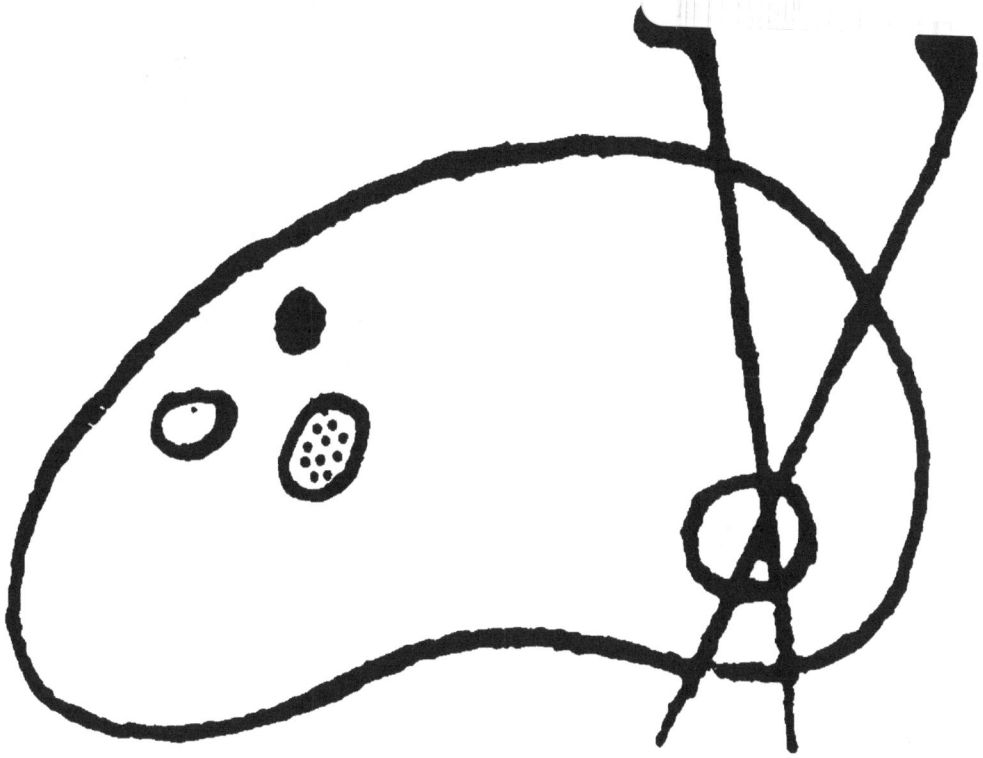

Début d'une série de documents
en couleur

L'ÉCOLE MODERNE

LA QUESTION DU FRANÇAIS
AU PAYS DES ÉCOLIERS — AU PAYS DES ÉTUDIANTS
L'INSTRUCTION POPULAIRE — QUELQUES MAITRES
PÉDAGOGIE FÉMININE — LA BIENFAISANCE SCOLAIRE
VARIÉTÉS SCOLAIRES

PAR

ÉDOUARD PETIT

AVEC UNE PRÉFACE DE

EUGENE MANUEL.

PARIS

LIBRAIRIE CLASSIQUE PAUL DELAPLANE

48, RUE MONSIEUR-LE-PRINCE

Lexique de philosophie, par Alexis BERTRAND, professeur de philosophie à la Faculté des lettres de Lyon. 1 vol. in-8 écu, broché............................ **3 50**
— Relié, toile souple, fers spéciaux................. **4 25**

Cours de composition française (La méthode ; les genres), par Ed. CHANAL, agrégé des lettres, inspecteur d'académie. 1 vol. in-12, broché................... **2 75**

Cours de pédagogie théorique et pratique, par Gabriel COMPAYRÉ. 1 vol. in-12, broché......... ..... **3 50**
— Relié, toile souple............................ **4 »**

L'instruction civique (Cours complet, suivi de Notions d'économie politique), par le même. 1 vol. in-12, br.... **3 »**
— Relié, toile souple............................ **3 50**

Psychologie appliquée à l'éducation, par le même.
PREMIÈRE PARTIE : Notions théoriques. 1 vol. in-12, br.. **3 »**
— Relié, toile souple............................ **3 50**
DEUXIÈME PARTIE : Application. 1 vol. in-12, broché.... **2 »**
— Relié, toile souple............................ **2 50**

Histoire de la pédagogie, par le même. 1 vol. in-12, broché... **3 50**
— Relié, toile souple............................ **4 »**

Cours de morale théorique et pratique, par le même. 1 vol. in-12, broché........................ . **3 »**
— Relié, toile souple............................ **3 50**

Organisation pédagogique et législation des écoles primaires (Pédagogie pratique et administration scolaire), par le même. 1 vol. in-12, broché..... **3 50**
— Relié, toile souple............................ **4 »**

Histoire de la littérature française, par René DOUMIC, professeur agrégé des lettres au collège Stanislas. 1 fort vol. in-12, broché........ .... **3 50**
— Relié, toile souple............................ **4 »**

Cours supérieur de grammaire et de langue française, a l'usage des candidats aux brevets de capacité, par E. LAPORTE, inspecteur primaire, et C. RAGUET, agrégé de grammaire.
— Partie de l'élève : 1 très fort vol. in-12, relié, toile souple...................................... **2 80**
— Partie du maître : 1 vol. in-12, contenant le corrigé des exercices grammaticaux...................... **1 75**

Algèbre et trigonométrie appliquées, par A. REBIÈRE, professeur agrégé de mathématiques au lycée Saint-Louis et à l'École normale supérieure de Saint-Cloud. 1 fort vol. in-8, relié, toile souple............ **3 50**

Nouveau guide du brevet élémentaire, par A. VAILLANT, directeur d'École normale. 1 vol. in-8 carré, broché.................................... .... **1 50**

Nouveau guide du brevet supérieur, par le même. 1 vol. in-8 carré, broché.... .... **1 50**

Nouveau guide du certificat d'aptitude pédagogique, par le même. 1 vol. in-8 carré, broché.... **2 »**

9836-91. — Corbeil. Imprimerie Crété.

Fin d'une série de documents
en couleur

L'ÉCOLE MODERNE

OUVRAGES DU MÊME AUTEUR

FRANCIS GARNIER, 1 vol. in-18, d'après sa correspondance inédite. (Maurice Dreyfous, éditeur.)

ANDRÉ DORIA, 1 vol. in-8º (Un Amiral condottiere au XVIᵉ siècle), d'après des documents inédits. (Maison Quantin.)

FRANÇOIS MIGNET, 1 vol. in-18, d'après sa correspondance inédite. (Perrin et Cⁱᵉ, éditeurs.)

ALENTOUR DE L'ÉCOLE, 1 vol. in-18, avec préface de M. Jules Simon, de l'Académie française. (Maurice Dreyfous, éditeur.)

9836-91. — CORBEIL. Imprimerie CRÉTÉ.

L'ÉCOLE MODERNE

LA QUESTION DU FRANÇAIS

AU PAYS DES ÉCOLIERS — AU PAYS DES ÉTUDIANTS

L'INSTRUCTION POPULAIRE — QUELQUES MAITRES

PÉDAGOGIE FÉMININE — LA BIENFAISANCE SCOLAIRE

VARIÉTÉS SCOLAIRES

PAR

ÉDOUARD PETIT

AVEC UNE PRÉFACE DE

EUGÈNE MANUEL

PARIS

LIBRAIRIE CLASSIQUE PAUL DELAPLANE

48, RUE MONSIEUR-LE-PRINCE

—

1892

MON CHER PETIT,

Vous m'avez demandé, — et je vous ai promis en un jour de distraction amicale et de vieille sympathie, — d'écrire une préface pour le nouveau livre que vous prépariez. Il faut que je vous cause un gros mécompte. Je viens d'achever ici la lecture des bonnes feuilles de ce livre, *L'École moderne*, et je l'ai trouvé (je m'y attendais bien un peu) si plein de choses, que la tâche m'a vite effrayé. Pour juger tant de questions que vous abordez d'une plume si abondante et si fougueuse, pour parler, même sommairement, après vous, de tant de sujets sur lesquels l'attention publique est éveillée, et qui sont les problèmes scolaires les plus complexes d'aujourd'hui et de demain, j'aurais besoin de réflexion, de temps, de recherches. Reprendre une à une les principales de ces questions, approuver ou critiquer, encourager ou troubler un auteur, exprimer des espéran-

ces, des doutes, des craintes, stimuler ou refréner, faire des distinctions et des réserves, au
lieu de me livrer à l'attrait de tant de pages excellentes, je n'en ai ni le loisir, ni le désir. Ce
ne serait pas un mince travail, et vous aimez
trop mon repos, dont vous savez que j'ai grand
besoin, pour solliciter de moi une tâche au-
dessus de mes forces. Il y faudrait presque un
autre livre, parallèle au vôtre, et vous ne l'exi-
gerez point. Je vous ai lu, j'ai pris une sérieuse
connaissance de ces quatre cents pages, dont
pas une n'est sans valeur et sans intérêt : et
quand je vous aurai dit, en quelques lignes, ce
que j'en pense, ne me tiendrez-vous pas quitte
d'un plus long effort ?

Je ne saurais, d'ailleurs, me dérober absolument : vous me nommez, vous me citez à plusieurs reprises, et j'use de mon droit de réponse.
Il est vrai que c'est pour vous remercier : car
vous m'avez comblé, ce qui est votre habitude ;
et il faut que je prenne mon parti sur vos louanges, comme vous vous résignerez aux miennes.
L'échange est si sincère, qu'il ne nous gêne ni
l'un ni l'autre.

Quand je dis que je vous ai lu, il serait plus
exact de dire relu. Nombre de ces pages m'a-
vaient frappé dans le journal ou les journaux qui

goûtent votre talent.- Universitaire, vous avez inauguré un genre de critique assez nouveau, et donné droit de cité à l'article pédagogique et scolaire, dont on s'effrayait jusqu'alors. C'est là une grande originalité, mais qui n'est pas sans péril. Et puisque vous me demandez de vous parler à cœur ouvert, laissez-moi, dès à présent, vous faire ma première, je devrais dire ma seule critique sérieuse : et qui sait si vous ne la prendrez pas pour un éloge ? Car enfin vous n'avez pas voulu écrire un livre d'une haleine, ni composer, à tête accoudée, une œuvre d'ensemble ? Ce sont des articles de journaux, non pas même de Revues, mais de journaux quotidiens, de journaux à bon marché, faits pour toutes les bourses et pour toutes les intelligences. Permettez-moi de rendre exactement ma pensée : en ce temps de photographie, ne puis-je pas appeler vos articles, d'un mot à la mode, des *instantanés ?* Un accident scolaire se produit, une vérité s'éveille, une réforme s'annonce, un groupement de faits frappe votre attention, une idée commence son tour de presse, une œuvre utile est créée, une enquête vous tente, une visite vous attire, un danger menace dans l'ordre de vos études, un abus vous est dénoncé, un ridicule se dessine : — vite, vous braquez votre objectif, — d'une sensibilité inouïe et qui vous est propre. La lumière était-elle, à ce moment, trop vive ou insuffisante? une ombre malavisée a-t-elle troublé la plaque de verre? la pose était-elle bonne ou non? le groupe s'accommodait-il à l'opération? Le jugement a-t-il bougé? n'importe! il faut opérer : l'article est fixé. Il est livré. Pour la première fois, peut-être, un très habile et très hardi photographe s'attaque, en artiste, à toute une catégorie de sujets, de tableaux, de types que le public ne connaissait guère jusqu'ici que par de lentes et laborieuses manipulations, en groupes savamment disposés, pour un effet voulu; ou plutôt qu'il était habitué à voir traités par le crayon ou le burin. Ici, c'est le triomphe des clichés rapides — et sans retouches.

L'inconvénient est visible, et vous ne vous l'êtes jamais dissimulé. Quelque don d'assimilation que vous ayez, de quelque impressionnabilité que soit pourvue votre intelligence, de fabrique vraiment moderne et selon les derniers progrès, il y a des matières qui comportent moins que d'autres ces promptes opérations; il y a des images qui se déforment, des perspectives qui se dérobent, des vues d'ensemble trop compréhensives pour entrer dans un cadre si restreint; il y a surtout des idées qui veulent la longue pose, l'intime entretien, la cohabitation réelle, l'union absolue et durable. Les plus beaux livres naissent de là.

Mais j'ai tort de vous adresser un reproche qui ne serait légitime que si vous aviez eu la prétention de faire autre chose que ce que vous avez fait. Même vous laissez, j'en suis sûr, aux doctrinaires de l'Université, aux graves écrivains de cabinet, aux penseurs au mois ou à l'année, qui font et défont les systèmes, le soin d'élucider (pas toujours!) les questions de pédagogie sociale que remue la fin de ce siècle. Vous vous proposez, je suppose, un tout autre objet: vous songez à d'autres lecteurs ; et si vous abordez tout, vous ne vous piquez pas de tout résoudre.

Pourtant, ne tranchez-vous pas quelquefois un peu trop ? Ainsi, par exemple, sur cette question des *Humanités modernes*, pour lesquelles (et je tiens à m'en prévaloir, loin de le regretter) j'ai lutté moi-même bien avant d'autres, ne poussez-vous pas les choses à l'extrême ? Voulant trop vite tout avoir, ne risquez-vous pas de tout compromettre ? Où vous avez pleinement raison, c'est quand vous accusez notre système scolaire d'être trop uniforme, de s'en tenir trop

volontiers aux mêmes types, au lieu d'essayer
ou, tout au moins, d'encourager les tentatives
variées sur des patrons nouveaux. Encore,
est-il bien démontré que l'État doive lui-même
faire ces essais? N'est-ce pas précisément le
propre de l'initiative privée? N'avons-nous pas
été, dans les trois ordres d'enseignement, aujour-
d'hui que l'*Enseignement moderne* est organisé,
aussi loin qu'il était prudent d'aller?

Quoi qu'il en soit, je prends votre volume tel
qu'il est, et, sans lui demander l'impossible, j'en
aime et j'en admire les qualités incontestables.
Votre appareil a si bien travaillé (ma méta-
phore s'obstine!) que vous avez su réunir une
riche, ingénieuse et frappante collection de vues,
de portraits, de groupes, digne d'être précieu-
sement conservée et consultée pour l'histoire de
l'*École* vers 1891. Que vous ayez parfois le
ton un peu vif et l'allure militante; que vous
ayez des sévérités cruelles ou des indulgences
trop tendres; que, sur certaines matières et
certaines mesures officielles, vous décidiez et
condamniez un peu vite, sans avoir pu toujours
connaître ni le travail préparatoire, ni les discussions magistrales, ni les résistances, ni les
concessions, ni enfin tout ce qui constitue, en
somme, le labeur et l'honneur des Conseils déli-

bérants, — lorsqu'ils veulent aboutir; que vos plaisanteries, vos ironies, vos colères, vos respects, vos appréhensions, vos piqûres et vos caresses ne s'accordent pas toujours rigoureusement ensemble; que vous ayez des marches en avant, qui inquiètent, et des reculs inattendus, qui étonnent; que vous ayez tour à tour la témérité et la défiance de vos rêves : rien de tout cela ne me surprend; vous êtes journaliste dans l'âme, et vous voulez l'être; et vous ne le seriez pas au même degré, dans la même perfection professionnelle, sans cette nervosité particulière, qui est le tempérament exigé, la marque indéniable.

C'est là ce que je veux louer sans restriction : cet esprit toujours en éveil, cet œil toujours ouvert, cette arme toujours prête, ce cœur toujours vaillant pour le bon combat. Et quelle verve! quelle ardeur infatigable dans la lutte! quel goût d'apostolat! quelle passion du mieux! quel enthousiasme, qui « pindarise » au besoin! — le mot est de vous. Quelle chaleur enfin et quel rayonnement, — à donner des coups de soleil! On est du Midi, ou on ne l'est pas.

Voilà des qualités qui ne sont pas communes : mais je les apprécierais moins, si elles n'étaient

pas au service de votre honnêteté, de votre désin-
téressement, de votre bonté d'âme. Vous vous
prenez d'affection profonde pour les pauvres
travailleurs, les écoliers et les étudiants laborieux, les femmes, les jeunes filles en quête d'un
gagne-pain, les victimes du livre et du diplôme,
ceux que vous appelez, dans une de vos pages
les plus éloquentes, « les candidats de la faim ».
Vous n'avez qu'une pensée, éclairer l'opinion,
préparer les solutions les plus généreuses,
servir cette saine démocratie qui « coule à pleins
bords » dans votre livre. Voilà comme j'entends qu'on use du papier, de l'encre, du journal, pour faire rougir les forbans de la presse,
ou les pornographes sans vergogne !

Le résultat, c'est que vous êtes arrivé presque
à l'unité du livre, par l'unité de l'intention et
de la conviction. Ces articles détachés, nés, au
jour le jour, d'une inspiration successivement
sollicitée par des objets si divers, se sont groupés, d'une façon aisée et naturelle, sous des
titres et des sous-titres, qui donnent, quand on
a tout lu, l'illusion d'un ouvrage médité à loisir
et conçu d'ensemble. Ces pièces rapportées font
un tout. Oh ! la belle et intéressante table des
matières ! Et comme elle attire le lecteur à chacune de ses parties ! C'est d'abord *la Question*

du français (à tout seigneur, tout honneur); puis, nous sommes au *Pays des écoliers*, au *Pays des étudiants;* nous voici en pleine *Instruction populaire*, et ce ne sont pas les sujets qui manquent! Voici *la Pédagogie féminine*, agréable et délicate matière, où tout n'est pas dit encore, même après Gréard; vous nous donnez ensuite les portraits de *Quelques maîtres*, *la Bienfaisance scolaire*, et vos *Variétés scolaires*, où maintes questions aboutissent, où l'esprit même du volume est résumé. Ce sont huit *séries* toutes trouvées, où se rangent les sujets particuliers, avec une sorte de logique intime; et pas un ne trompe notre curiosité. Quand on a écrit des pages comme *l'Association des étudiants*, *Universités et Facultés*, *les Étudiants et les ouvriers*, *A quoi rêvent les jeunes filles* (il s'agit, ô Musset, du brevet), *le Professeur libre*, *la Paupériculture scolaire*, *les Invalides de l'enseignement*, *la Société maternelle*, et tant d'autres morceaux qui, pour la pensée, le sentiment, la forme et la couleur, sont de premier ordre, on est vraiment un maître journaliste, — et plus encore!

Je vous ai averti que je n'irais pas avec vous tout au fond des choses. Vous prêchez, comme dit l'autre, un peu trop pour vos saints. Vos jugements absolus et votre jeune assurance effraient un peu ceux de mon âge, qui ont aussi beaucoup rêvé, beaucoup demandé, beaucoup prophétisé, et qui ont vu se succéder, non sans quelques mécomptes, tant de constructions projetées en l'art d'enseigner les jeunes générations ! Mais si vous affirmez parfois ce qui reste douteux, si vous tranchez trop tôt ce qui est encore discutable, vous avez l'esprit trop ouvert et, en définitive, trop juste pour ne point excuser les préoccupations de ceux qui sont responsables devant le pays de toutes les tentatives précipitées et de toutes les décisions sans appel.

Vous-même l'avez dit sagement : « On se calme ! » et vous vous calmerez à votre tour. Mais gardez toujours dans un des replis de votre sagesse de demain un peu de votre belle folie d'aujourd'hui ! A côté de votre raison déjà fortifiée par les années et l'expérience, gardez la foi qui sauve en toutes choses, et qui réserve l'avenir ; parmi toutes ces lignes droites qui vont vers les vérités incontestées, continuez à promener, en rêvant, ces lignes sinueuses et ondulées qui représentent l'imagination et la poésie !

Car ce qui me plaît surtout en vous, mon cher Petit, — et je finis par là, — c'est que vous êtes l'homme de tous les beaux sentiments et de toutes les nobles espérances : vous comptez sur la jeunesse toujours meilleure, sur les maîtres toujours plus zélés et plus attachés à leur devoir, sur les femmes toujours simples et toujours modestes, sur les réformes toujours justifiées et salutaires ; vous espérez en ces enseignements qui se transforment, en ces programmes qui se succèdent, en ces Universités qui s'édifient, en ces écoles qui se multiplient, en ces belles œuvres qui n'attendent que des souscripteurs ! Et pour donner force et crédit à toutes ces espérances, vous croyez en vous-même, ce qui est encore le moyen le plus sûr pour convaincre les autres. Vos articles ont fait ardemment leur tâche quotidienne : votre livre nous le rappelle, et vaut toute notre reconnaissance.

Si vous jugez que cette longue lettre puisse vous servir d'*Avant-propos*, je vous l'abandonne, — et je la signe de tout cœur

EUGÈNE MANUEL.

L'ÉCOLE MODERNE

LA QUESTION DU FRANÇAIS

ANCIENS ET MODERNES.

Il y a eu une question du latin. A sa façon, vivement, M. Raoul Frary l'a résolue. Solution simple, claire, terriblement radicale. A bas le grec! A bas le latin! En avant contre eux, au cri de guerre jadis poussé par les romantiques!

« Qui nous délivrera des Grecs et des Romains? »

Il va de soi que les Grecs et les Romains, maîtres chez nous des corps savants, du monde officiel, du mandarinat littéraire, aient résisté et ne se soient pas laissé mettre en fuite.

M. Raoul Frary était vraiment par trop révolutionnaire. D'un extrême il passait à l'autre. Partisan des Modernes, il se montrait trop farouche, trop dur vis-à-vis des Anciens. Il frappait trop fort pour frapper juste. Il devait être vaincu. Il le fut. Il l'est encore. Lycées et collèges sont toujours voués aux divinités classiques. Tout ce qui ne se réclame pas du Parthénon ou bien du Capitole est taxé de vulgarité, d'industrialisme, d'utilitarisme, d'américanisme, que sais-je encore?

* *

La question du latin morte et enterrée, toute vivante et frémissante se dresse, hérissée d'un gigan-

tesque point d'interrogation : la question du français...
en France. Car, c'est affaire entendue : de deux, de
trois siècles encore les idiomes gréco-latins ne disparaîtront pas des études. Pour la forme, pour conserver l'harmonie de la façade, la proportion des lignes,
on les laissera figurer à l'état de fioritures et d'arabesques au fronton de l'édifice scolaire. L'habitude, les
traditions, l'instinct d'imitation, de stabilité, l'amour
des choses reçues, toutes faites, le veulent ainsi. Cela
fait bien, c'est décoratif, à supposer que cela soit
parfaitement inutile. Mais enfin, l'œil aime à y
accrocher ses rayons visuels, même quand il est
incapable de distinguer le style et de démêler les
motifs de l'ornementation. Donc cela restera en place
jusqu'à ce que cela s'effrite et tombe en poussière...

Mais, à côté, tout près même, monte une construction solide, en fortes pierres de taille, où tout
est distribué, agencé, combiné pour le bien-être et la
commodité. Et il arrive ce qui doit arriver. Les nouvelles générations que l'éternelle contemplation d'artistiques dentelles ne nourrira pas, préfèrent se
loger dans l'habitation moderne, où le confort les
sollicite, plutôt que de piétiner tout grelottants de
faim et de froid à la porte des beaux monuments.
Ils vont là où ils se rendent compte qu'ils seront mis
à même de gagner leur vie. Ce qui signifie, sans
ambages, que, d'années en années, malgré tous les
arcs-boutants, toutes les poutres, tous les étais, la
décadence, l'inévitable ruine de l'ancien enseignement
se consomme — tandis que, dru et fort, grandit,
malgré toutes les embûches dirigées contre sa naissance, le nouvel enseignement, — de quelque dénomination qu'on l'affuble : français, spécial, moderne...

.

Il y a donc une question du français. On ne le saurait ni méconnaître, ni nier. Elle devient chaque jour

plus pressante. Elle s'impose impérieusement à nos
gouvernants. Elle ne peut plus longtemps attendre
qu'on se tourne vers elle. Il y a vingt-cinq ans, quelques familles lassées de faire souche de déclassés et
préoccupées d'assurer à leurs fils un avenir utile et à
eux-mêmes et à leurs semblables, se décidaient à les
diriger vers des études pratiques. Elles le firent en
tâtonnant, avec cette secrète défiance que font naître
dans l'esprit les nouveautés et les hardiesses : aujour-
d'hui la trouée est faite. Les hésitations sont tombées
— et debout sont les audaces, les viriles résolutions.
Par milliers, à l'heure actuelle, les pères et les mères
réclament pour leurs enfants, pour ces forces actives,
qui seront la nation productive, éprise du labeur et
du progrès, une part égale à l'héritage traditionnel !
Ils ne veulent pas qu'on les traite en inférieurs. Ils
entendent et ils attendent qu'on leur fasse place au
soleil, largement.

Il s'agit bien, comme les purs humanistes, comme
Albert Delpit, champion de l'hellénisme, de venir
dire : « Les plus grandes jouissances cérébrales viennent de la culture des lettres. Qui de nous ne se souvient avec ravissement de son Homère et de son Virgile ? » Les jouissances cérébrales, on ne les obtient
que si l'on a mangé, que si l'on s'est mis sous la
dent autre chose que des hexamètres et des disti-
ques. Chaque fois qu'on renouvelle le débat et qu'on
plaide la cause des Anciens, on croirait que l'on a en
vue seulement un peuple d'écrivains, d'orateurs,
de dilettantes. Mais, voyons : tout le monde ne peut
pas rythmer des vers, mettre des idées en prose.
Seule, une minorité, une élite aura le don, la vocation
que l'on rêve pour la collectivité. Il ne faut pas confondre une catégorie bien définie de sujets supérieurs
avec la société tout entière. Ce qui convient à nos
futurs historiens, à nos romanciers, à nos philosophes
de l'avenir, est nuisible à nos négociants, à nos fabricants, à nos colonisateurs. A force de cultiver la

Muse, d'équilibrer des périodes et de se confiner dans sa tour d'ivoire, on perd le sens du pratique, du réel ; on s'imagine que ses goûts personnels sont les aptitudes universelles ; on prend ses enthousiasmes, ses ravissements pour l'idéal commun à tous les hommes : et de là à imposer ce qui vous plaît à qui n'en a que faire, à qui en sera gêné, bridé, il n'y a que l'obstacle, vite franchi, d'un emballement...

Ce qui est vrai, ce qu'il ne faut pas perdre de vue, c'est que dans une société il y a des mondes et des mondes qui se côtoient sans se ressembler, — sans se pénétrer. Sans hiérarchie, sans inégalité, car un bon exportateur vaut, au point de vue social, un bon arrangeur de mots, — il y a mille et mille intérêts dont nul ne doit être dédaigné, sacrifié, rejeté.

C'est le siècle qui le veut ainsi. C'est la démocratie, c'est l'en-avant de la science qui en sont cause.

Jadis il y avait une aristocratie de riches désœuvrés qui avaient le temps de scander des spondées et des dactyles, tandis que la plèbe avait seulement le temps de peiner, de payer la taille et la gabelle, sans avoir celui de s'instruire. A l'heure actuelle, toute la démocratie est conviée aux bienfaits du savoir, mais la masse est nombreuse, agitée de courants et de remous divers et elle ne peut suivre toute la même pente, toujours couler à pleins bords dans le lit creusé par les ouvriers de l'Ilissus et du Tibre. Elle veut bien y envoyer un petit filet d'eau, bien claire, bien limpide, mais elle cherche à précipiter le gros du torrent par des tranchées, par des canaux taillés à son usage...

Sauvez le filet d'eau ! Filtrez-le ! Donnez à chacune de ses gouttes des vertus merveilleuses ; que la soif s'étanche quand on y puisera, ne fût-ce qu'un verre. Faites-en la source des belles sentences, des sentiments exquis. Parfumez-la des aromes les plus subtils, pris à l'Orient, à la Grèce, à l'Italie... Mais, dans son cours, n'essayez pas de gêner le fleuve qui gonfle, qui bouillonne, qui, parallèlement, élargit ses rives. Il ne

veut pas de mal, en bon géant qu'il est, à son voisin.
Il le respecte, car il sent que ses origines sont sacrées.
Il l'aime — mais pourquoi toujours son affection lui
est-elle rendue en dédain, en mésestime ?...

Ce sont là bien des allégories. Mais la vérité se laisse
voir sous la fable. Pourquoi les gardiens du passé,
les tenants de l'avenir qui, dans les relations ordinaires, s'accordent, se traitent-ils en frères ennemis,
quand la pédagogie est en cause ? Sont-ils donc des
adversaires irréconciliables ? Il ne faudrait qu'un petit
effort pour s'entendre, qu'un bon mouvement pro-
voqué par un sincère amour de l'œuvre poursuivie
en commun. Pourquoi les amis de l'antiquité ne se
décident-ils pas à comprendre leur temps ? Pourquoi
les amis de l'esprit moderne ne veulent-ils pas convenir que tout ce qui s'est fait de beau et de grand
dans l'humanité ne date pas de la veille ? Que ne se
partage-t-on équitablement le travail ? Que ne réserve-
t-on ce grec et ce latin si encensés, si adulés, si ido-
lâtrés, à qui pourra s'initier à leurs mystères ? Que
n'oriente-t-on, sans les prendre pour des parias et des
profanes, vers les écrits de nos auteurs, tous ces enfants qui, échappant à l'uniformité d'une même culture intellectuelle, donneront à la fortune publique et
au génie français la diversité de leurs ressources et de
leur fécondité ?

HUMANITÉS MODERNES ET HUMANISTES (1).

L'Enseignement classique français peut être salué
de son vrai nom par avance, car, d'ici quelques semaines, il sera fondé, il aura sa véritable appellation,
enfin ! Les préjugés, les passions, les intérêts ont beau
tenter des efforts désespérés, se raccrocher au passé,
la force des choses, la marche ascendante du progrès,

(1) Écrit avant la réforme de 1891.

les lois inéluctables des intérêts économiques et
sociaux sont à la veille de réduire à néant tant de
stériles résistances.

Ceux mêmes qui, en ces dernières années, ont combattu contre l'avènement des Nouvelles Humanités, des
Études Modernes, vraiment nationales, se déclarent
prêts à rendre les armes. N'est-ce pas Francisque Sarcey
qui, hier, s'écriait dans un accès de découragement :

« C'est un autre monde. C'est une autre société
qui va naître... Vous l'avouerai-je? Je ne lutte plus
que pour l'honneur, me sachant vaincu d'avance.
Nous sommes submergés par le flot de la démocratie
montante. Je m'assieds tristement sur les ruines de
Carthage, et regarde, avec une curiosité mélancolique, l'avenir d'un monde nouveau qui se lève... »

*
* *

Il va de soi que les larmes de M. Sarcey sur les
ruines de Carthage... cité mercantile et anti-littéraire
s'il en fut jamais, ne sont pas pour m'attrister. Ce qui
le chagrine si fort, fait ma joie, toute l'exubérance
de mon bonheur. Car les édifices dont il déplore l'é-
croulement étaient depuis longtemps effondrés et il
fallait au plus tôt construire, sur d'autres plans, la
citta nuova de l'avenir...

Que M. Sarcey gémisse, se lamente, et, tout entier à
sa classique douleur, contemple les colonnes et les
frises qui jonchent la terre, qu'il se refuse à besogner,
à tailler et à porter sa pierre, comme les ouvriers qui
à côté des démolitions rebâtissent courageusement,
peu importe! D'autres sont là qui peinent et qui
auront la joie de mettre debout pour longtemps de
larges et hautes murailles où les jeunes générations
s'abriteront.

Et qui sont-ils, ces maçons, ces architectes ardents
à la tâche? Mais ce sont précisément des hommes
qui, après avoir essayé de soutenir, de consolider le

temple sacro-saint des lettres antiques, après avoir constaté qu'il s'effritait et, d'une chute lourde, allait s'abîmer, ne se sont pas complus dans d'inutiles regrets et, de vive initiative, se sont remis à l'œuvre. Ils n'ont pas cru forfaire à leurs convictions, déserter le culte, en élevant ailleurs l'autel tombé en poussière.

*
* *

Car enfin, quels sont les apôtres les plus fervents, les partisans les plus résolus, les plus actifs des méthodes préconisées par la pédagogie contemporaine? Mettons à part les entêtés d'hellénisme, les outranciers du latinisme, les Fouillée, les Vessiot, — et, au-dessous d'eux, certains membres du Conseil Supérieur pour qui la haine d'une nécessaire évolution est le commencement de la sagesse, de l'habileté plutôt, quelque chose comme un tremplin électoral, — voyons quels sont les champions de la réforme scolaire ?...

Mais ceux-là mêmes qui sembleraient, par leur éducation, être le plus éloignés des théories... pratiques. D'où sort Raoul Frary? n'a-t-il pas été nourri au lait le plus pur de l'antiquité? Et, à l'heure actuelle, tous ces maîtres, tous ces administrateurs aussi, qui, d'une part, veulent réserver les langues mortes à une minorité, et qui, d'autre part, réclament pour la masse des intelligences d'autres études, d'autres programmes taillés à l'usage de nos fils, tous ces novateurs en action ne sont-ils pas des lettrés? ne sont-ils pas épris de Sophocle et de Virgile, ces joies de leur adolescence?

*
* *

On va répétant que les humanistes se prononcent contre cette profanation, ce recul vers la barbarie: les *Humanités Modernes*. Mais n'est-ce pas un humaniste, un inspecteur général de l'instruction publique,

s. v. p., cet Eugène Manuel, qui, dès 1886, à l'inauguration du collège Michel de l'Hospital, à Riom, élo-
quemment s'écriait :

« Il importe surtout dans une démocratie de ne pas
laisser croire que les vues les plus justes, les goûts
les plus relevés, les sentiments les plus généreux
sont le privilège exclusif de ceux qui ont étudié ou
simplement effleuré le latin et le grec... Oserait-on
dire que, dans la pratique des langues mortes, il n'y
a point pour l'esprit de solide culture? Ferons-nous
vraiment cette injure à notre admirable littérature
française de lui refuser une action éducative de premier ordre?... Est-ce que Bossuet et Mirabeau ne
seraient pas assez éloquents, Victor Hugo et Lamartine assez poètes, Corneille assez romain, et Fénelon
assez grec? Quoi ! de tels auteurs... ne suffiraient pas...
pour forger directement des âmes françaises?... Et
si l'on y joint, à haute dose, ces littératures étrangères dont nos voisins savent si bien se prévaloir,
n'avons-nous pas à notre portée ces *Humanités Modernes*, dont la postérité ne fera pas si bon marché
que nous?... »

N'est-ce pas un humaniste, encore un inspecteur
général de l'instruction publique, M. Léon Robert,
qui, hier, prenant parti dans la discussion, montrait
par quelles épreuves avaient passé les cours fondés
par M. Victor Duruy, à quelles victoires ils avaient
marché, et concluait ainsi avec force :

« L'enseignement classique moderne est en plein
essor de prospérité. Il compte actuellement plus de
vingt mille élèves... Le moment paraît donc venu de
renoncer enfin à cette dénomination d'enseignement
spécial, que l'on a toujours subie sans l'approuver ;
de ne pas refuser plus longtemps son nom véritable
à une institution pleine de vie et pleine d'avenir ;
d'appeler *enseignement secondaire classique français*
un enseignement classique fondé sur l'étude des humanités modernes. »

* *

Humaniste aussi ce professeur : Jules Gautier, qui, dans sa vaillante *Revue Saumon*, tous les huit jours, enregistre les succès des études modernes, signale la rapidité de leurs mouvements extensifs, leur appropriation aux besoins et aux aspirations des classes moyennes !... Humaniste enfin, cet autre professeur, ce brillant polémiste : Adrien Dupuy, qui récemment publiait *l'État et l'Université*, de si fière et si républicaine inspiration et qui aujourd'hui, tout militant, tout debout, se jette dans la mêlée pour porter dans *l'Union universitaire* le coup de mort aux traditions envieillies !

Ah ! il ne fait pas bon prétendre devant Adrien Dupuy que la connaissance du français, en 1891, se subordonne à l'ânonnement du latin et du grec. Il a une façon de vous demander si vous dites cela sérieusement, qui vous empêche de pontifier plus longtemps. Les augures se dérident à s'entendre ainsi interroger par un augure depuis si longtemps sceptique — et si joyeusement !

Sa verve, très comique, très prime-sautière, est d'une franchise hardiment irrévérencieuse. Que de verveuses chiquenaudes, et bien claquantes, ce moderne applique sur le nez des Anciens ! Messieurs les ultra-classiques affirment que les Anciens donnent aux esprits la nourriture la plus substantielle. Mais alors pourquoi « organiser à leur profit tout un système douanier et les protéger contre toute concurrence, comme on a pu protéger autrefois le sucre des colonies, et comme on veut protéger aujourd'hui le blé national » ?

Messieurs les ultra-classiques prêchent l'imitation des anciens, des Hellènes ? « Mais les Grecs ne firent jamais ni version scythe ni thème perse. » Messieurs les ultra-classiques exigent qu'on écrive en latin ?

« Mais le latin reçoit tout : les platitudes, les banalités, les idées fausses. »

Voilà qui est parler. Voilà qui est dire, sans mâcher les mots, tout haut, rondement, vivement, ce que tant de monde pense... tout bas. Et puis le débat s'égaie à des boutades qui, à la solidité du bon sens, joignent le vernis de l'agrément et de l'esprit. Sans compter que l'amusant jouteur qui a sa chaire à Henri IV et qui pédagogise comme le Béarnais bataillait, « à la française », pose des conclusions sérieuses tout comme les argumentateurs d'école les plus graves :

« Cet enseignement, le public le réclame, la raison l'autorise, l'expérience en garantit le succès. Il a tout pour lui, sauf la tradition, disons mieux, la routine. Voilà des années qu'on s'oppose à sa création. La résistance a assez duré, pour que l'honneur soit sauf, à supposer qu'il faille mettre là son honneur. La place a épuisé tous les moyens de défense, elle n'a plus qu'à capituler. »

Capituler ! Et qui parle ainsi ? Un des gardiens de la citadelle ! Quand je vous disais qu'elle ne tiendrait plus longtemps ! Mais quels ruisseaux de larmes va verser M. Francisque Sarcey, navré Scipion sur les ruines de Carthage ! Il est vrai qu'il pourra se consoler en se récitant, comme son modèle, quelque vers du vieil Homère sur la prise d'Ilion.

L'ENSEIGNEMENT MODERNE (1).

I. — LE NOM.

Modifié, amélioré, mais toujours incomplet, le projet relatif à la réorganisation de l'enseignement spé-

(1) Écrit après le vote de la réforme de 1891.

cial a été adopté. C'est à recommencer! Et pourtant
ç'aurait pu être achevé, de construction solide, si on
l'eût voulu, si l'opposition qui n'a cessé d'entraver
l'œuvre des novateurs eût été moins forte!

Le nom d'enseignement moderne a triomphé. C'est
la dénomination qui s'imposait. C'est peu de chose,
c'est vrai, en apparence. On s'apercevra avant peu de
l'importance réelle qu'un nom peut avoir, si l'on sait
s'en servir, — non pas au détriment de l'enseignement ancien, — mais au profit d'études, qui, — leur
appellation l'indique maintenant de façon officielle et
formelle, — sont en rapport étroit avec l'esprit du
temps présent, avec l'évolution sociale.

Le mot aura une influence profonde sur la chose,
car si souvent, chez nous, la chose est jugée d'après
le mot.

Pourquoi tant de familles hésitent-elles à diriger
leur progéniture vers l'enseignement spécial? Tout
simplement parce qu'il s'appelle spécial! Nommez-
le *moderne*, et un grand obstacle disparaîtra, que la
vanité de nos contemporains avait dressé...

Ce que naguère je disais, je le répète : « Un mot
a cette vertu magique qu'il transforme, qu'il trans-
figure, qu'il idéalise une chose ! Une étiquette
améliore une marchandise! Une enseigne fait la fortune d'une boutique, — et cette enseigne, cette étiquette, ce mot, qui jouent le rôle de formule enchantée, ne seraient pas vite prononcés et inscrits en
lettres d'or toutes flamboyantes ?... » (1).

Seulement — il y a un seulement que les anciens
prononcent comme certain héros de Barrière, — seulement s'il y a un enseignement *moderne*, que sera
l'enseignement classique? Il passera pour vieilli, pour
démodé, pour usé, pour contraire à son temps, pour
antédiluvien?... Eh! l'on n'a jamais prétendu cela! Ce
qui est vrai, c'est qu'il convient à ceux qui ont les

(1) Voir *Alentour de l'École*.

moyens et les loisirs de l'utiliser ou non — et qu'il
faut autre chose, une instruction très vivante, très
agissante à qui est forcé de lutter pour gagner son
pain. Faire aux deux systèmes leur part, sans sacrifier l'un à l'autre : voilà le joint...

A-t-on trouvé le joint?

II. — PROGRAMMES ET SANCTIONS.

On pouvait s'attendre, du moment qu'on annonçait
une grande réforme, une réforme définitive, à ce
qu'elle fût une réforme de fond et non de forme —
bien que le titre ne soit pas à dédaigner...

Quelles sont les modifications adoptées?

Les numéros des classes sont changés. La sixième
année qui est le terme devient le commencement,
qui devient la fin avec le chiffre 1 — le premier de
mille, comme on dit au jeu de loto. C'est un très
mince changement, cela. Simple affaire de pancarte
et de peinture à l'huile. On transportera les ensei-
gnes et l'on aura le plaisir d'avoir, par en bas, bien
méthodiquement, régulièrement et uniformément la
6e classique, la 6e française, la 5e classique, la 5e française... qui s'en iront deux à deux... vous savez le
reste...

Il semble que ce mécanisme si bien monté, que ce
parallélisme si harmonieux, si bien équilibré, qui du
numérotage s'étend à nombre de matières enseignées,
a été imaginé pour assurer le passage des non-va-
leurs classiques dans les cours d'en face, condamnés à
être un éternel exutoire, un pis aller pédagogique.

En ce qui concerne les programmes, on a fait aux
langues vivantes leur part, sans leur assurer une
absorbante prépondérance. On apprendra l'allemand
seul, — et à fond, — en sixième, en cinquième; on
apprendra deux langues vivantes à partir de la quatrième. Nous pensons encore que c'est trop tôt. Le

tohu-bohu cérébral persistera (1). On ne saura ni l'un, ni l'autre idiome.

Les sciences sont trop réduites, trop restreintes dans le plan d'études au début. Hier, il y en avait trop ; maintenant il n'y en a plus assez.

En général, le choix des auteurs est excellent. Les contemporains seront connus non moins que les classiques anciens.et modernes.

Les chefs-d'œuvre de la Grèce et de Rome seront lus dans la traduction. J'aime autant cela que de les voir copier dans la juxtalinéaire, si douce,. si secourable aux paresseux.

Arrivé à la seconde française, l'élève passera une première partie du baccalauréat. Puis devant lui s'ouvrira une classe de *première* avec trois examens au bout : de philosophie, de sciences appliquées, de mathématiques élémentaires, — c'est-à-dire baccalauréat ès sciences actuel. L'idée de scinder le baccalauréat est bonne. L'examen sera passé, non pas — ce qui en amoindrissait le prestige — devant des commissions spéciales, mais devant les jurys des Facultés.

Mais combien il faut regretter que la seconde partie soit l'objet d'une trifurcation ! Sans doute, les deux voies scientifiques qui ouvrent toutes les écoles de l'État seront très suivies, car tout père de famille assurera l'économie d'*une année* à ses enfants, pour les mener dare dare à Saint-Cyr, à Polytechnique. Le raccourci vaut la peine qu'on le prenne.

La voie littéraire sera désertée ou à peu près. Certes, le programme de la future première (lettres) est alléchant. L'art, la civilisation, aux diverses époques, l'éloquence, l'histoire, la critique, la poésie au dix-neuvième siècle : c'est tentant ! Le malheur est qu'il n'y aura pas d'élèves ! Qu'iraient-ils faire dans une classe qui leur confère un diplôme sans valeur, sans utilité, et qui risque d'en faire des sous-dé-

_____

(1) Voir le chapitre intitulé : *Les Langues vivantes.*

classés? Car enfin, l'inégalité qui porte sur les sanctions attachées aux diplômes ne disparaît pas.

Les auteurs du projet se sont bien gardés d'accorder aucun avantage nouveau aux élèves de l'enseignement moderne. Ils leur ont laissé ce qu'ils ne pouvaient leur ôter sans faire crier à l'iniquité, à la réaction, au déni de justice, — mais ils n'ont cédé rien, rien de rien. Drapés dans la fierté de leurs prérogatives, férus de leurs privilèges et de leur prétendue supériorité, ils sont restés sourds aux réclamations de l'opinion publique.

Sans doute, les bacheliers qui auront suivi la filière soit des mathématiques pures, soit des mathématiques appliquées, auront le droit, comme par le passé, de se présenter aux grandes écoles scientifiques de l'Etat. Or ce droit ils l'avaient depuis 1886. On s'est contenté de ne pas le supprimer.

Mais les futurs étudiants de la future *première* — que l'on n'a pas osé appeler franchement *rhétorique française*, — quand ils auront passé le baccalauréat philosophico-littéraire institué à leur usage, que deviendront-ils, de quel côté se tourneront-ils, à quelles situations pourront-ils prétendre?

L'horizon leur est fermé. Ils sont dans une impasse. Nul moyen d'arriver à quoi que ce soit. Nul débouché, nulle issue! Le droit leur est interdit — parce qu'ils n'ont pas appris le grec et le latin, et pourtant, au doctorat même, la thèse latine est abolie! La médecine leur est interdite : — on dirait que les médecins ne veulent tuer qu'en grec!

Est-ce là l'objet que l'on poursuivait? Sont-ce là les promesses d'antan? Décidément, chez nous, la routine et les préjugés sont bien forts!

M. Bourgeois qui, dans une première rédaction du plan, avait proposé qu'on permît aux élèves de la *première* de passer en *philosophie classique* pour se présenter au même examen final que leurs camarades de l'enseignement gréco-latin et pour bénéficier d'un diplôme équivalent au leur, n'a pu réussir, dit-on, à triompher des obstacles soulevés par la section permanente. Il a dû céder. Il lui a fallu, pour sauver l'ensemble de son projet, en sacrifier une des parties essentielles, supprimer ce qui en faisait l'harmonie, le couronnement.

Mais, voyons. Cette *première* qui fait si bien sur le papier, mais qui est un vrai leurre, un simple trompe-l'œil, espère-t-on vraiment et raisonnablement qu'elle aura des élèves? Les jeunes gens sont-ils assez épris, à la fleur de l'adolescence, d'études désintéressées pour s'asseoir sur des bancs afin d'y disserter gravement et sagement à l'effet de conquérir dans les Facultés un vain titre, un inutile parchemin?

Elle est mort-née, cette *première!* Elle est close à jamais après avoir été un instant entre-bâillée. Si j'étais proviseur d'un lycée, surtout principal d'un collège, je ne m'occuperais ni de trouver une salle pour son installation, ni de faire pendre une pancarte avec le mot: *Première;* — car la classe n'existera pas, faute d'étudiants. Que voulez-vous! Parents et enfants, en notre âge positif, songent à l'avenir. C'est peut-être un tort aux yeux de nos idéologues. Mais cela est.

Je sais bien qu'on me dira: « C'est une amorce pour plus tard. Un jour viendra où, de là, on passera dans la philosophie classique. » Une amorce !... Mais c'est convenir que le plan est défectueux, incomplet, inachevé, que la construction en est mal équilibrée, qu'elle pèche par le sommet comme elle pèche par la base, où elle vacille sur du sable, sur les fondements mal assurés des langues vivantes. Quoi! l'on pose déjà des échafaudages quand l'édifice est terminé? Que n'y avait-on mis la dernière main pendant qu'on le construisait! Pourquoi ces retardements, ces hésitations, ces raccords et ces replâtrages qu'on laisse prévoir? Oh! il y a là une revanche à prendre pour les modernes! Ils finiront bien par gagner la partie! Ils sauront utiliser l'arc-boutant qui leur est tendu. C'est affaire de temps et de persévérance.

III. — LE PERSONNEL.

L'enseignement spécial, qui compte vingt-quatre mille élèves dans les lycées et collèges de l'Etat, était donné par un corps de professeurs pourvus d'agrégations spéciales. La transformation des études devrait avoir pour conséquence une transformation des concours pour l'obtention des parchemins qui confèrent la titularisation. Il n'en est point ainsi. Section permanente, rédacteur du projet officiel, commission particulière du Conseil supérieur, concluent à la suppression des agrégations spéciales.

Pendant vingt-cinq ans, on n'a cessé de répéter aux professeurs qui en étaient pourvus : « Vous avez fait preuve de sérieuses qualités pédagogiques. Vous avez souvent, avec de mauvais programmes, avec un mauvais recrutement, formé de bons élèves. Vous avez, d'exemple, souvent montré à d'autres comment on entraînait une classe, comment la discipline est maintenue parmi les jeunes gens, grâce à une fermeté qui n'exclut pas la douceur. Vous avez, de vos disciples, peuplé le haut commerce, la grande industrie, formé tout un état-major d'hommes épris du progrès. Vous avez été dévoués. Vous avez rendu service au pays. C'est de toute évidence. Eh bien ! nous n'avons plus besoin de vous. Nous ne vous connaissons plus. Ces titres, ces grades que vous avez conquis, nous les trouvons insuffisants. »

Ils avaient pourtant suffi à mener à bien pendant un quart de siècle, malgré les résistances, les obstacles et les préjugés, l'œuvre de progrès que, sans avoir été à la peine, de plus heureux auront l'honneur d'achever. Que voilà bien la logique, la justice humaine !

Sans doute, les situations matérielles sont assurées. Les fonctionnaires seront maintenus dans leurs chaires, à leur poste. Mais les situations morales seront-elles aussi garanties, sauvegardées ? N'en résultera-t-il pas, et aux yeux des familles et aux yeux des enfants, une diminution pour les professeurs dont les titres passeront bientôt pour surannés, pour antédiluviens? A-t-on songé à cela? A-t-on pensé à la pauvre figure que ferait, dans dix ans, dans vingt ans, parmi ses collègues, un homme dont les diplômes cesseront d'être entourés de considération? Il aura l'air comme perdu parmi eux. Ce sera un étranger dans la maison — qu'il aura fondée!

Passe encore si la suppression des agrégations spéciales amenait de bons résultats, servait le progrès de l'enseignement?

Mais ne tombe-t-il pas sous le sens qu'elle est antilibérale, qu'elle a des conséquences sociales déplorables? Jusqu'à présent, un bon élève de nos écoles primaires, un sujet d'élite, un de ceux qui, sorti des couches populaires, se révèle par la flamme, le don, la vocation, l'amour du travail, pouvait espérer qu'après avoir passé ses brevets, il aurait la faculté de se présenter au certificat de l'enseignement spécial, puis, continuant son labeur acharné, sa laborieuse montée, il serait en droit d'obtenir l'agrégation, sans le secours du grec et du latin que la pauvreté de son origine l'avait empêché d'apprendre. Que d'excellents maîtres, que d'éducateurs éprouvés — ce sont peut-être les meilleurs — ont suivi cette voie! Aujourd'hui, l'enseignement primaire se trouve exclu, séparé brusquement de l'enseignement secondaire! Le pont est coupé. Le passage est interdit. L'harmonie est détruite quand on se plaisait à rêver, à vanter les bienfaits de l'accord, de l'union! Un instituteur de talent ne pourra plus devenir professeur. Il y a un abîme creusé entre l'école et le lycée. Toute ambition élevée est fermée à ce vaillant, à cet humble! Est-ce là encourager le mérite obscur? Est-ce là de la bonne démocratie?

Et les études en profiteront-elles? Non pas. Espère-t-on que les agrégés classiques, qui ont de tout temps affiché un mépris superbe pour les études modernes, qu'ils considèrent comme utilitaires, comme hâtives et stériles, — montreront ce zèle, ce dévouement, cet entrain, qui sont nécessaires au succès d'une cause? Ils entreront dans les nouveaux cours — mais pour en sortir! Ils s'y considéreront comme des passants! Et le moyen qu'ils s'intéressent, — s'ils sont agrégés de grammaire ou bien des lettres, — à des études soi-disant classiques et supérieures qui, au sortir de la fameuse *Première française*, ne font même pas d'un brillant sujet un receveur possible de l'enregistrement!

En résumé, on est loin, trop loin de la grande réforme annoncée — et désirée par les promoteurs qui n'ont pu atteindre le but. — Toutefois, un pas en avant est fait qui en amènera d'autres. Les tenants du passé se retranchent derrière des barricades qui tomberont, car on ne résiste pas à son siècle! La lutte sera ouverte tant que l'égalité absolue n'aura pas été conquise...

L'AVENIR DE L'ENSEIGNEMENT MODERNE.

Les Humanités Modernes existent de nom, sinon de fait. Pour naître, pour être acceptées, elles ont dû se faire tout humbles, toutes petites. Si elles avaient affiché des ambitions, même modestes, vite on les eût étouffées dans le germe. Même elles ont failli ne pas voir le jour, tant on les redoutait, tant on pressentait qu'elles seraient fortes. Mais les voilà debout, en marche. Et, de quelque déchéance qu'on ait essayé de les frapper dès l'origine, quelque aversion qu'on ait manifestée envers elles, quelques précautions qu'on ait prises pour se préserver de leur élan, de leur poussée, en quelques mailles de préventions et de préjugés qu'on les ait emprisonnées, déjà elles s'avancent triomphantes, de jeune et vive audace, irrésistibles, prêtes à renverser les obstacles, à culbuter les pièges, à faire, malgré la routine, leur œuvre inéluctable de progrès!

Elles sont contenues et comme grillées dans une cage où on les croit captives à jamais. N'importe! Elles briseront les barreaux. Tout craquera, défoncé. Ce qui leur a été refusé par l'esprit de tradition, par de petits intérêts et de petites passions, elles le conquerront, elles l'enlèveront au nom de l'intérêt général. Avant qu'il soit dix ans, elles auront obtenu de haute lutte, en leur plénitude, et l'audience et les droits qui leur sont déniés durement. De jour en jour leur rôle s'accroîtra, davantage s'étendra leur influence. Que peut le passé pour les arrêter? Elles portent en elles l'avenir. Elles vont à de splendides destinées.

Je sais qu'on n'est guère prophète en son pays et je ne me sens nul goût pour le métier de devin. Mais c'est sans craindre de commettre la plus légère erreur que je puis prédire ce qu'il adviendra des études nouvelles. Leur évolution peut être prévue en la voie des phases, des étapes victorieuses que, d'année en année, la force immanente des choses déroulera.

* *

Rien n'y fera : ni la vanité des familles, ni l'imperfection des programmes, ni le refus des sanctions finales, n'empêcheront ce qui doit être.

Certes l'amour du grec et du latin est encore grand chez nous, amour d'habitude, amour de vanité! Le père a bâclé des versions, a estropié le rudiment en torturant son thème, et il veut que son fils commette de pareils méfaits, parce que c'est bien vu, parce que c'est de bon ton. Mais si le père, dans un moment où il y avait moins à faire pour gagner le pain, a eu du temps à perdre, si le fils en a eu encore un peu à gaspiller, le petit-fils ne peut plus du tout en dépenser en pure perte. Les exigences de la vie, le combat pour

le dormir et le manger qui sans cesse s'exacerbe, la
hâte et le besoin d'arriver, viendront à bout de la gloriole héréditaire. L'enseignement moderne offre un
raccourci, un chemin de traverse aux jeunes gens que
tentent les écoles. S'ils ne le prennent pas, ils risquent
fort d'être arrêtés en route, d'être happés sur le seuil
même de Saint-Cyr, de Polytechnique par un bon
gendarme qui les réclamera pour le régiment, où, au
lieu d'être officiers, ils seront de simples conscrits.
Voilà qui est fait pour refroidir tout ce grand enthousiasme, toute cette ardeur de commande et de cé-
rémonie pour l'antiquité gréco-latine ! Par nécessité,
une bonne fraction des générations montantes, qui
sont très pratiques, se portera vers les classes créées
et mises au monde dans le but de leur économiser
gentiment une partie de la peine et du trajet. Puis la
majorité de la clientèle scolaire fera par imitation,
par entraînement, par raison aussi, bientôt par goût,
ce que les aînés auront fait par force. C'est un pli
à prendre. Vous verrez comme il sera pris aisément.

Et à mesure que la clientèle s'agrandira, les programmes qui sont défectueux s'amélioreront. On se
rendra compte, à l'avenir, que la langue et la littérature françaises peuvent et doivent former des âmes
françaises. Elles feront la preuve de leur vertu éducative. Elles montreront, d'exemple, que le meilleur de
l'inspiration antique a passé dans nos auteurs depuis
le seizième siècle, que les idées directrices dont les
consciences doivent désormais être imbues peuvent
être puisées à la source des écrivains nationaux.

Elles produiront de si heureux résultats par la pénétration de leur logique, de leur éloquence émue,
de leur grâce, de leur beauté, qu'on sera tout étonné
de voir quelle élite elles sont capables de fournir.
Elles auront si bien meublé les intelligences, si bien
dirigé les sentiments, si bien trempé les caractères,
selon un large idéal de justice et de fraternité humaines, de solidarité sociale, qu'on s'inclinera devant

elles et qu'on s'accusera de les avoir si longtemps méconnues. Étayées sur la connaissance des langues étrangères qui les aideront en leur tâche sans essayer de les absorber, et qui élargiront leur horizon, sans le distendre démesurément, fortifiées par la pratique des sciences qui permettront à leurs adeptes de ne pas vivre étrangers dans un monde étranger, mais, tout au contraire, de s'intéresser et de prendre part aux investigations et aux découvertes internationales qui transforment le vieil univers, elles apparaîtront bientôt à tous comme la formule même de l'instruction prochaine qui, au savoir, à la théorie doit unir la volonté d'agir, d'aller de l'avant, qui doit substituer aux instincts d'égoïsme, d'abdication devant la fatalité de la force, la passion du dévouement, de l'altruisme debout et agissant, de la liberté militante...

.·.

Et alors, quand, par centaines, des disciples auront été nourris à une culture générale qui vaudra bien l'autre, car elle sera la culture du cœur autant que de l'esprit, croit-on qu'il demeurera possible de se retrancher derrière des us envieillis? L'heure de l'égalité complète aura sonné. Les frères cadets voudront être traités comme les aînés, avoir même place qu'eux au soleil.

C'est en vain que les Facultés ferment leurs portes devant les nouveaux venus. C'est en vain qu'elles lèvent le pont-levis de leurs privilèges et abaissent la herse de leurs prérogatives; il faudra bien venir à composition.

L'École de Médecine la première fera amende honorable. Puis viendra l'École de Droit qui capitulera d'elle-même, et tout le reste suivra. La résistance ne sera pas longue, — car l'assaut sera bien donné et les échelles bien dressées contre les créneaux.

Ils sont plaisants, les hauts bonnets de la médecine,

quand ils veulent que leurs docteurs sachent du grec
et du latin avant d'apprendre à soigner — sinon à
guérir — les malades ? Belle avance, ma foi, d'ânonner
des textes d'où les plus élémentaires notions de physiologie et de thérapeutique sont exclues ! Est-ce
qu'au lieu de ne rien entendre à Hippocrate ou à
Galien, au lieu de s'amuser aux enfantillages de
Pline, il ne serait pas cent fois préférable de se tenir
au courant des mémoires et des rapports, des travaux
toujours renouvelés qui paraissent en Italie, en Angleterre, en Allemagne ? Nos praticiens n'ont que
faire de répéter ce qu'un demi-savoir a jadis balbutié.
Ils ont tout intérêt à se pénétrer, grâce à la linguistique, des inventions qui, hors des frontières, se produisent et à s'en pénétrer au moment même où elles
sont révélées par les revues, les brochures et les
livres, — car les malades ne sauraient attendre.

Mais l'étymologie ? Mais le moyen de savoir le sens
de termes consacrés par un mémorable usage ? Mais
comment rédiger une ordonnance où le patient n'entend rien, tant elle a un aspect hirsute et barbare ?...
Oh ! que voilà une belle raison ! Eh ! servez-vous de
mots usuels, que le commun des mortels déchiffre,
en dehors de la docte confrérie ! Et d'ailleurs, la pharmacie, non moins que la médecine, semblerait avoir
besoin de cultiver le jardin des racines grecques pour
se débrouiller dans les étiquettes de ses fioles ? D'où
vient donc que, depuis six ans déjà, un jeune étudiant,
issu des humanités modernes, puisse devenir pharmacien — et de première classe, encore ! sans le secours
du langage grégeois et romain, tandis qu'il n'est pas
jugé digne d'entrer dans le corps sacro-saint des mé-
dicastres ? O logique ! ce sont là de tes traits ! J'avoue
n'y rien comprendre. Mais comment voulez-vous que
dure une comédie si parfaitement ridicule ? — dans
un pays où, paraît-il, le ridicule a toujours tué...
sauf les médecins, il faut croire.

Et voyez où conduit nos rétrogrades, le déni de justice qu'ils opposent aux novateurs ! Ils sont à l'heure actuelle dans le plus cruel embarras. L'Académie de Médecine se plaint que les futurs Nélatons restent trop longtemps sur les bancs du collège, et qu'ils ne peuvent fournir les quatre années de scolarité nécessaires pour la conquête du diplôme avant d'être incorporés dans un régiment. Elle a voulu qu'on dispensât leurs chères ouailles de la philosophie — et naturellement messieurs les philosophes ont fait une belle opposition à messieurs les princes du bistouri ! Battue de ce côté, elle émet des vœux pour qu'on inculque force physique, chimie et histoire naturelle aux élèves qui se destinent à venir chez eux, car ils les trouvent si ignares, qu'ils ne peuvent leur faire commencer avant une initiation d'un an de vrais cours médicaux !

Qu'en résultera-t-il ? Eh ! tout simplement que les maîtres seront enchantés que leurs recrues de l'avenir aient passé par un enseignement plus pratique, plus scientifique ! Après avoir été les adversaires des Modernes, ils en seront les plus fanatiques partisans. A moins que leur intention ne soit de livrer toutes les places de l'internat aux étudiants étrangers, car ceux-ci mettront à profit l'absence des candidats français pour se placer sur les rangs et pour s'introduire dans les hôpitaux ! Avoir un auditoire qui assiste un an plus tôt à leurs leçons, qui, de plus, ait une teinture suffisante et indispensable des choses qui sont l'objet, le fond même de l'instruction professionnelle : n'est-ce donc rien que cela ? Et n'y a-t-il pas là une compensation au regret tout platonique que peut inspirer la non-fréquentation de Virgile et d'Homère ?

*
* *

Et la Faculté de droit, pensez-vous que sa reddition suive de loin la soumission de sa voisine ? Elle plaidera, argumentera, puis invoquera les circonstances atténuantes, puis cédera. Car MM. les avocats ont

beau subtiliser. Ils ne nous persuaderont pas que le
droit d'aujourd'hui soit lié aux arguties, aux errements et aux abus judiciaires d'hier ! Est-ce que la
législation de la cité antique, si étroite, si absolue, si
dure, sert de règle et de modèle aux codes qu'on
applique depuis la Révolution ?... Est-ce que des
prescriptions qui réglaient les rapports de maîtres à
esclaves ont rien à démêler avec les principes d'équité
qui régissent les hommes libres ! Et d'ailleurs n'est-il
pas permis de lire et le Droit romain et les Pan-
dectes dans la traduction ? Ont-ils jamais fait autre
chose, ceux qui sont frottés de grec et de latin ? Et
leurs maîtres n'ont-ils pas été réduits à rayer de
leurs examens et de leurs concours l'épreuve maca-
ronique de la thèse soutenue en une langue qui eût
fait rougir feu Cicéron ? Qui s'en plaint, en dehors des
pauvres diables qui, au quartier Latin, débitaient à
vil prix des resucées d'imitations classico-fantaisistes !
Si le latin n'est pas obligatoire pour coiffer la toque et
s'affubler de la robe à déclamations, je ne vois guère
que les magistrats en retraite qui puissent se lamenter ! Qui comprendra dorénavant leurs adaptations
poétiques d'Horace et de Catulle ? Qui achètera les
fruits de leur Muse sénile ?

MM. les défenseurs de la veuve et de l'orphelin sont
voués au français — en France ! Et peut-être nombre
d'entre eux n'auront pas à regretter de lui avoir consacré plus de temps. On entendra moins de charabias
au Palais. Tenez, voici l'un d'eux qui les condamne,
l'un d'eux qui est premier président, s. v. p., à la
cour de Caen et dont la haute autorité ne saurait être
révoquée.

N'est-ce pas M. Houyvet qui écrivait récemment au
comité de l'*Association nationale*, lui proposant une
loi composée d'un seul article de deux lignes suivi
d'un commentaire vraiment précis et éloquent :

    La connaissance des langues mortes ne sera exigée pour
aucune fonction publique et l'exercice d'aucune profession.

« L'État a le droit d'être bien servi et de demander toutes les connaissances qu'exige la fonction, mais il abuse de son autorité en exigeant la connaissance du grec et du latin des fonctionnaires qui n'ont jamais à en faire usage.

« Sans être bachelier ès lettres, on peut remplir les fonctions les plus élevées, être membre de l'Institut, préfet, député, sénateur, ministre, président de la République, et on exige le baccalauréat des plus modestes fonctionnaires!

« Je suis très convaincu qu'*aucune* fonction publique n'exige la connaissance des langues mortes, même la magistrature (ce que je démontrerai quand on voudra), qui, au point de vue de la législation comparée, tirerait un bien plus grand parti de la connaissance des langues vivantes. Il en est ainsi, à plus forte raison, des professions d'avocat et de médecin.

« Je ne me dissimule pas qu'avec la routine et les préjugés si fortement enracinés aujourd'hui la réforme législative, dans laquelle seule je vois le salut, sera considérée comme un paradoxe et une utopie, mais, après y avoir beaucoup réfléchi, je suis convaincu que sans cela on n'arrivera à rien... »

Oui, sans cela! Mais on aura cela! On arrivera bientôt à l'avoir. L'enseignement moderne serait un non-sens, n'aurait nulle raison d'être, s'il n'allait pas jusqu'au bout de ses revendications. Sait-on qu'il faut un simple décret pour réaliser ces espérances? Le décret paraîtra bien un jour!...

LES LANGUES VIVANTES.

Il faut bien l'avouer; malgré les plus belles intentions et malgré tout notre désir de savoir un tant soit peu les langues étrangères, nous sommes Gros-Jean comme devant. On arrive à tromper ou à peu près un examinateur, s'il est indulgent, à comprendre sans trop d'anicroches un texte allemand, une page d'anglais, si la prose est d'une bienveillante simplicité; mais on se trouve réduit à *quia* s'il faut répondre, dans un oral, à la plus élémentaire question.

On s'était bien juré depuis la guerre, depuis qu'on s'était persuadé que l'ignorance de la géographie et des langues étrangères était cause de la défaite — ce qui au fond est faux, archifaux, car la géographie n'est pas la stratégie et la topographie, pas plus que la linguistique n'est l'art de pousser vivement un siège et de prendre une place forte — mais enfin, on s'était bien juré tout de même de devenir des polyglottes. Mais, malgré le patriotisme des parents, des pédagogues et des enfants, rien n'y a fait. On a mordu un tantinet à la géographie. On ne confond plus la Seine et la Marne, l'Elbe et le Danube, on sait qu'il y a un cap de Bonne-Espérance, autrement que par l'*Africaine*, mais par un atlas. On lit à peu près une carte. Mais, hélas! on est demeuré tout à fait rebelle à l'art de dialoguer autrement qu'en français. Est-ce indifférence? Est-ce dégoût? Est-ce manque d'aptitude chez la race, lacune dans le caractère national? Dame! c'est tout cela — et aussi autre chose.

* *

Quoi, autre chose? C'est surtout insuffisance... numérique du personnel enseignant, tâtonnement dans les méthodes, absence d'application pratique... Que voulez-vous? On vise à faire trop et trop bien — et l'on ne fait presque rien. Les ambitions sont vastes, les résultats plus que médiocres. On discute à perte de vue sur le nombre de mots à posséder pour avoir la clef d'une langue, et la clef n'est pas livrée à qui en a besoin. On raisonne sur l'utilité du thème — et les solécismes fleurissent.

Pourtant les professeurs qui, jadis, étaient la plupart du temps des universitaires d'occasion, de rencontre, des émigrés, des proscrits, d'anciens bohèmes échoués dans une chaire après avoir fait du commerce ou bien des traductions plus ou moins infidèles, ont fait place à de tout vrais savants, pourvus de titres et de grades, à des hommes de la carrière. Leur savoir professionnel est sérieux, approfondi. Ils entendent à fond l'idiome qu'ils enseignent. Ils sont pénétrés de sa littérature, ferrés sur sa formation, ses dialectes, ses auteurs.

Mais ces tout vrais savants ne sont-ils pas un peu bien savants pour des bambins ? Ils font force grammaire, force étymologie, donnent toutes les acceptions d'un terme. Ils enfoncent leurs disciples dans des dissertations sur les adjectifs et les verbes. Ils découvrent des nuances. Ils analysent. Ils commentent. Ils comparent. Ils subtilisent. Ils font d'admirables théories, et quand vous demandez à leur jeune auditoire : « Mais dites-moi donc comment vous vous y prendrez pour avoir du pain, de l'eau, pour remercier, pour entrer, pour sortir? » c'est à peine si deux ou trois forts, qui, dans leurs primes années, ont eu affaire à une gouvernante, peuvent se débrouiller convenablement.

* *

Oh! je ne suis pas très gourmand. Je ne demande pas, comme un spirituel chroniqueur en veine d'amusement, que les élèves aspirent à devenir commis-voyageurs pour l'exportation, interprètes à l'agence Cook, maîtres d'hôtel dans les caravansérails cosmopolites, employés de sleeping-car. Ce serait par trop moderne. Mais pourtant ne pourrait-on obtenir qu'après cinq ou bien dix ans d'études, un disciple convenablement éduqué ne demeurât pas bouche bée quand

il s'agit de balbutier quelques paroles? Car enfin, je
me suis toujours imaginé, naïf, qu'une langue vivante
était peut-être faite pour être parlée entre vivants
et qu'il se pouvait faire que son nom vînt de là. Je
ne lui vois même pas d'autre utilité.

Comment donc amener un être intelligent, qui réussit en lettres, en sciences, en tout, à ne pas échouer
quand il s'agit d'échanger quelques mots avec un
étranger? Comment? Eh! il faut faire tout autrement
qu'on ne s'y est pris jusqu'à présent!

Et voilà que précisément on avait une excellente
occasion de rompre avec de vieux errements préjudiciables aux progrès des enfants, et qu'on a continué
à suivre même route, ce qui équivaut à piétiner sur
place. L'enseignement moderne vient d'être constitué.
Il saute aux yeux qu'un vrai petit moderne doit avant
tout pouvoir converser au moins en une langue qui
n'est pas celle dont sa nourrice s'est servie pour le
bercer. Il est, par définition, forcé de communiquer
avec ses contemporains des pays lointains, avec des
citoyens qui relèvent d'une autre nation que sa patrie.
Il doit remplacer l'ânonnement du grec et du latin
par la possession de la terminologie ou italienne ou
espagnole, ou deutschonne ou anglo-saxonne. Il n'est
de son temps, comme on veut qu'il le soit, que s'il est
capable de vivre avec les hommes de son temps. L'intérêt du commerce, de l'industrie, de la science
l'exige.

Eh bien! avec le système, avec les programmes qui
ont été adoptés, le petit moderne risque fort d'être
baderne. D'abord il n'a pas de choix au début entre
les langues qu'il veut s'assimiler. Il est condamné à
l'allemand. Pourquoi? L'allemand est bon pour tant
pour cent d'écoliers, mais il y a un tant pour cent
d'entre eux qui n'en ont que faire. Un chef d'usine a
des relations avec Londres. Il n'a nul besoin que sa
progéniture se teutonnise dès l'enfance et soit à même
de causer en berlinois, à supposer qu'elle y arrive. Et

à peine le garçon sera-t-il un peu dégrossi et baragouinera-t-il un peu d'allemand que vite, pour qu'il l'oublie tout à fait, dès la quatrième, après deux ans seulement d'initiation, on greffera sur des principes mal saisis soit l'anglais, soit l'italien, soit l'espagnol. Espère-t-on qu'il retiendra les deux parlers? Il y a de grandes chances pour qu'il ignore l'un et l'autre, l'un par l'autre.

*
* *

Encore arriverait-on à lui inculquer quelques bribes d'un placement possible dans la conversation si on ne l'empêtrait continuellement dans les textes des classiques. S'agit-il d'allemand? On lui impose et Gœthe, et Schiller, et Lessing avec l'inévitable *Laocoon*, flanqué de la *Dramaturgie*, et Hanff avec son interminable *Lichteinstein*, et Herder, et d'autres, et d'autres encore qui sont très intéressants sans doute, mais intéressants au même degré qu'Homère et que Virgile, car on ne s'exprime pas du tout comme eux et la langue usuelle ne leur emprunte pas cinquante expressions utilisables dans le train-train des propos courants. Ah! il est à peu près certain que stylé de la sorte, le patient, après cinq années de scolarité, ne différera guère, pour l'étendue et la solidité du savoir, de son devancier ignare avec gloire, en plein épanouissement... Et l'on compte que, sans dictionnaire, le malheureux saura mettre debout thème et version bilingues au baccalauréat. Ce sera fait au petit bonheur, à la va-comme-je-te-pousse. Les correcteurs peuvent s'apprêter à passer plus d'une nuit blanche pour signaler et biffer rageusement les inventions burlesques, le méli-mélo ultrafantaisiste, pour collectionner les monstres et monstrillons qui figureront dans les copies, — de vrais musées Tussaud, asiles d'horreurs et d'abominations! Enfin! c'est fait. C'est voté. Il n'y a plus à y revenir

2.

— jusqu'au prochain remaniement qui s'imposera par la faute des habiles qui adorent si passionnément la stabilité et qui font tout leur possible, pour la rendre impossible.

Pourtant, de ce qui est et sera quelque temps, il faut bravement tirer le meilleur parti qu'il se pourra. Tout ce fatras de prose et de vers, très littéraire, d'admirable esthétique assurément, mais parfaitement encombrant, peut n'être pas nuisible, si l'on ne s'en embarrasse guère. Il est des artistes, des virtuoses qui arrachent des sons mélodieux aux violons les plus détestables. Un bon maître fait rendre ce qu'il veut à des programmes même médiocres, surtout s'il les met de côté délibérément.

.*.

Le bon maître, l'éducateur!... C'est lui avant tout qu'il est urgent de former. Aujourd'hui il pèche par excès d'érudition. Ses leçons passent par-dessus la tête des débutants. Il prend trop souvent une classe de marmots pour une Faculté, pas assez pour une salle d'école. Ne serait-il pas nécessaire de lui remémorer à chaque instant qu'il doit dorénavant changer de tactique? Sans le tracasser, mais en le houspillant un peu, très peu, ne pourrait-on lui rappeler par voie d'instructions, d'inspections, de constatations, par une surveillance de tous les jours, jusqu'à ce que le pli soit pris, — et il le serait bientôt, — qu'il est tenu de se mettre à la portée de son petit monde? Sa tâche est belle. Elle est toute de patience, de persévérance. Il sera humble, familier, clair avant tout. Il fera du vocabulaire, puis du vocabulaire, et toujours du vocabulaire. Il s'adressera à la vue. Il montrera les choses en mettant dessus leur nom. Il dira et redira les mots jusqu'à ce qu'on en ait la mémoire toute pleine. Il ne se permettra d'aborder une règle de syntaxe que lorsque les expressions seront connues. Métier de rabâ-

cheur, c'est entendu, mais brave métier qui profitera
à toute cette jeunesse — et à la patrie!

Oh! je ne veux pas du professeur « bonne d'enfants! » S'il est trop paternel, il sera vite débordé. Il
aura sa république enfantine dans son chapeau, dans
son encrier, sur le dos, grimpante et grouillante... et
adieu la discipline! Mais se proportionner à l'intelligence des petits *sixième* et des petits *cinquième*, ce
n'est pas se rabaisser, ce n'est pas faiblir. On sera
respecté et l'on sera écouté. Mais surtout qu'on n'hé-
site pas à imiter quelque peu les *marcheuses* nouvellement entrées dans la famille, au sortir du pays, qui
ne parlent qu'allemand, qu'anglais, pour accou-
tumer les oreilles au sens et à la prononciation des
vocables.

* *

Mais il faudra des professeurs pour causer et causer
encore et toujours, par douzaines?... Mon Dieu, oui!
— Où les prendra-t-on? — Eh! il n'est que de les
désirer pour les avoir sous la main, et pas trop cher.
Les certificats, les agrégations de l'enseignement
spécial sont abolis. N'est-il pas expédient et équitable
de les transformer en concours pour des certificats,
pour des agrégations modernes? Le nouveau diplômé serait à la fois professeur de français et de
langue étrangère.

Et voyez quels avantages en résulteraient pour le
travail! Le professeur ne serait pas un passant, une
silhouette volante, dans une division. Il y serait à
demeure. Il y enseignerait tout ce qui concerne les
lettres. Il aurait la peine, la responsabilité, mais
aussi l'honneur. L'unité de l'instruction, de la direction serait assurée, la discipline sauvegardée, l'attention de l'enfant concentrée au lieu d'être dispersée
sur des visages aussitôt disparus qu'entrevus, sur des
caractères bizarrement contrastants.

Il ne faudrait que peu de chose pour réaliser le

projet : quelques bourses de voyage dans les Universités d'outre-Rhin, d'outre-Manche, — une refonte des examens, — l'institution des *licences modernes* qui donneraient aux Facultés des étudiants, — la création d'une *agrégation moderne* d'où sortirait le véritable éducateur moderne tel que l'exigent les besoins et les aspirations du temps présent.

Je vois même dans l'application complète du plan proposé le moyen de résoudre enfin le problème si grave, si délicat du répétitorat, qui passe à l'état de question sociale. Cinq cents jeunes licenciés sont enlizés dans la maîtrise d'étude, dont ils ne peuvent sortir. Que ne les encourage-t-on à se tourner vers la connaissance des langues étrangères? Que ne favorise-t-on le séjour de nombre d'entre eux dans les centres intellectuels, chez nos voisins, d'où ils reviendraient au bout de deux ans prêts à conquérir grades et parchemins?

Ils deviendraient ou professeurs titulaires ou aides-professeurs selon leur capacité, selon leurs titres. Ils converseraient avec les élèves, ils les conseilleraient, ils achèveraient par la pratique, par l'exercice, en cour, en étude pendant la confection des devoirs, l'œuvre ébauchée en classe. Leur collaboration incessante et agissante en ferait de véritables auxiliaires de collègues dont ils ne se sentiraient pas les inférieurs, mais les égaux.

Ils joueraient alors le rôle qu'ils revendiquent avec raison. Satisfaits de leur situation morale, ils verraient aussi leur condition matérielle s'améliorer. Car ils seraient payés au prorata des services rendus, du labeur dépensé. N'y a-t-il pas là de quoi tenter leur zèle, leur passion sincère pour le bien public? Et la chose est-elle impossible? En tout cas, il ne faut pas s'immobiliser plus longtemps. Tout vaut mieux que ce qui est.

TROP D'UNIFORMITÉ.

L'uniformité, c'est proprement la manie française. Ce qui empêche toute réforme d'aboutir, c'est que les novateurs ne veulent pas procéder par essais, par expériences isolées, mais, tout d'un coup, généraliser, appliquer à tous les écoliers de tous les collèges de France, à la même heure, le même règlement, les mêmes programmes.

Si l'on se trompe, voyez les dangers qui résultent du système, voyez les responsabilités encourues! Une erreur pèse sur plus de cent mille enfants, détourne de sa voie toute une génération, se traduit en dommages s'étendant à tout le pays, à la société tout entière.

Les nouvelles méthodes font peur aux amis de la tradition? Peut-être craignent-ils qu'elles ne soient préjudiciables aux études, si, soudainement, à Paris et dans le dernier collège de France, elles entrent dans la pratique? Ils hésitent à les admettre, car ils redoutent une subversion totale?

Soit. Mais refuseront-ils de donner leur adhésion à des tentatives qui n'engloberont pas la collectivité? Ne seront-ils pas les premiers à trouver bon que l'on restreigne, qu'on limite à quelques centaines d'individus les tentatives de rénovation scolaire préconisées par les champions des Humanités modernes? N'ont-ils pas le devoir, s'ils ne veulent pas passer pour des rétrogrades endurcis, pour des entêtés de classicisme, d'ouvrir un ou deux établissements d'instruction secondaire aux éducateurs qui ont le sincère désir d'aller de l'avant?

Aux partisans du tout ou rien, il est permis de répliquer : « Vous voulez tout, nous ne vous accordons rien. » Car l'intransigeance de la demande appelle l'exclusivisme de la réponse. Mais aux théoriciens pratiques qui disent : « Nous avons fait nos preuves ailleurs. Nous sommes du métier. Nous voyons autrement que vous. Laissez-nous, d'exemple, vous persuader... Confiez-nous un peu de cette jeunesse qui, librement, veut venir à nous. Nous la conduirons à vos examens officiels, à vos écoles — mais par d'autres voies. Nous ne nous flattons pas d'être impeccables. Nous voulons pourtant faire bien, peut-être faire mieux. Introduisez-nous dans une maison, dans deux au plus. Au moins, si nous avons donné dans une utopie, seule une étroite minorité en souffrira. L'avenir de tous nos fils ne sera pas compromis. » A ces théoriciens pratiques, il est impossible d'opposer obstinément un veto farouche qui finirait par exaspérer les patiences et par décourager les dévouements...

Et précisément il se trouve qu'une société, l'*Association Nationale pour la réforme de l'Enseignement secondaire*, formée d'écrivains, de négociants, d'industriels, d'hommes politiques, de forces diverses et actives, insiste auprès du ministre de l'instruction publique pour que l'on permette à son action de s'exercer, à ses labours, de creuser droit et profond en des terrains bien choisis et localisés. L'*Association Nationale* ne prétend pas qu'on lui fasse une cession complète de tous les lycées et collèges que l'État administre. Elle désire obtenir soit Voltaire, soit Buffon, récemment ouverts, soit l'École Alsacienne que le gouvernement subventionne, et, dans les départements, un lycée à déterminer.

Là, elle organisera le travail scolaire selon le plan qu'elle a élaboré.

Au début, dans un premier cycle, les enfants recevraient une *culture générale*, à base de *français*, de *langues étrangères*, de *sciences élémentaires*.

Puis, dans un second cycle, selon leurs aptitudes, leurs vocations, leurs professions prochaines, ils suivraient des *cours*, soit de *langues anciennes* — destinés à une élite, — soit de *langues modernes*, de *sciences ap·pliquées* — plus profitables à la masse.

Il faut espérer que les vœux si modérés, si réfléchis des promoteurs seront entendus. A une révolution qui renverserait tout, ils préfèrent une évolution patiente et progressive. Il serait expédient de s'associer à leurs efforts, de favoriser leur initiative, et, s'ils réussissent, d'en tirer profit par des généralisations qui, alors, mais alors seulement, ne se résoudront pas en maladresses et en déceptions.

PAS DE LYCÉE SPÉCIAL (1).

Voltaire, né à Paris, mort à Paris, et si parisien par son goût, sa grâce si légère, sa fine précision de langage, son indépendance de pensée, Voltaire devait donner son nom à un lycée à Paris. Il le lui a donné. Le lycée Voltaire (1), un lycée de cinq millions, aux salles d'étude bien aérées, aux vastes cours de récréation, aux larges amphithéâtres de physique et de chimie, fait de pierres, de briques, de charpentes de fer, s'élève, tout battant neuf, à l'angle du boulevard Ménilmontant et de l'avenue prolongée de la République. Il est à peu près achevé. Je crois savoir qu'il n'ouvrira pas en octobre, mais en janvier il pourra recevoir les jeunes hôtes qui pourront y trouver place jusqu'à concurrence de huit cents.

Ce sera un lycée d'où le grec et le latin seront bannis. Ce sera le premier *lycée moderne*.

J'applaudis de tout cœur à la destination qu'on lui donne. Il est situé dans un quartier industriel, près des centres ouvriers. Toute cette France productive qui aspire à faire de ses enfants des producteurs de-

(1) Écrit avant l'inauguration.

mandait surtout qu'on leur apprît leur langue maternelle, des langues étrangères et des sciences. Elle
obtient satisfaction. Elle aura sous la main, à sa
portée, l'instruction solide et pratique, la culture à
la fois supérieure et substantielle qui convient à ses
fils. Adapter les connaissances aux besoins, au milieu
social : tout est là, en pédagogie...

C'est un principe excellent qui recevra son application, enfin. Mais c'est un principe que l'on ne peut
malheureusement faire passer de la théorie à l'acte
qu'à Paris, ou bien dans quelques grandes villes qui
pourraient avoir deux établissements d'enseignement
secondaire, comme Lyon, Marseille, Toulouse, etc.

Si la séparation des Humanités classiques et des
Humanités modernes est prononcée, s'il est décrété
que seuls une douzaine de lycées donneront l'enseignement grec-latin, et que le reste des lycées et collèges sera consacré à l'étude du français, dans quel
embarras ne plongera-t-on pas les familles ? Ne voit-
on pas qu'on les condamne à des séparations et longues et coûteuses ? Il faudra que le père et que la
mère envoient, souvent loin d'eux, leurs enfants. Ne
se rend-on pas compte que c'est là une cause de
tristesse, de découragements — et de déchirements ?
Que de plaintes et que de récriminations je prévois
et j'entends d'avance ! Elles me déchirent déjà les
oreilles !

D'ailleurs, ne sait-on pas que la dernière cité de
province, le dernier petit trou et le plus obscur, celui
dont le collège compte en rhétorique trois élèves, en
seconde cinq sujets, en philosophie un disciple, jettera les hauts cris si on lui supprime son enseignement classique ? M. le maire et MM. les membres du
Conseil municipal se mettront en insurrection, car ils
penseraient qu'on fait affront à leur commune en la
sacrifiant au chef-lieu du département. M. le député
prendrait feu et flamme et ferait retentir la tribune de
ses cris ! L'enseignement qu'on donne en leur ville

natale est nul ; mais on l'y donne — et cela suffit à leur bonheur !...

Et ces lycées des grands centres, que seraient-ils ? Des internats chargés à crever ! L'on se plaint des internats, et l'on se prépare à les accroître et, avec eux, leurs dangers, leur fièvre, leurs instincts vicieux, leur étiolement, leur — comment dirai-je ? — leur désapprentissage de la liberté civile ! Des villages, des bourgs de la banlieue prochaine, accourraient des théories de collégiens qui s'empileraient, qui s'entasseraient dans la douzaine de lycées voués à l'idiome grégeois et romain ! Car il faudra encore beau temps pour que vos bourgeois constatent que faire ânonner Homère et Virgile à leur progéniture indistinctement, sans consulter ni goûts, ni nécessités de profession, c'est faire fausse route, c'est préparer des déclassés...

Il serait d'ailleurs très mauvais, très préjudiciable aux vrais intérêts du pays, de scinder ainsi en deux la jeunesse française.

Vous auriez — prenez-y garde ! — d'un côté des lycées, où, comme en serre chaude, des bonshommes à qui l'on aura persuadé qu'ils sont des êtres supérieurs, des dilettantes, des mandarins en herbe — presque en fleur — seront appris au dédain, à l'orgueil, seront dressés à l'arrogance hautaine. « Ce serait, comme le dit un délicat humaniste, le moyen décisif de compromettre les Humanités en les séparant de la vie dont elles doivent être la règle et l'honneur, et en leur donnant je ne sais quel ton d'aristocratie débile et factice. »

Vous auriez, d'autre part, des lycées qui, malgré qu'on en ait, paraîtraient marqués d'un signe d'infériorité. Leur clientèle serait injustement dépréciée. Elle ne marcherait pas l'égale de la population scolaire qui, à côté, fleurirait. L'on aurait beau faire, rien n'irait contre les préjugés — si forts chez nous, — rien n'irait contre la vanité — plus forte encore que les préjugés. Et au lieu de constituer solidement l'unité de la jeu-

nesse française, on l'aurait brisée, scindée, anéantie,
on aurait élevé des barrières entre les castes; on aurait creusé des fossés entre des camps retranchés.
Beau résultat vraiment et que l'on est sur le point
d'atteindre en s'acheminant vers une séparation anti-
sociale !

Ne faut-il pas, au contraire, que les deux enseignements se pénètrent, se côtoient? N'est-il pas utile que
les élèves se connaissent, se fréquentent, s'estiment,
s'aiment? S'ils vivent pendant des années ensemble,
s'ils causent entre eux, s'ils se chicanent et se récon-
cilient, s'ils font effort dans leurs sillons parallèles,
s'ils se voient à l'œuvre, à l'échec et au succès, ils ne
manqueront pas de nourrir des sentiments de sympathie réciproque qui, après avoir pris racine au collège, s'épanouiront dans la vie. Ce qui sera le bras
doit être en communication avec ce qui sera la tête ;
l'union des membres et du cerveau fait la force et la
santé des nations comme des individus...

Aussi bien une raison s'oppose à la séparation des
enseignements et des élèves. Elle est politique — et
dominante. Si les parents ne sont plus libres de choisir
entre les deux méthodes dans leur lieu de résidence
et s'ils doivent sevrer leurs enfants de l'existence si
bonne et si éducative au foyer domestique, ils ne manqueront pas de les envoyer, pour les conserver près
d'eux, dans les maisons d'éducation congréganiste
qui ne manqueront certes pas de s'ouvrir en tous
lieux. Je n'insiste pas...

Dans les villes où plusieurs lycées, où deux lycées
seulement peuvent exister, on peut admettre la coexis-
tence des deux types, des deux modes d'instruction
en des bâtiments distincts. Là où l'on ne peut opter
qu'au prix d'un sacrifice et d'argent et d'affection.
il faut la repousser absolument...

LE LYCÉE VOLTAIRE.

Le lycée des Humanités modernes. — Le lycée Bleu. — A la veille de l'ouverture. — Classes. — Études. — Cours. — Réfectoires. — Menues critiques.

Je sors de visiter le lycée Voltaire. L'État et la Ville ont bien fait les choses. Ils ont confié le lever des plans, la direction des travaux à M. Eugène Train, un architecte qui n'en était pas à ses débuts pour les constructions scolaires, car il a édifié un établissement modèle, le collège Chaptal. De plus, ils ont su limiter la dépense, du moins la modérer ; elle n'excédera pas six millions. L'on sait que c'est peu, relativement à ce qu'ont coûté Buffon, Lakanal, Janson, les autres lycées de fondation républicaine...

Tout est beau, tout a grand air dans le nouveau lycée. Tout y a le caractère d'un luxe solide, de bon ton. C'est moins coquet, moins gracieux que le lycée Vert de Vaugirard, mais c'est plus sévère, plus solennel, je ne dis pas plus ennuyeux. Cela vous a vraiment l'apparence d'un lycée de garçons, non d'une bonbonnière à jeunes filles. Mais voilà que, pour faire l'éloge de l'un, je décoche une épigramme à l'autre ; et pourtant je l'aime bien, l'autre ; il est si mignon, si gentil, si riant !

Non que le lycée Voltaire soit triste. Oh! non. Il est gai comme l'esprit de son patron, il est clair, vivant! Tout y est bleu. C'est le lycée Bleu! Sur la façade, sur les murailles intérieures, dans les cours, dans les escaliers, partout, le bleu triomphe, met sa splendeur, sa richesse de coloris! L'on dirait que l'azur du ciel et celui de la mer se sont fondus pour souligner l'encadrement des briques rouges, des grès rosâtres, des blocs granités. Et comme l'on se rend compte, en contemplant ce monument d'une architecture toute jeune et pimpante, qu'elle est née sous l'influence des palais admirés à l'Exposition universelle ! C'est un ressouvenir du Champ de Mars qu'avec plaisir retrouveront les collégiens, à cette extrémité de la grande ville.

*
* *

Ah ! ils ne seront pas à plaindre, les hôtes de la céruléenne demeure. Ils ont 17,500 mètres d'espace où se mouvoir, dont 8,000 mètres de cours et de jardins. Et partout l'air, la lumière, à grands flots, circulent. A peine a-t-on jeté un coup d'œil sur la façade qui allonge ses 165 mètres sur l'avenue de la République, à peine a-t-on franchi la porte d'entrée où Voltaire et Ampère dressent leurs bustes en forme de cariatides, on se trouve dans un vaste vestibule d'où l'on embrasse l'ensemble des bâtiments.

A droite, les logements du censeur et du proviseur, logements de princes... universitaires. A gauche, le parloir, où la brique et le fer se marient en combinaisons bleues du plus heureux effet. La cheminée, en marbre blanc à clous d'or, ne déparerait pas le salon d'honneur d'un château royal. Tout près, une salle d'attente pour les mamans qui viendront chercher les petits de la classe enfantine. Et à côté encore, une salle de débarbouillage où une femme de service se tiendra pour donner aux mioches les soins de propreté avant de les livrer, la journée finie, à la famille.

Revenons au vestibule. Il fait vis-à-vis à une vaste cour qu'entourent des pelouses et que peuplent des arbres transplantés il n'y a pas plus d'un an et déjà tout feuillus. Ce sera la cour des *petits*. Elle occupe le centre des constructions formées par deux corps parallèles à gauche et deux corps parallèles à droite, séparés par des cours pour les *moyens* et pour les *grands*. Au nord de l'immense quadrilatère occupé par les cours et par les quatre bâtiments qui les bornent, un triangle de constructions se dessine où se trouvent le gymnase, la salle d'armes, la cuisine, la laverie, les réfectoires. Les trois lignes de murailles enferment une cour qui sera la cour des exercices physiques. C'est une innovation dont la Ligue nationale ne se plaindra pas. Les élèves pourront évoluer, s'entraîner à leur aise. Et s'il pleut, un préau couvert est tout près. Les divisions pourront y passer la récréation sans être entassées les unes sur les autres. Elles auront la possibilité de s'y mouvoir sans se gêner, sans se bousculer. Il y a d'ailleurs autant de préaux que de cours et les ondées ne priveront pas les jeunes « Voltaire » de jeux et de distractions.

L'architecte semble avoir songé à tout, avoir tout prévu. Le long des cours il y a des galeries couvertes. L'on peut passer partout sans s'exposer à l'eau. De plus, des corridors intérieurs desservent dans tous les corps du bâtiment, au rez-de-chaussée, les *classes*, et, au premier étage, les *études*. Ils facilitent la surveillance. Et ils ne facilitent pas les rhumes et les refroidissements. Maîtres et écoliers ne seront pas exposés à passer sans transition des pièces où il y a 18 degrés de chaleur dans des cours où il y a parfois 15 degrés de froid. Des courants d'air chaud entretiennent une atmosphère ambiante qui ménage les intérêts de tous les poumons. Peut-être ne ménagent-ils pas assez les intérêts des contribuables, car les calorifères ont coûté 400,000 francs et entraînent une dépense annuelle de 40,000 francs. N'y a-t-il pas là un excès de luxe ? Ne pourrait-on trouver un autre système moins coûteux ? Il faut un mécanicien, deux chauffeurs. N'est-ce pas trop ?

**
* **

Voilà que je critique. Vite, vite, je reprends ma promenade qui me réserve bien des surprises et qui me permet de distribuer en foule les compliments. Entrons dans une classe. Il y en a 47, faites sur le

même modèle. Le mobilier y est confortable, hygié-
nique. Les tables sont courtes : deux élèves seulement y peuvent travailler. La surveillance est facile.
La chaire domine bien les bancs. L'éclairage est
excellent. Les baies des fenêtres vitrées s'ouvrent
grandes sur les cours d'où vient l'air, la lumière,
mais d'où ne vient pas au moins le bruit assourdissant
de la rue, du boulevard, comme en tant d'autres
lycées où les professeurs cassent leurs voix prématurément. Voulez-vous voir jusqu'où M. Train a poussé
la sollicitude à l'égard de la santé enfantine ? Il a
percé le plancher de petits trous de façon que les
buées provenant des tubes chauffés s'évaporent.

Au réfectoire, il a fait mieux. Il a établi sous les
pieds des déjeuneurs des chaufferettes alimentées par
la vapeur. Ils sont bien soignés, nos fils, trop bien
même, en cette fin de siècle. Je n'ai qu'une crainte,
c'est qu'ils ne soient trop efféminés à force d'être
caressés et dorlotés. Je compte que l'appareil ne mar-
chera pas souvent, qu'on ne lui demandera de chauffer
les escarpins de nos héritiers que par les hivers excep-
tionnellement rigoureux...

Les dix-sept études sont au-dessus des classes. L'a-
gencement en est commode, bien compris. Le maître
répétiteur sera facilement maître de ses subordonnés.
Sièges, pupitres sortent de maisons très brevetées.
Peut-être eût-on dû ne pas adopter, en chaque local,
des pupitres de même hauteur. Il n'eût pas été indif-
férent de varier les dimensions selon les tailles des
possesseurs. S'il faut trop se baisser ou bien trop se
hausser, la croissance s'en ressent.

Aux angles, se placent les amphithéâtres. Il y en a
deux pour la physique, deux pour la chimie. Ceux-ci
sont fort curieux, très nouveaux. Ils sont précédés de
laboratoires pour les préparateurs. Ils sont munis
d'un double fourneau pour les expériences. Les
bancs s'étagent en gradins de façon que l'auditoire
puisse bien regarder, bien s'assimiler la démonstra-

tion. En enfilade, s'étendent des salles de manipulation où, sur 15 mètres de long sur 10 de large, quatre rangées d'élèves pourront se livrer à une cuisine chimique approfondie. Comme l'enseignement doit être avant tout pratique, appliqué, semblable installation était nécessaire. On y a songé. On y a réussi. Ce n'est pas un mince mérite que d'avoir pensé à élever industriellement de futurs industriels.

Et il y a encore — que n'y a-t-il pas encore? — deux amphithéâtres d'histoire et de géographie, avec de grands tableaux et de grandes cartes, et une bibliothèque, et des salles de dessin, de modelage que vous prendriez, avec leur jour tombant d'en haut, avec leurs plafonds élevés, avec la disposition des chevalets, pour des ateliers d'artistes, et une salle de réunion spéciale pour les professeurs qui plus tard se transformera probablement en cercle professionnel.

Et il y a encore... Quoi! ce n'est donc pas fini? Et il y a... devinez? Oh! c'est bien original, bien... de notre temps... Un atelier de photographie! et un salon pour poser! Ce qu'il va s'y former d'émules de mon homonyme... Petit! Ce qu'il va s'y révéler de vocations pour vouer à l'immortalité instantanément nos artistes en vogue, sans compter nos baigneuses estivales! Ah! mesdames, défiez-vous des potaches qui auront été élevés à Voltaire. Ils vous trahiront sur des clichés au moment où vous serez le moins en garde contre les indiscrétions de ces inoffensifs chérubins.

* *

Au troisième, des appartements pour les surveillants généraux, et les chambres des maîtres répétiteurs. J'ai fait l'ascension pour voir une de ces chambres. Elles ont deux fenêtres, un joli mobilier, un cabinet de toilette. C'est un petit logement où l'on sera bien. Et quelle vue! Par-dessus les toitures, par-dessus les tuyaux grands et petits qui projettent dans les airs leurs noires volutes, Belleville s'élance dans la blancheur crue de ses maisons, les Buttes-Chaumont se dressent dans la verdure ensoleillée de leurs prairies en pente et de leurs arbres. Où que les regards se portent, Paris dit son 'fort travail, Paris fait son œuvre de patience et de progrès. Quel horizon pour de jeunes hommes qui, demain, partiront à la conquête des diplômes et des honneurs ! Tout, au dedans, au dehors, les invitera au labeur fécond : ici l'enfant penché sur son devoir, là l'ouvrier courbé sur l'enclume.

De mon rêve, je redescends à la réalité.... aux soussols, aux caves, aux cuisines dont j'escamote la description toujours la même. Les chambres de chauffe, avec leurs innombrables conduites de toute dimension, m'arrêtent un instant. C'est de là que partira l'été, — l'éternel printemps plutôt, — dont on sera environné uniformément et doucement en ce paradisiaque séjour de l'étude. Ah !.... que nous sommes loin de notre enfance toute grelottante ! Que sont devenus les poêles d'antan ? Tantôt ils brûlaient les mains des patients, tantôt ils nous asphyxiaient de leurs âcres émanations.

Je sors du lycée Voltaire où, dans le coup de feu final, tapissiers, maçons, peintres tapent, cognent, emménagent, peignent, donnent le dernier coup de fion. L'on dirait une veille de vernissage au Salon. Je me croise à la sortie avec la file des parents qui, suivis de leur progéniture, s'acheminent vers le cabinet du proviseur. Ils vont faire inscrire leurs fils. Ils attendront un peu, car les visites abondent. C'est de bon augure. La classe enfantine qui va être inaugurée et qui sera la pépinière des bons sujets, les trois premières années d'enseignement moderne qui vont s'ouvrir, ne manqueront pas de disciples. Tant mieux. Les pères et les mères commencent à comprendre que les professions libérales sont parfois avares de libéralités pour leurs adeptes...

Je m'en reviens par l'avenue de la République. Là

aussi il y a du remue-ménage. La pioche des démolisseurs se fait sa voie à travers le dédale des vieilles rues condamnées à mort. Les maisons tombent trouées de blessures. Les ruines s'amoncellent, que demain on déblaiera. Et sur le poudroiement des décombres, déjà des entrepreneurs prennent des mesures pour les devis des maisons neuves qui bientôt s'aligneront droites et raides jusqu'aux boulevards. Avant dix ans, le lycée de ce Parisien : Voltaire, sera le plus parisien des lycées.

LES CANDIDATS DE LA FAIM.

Si l'empereur d'Allemagne a voulu frapper l'attention de ses sujets et de ses contemporains, il peut se flatter d'y avoir réussi. Il a donné de la besogne aux publicistes qui commentent ses paroles, au public qui en fait un thème à discussions passionnées. Un ministre, en France, avait hardiment tracé le portrait du jeune homme moderne. Guillaume II n'a pas voulu être en reste de pédagogie avec le grand maître de l'Université. Il a tracé, lui aussi, le portrait du jeune homme moderne. Mais son jeune homme moderne diffère de l'idéal rêvé en deçà du Rhin. C'est un jeune homme allemand, à langage allemand, à sentiments allemands pour la soldatesque et la rudesse allemandes, à haine allemande pour le socialisme allemand, pour le journalisme allemand, à loyalisme allemand pour l'empire allemand.

Oh! les intentions des novateurs ne sont guère les mêmes à Berlin et à Paris ! Là-bas on se défie des idées libérales, chez nous on s'appuie sur elles, on les prend comme sauvegarde. Là-bas, on cultive un patriotisme étroit, exclusif, froidement égoïste. Chez nous, on veut d'un patriotisme qui, sans être moins vivace et moins ferme, soit plus large, plus tolérant, généreusement ouvert à l'amour envers les autres peuples, à la solidarité humaine...

Mais n'importe. Des deux côtés de la frontière, le même cri, jadis littéraire, aujourd'hui scolaire, est poussé. Des deux parts, c'est même guerre déclarée à des préjugés, à des routines dommageables au bien-être individuel, à la civilisation générale. Des deux parts, quelles que soient les intentions de leurs guides, les générations nouvelles suivront des chemins parallèles. Et, au moins en apparence, il semble que si l'on s'écarte par une évolution semblable des anciennes routes, si l'on renonce à boire aux sources, hier encore sacrées et divines, où, à pleines lèvres, on puisait toute science, l'itinéraire a été subitement changé parce que les deux peuples en marche se sont heurtés à des obstacles identiques, ont échappé à des pierres, à des fondrières où ils se sont blessés douloureusement...

*
* *

Il y a trop de *candidats de la faim* par toute l'Europe. Il y en a trop, surtout dans notre France. La faute en est aux pères et aux mères, à leur étrange aveuglement. Écoutez comme ils raisonnent : « Travaille, mon fils, fais tes classes. Nous allons te *mettre au latin*, car sans latin point de salut, point de *position*. Tu as de la chance que, sans l'avoir appris nous-mêmes, nous ayons pu économiser quelques sous pour que tu aies le bonheur d'aller au collège où on te l'enseignera. Pioche ferme, aie un rang brillant. Il faut être dans les dix premiers en version, en thème, si tu veux *arriver*. »

L'enfant est dans les dix premiers, s'il le peut. Admettons qu'il le puisse, surtout qu'il le veuille. Même il a des accessits, et aussi des prix. Il est bachelier, oui, bachelier ! Il se présente à une école. C'est la règle. C'est la manie, la furie générales. Neuf fois sur dix il y échoue. Il y a beaucoup d'appelés et peu d'élus, même parmi les *forts*. Car la concurrence devient terrible et l'on s'étouffe à la porte de ces antres sacro-saints : Normale, Polytechnique, Saint-Cyr. Après un échec, il se représente. Et il échoue encore, et, une troisième fois, il échoue.

Alors, à défaut des ministères, des administrations, de la bureaucratie à cent francs par mois, il se rabat sur la médecine, sur le droit, sur les carrières dites libérales, — il y a encore dans le portefeuille de papa assez de pièces de cent sous pour payer les inscriptions, la chambre, la table, les vêtements — et le reste. Tant bien que mal il décroche ses parchemins. Ceux qui avec lui les décrochent sont foule. Or, bien que les malades et les coquins soient foule aussi, ils sont une légion moins dense que l'armée des avocats et des médecins. C'est même un bonheur pour le pays. Mais c'est un malheur pour les diplômés sans clientèle, sans bras à couper, sans tête à sauver, qui, si papa s'est décidément saigné aux quatre veines pour éduquer sa progéniture, posent leur candidature à la faim. Car avoir faim ne signifie pas simplement manquer de la croûte qu'il faut casser au repas pour soutenir ses forces, mais manquer de tout ce qu'on a l'habitude de posséder, d'aimer, depuis l'enfance. Et ils sont nombreux les candidats de la faim, de la faim matérielle, de la faim morale. Tous gagnent le gros lot de la misère qui se paye à bureau ouvert, en déboires, en rancœurs, en révoltes contre l'ordre établi, en haine contre les lois, en jalousie contre autrui, en tortures du ventre et du cœur! La dédicace de *Jacques Vingtras* est trop cruellement vraie : « A ceux qui, nourris de grec et de latin, sont morts de faim. »

Voilà cinquante ans qu'on mâche à vide cette viande creuse et qu'on en amuse l'estomac, sans le satisfaire. Il est temps qu'on ne le trompe plus. Tout le monde

ne peut pas se repaître de chimères, être romancier,
poète, professeur, savant, praticien, magistrat, voire
aigle de barreau en province, et tout le monde apprend
pendant dix ans à ne devenir que cela, n'est apte qu'à
se montrer cela, qu'à vouloir cela, qu'à vivre de cela,
surtout qu'à en pâtir, qu'à en périr.

Lorsque, sur un bateau en partance, il n'y a que cent
places, le capitaine ne prend que cent voyageurs.
Sinon le poids peut faire sombrer et les passagers et
l'équipage. Et dans ce bateau où nous montons tous,
ce bateau, vous savez bien, où l'on embarque pour la
lutte pour la vie, contre vent et marée, quand mille
personnes ne peuvent tenir sur le pont, c'est dix mille,
c'est vingt mille, c'est toute une cité vivante et dolente
qu'on y entasse, de la cale jusqu'aux vergues, en un
écrasement fou, en un amoncellement lamentable
de damnés qui, refoulés, poussés, piétinés par les
plus forts, sont jetés à l'eau, s'y tordent, et, dans les
contorsions du désespoir, s'y engloutissent tragi-
quement...

Pas n'est besoin d'évoquer la dévorante image de l'enfer posthume qui, selon les fidéismes religieux, guette
les coupables. Tout à l'enfer humain qui guette les innocents! Et ce n'est pas leur faute à ces malchanceux
s'ils sont ainsi précipités dans le gouffre. Ils ont été soumis, sages, naïvement confiants. Ils se sont endormis
sur la foi de l'expérience paternelle. Ils ont cru bien
faire en suivant des conseils qui, loin d'être dictés par
le bon sens et l'entente des difficultés pratiques,
étaient inspirés seulement par la gloriole, par la vanité
sotte, par le désir d'éblouir, d'éclipser autrui. Et leur
récompense à ces infortunés, à ces inoffensifs, qui,
dans le siècle de l'intérêt, ne voyaient qu'art, que culture supérieure, qu'études désintéressées, ç'a été de
devenir des chiffres ajoutés au total des désolantes
statistiques. Ç'a été d'être roulés comme des épaves,
dans le remous des flots humains, sans pouvoir, ni
arriver au port, ni retourner au rivage abandonné...

*
* *

Les études gréco-latines, excellentes il y a un siècle quand elles étaient un bienfait exceptionnel, quand elles étaient destinées à un petit nombre dont la production équivalait à la consommation du pays, sont devenues une erreur, un mal, un danger social, en devenant le patrimoine de tout le monde. Elles ont épuisé trop de pauvres cerveaux qui épuisent à leur tour la société quand ils ne la bouleversent pas. Elles ont détourné des travaux utiles trop de créatures qui étaient nées pour faire mieux que de mendier des situations et de se lamenter si elles ne les ont pas obtenues d'un camarade arrivé ! Elles ont gaspillé trop de forces, — tout un capital intellectuel qui aurait pu être employé au profit commun et à son propre profit. Elles ont allumé des ambitions et des convoitises qui se sont exacerbées au grand dommage des individus et de la collectivité. Sans doute quelques intelligences supérieures, quelques privilégiés de la nature, en ont bénéficié à l'avantage de tous, mais doit-on sacrifier les neuf dixièmes de la population scolaire pour quelques centaines d'orateurs, de savants, d'écrivains qui, sans qu'on leur immolât leurs compagnons, seraient bien montés à la lumière...?

Alors l'instruction est inutile ? Non pas. Mais instruire veut dire armer, équiper, munir, outiller. Celui-là était instruit, selon les Latins, qui était introduit dans le champ clos des intérêts avec ce qu'il fallait pour trouver l'emploi de ses forces, de ses facultés. Celui-là doit être dit instruit de nos jours, qui est à même de se faire sa place au soleil, largement, pleinement. N'est-il pas toujours assez solide et assez hardi pour gagner de haute lutte fortune et dignités, loyalement ? — à tout le moins peut-il gagner sa vie, — et c'est beaucoup. Il n'est pas embarrassé, mannequiné, pourvu d'une inutile panoplie qui le désigne aux coups et n'en porte pas. Il n'est pas mis hors de combat, dès le premier jour. Ce n'est pas un pur esprit, bourré de textes antiques, dont les citations sont mises en fuite par d'obscurs assaillants. Il s'avance, tête et corps bien équilibrés, poitrine et bras protégés par le fer, mains nerveuses et souples, habiles à parer, à frapper droit...

Avez-vous affaire à un enfant supérieurement doué, lui reconnaît-on des aptitudes remarquables? Vite, placez-le en face d'Homère et de Virgile, habituez-le à s'incliner devant les idoles du passé, si belles, si charmantes, si gracieuses en leur naïveté primitive. Ornez-lui l'esprit, à ce bienheureux, à cet être d'élection, de beaux contes grecs, de graves légendes romaines; faites-lui une âme tout émerveillée, tout éprise de rêves et de symboles. Tournez-le vers les sommets. Qu'il s'élève au-dessus des vulgarités et des banalités ambiantes. Qu'il se construise sa tour d'ivoire où il pourra s'isoler, se complaire en ses extases pieuses. Rendez-le l'amant de l'éternelle beauté, le dévot de la forme et de la pensée. Versez en lui l'enthousiasme. Enivrez-le de passion pour l'idéal. Il ne faut pas que des iconoclastes à outrance renversent toutes les statues, foulent aux pieds ce qui s'est appelé Eschyle, Platon, Tacite. Il faut que les grands hommes des époques évanouies aient encore des fervents, comptent encore des adorateurs parmi ceux qui, dans les lettres et dans l'art, seront les grands hommes de demain. Mais pour les indifférents, pour les sceptiques, après les leur avoir montrées et avoir constaté qu'ils en détournaient leurs regards et ne savaient pas les voir, brisez les idoles!

*
* *

Oui, que s'évanouissent les rayonnantes images devant ceux qui en dédaignent les splendeurs! Que s'éteignent, que meurent les dieux pour ceux qui ne

leur élèvent pas un temple en leurs cœurs ! A quoi
bon imposer à l'admiration ce que rejette l'indifférence ? Pourquoi s'obstiner à introduire de force dans
le sanctuaire qui ne s'y incline pas, qui s'y fait traîner
comme un troupeau, par obéissance passive ? Autre
temps, autre culte, autre adoration. Les traditions
d'autrefois s'effondrent. Ce qui fut culte est oubli,
ce qui fut colonne est ruine. Et le progrès jeune,
dru, vivant, beau de hardiesse féconde, reconstruit
à nouveau les édifices écroulés, bâtit son monument.

Que veut notre époque ? Que demande notre milieu
social ? L'inévitable *struggle for life* n'exige pas que
les hommes s'entre-tuent et s'entre-dévorent pour permettre à quelques prédestinés d'avoir la part du lion
et de jouir. Lutter pour la vie, c'est, dans le sens vrai,
dans l'acception la plus noble et la plus haute, conquérir le droit de vivre. C'est, dans quelque métier
auquel on est astreint, pouvoir faire le *struggle*, l'effort
qu'il faut pour manger, boire, dormir, — et aussi se
reposer et penser. Chacun doit pouvoir lutter pour la
vie, chacun doit être rendu apte à occuper son vrai
rang, là où il rendra service à lui-même et aux siens,
à sa patrie, à l'humanité, là où il sera heureux, là où
il aura la joie de faire des heureux !

L'enseignement aristocratique donné encore à la
bourgeoisie déclasse ses fils, établit un désaccord entre
leurs aspirations et la réalité brutale des faits, entre
leurs désirs et les nécessités ambiantes. Il convient
donc de les élever autrement, de les instruire — de les
outiller pour le siècle...

Et que convient-il de leur inculquer ? Un ensemble
de connaissances à la fois élevées et pratiques, générales et facilement utilisables ; une forte étude de la
langue nationale, des langues étrangères, des sciences,
de la géographie, de l'histoire. Car, citoyens de leur
patrie, nos fils sont aussi et de plus en plus citoyens
de l'univers.

Le pain d'abord ! La fortune, le luxe, la gloire viendront à quelques-uns : la masse a l'obligation de gagner
la vie, qui est chère. Les *Humanités anciennes* demeurent pour une élite le superflu qui pour l'élite est nécessaire. Les *Humanités modernes* fourniront au gros
de l'armée le nécessaire — qui n'est pas superflu, même
pour l'élite.

AU PAYS DES ÉCOLIERS

L'ENSEIGNEMENT ET LA RÉPUBLIQUE.

Ce qu'a fait la République pour l'instruction primaire. — Le triomphe de l'École ! — Le succès des méthodes pratiques.

Quels progrès n'a pas accompli l'instruction primaire depuis l'établissement de la troisième République ! A ceux qui vont répétant : « L'œuvre du régime actuel est stérile, il a su détruire, il n'a pas su édifier. » — comme il serait facile de répondre par une statistique nouvellement établie qui a son éloquence ! En 1850, il y avait 43,843 écoles publiques suivies par 2,601,619 élèves ; en 1865, il y avait 53,350 écoles avec 2,826,467 élèves ; en 1876, on passe à 54,021 écoles avec 3,965,482 élèves. Enfin, en 1886, après l'exécution des lois scolaires, le total s'élève brusquement à 66,708 écoles avec 4,444,658 élèves ! Et, à l'heure actuelle, la France possède 79,000 écoles et 5,500,000 élèves !

Certes il a fallu ne pas épargner la dépense. La note qu'on a payée excite certaines colères et certaines récriminations que l'on connaît. Il a fallu affecter 540 millions au développement du réseau scolaire. L'a-t-on assez reproché, ce demi-milliard, à nos gouvernants ! S'est-on assez répandu en plaintes ! A-t-on assez crié au gaspillage !... Que voulez-vous ? Il est si dur de reconnaître que la démocratie et que l'instruction sont unies par d'indissolubles liens ! de confesser que la République et que l'École creusent dans le même champ des sillons parallèles, aux profonds et riches labours...

Et d'ailleurs, est-ce la faute aux représentants de la nation s'ils ont été forcés d'employer en constructions d'écoles, en fondations de chaires, en établissements de cantines, en distribution de livres, les deniers des contribuables? Si la monarchie s'était montrée plus généreuse; — si elle avait appris à lire au pays, la République aurait pu se montrer plus économe! Elle n'a tant fait que parce qu'avant elle on n'a rien fait! Les détracteurs passionnés et systématiques de la gratuité, de la laïcité et de l'obligation feraient bien de se rappeler que si, en 1890, le budget de l'enseignement primaire va dépasser *cent* millions, c'est parce qu'en 1869, à la veille de la guerre et de l'effondrement impérial, il n'atteignait pas *dix* millions...

Mais pourquoi, chaque jour, dans les feuilles bien pensantes, se déchaîne-t-on avec une telle intrépidité de vertueuses convictions contre l'École?... C'est parce qu'on voudrait bien remettre la main sur elle, sur l'instituteur, sur l'enfant, sur la France de demain. Mais c'est peine perdue. Ce que nous tenons, nous ne le rendrons pas. Nous voulons forger des générations actives, généreuses, dépouillées de préjugés, nous voulons librement les élever pour la liberté. C'est là notre plus chère espérance; c'est l'idéal où nous tendons; et plus nos adversaires s'acharneront à ressaisir ce qui fut leur domaine, et ce qui est aujourd'hui notre bien le plus précieux, plus nous nous obstinerons à retenir nos conquêtes.

I. — LE TRIOMPHE DE L'ÉCOLE.

Ce ne sont pas d'ailleurs les instituteurs qui se plaindront du changement qu'a subi leur sort. Leur situation matérielle, par la prochaine loi Vigier, sera

améliorée. Hier encore ils étaient inféodés à l'Église,
aujourd'hui ils sont les maîtres chez eux. Hier encore
soumis à mille servitudes locales, aujourd'hui ils ne
dépendent que de leurs chefs hiérarchiques. Hier encore méconnus, dédaignés, souvent moqués, — ils
étaient les maîtres d'école à la classique férule, — aujourd'hui ils sont entourés d'estime et de respect,
comme il convient aux éducateurs nationaux...

Et ils ont droit d'être quelque peu fiers de leur
œuvre ! Ils ont su rapidement amener leurs disciples
vers le progrès et vers la lumière. Chacun le reconnaît, chacun leur rend hommage, à l'étranger, — et
même chez nous.

Hier, je lisais un admirable rapport qu'un pédagogue militant, le directeur de l'enseignement primaire, F. Buisson, a rédigé sur l'École à l'Exposition.
C'est comme un chant de triomphe qui m'a rempli de
joie et d'une saine et virile émotion !

Comme il apprécie le travail des plus humbles, ce
bon ouvrier, qui, la tâche mise en train, s'écrie dans
un élan de juste enthousiasme! « Il a passé dans le
domaine des choses de l'instruction populaire comme
un souffle de foi ; les maisons d'école se sont élevées
un peu avec cet entraînement qui, au moyen âge, faisait bâtir les cathédrales... »

II. — LE SUCCÈS DES NOUVELLES MÉTHODES.

Et M. Buisson, pour prouver quels efforts l'on a ten-
tés, quels résultats l'on a obtenus depuis vingt ans,
promène son lecteur — rétrospectivement — à travers tout ce petit monde de l'instruction, à travers les
classes, les cahiers, les programmes, et il se félicite de
constater que les nouvelles méthodes, partout appliquées, partout réussissent. Le travail attrayant et raisonné a mis en fuite l'ennui des exercices qui ne faisaient nullement l'éducation des sens, du langage, du

cœur et de la raison, et qui surmenaient tyranniquement la mémoire.

L'école française a été vivifiée par l'introduction du dessin, du chant, du travail manuel, de la gymnastique, des leçons de choses qui soutiennent l'attention, éveillent le jugement, maintiennent la saine gaillardise de l'esprit et du corps! L'école française a cessé de se plier au verbalisme scolastique, — elle est vraiment l'école du peuple, — elle est l'école intuitive, concrète, l'école où l'agrément le dispute à l'utile, où la géographie, où le calcul même, matérialisés, rendus palpables et comme agissants, l'emportent sur les vaines abstractions, sur les principes prêchés jadis solennellement, — et infructueusement!... Et elle n'est plus l'école austère d'autrefois, l'école sévère et pédantesque, l'école froide que l'écolier désertait pour... l'école buissonnière. Elle est l'école gaie et riante. Elle s'est transformée, par l'initiative heureuse des novateurs, en musée coquet, en ruche gentiment bourdonnante, asile du labeur aimable, du labeur aimé!

L'INSTITUTEUR.

Eh bien! non, l'instituteur n'est pas ce que le fait, en un roman d'une verve endiablée, un détracteur de l'enseignement primaire, Th. Chèze! Non, je ne reconnais pas l'instituteur français, le « prêtre laïque » dans la diatribe qui vient d'être lancée, avec combien de talent et aussi d'emportement et de passion, contre l'école, contre le maître d'école!

La silhouette qu'on nous trace de l'homme à qui nous confions nos fils est grimaçante, contorsionnée, convulsée! Elle nous rend la charge crayonnée par un fougueux artiste dont la colère conduisait le bras; elle ne nous donne pas l'exact et reposant portrait du tra-

vailleur intellectuel qui, par vocation, par dévouement,
livre vaillamment combat à l'ignorance. Où vit-il, où
palpite-t-il ce monde de fantoches méchants qui, sous
les yeux du lecteur, en vision de fantômes, tristement
tournoie? Où existent-ils vraiment ces enfants dont la
seule joie est d'insulter les maîtres, ces maîtres qui
n'ont d'autre idéal que de mâter leurs disciples, ces
chefs qui, à leur tour, terrorisent disciples et maîtres, tiennent tout dans le tremblement? Ça, l'école
française; ça, un tableau fidèle de l'instruction populaire? Allons donc! C'en est, encore un coup, la caricature poussée au sombre, au noir, comme à plaisir.
Dans cet horrible tableau, dans tout ce vilain monde,
tout grouillant de bêtise, d'intérêt et de convoitise,
parmi toutes ces laideurs morales, toutes ces sottises
stupéfiantes, je me refuse à reconnaître celui qui a
l'honneur de mener les générations nouvelles au progrès et à la lumière!...

* *
*

Le bel instituteur que ce débutant sans goût pour
le métier, jeté et emprisonné dans la classe par la nécessité! Comment veut-on qu'il réussisse? Qu'attendre
d'un stagiaire déclarant que « les petits l'ennuient »?
qu'il n'a « ni la patience, ni la minutie, ni la tranquillité d'allure pour les guider »? A ses yeux, « ce sont
des ignorants invétérés — ou bien des cinquièmes,
des quarts, des tiers, des moitiés d'ignares ». — Eh!
s'ils étaient savants, il ne serait pas là pour les dégrossir! Tout, dans son jeune et naïf auditoire, si
charmant en ses fraîches impressions, lui est objet de
répulsion et de dédain. Il trouve à ses gamins des
faces bêtes, des mufles méchants. « A ses questions
presque tous opposent des silences renfrognés, ou des
lambeaux de réponses stupides que suivent des rica-
nements larges et baveux de futurs crétins, les ricane-
ments satisfaits des imbécillités héréditaires. » S'il

les prépare à un examen, c'est pour lui « le moment de gavage pour les petits dindons scolaires ». Vis-à-vis d'eux il est toujours énervé, impatient. Il pense à tout autre chose qu'à sa besogne. Il veut le silence à tout prix. Sinon il est brutal, il « frappe ». Il tape dans le tas. Il maintient la discipline à coups de gifles. Il est pris de rage inconsciente et se plaît à assommer un innocent. La leçon? il la trouve monotone. La correction des devoirs? lancinante. Est-il forcé d'arriver à l'heure, d'être poli à l'égard de ses chefs, de ne pas fumer sur le trottoir, devant la porte, il se considère « comme un rouage bien graissé de la machine à gaver les cerveaux ». Lui, intelligence, lui, pensée, il devient « bête de manège ». Rendre service au pays? faire œuvre utile et bonne? Ne lui en parlez pas. Il « dévide par habitude la bobine des exercices pédagogiques, les regards incessamment levés vers l'horloge, dans l'espoir de la sortie ». Il est garde-chiourme pour recevoir la pâtée assurée par l'État. Très inexpérimenté, il ne peut accepter une observation sans tourner en ridicule son supérieur. Il réplique. Il est arrogant. Il finit par se faire réprimander, puis casser. Et quand il est mis à pied, il prend des airs d'insurgé. il imite les allures d'un Jacques Vingtras. Chassé de l'école, il convie le peuple à la faire sauter.

.·.

Autour de lui, au-dessus de lui, il ne voit qu'ennemis conjurés à le perdre. Il se met l'esprit à la torture pour trouver tout désagréable, odieux, effrayant! Il a l'amour du grotesque et du repoussant comme d'autres celui du beau. Ses collègues, il ne peut les sentir. Il les juge toujours en termes méprisants qui font grand honneur à ses instincts de camaraderie. Il collectionne les épithètes blessantes pour les accoupler à leur nom. Ce sont mannequins ambulants, ressasseurs de mots qu'ils ne comprennent pas. Il les classe en des catégories définitivement et impérativement établies. Ils sont « ou dégoûtés, ou passifs ». Tous sont « coulés en un moule semblable, ployés dans la même servitude intellectuelle, usés aux angles par les mêmes frottements journaliers. Tous, ignares au fond et moralement myopes, piétinent un mors à la bouche dans un cercle étroit d'occupations, d'actions, de paroles et de pensées. Les déjà mariés, vaguement abrutis par des années de marche sur la route circulaire, acagnardés en l'attente du tour de bête, n'ont qu'une préoccupation constante, celle de beurrer le pain trop maigre. Les autres, les garçons, graines de futurs époux comme leurs camarades déjà liés, destinés à devenir ce qu'on appelle de vieux serviteurs de l'État, accomplissent avec une indifférence complète une tâche peu rémunératrice, fuient l'école vite abhorrée pour tomber au café!... » Selon lui, ils sont « toujours aussi brutes et subisseurs en un lieu qu'en un autre ». Tel voit rouge dans sa soulographie. Tel autre est un apôtre hypocrite. Leur conversation n'est qu'un ramassis de bêtises monumentales. Ils ne sont bons qu'à flagorner le singe.

Le singe — c'est le directeur — n'est pas ménagé; il est généralement bête et vaniteux, insolent avec les inférieurs, plat avec les supérieurs. Il ne vit que pour taquiner les adjoints. C'est sa fonction, son rôle social. Tout lui est prétexte à observations grincheuses, à menaces, même à grossièretés. Il ne songe qu'à lâcher l'inspecteur sur sa proie. Son hostilité ricanante et flagorneuse est prête à toutes les dénonciations. Il est toujours flanqué des foudres administratives : censure, suspension, révocation, interdiction. Il se coalise avec les autres singes pour imposer son autorité plus durement au concours des diplômés... Et les inspecteurs, quelle engeance! Paresse, morgue, suffisance, ils ont toutes les qualités en partage. Seule, la beauté des institutrices trouve grâce devant eux et se substitue avec avantage aux services pour l'avancement... En somme, — au bas de l'échelle, « une armée d'esclaves à laquelle on a confié la mission de former des hommes libres » ; — en haut, « des vieux commandant à des jeunes, les torturant, les domptant par l'incessante menace du rapport secret, agitant devant eux le spectre du dossier ».

.. .

Ouf! fuyons loin de ce bagne, de cette cité dolente, qu'imagine si épouvantablement un réfractaire, un révolté. Par bonheur, élèves, maîtres, instituteurs, administrateurs valent mieux dans l'original que dans la copie, dans la réalité agissante que dans la satire. Tous ces êtres, petits et grands, dont on se moque si agréablement, ont peut-être leurs ridicules, leurs travers, — mais ils ont travers et ridicules de braves gens.

Cet inspecteur, ce directeur traité de pied-plat, honni, vilipendé, mais il a fait la classe, lui aussi, il a lutté, peiné longtemps. Il a prouvé d'exemple, sans flagornerie, sans bassesse, sans compromission de conscience, qu'il savait manier les âmes, doucement les persuader, inculquer aux esprits les éléments du savoir. A cette jeunesse commise à ses soins pendant des années, il s'est montré doux, patient, affable. Il s'est fait tout à tous. Il a rempli sa tâche coutumière avec cet entrain, cet élan qui naissent de la satisfaction intérieure. Il n'a rien trouvé de bas, de vulgaire, de puéril à l'accomplissement des petits devoirs, à la succession des petits événements toujours acceptés avec joie — qui font plus que les actions singulières, héroïques même, l'unité et l'harmonieuse beauté d'une existence. S'il est monté en grades, c'est lentement. Il n'a obtenu un poste — non de repos, mais d'action, d'initiative — que lorsque son expérience l'a désigné à l'honneur. Car nulle part la faveur n'a moins de droits et d'empire que dans la hiérarchie enseignante.

Et quand il est chargé de contrôler l'œuvre de ceux qui sont ce qu'il était hier, je le vois presque toujours soucieux de se montrer juste, tolérant, bienveillant, facilement accessible. Certes, il est peccable, mais il fait effort pour se garantir d'erreurs dommageables à ses subordonnés, — ses égaux de la veille. C'est le calomnier que de le montrer rogue, âpre et inhumain, par système. Son honnêteté est la protection et la sauvegarde des honnêtetés qui ont recours à elle !

. *
. *. *

Et l'instituteur, est-il équitable de prétendre qu'il est ignorant? — au moment où nos ennemis rendent hommage à la solidité de ses connaissances, à l'excellence de ses méthodes, aux heureux résultats qu'il obtient? Je connais plus de cent instituteurs qui résident, soit à la campagne, soit à la ville, et parmi eux je n'ai pas rencontré un seul de ces êtres abominables, qu'un réalisme, par bonheur outré, essaye de stigmatiser...

Ce que doit être, ce qu'est vraiment un instituteur français, le voici : Avant ses débuts, il a consulté ses forces. Il n'a pas passé ses brevets de léger. Il a le don. Il a la foi, Il a pour première vertu d'aimer ces êtres qu'on confie à son zèle. Il est sévère à leurs défauts, mais il sait concilier la tendresse avec l'autorité, il rend familière et bonne la discipline. Sa moralité est hors de toute atteinte. Marié, père de famille, il répand quelque chose de son affection paternelle sur ces écoliers que d'autres pères lui envoient. Il a de la gravité. Il a de la retenue. Il professe une soumission déférente, mais sans affectation et sans outrance de condescendance cérémonieuse, vis-à-vis des fonctionnaires placés au-dessus de lui.

Comme il n'est pas riche, il lui arrive parfois de trouver que son traitement est un peu bien maigre. Même il se plaint. Mais il n'est pas l'éternel mendiant

qui gueuse sans cesse une augmentation. Il compte
sur la sagesse des législateurs. Il a confiance en leur
équité. Et surtout, dans la vie privée, il met son honneur à faire face à ses affaires. Il évite la dette. Il accroît ses ressources par des moyens plus honorables
que lucratifs. Il restreint ses besoins. Il limite ses dépenses. Il a de l'ordre, de la dignité. Sérieux, réservé,
il répond aux attaques, aux calomnies de ses adversaires par son exactitude, son assiduité, par un noble
entêtement de vertu civique. Aussi donne-t-il la meilleure, la plus noble des leçons, celle que les actes
plus que les paroles impriment dans les consciences.
Son école est l'école du cœur et du caractère plus
encore que de l'intelligence.

Et son mandat, sa mission dont il se montre à bon
droit très fier, il les remplit hors de sa chaire comme
entre les quatre murs de sa classe. Que de différends
il apaise dans son entourage! Que de bons conseils il
donne à ses voisins dans les occasions difficiles! Comme
il prolonge sa protection sur ses chers « anciens »!
Que de fois, à la besogne du jour, déjà si lourde, il
ajoute le labeur de la soirée par des lectures publiques, par des conférences! Que d'œuvres utiles — moi
qui ai si souvent l'honneur d'être son confident, j'en
puis témoigner — je lui vois propager : institutions
de prévoyance, sociétés de secours mutuels, essais de
vulgarisation scientifique!

Ah! loin de le moquer, je le salue bien bas, ce dévoué, ce modeste entre tous, dont les jours n'ont été
que sacrifice allègrement accepté, que droiture, que
bienfaisance! Et quand on le raille et l'humilie parce
qu'il a quelque chose de gauche en son allure, de trop
austère, guindé, pédant en son ton, parce qu'il
manque, comme tant de beaux fils, d'aisance cava-
lière et de mondaine désinvolture, je m'incline encore plus profondément devant lui, car je sais pourquoi il n'a pas eu le temps de se façonner aux gen-
tilles manières et de s'essayer aux paroles dorées... Ce

temps qu'il n'a point passé dans les ruelles et les salons, il l'a consacré à former des âmes, à répandre le progrès, à servir la patrie! Respect à l'instituteur! Une nation vaut en proportion de la reconnaissance et de l'estime qu'elle lui témoigne!

———

LE MUSÉE PÉDAGOGIQUE.

A-t-il un nom assez rébarbatif, ce musée, un nom qui a l'air assez synonyme de pédantisme, de férule, d'ennui, de claustration scolaire? Ne vous fiez pas à l'enseigne! C'est le plus gentil, le plus coquet, le plus amusant musée qui soit au monde. J'y suis allé pour vous conter ma visite, il y a huit jours, et un enfant qui m'y accompagnait n'en voulait plus sortir, tant il était ébaubi des merveilles qu'il y contemplait. Et je redevenais enfant avec lui, et mes yeux s'écarquillaient, et toute mon attention s'accrochait à des détails, à des riens, à mille trouvailles que nulle part ailleurs, en mes excursions, je n'avais pu voir.

D'ailleurs, pour nous guider à travers le méandre des surprises qui, à chaque tournant, à chaque coin, nous attendaient, mon jeune compagnon et moi, nous avions un incomparable cicerone, le directeur lui-même, M. Jules Steeg. Il faut voir avec quel plaisir, avec quel amour et avec quelle connaissance des plus menus objets il énumère, il montre, il met en relief les richesses dont son palais, — oh! un pauvre palais, délabré, qui fut une école après avoir été un couvent, — de la cave au premier, regorge...

* * *

J'ai passé par tant de corridors, par tant de salles, tant de portes, qu'il me serait bien difficile de préciser la topographie de ce Conservatoire de l'enseignement

primaire. En fermant les yeux et en essayant de me
reconnaître un peu dans la confusion des souvenirs,
voici ce que je retrouve, à peu près...

Un jardin botanique aperçu à travers des vitres.
Pauvres plantes! pauvres arbustes! L'hiver a mal-
traité leurs tiges. Pour tout bourgeon, ils portent des
étiquettes où l'on devine des indications à demi effa-
cées par la pluie et par la poussière. Le printemps a
besoin de passer par là, d'y mettre un peu de son soleil, de sa sève, de sa floraison...

Le long du jardin courent longues, longues en enfilade, des salles de dessin. C'est le royaume du plâtre.
Il y prend toutes les formes, toutes les dimensions.
Il s'anime en figures ; il s'immobilise en raides modèles d'ornementation. Il est l'art. Il est l'industrie. Il
est le beau. Il est l'utile. Il raconte l'histoire du dessin
depuis que le crayon a essayé de saisir êtres et choses en leur plasticité. Il place sous le regard toute une
série d'inventions, d'imaginations souvent folles, propres à guider la main, en son imitation — ou plutôt
à l'égarer en courbes et en crochets capricieux... Et
autour de sa mate blancheur, de ses rondeurs et de
ses angles, circule l'essaim des copistes, des élèves
en quête d'académies, de feuilles d'acanthe, de bas-
reliefs. Elles viennent là, les artistes en jupons, sûres
au moins de travailler sans taquinerie, mieux qu'à
l'atelier où les lazzis des camarades se croisent autour
d'elles. L'installation est médiocre. Mais on est libre, on
n'est pas épié, surveillé... et la besogne s'enlève gaiement. A-t-on peur de ne pas achever le croquis? il
n'y a qu'à s'enhardir un peu, qu'à demander une autorisation à M. Steeg. Il permet, parfois, que pour un
jour ou deux on emporte le moulage, — à condition
qu'il existe en double. Il est d'avis, et avec raison,
qu'un objet n'est pas fait seulement pour figurer derrière une vitrine et pour étonner les badauds, mais
pour rendre service à qui sait l'utiliser — et surtout
le rendre.

Et voici un vestibule dont les parois disparaissent sous des tableaux où la calligraphie — et la ronde, et la bâtarde, et l'anglaise, — dans le bariolage des méthodes les plus disparates, se marie aux canevas où s'entrelacent les points de couture, les arabesques et les festons exécutés par la virtuosité de l'aiguille... la meilleure amie des écolières, comme dit M. Legouvé...

Et voici, à droite, des pièces et encore des pièces où l'activité intellectuelle de l'école se meut, semble vibrer et s'exprimer. Ici, une classe modèle — une classe comme j'en voudrais voir une de ma chaire quand je m'adresse à mes lycéens — une classe où tout dit quelque chose aux yeux et à l'esprit. C'est la science tout entière, dans la multiplicité de ses manifestations, qui se déroule sur des toiles largement déployées, toutes parlantes et vivantes. Ah! les bonnes, les belles leçons que mes amis les instituteurs feraient là! Comme ils révéleraient à leurs disciples les mystères du ciel, les arcanes de la nature naturante! Ils ne rencontreraient plus de gamin paresseux, de fillette indolente. Tout leur public enfantin s'éveillerait, voudrait apprendre, tant l'atmosphère l'imprégnerait d'étincelants et scientifiques effluves...

La physique, la chimie ont leurs laboratoires spéciaux. Il y en a au rez-de-chaussée, et, par les baies vitrées, on aperçoit d'un côté : cornues, flacons, ballons de verre, tubes, éprouvettes et fourneaux, — de l'autre : bobines, machines, balances, pompes, télégraphes, téléphones, — tout ce qui fait le progrès, l'en-avant du siècle, tout ce qui permet aux éléments de se combiner, tout ce qui assure la victoire de l'homme sur la matière.

La géographie a sa province, son canton, plutôt, bien à elle. M. Raoul Frary serait tout heureux de

voir les honneurs qu'on rend à sa science de prédilec-
tion. Ce ne sont que cartes, mappemondes, plani-
sphères, globes muets où le maître pourra indiquer
le tracé des continents, globes coloriés tournant sur
pivot. Tous les éditeurs luttent de simplicité, de clarté,
de bon marché. C'est une exposition permanente qui
permet au visiteur de comparer les procédés, d'adopter un système en pleine connaissance de cause...
Ah! le bonhomme qui m'avait suivi rue Gay-Lussac
s'en donnait à cœur joie de mettre en remue-ménage
des manivelles, de tirer des cordons, de torturer des
appareils qui démontrent les mouvements de la terre.
Ah! qu'elle a tourné la terre! qu'elle a tourné, — en
un tourbillon de démence, — moins vite pourtant que
dans la réalité...

.·.

Il va de soi que du rez-de-chaussée on accède au
premier et au second étages... par des escaliers naturellement. Mais ici les escaliers sont installés dans
une cage si originale qu'il faut s'arrêter à chaque
marche. A mesure que vous montez, montent avec
vous, en une audacieuse escalade, des graphiques,
des cadres, des pancartes, tout un décor aux lumineuses perspectives où sont peintes les transforma-
tions d'un grain de blé en pain, les métamorphoses
du raisin en vin, du cocon en soie...

Des images multicolores où le rouge crie à côté du
bleu, où le noir scandalise le blanc, font aussi l'ascension et, des paliers, envahissent, tumultueuses, grouillantes, tout un panneau d'une grande pièce carrée.
On y voit les costumes de nos ancêtres, depuis les
braies des Gaulois jusqu'aux pourpoints enrubannés
des courtisans. On y voit les rois et les reines, les généraux qui livrent aux ennemis de belles batailles.
Condé, Turenne caracolent pendant que fuient les Impériaux. Les ailes du moulin de Valmy se dressent

dans le vent pendant que les Prussiens dégringolent les pentes des coteaux. Toute la galerie de Versailles, tout le Louvre, tout Carnavalet défilent en chatoyantes et mirifiques enluminures. C'est primitif. C'est fruste. Mais ça fait tant de plaisir aux petits écoliers de France à qui, *grosso modo*, ça représente conquérants et souverains en une apothéose de féerie. Que diriez-vous pourtant, Lebrun, Rigaud, David, Delacroix, si vous voyiez ainsi vos chefs-d'œuvre transfigurés... non : défigurés!.. Enfin, si le goût n'y est pas toujours, il y a l'économie! Ne fît-elle palpiter qu'un seul cœur, n'excitât-elle l'enthousiasme qu'en une seule intelligence, ne gravât-elle quelques épisodes de l'épopée nationale qu'en un seul cerveau d'enfant au fond de quelque obscure province, si cet enfant doit être le héros, le vainqueur de demain, que l'imagerie scolaire n'aurait pas été inutile...

Je traverse des corridors où toujours me poursuivent les tonalités tapageuses des historico-patriotiques placards, et je parcours des labyrinthes ininterrompus où s'empilent des collections destinées aux musées particuliers des écoles. C'est le musée des musées. Partout des boîtes, des planches surchargées de plantes, de fleurs, de fruits moulés dont la cire et le bois r ndent si exactement les contours et les apparences, qu'on est tenté de les cueillir, de les sentir, de les goûter. Ailleurs, des squelettes, des bêtes empaillées, des bocaux remplis d'une ménagerie macabre, des fossiles, des minerais; spectacle de mort, de tristesse et d'horreur. On se dirait chez quelque sorcier du moyen âge, prêt à évoquer des spectres, à envoûter, au milieu de magiques incantations, quelque rival détesté...

*   *
*

Tout auprès, le spectacle change : tout est calme, reposant, tout est espérance et sourire. On a orga-

nisé une école maternelle telle que l'aurait désirée
Mᵐᵉ Pape-Carpantier, dont le portrait semble s'animer à la vue de tous ces riens charmants et aimés.
Ah! le joli, le coquet ameublement! Comme ils reluisent ces bancs et ces pupitres! Comme ces armoires
sont pleines de travaux délicats! Le carton, le papier
sont pliés aux usages les plus capricieux. Parole! à
côté des petites chaises finement découpées, j'aperçois
des cocotes, oui, des cocotes authentiques, telles
que nos doigts en mettaient debout jadis, jadis!.. Et
que d'appareils ingénieux pour apprendre l'heure!
Quel luxe de bouliers-compteurs! de machines pour
enseigner la lecture!.. Il faudrait la plume de Dickens
pour décrire tout ce fouillis d'alphabets, d'écritures,
tout ce bazar « à treize » qui jonche les parquets, s'entasse dans les armoires, grimpe jusqu'aux plafonds...
Et à côté et partout, ce désordre ordonné continue.
Ce que font les écoliers des pays voisins, les écoliers
des pays lointains, et ceux des brumes, et ceux du
soleil, tout cela figure, soit au premier, soit tout en
haut, dans les mansardes, en des logettes, en des ca-
chettes où M. Steeg m'introduit. C'est l'école universelle. C'est l'école partout. Et même il y a, dans ce
classique caravansérail, tout un assortiment de curio-
sités japonaises à rendre jaloux Mᵐᵉ Judith Gautier
et M. de Goncourt. Elles tricotent finement les bas,
les bambines de Yokohama, et elles n'oublient pas
de détacher la mince sacoche où leur pouce frétillera,
prêt aux vives préhensions... Et dans les combles que
M. Steeg garnit chaque jour, faute d'espace, s'entas-
sent les bureaux, les casiers, les pupitres, tout un
bric-à-brac venu du faubourg Saint-Antoine ou bien
de Chicago. Pour peu que les envois de spécimens-
réclames continuent, on ne pourra bientôt plus cir-
culer.

J'enfile de nouveaux couloirs, je descends des marches en spirale. Je suis dans la bibliothèque; elle
enferme tous les ouvrages anciens et modernes, fran-

çais et étrangers, qui ont trait à l'instruction et à l'é-
ducation. Que de rudiments! que de dictionnaires!
quel parfum de bouquins! que de textes où ont pâli
nos pères!.. Elle est très fréquentée, la bibliothèque,
surtout par les étudiants russes, qui raffolent de pédagogie. Volumes, revues, bulletins, publications officielles, au nombre de cinquante mille environ, font
la joie des spécialistes...

J'allais oublier des locaux parfaitement aménagés,
où des professeurs font des conférences de sciences
et de lettres aux candidats qui poursuivent la conquête des certificats pour les inspections, les directions
d'écoles. Il y a là toute une Sorbonne pédagogique...
Enfin, une *Bibliothèque circulante* a été inaugurée et
fonctionne avec succès, — tout comme en Angleterre.
Certains ouvrages dont on possède de nombreux exemplaires sont prêtés, sur simple demande, aux éducatrices, aux éducateurs des départements. Des colis
postaux, chaque jeudi, partent et, par 3 kilogrammes,
par 5 kilogrammes de prose, font en tous sens rayon-
ner le savoir. Et M. Steeg, au moment où je le remercie et où je prends congé de lui, me montre tout
un amas de paquets, de colis postaux ficelés pour
de studieux voyages...

L'ÉCOLE DE TRAVAIL.

Les Israélites et le travail manuel. — L'apprentissage à l'école
de la rue des Rosiers. — Les résultats.

C'est une opinion courante, par ce temps d'anti-
sémitisme (un siècle après la Révolution française!
pas même un siècle après les admirables déclarations
de l'abbé Grégoire!), c'est une opinion courante que
tous les juifs sont millionnaires, que tous sont inscrits
pour cent mille francs de rente au moins au grand-
livre, que tous, grâce à la baguette magique de quel-

que bonne fée hébraïque, ont reçu, dans le berceau, des titres de propriété leur assurant hôtels, villas, voitures, tous les biens de la terre! J'avoue que je suis sceptique et que je ne crois guère à la richesse générale des Hébreux. J'en sais de fort pauvres, qui, de l'aube au soir, peinent pour gagner non pas de grasses fortunes, mais de très durs morceaux de pain, et, tout récemment, j'avais à m'occuper d'une famille dont l'aïeul mort avait été soldat de Napoléon Ier et médaillé de Sainte-Hélène, dont les cinq fils avaient été sous les drapeaux, dont le petit-fils avait devancé l'appel — d'une famille toute militaire, comme l'on voit, dont les membres représentaient un siècle de services et de campagnes, et qui, accablée par la maladie et la malechance, voyait ses derniers rejetons en proie à la misère, réduits presque à la mendicité!

Et c'est encore une opinion courante que les juifs, même sous l'aiguillon de la nécessité, ne savent pas être autre chose que des manieurs d'argent, sont incapables de faire œuvre de leurs deux mains. Tous les juifs sont banquiers ou bien aspirants coulissiers, commis de financiers, prêts à prendre la maison et la place des maîtres. Le temple de Jéhovah a fait place au temple de Plutus, la synagogue à la Bourse, dont tout juif rêve de gravir les marches et d'entourer la corbeille... Et je suis encore sceptique, car il me souvient d'avoir eu un bottier authentiquement juif qui maniait l'aiguille supérieurement, et je connais des dentistes, des mécaniciens, des électriciens qui se réclament de la Bible et non de l'Evangile.

Et mon scepticisme n'a fait que s'accroître, même s'est changé en négation absolue quand j'ai voulu me rendre compte des choses. Après m'être demandé : « Est-il vrai que les Israélites redoutent la peine du labeur matériel? se refusent à embrasser d'autre profession que le négoce? » — j'ai trouvé la réponse en me rendant là où les Israélites font l'apprentissage de métiers manuels. Et ce que j'y ai vu m'a convaincu que là où il faut de la tension, de la force, de la patience, de l'adresse, là où les bras et les doigts sont en œuvre, là où le corps se courbe sur les tâches ingrates, ils sont aussi vaillants, aussi durs à la fatigue, aussi zélés et entreprenants que s'il s'agit de suivre les fluctuations du marché, de discuter les cours des valeurs. Le compas, le marteau ne les effrayent pas plus que le calepin et que le crayon de l'acheteur et du vendeur. Ils sont aussi à l'aise dans la forge, dans l'usine que dans le comptoir. Ils sont aussi capables de produire des objets, des valeurs utiles à la consommation que de les placer, que de les exporter à tout prix.

*
* *

Allez à la rue des Rosiers, presque en face de la rue des Juifs, dans l'Ecole de travail, fondée en 1867, régie et soutenue par la Société de patronage des apprentis et ouvriers israélites, et vous verrez alors s'il ne faut pas renoncer à des préjugés et à des erreurs odieusement entretenues par des convoitises intéressées... Oh! l'École n'a rien de luxueux, rien qui sente le désir d'éclipser les établissements similaires.

Elle a même quelque chose de triste, d'abandonné, quand on la visite un jour de semaine. C'est une école sans écoliers. Pourquoi? C'est qu'ils travaillent tous au dehors chez des patrons. A l'encontre des élèves qui sont à Boulle, à Estienne, à Diderot, qui font leur journée d'apprentissage sous l'œil des contre-maîtres, et qui, le soir, reprennent le chemin de la maison paternelle, les élèves sont internes et ne sont dans les salles d'étude que le soir avant de monter dans les dortoirs.

Une tournée dans l'École de travail est vite faite; à droite en entrant, un parloir, vaste pièce où derrière des vitrines sont conservés des colliers, des plaques gravées, des serrures d'art, qui témoignent chez leurs auteurs d'un goût très délicat, très inventif, et d'une rare dextérité. Au fond, dans une aile de bâtiment où l'on accède après avoir traversé une petite cour, le réfectoire étale ses alignements de tables toutes reluisantes de propreté ; la cuisine, où les trois repas quotidiens sont préparés, fait ronfler sur ses fourneaux les marmites pleines d'une soupe à l'odeur affriolante, et, en haut, les dortoirs bien aérés, spacieux, commodes, suivis d'un vestiaire où tout est en place, brossé, ciré, astiqué supérieurement, les dortoirs allongent les rangées parallèles de leurs lits bien blancs, aux couvertures soigneusement tirées. Et c'est tout? Non, j'oublie une classe, située au rez-de-chaussée, dont les bancs sont bien vieux, mais qui aura bientôt un mobilier scolaire tout neuf. Et c'est tout. Il est vrai, dans quelques mois l'Ecole sera agrandie. Elle aura un dortoir de plus, car elle pourra s'étendre dans l'espace qu'occupait auparavant l'Ecole Orientale transférée à Auteuil... Et ce sera encore tout...

Et ce tout est beaucoup. Car s'il y a peu à voir, il y a à la rue des Rosiers une foule d'enseignements à retenir, quantité de faits à observer et à enregistrer. Je procède par interrogations et je suis au courant des mille détails dont se compose l'organisation tant intérieure qu'extérieure de l'Ecole. Certes, on a visé à l'économie, on n'a pas voulu faire grand, — mais on a été pratique, on a fait une expérience qui a réussi et qui pourrait être généralisée ailleurs.

Avec 55,000 francs par an, savez-vous qu'on a résolu le problème de loger, nourrir, vêtir 104 pupilles dont 60 sont internes? Et il faut absolument faire ce miracle de joindre les deux bouts, car les dépenses sont soldées par des dons, par des souscriptions. Et s'il est des donateurs qui peuvent donner des sommes assez rondes, il est des bienfaiteurs qui sont obligés de ne verser que cinq francs par an : il y a tant d'autres infortunes à secourir ! Et avec ce budget, l'on fait face à tout, l'on fournit même un trousseau à de pauvres enfants qui, pour la plupart, n'ont pas de linge à se

mettre sur le corps à l'entrée ! Et l'on subvient à tous
les frais de leur entretien pendant quatre années !
C'est le triomphe de la bienfaisance...

C'est d'ailleurs une inspiration charitable qui a
donné naissance à l'Ecole de travail. L'idée de la fondation a coïncidé avec une émigration russe. Il fallait
placer à tout prix de petits exilés qui étaient exposés
à tendre la main. M. Albert Kahn fit aussi un externat
rue des Guillemites qui se transforma dans la suite en
un internat, — en une maison maternelle, au vrai
sens, au sens touchant du mot.

*
* *

Le matin, à cinq heures en été, à cinq heures et
demie en hiver, les apprentis se lèvent, font leur lit,
déjeunent, puis se dirigent vers leurs ateliers res-
pectifs. Ils vont chez des bijoutiers, des horlogers, des
graveurs, des relieurs, des imprimeurs, des cordon-
niers, etc. Ces apprentis sont très demandés, très recherchés. On les retient longtemps d'avance. Et, pour
la plupart, leurs patrons sont catholiques. D'où vient
la préférence dont ces pauvres jeunes-gens sont l'objet?
C'est qu'ils sont soumis à une règle sérieuse; c'est
qu'ils sont élevés dans des principes rigides. Ils sont
surveillés, tenus de près. Ils doivent arriver chez les
maîtres à une telle heure, être revenus à une telle
heure, calculée d'après la distance. Dès qu'ils entrent
en apprentissage, ils reçoivent un carnet où chaque
semaine sont consignées leurs notes. Le questionnaire
imprimé porte sur le travail, la docilité, la politesse,
les progrès, l'exactitude. Une des demandes me frappe.
Je lis : « A-t-il reçu une gratification? Et quelle est-
elle? » Je m'informe. Il m'est dit que les enfants placés ne sont pas payés, mais pourtant, tous les huit
jours, obtiennent une petite récompense pécuniaire
s'ils ont bien employé leur temps. La « semaine »
varie selon la profession. Les chemisiers peuvent ob-

tenir jusqu'à 5 francs au bout des sept jours, et les horlogers n'ont rien, rien : c'est réglé comme une pendule. Chaque dimanche, les bénéfices sont vérifiés. Un peu d'argent de poche est laissé aux jeunes capitalistes : cinquante centimes environ. Le reste est conservé pour consti'uer une masse à la sortie. L'apprenti a aussi un carnet : il sait ce qu'il possède ; il contrôle ses gains ; il se rend compte de sa fortune ! Et il arrive souvent qu'au moment de se lancer dans la vie, il a déjà 600 francs d'avance, — 600 francs lui rappelant les habitudes d'épargne qu'on lui a inculquées au début.

La journée de travail est longue, bien longue, pour les apprentis ; elle dépasse de beaucoup les huit heures que l'on réclame aujourd'hui. Et pourtant, ils fournissent leur besogne gaiement, avec une activité pleine d'entrain. Ils ont cette émulation, cette ardeur, cet élan qui caractérisent leur race. Ceux qui peuvent faire la course retournent à midi de l'atelier à l'école et y déjeunent : à une heure, ils repartent. Ceux qui sont trop éloignés emportent une sorte de gamelle où sont les provisions.

On ne se repose que le samedi. L'enfant, à la fin de l'apprentissage, rend au patron les jours perdus de la sorte. C'est deux ou trois mois dont il est débiteur. D'ailleurs la plupart des patrons les laissent quittes. Ils pratiquent cette vertu très française, très parisienne surtout, la tolérance que, par bonheur, l'on ne parviendra pas à chasser des cœurs.

Et quand la nuit est arrivée et que l'apprenti a fait l'atelier, l'a balayé, a tout mis en ordre, quand il est revenu à l'asile, il n'a pas encore cessé son travail. Après le dîner, il assiste à des cours ; il complète son instruction primaire. J'avoue qu'il y a là excès. C'est trop demander à des êtres qui sont surmenés physiquement. C'est trop exiger de leur bon vouloir... Mais comment faire ? Ils n'ont pas un moment dans la journée, et s'ils ne repassent ni le calcul ni l'orthographe, ils seront voués à n'être éternellement que des ouvriers sans espoir de s'élever au patronat. Et l'on n'y arrive que par une série d'efforts répétés, que par la connaissance de notions générales utiles même aux professions particulières. Quand on sait plus qu'un ouvrier, on peut devenir plus qu'un ouvrier, on peut rapidement monter dans la hiérarchie sociale, se transformer en chef de maison.

En tout cas, au début, quand sonne la 18e année, le placement des élèves est facile. M. Reblaud, le directeur, ancien instituteur à Colmar avant 1870, m'explique que les 23 élèves sortants en 1889 ont continué pour la plupart là où ils ont appris le métier. Comme ils se sont enfermés par goût, après un essai loyal, dans une spécialité, ils s'y perfectionnent; et comme ils sont probes, sérieux, bien disciplinés, ils se font aimer, estimer et garder. Comment d'ailleurs ne se signaleraient-ils pas par leur bonne conduite et par leur application, ces adolescents que la charité arrache à des logements insalubres, au froid, à la faim? Ne doivent-ils pas beaucoup de reconnaissance à la famille qui les adopte, qui les réchauffe, qui leur place sans cesse sous les yeux l'exemple des vertus domestiques, qui les dirige, qui les conseille, qui se rend compte de leurs aptitudes et de leurs caractères et qui en tire profit pour leur avenir, et pour le bien du pays tout entier?

L'ÉCOLE SALICIS.

Le Conseil municipal de Paris a adopté, sur un rapport de M. Gaufrès, un vœu de M. Lavy et de plusieurs de ses collègues, tendant :

1° A donner à l'école communale de la rue Tournefort le nom d'école Salicis;

2° A faire exécuter en bronze le buste de cet homme éminent pour le placer dans ladite école, afin de rap-

peler aux élèves la mémoire du pédagogue qui, à leur
grand profit, a introduit le travail manuel dans le
programme de nos écoles et qui a fixé le plan de cet
enseignement tel qu'une commission spéciale vient
de l'adopter.

« M. Salicis, dit le rapporteur, a fait plus qu'é-
mettre une idée nouvelle et bienfaisante, il en a préparé la réalisation, avec l'aide de ses collaborateurs
dévoués, MM. Laubier et René Leblanc, à l'école
même de la rue Tournefort. Il a veillé à la bonne
marche de cet enseignement et à sa simplification progressive.

«... M. Salicis restera un novateur. Il aura donné
l'exemple de cultiver, à l'école, non seulement l'esprit
des enfants, mais leur volonté et leur activité, les plus
importantes de toutes nos facultés. »

*
* *

... Je sors de l'école Salicis, sise en sa rue pauvre,
triste, à dénomination savante, au fin fond du quartier Latin, derrière le Panthéon. La façade en est
grise, terne. Mais à peine a-t-on franchi la porte d'én-
trée et passé sous une voûte, l'aspect change, devient
riant, aimable, accueillant. Une longue et large
marquise protège les élèves contre la pluie. La cour
séduit par l'originalité de sa disposition. Ne cherchez
pas les murs qui l'enserrent. Vous ne les trouverez
pas. Ils disparaissent sous un revêtement pittoresque
d'objets tournés, sculptés, finement ciselés, cloués
contre les parois. Approchez-vous. Que tous ces bois,
que tous ces plâtres dénotent du coup d'œil, de l'habileté manuelle, et du goût, de l'art presque ! Et tout
cela est produit par des enfants qui ont de huit à
treize ans !...

Et les voici précisément, les auteurs de ces « chefs-
d'œuvre » ! Ils sont en train de prendre leur récréation.
Ils ont leur long tablier qui leur bat les jambes, leur

costume de travail. Ils ne tournent pas en rond,
comme ailleurs. Ils jouent et de bon cœur. Tel fait de
la gymnastique, tel autre s'exerce sur le dos d'un camarade au saut de mouton. Quilles, anneaux, ton-
neaux, voire même arbalète sont mis à la disposition
des amateurs. Et l'on s'instruit en s'amusant. J'aperçois des rondelles métalliques fixées avec des vis. Il en
sort des chevilles où l'on peut poser des jalons qui,
par leur disposition, représentent un are et ses sub-
divisions, des polygones, toutes sortes de mesures
carrées dont les dimensions et les surfaces sont rendues vivantes aux yeux, parlantes au calcul.

Le préau est situé à gauche. C'est, dans sa petitesse,
un bijou de préau. Il a toutes les complaisances. Il
sert de réfectoire, il sert de musée, il sert de salle de
conférences. On y mange, on y regarde, on y parle,
le tout commodément. Les collections sont à l'aise
en des vitrines, où, sous chaque spécimen, brille une
étiquette nettement explicative. Les déjeuners de la
cantine gratuite sont à l'aise. Ont-ils écouté le verbe
du maître, assis sur des bancs, et l'heure du repas
a-t-elle sonné? Ils n'ont qu'à se baisser. Ils mettent en
jeu planches et supports de leurs sièges et ils obtiennent des tables où les mets fumants circulent. Même,
autour des futurs conscrits, le long des râteliers qui
se font vis-à-vis, court la double rangée de fusils affec-
tés au bataillon scolaire. Les armes brillent d'un éclat
fulgurant. Pourquoi? C'est qu'en quelques minutes
elles sont astiquées, rendues comme neuves par une
brosse circulaire montée sur l'axe d'un tour, invention
de l'ancien directeur-fondateur, M. Laubier. Il était
étonnamment et pratiquement ingénieux, M. Laubier.
N'a-t-il pas imaginé un pupitre à plusieurs comparti-
ments, qui sert d'abri aux livres de classe aussi bien
qu'aux outils et qui est fait pour écrire et pour travailler du rabot et de la lime? N'a-t-il pas fabriqué
tout un système de caisses dont le couvercle se relève et
découvre dix-huit cuvettes en fer étamé, lavabos popu-

laires où les mains qui se callent à l'ouvrage peuvent
se rafraîchir vivement et économiquement.

Je ne désespère pas, d'ailleurs, qu'à côté du buste
en bronze que l'on coule à la mémoire du regretté
M. Salicis, on n'en pose un autre, non moins en
bronze, en souvenir de M. Laubier. Mais ce sera le plus
tard possible : car M. Laubier n'a pris que sa retraite
universitaire, non sa retraite définitive. Au fond, il a
été la cheville ouvrière de tout ce petit établissement
ouvrier. Si un jour on lui décerne quelque honneur
solidement fondu, la Ville se sera montrée tout à fait
reconnaissante...

M. Laubier, un simple instituteur, a été le premier
qui ait introduit l'éducation professionnelle, le travail
manuel, à l'école primaire élémentaire. Venu à Paris
en 1870, il avait été nommé directeur à la rue Tournefort. Or, notre instituteur n'excellait pas seulement à
inculquer les principes de la lecture, de l'écriture et de
la grammaire à ses disciples, il savait faire œuvre de
ses deux mains, manier le compas, la vrille, le vile-
brequin. Il avait une spécialité pour habiller les bouquins de belles reliures. Le jeudi, pour récompenser
ses meilleurs écoliers, il leur permettait de lui servir
d'aides, de rogner les peaux, de couper cartons et
papiers, et aussi de s'asseoir devant son établi de
tourneur, de menuisier : simple distraction, récompense d'un instant qui devait devenir un sérieux et
fécond apprentissage. Ah ! si Fourier, l'apôtre de la
science et de l'art attrayants, avait pu assister aux
séances hebdomadaires de nos relieurs et de nos menuisiers en herbe, comme il eût applaudi à cette
application de son système, et comme il eût prédit à
son imitateur de durables succès !

La nouvelle de l'innovation se répandit dans le
monde scolaire. Une visite de M. Léveillé, le juris-
consulte, eut lieu. Il demanda qu'on fondât un atelier
complet de reliure dont l'industrie de la librairie, si
prospère aux environs de la Sorbonne, profiterait.

M. Salicis, au lieu d'un atelier, en obtint cinq de l'administration municipale. En 1873, la subvention votée fut de 5,000 francs; elle était de 16,000 en 1889; elle vient d'être portée à 18,000 pour augmenter le salaire des maîtres ouvriers qui, au lieu d'être payés à la vacation, seront rétribués par annuités. Deux cent quarante élèves sont formés à l'heure actuelle systématiquement, réglément, au double travail de l'école et de l'atelier. Ce qui était hier l'agréable est devenu aujourd'hui l'utile, mais sans rien perdre de son agrément.

*

* *

La moyenne de l'effort à fournir par les commençants dans les quatre premières années est d'environ trois heures par jour. La leçon de choses, l'explication, le dessin réduit, la pédagogie du travail manuel se combinent à chaque instant avec la pratique. L'enfant est habitué à se rendre compte de ce qu'il va faire. L'application ne vient jamais qu'après un exposé oral, et comme à la rue Tournefort on a la chance d'avoir des instituteurs comme M. Bénard, qui savent tenir un outil, la démonstration est toujours lumineuse, appropriée, théorique et technique à la fois. Savoir mettre la main à la pâte quand on veut que la main des autres s'y mette, c'est tout en tout genre d'industrie. Quand le principe est posé, l'exemple suit, surtout quand on sait présenter l'exemple et le principe.

Comme on n'exerce que des bambins, on ne les spécialise pas. Ils passent dans tous les ateliers, à tour de rôle. Toutefois, quelques sujets d'élite dans la division supérieure sont dirigés vers les métiers qu'ils préfèrent : mais il faut une aptitude, une vocation reconnues. Le roulement est de tradition pour la généralité des initiés. La méthode est excellente, car elle tient constamment l'attention en éveil et donne une habileté, une souplesse, une aisance de mouvements que l'on ne perd plus dans la suite. Tous les renseignements, toutes les observations recueillis et dans la leçon et dans l'opération doivent être consignés sur un carnet individuel de rédaction journalière. Le texte est en regard du croquis. Les progrès et les défaillances sont racontés au jour le jour par la plume et par le crayon...

Les ateliers — des ateliers tout petits pour des tout petits — sont rangés en enfilade, au premier étage d'un bâtiment situé au fond de la cour. Tout y est si propre, si bien aménagé, si coquettement distribué que vous croiriez entrer dans une série de salons. Mobilier et outillage sont à leur place et rien qu'à leur place. Ciseaux, râpes, etc., sont rangés par catégories, reluisent sur des étagères au lieu de s'endommager en des entailles. Les établis sont espacés avec une régularité que des clous plantés en terre leur imposent. Les outils des mouluriers sont en bel ordre, placés sur des tringles. Les outils des foreurs sont rassemblés sur des consoles. Tout, selon sa forme, selon son usage, depuis le clou jusqu'à la scie, a son... domicile légal. A la vue d'un spectacle si riant, si plaisant, en cette élégance de choses intelligentes en soi, l'on se sent envie de taper, de tourner, d'ajuster et de répéter un mot jadis prononcé par un visiteur : « Cela fait faim de travailler. »

Et si cela fait faim aux grandes personnes, cela fait très faim aussi aux bambins. Il faut voir à la menuiserie comme les mioches de six ans suivent les traits tracés au crayon sur les planchettes d'équarrissage! La règle va son train sur le bois assujetti dans l'étau du sculpteur! Ils tournent, ils tournent avec bonheur, ces débutants à culottes courtes! De la gouge et du fermoir ils commencent à arrondir des cylindres dans le va-et-vient déjà sûr et mesuré de la pédale encore légère. Tout à droite, au fond, dans la forge — une forge en miniature, mais où rien ne manque — l'ajustage surtout est en honneur. C'est surtout la lime et le burin qui sont dans les doigts et qui mordent sur le fer; les bras trop faibles ne pourraient que difficilement soulever le marteau; ils se fatigueraient au dur rebondissement des forces heurtées. Ils battent pourtant sur du plomb. Les habiles entre les habiles font quelques exercices avec le fer chaud... Et nos menuisiers, tourneurs, forgerons sont encore modeleurs. Dans une salle spéciale, ils s'ingénient à imiter avec de la glaise des modèles en relief. Là aussi il y a des degrés dans le savoir. Les artistes — les futurs artistes plutôt — moulent au plâtre, sculptent sur pierre et sur bois...

Mais les études primaires? mais le français? mais les quatre règles? Oh! rien n'est négligé! Les membres sont plus vigoureux et leur vigueur ne fait pas tort au développement du cerveau. Voulez-vous constater que si les chefs d'atelier emploient bien leur temps, les adjoints et le directeur M. Baudrier ne perdent pas le leur? Le certificat d'études vient d'être passé. L'école Salicis a vingt-sept candidats reçus à l'examen. C'est le plus beau succès de l'arrondissement.

LE TRAVAIL MANUEL A L'ÉCOLE PRIMAIRE.

Quelle désillusion je viens d'éprouver ! Il faut que je vous la confesse. Sur la foi des prospectus et des communiqués tant officieux qu'officiels, je m'étais figuré que le travail manuel, à l'école primaire, était autre chose qu'un vain nom, qu'un titre, qu'une rubrique à effet. De plus, j'avais visité des écoles professionnelles; j'avais vu, à Diderot, les apprentis courbés sur l'enclume et, en vrais Vulcains, forgeant et façonnant le fer; j'avais vu, à Boulle, les futurs ébénistes, les tapissiers de demain, s'exercer consciencieusement à donner au bois de jolies formes, dans le goût bien français; j'avais vu, à Estienne, compositeurs et relieurs lever la lettre prestement,

faire honneur à leur patron, finir en perfection un
livre ; j'étais allé ailleurs encore, dans les écoles
supérieures d'apprentissage (1), et partout, malgré des
tâtonnements et des à-coups inséparables des choses
qui débutent, j'avais constaté que les progrès s'accu-
saient de jour en jour, que des artisans plus encore
que des ouvriers se formaient en ces ateliers où la
théorie des métiers autant que la pratique entrait
dans les bras et dans les esprits, avec le maniement
du marteau, du rabot, du composteur... Encouragé
par le plaisir que j'avais eu à pénétrer dans les cours
de ce Paris scolaire si inconnu, si peu exploré, j'étais
allé ailleurs. J'avais poursuivi mes excursions dans
les écoles ménagères de jeunes filles, dans les maisons d'instruction où le fourneau, autant que l'aiguille
et que le dé, a ses ferventes. Partout j'avais emporté
une impression excellente de l'activité, de l'entrain
qui régnaient parmi ce petit monde ! J'augurais beaucoup des résultats obtenus. Le triomphe des idées
pratiques, des connaissances qui permettent à l'enfant de gagner le pain de chaque jour, me semblait
définitif. Je croyais que l'école nouvelle, attrayante
et utilitaire à la fois, avait gagné la partie...

*
**

Aujourd'hui, je reconnais qu'il me faut déchanter.
Si le fonctionnement du travail manuel dans les écoles
spéciales est remarquable, il n'en est pas de même à
l'école primaire. Oh! certes, il ne faut pas demander
à des bambins de huit à onze ans ce que l'on obtient
de garçons qui vont déjà sur leurs quinze ans! Je ne
suis pas si ambitieux. Mais vraiment ce qu'ils font à
l'atelier ne me paraît pas beaucoup différer de rien.
Ils y apprennent plutôt la paresse des mains que le
travail manuel. Leurs dix doigts ne se fatigueront

(1) Voir *Alentour de l'École*, où se trouvent toutes les descriptions.

guère à gâcher la besogne que, soit comme tourneurs, soit comme menuisiers, ils établissent... Autant vaudrait qu'ils se croisent les bras sur la poitrine...

C'est très bien d'inscrire au programme : « Manipulation, construction d'objets, sculpture, ajustage, modelage, etc. » C'est très bien de distribuer des manuels supérieurement écrits où la dignité, où la valeur, où la portée sociale des leçons et des opérations techniques sont mises en belle lumière. C'est très bien de décréter que l'atelier doit être associé à l'école obligatoirement — il y a déjà huit ans que la loi est votée ! — C'est très bien de verser des fonds pour l'achat des outils et des matières premières et en 98 écoles, rien qu'à Paris, d'annoncer que par l'activité physique, le mouvement matériel, on tente de rétablir chez l'écolier l'équilibre rompu par la fatigue intellectuelle.

Oui, sur le papier, il est facile de *recomposer l'homme* même, comme le voulait Michelet ; il est commode de vanter l'éducation harmonique du corps et de l'esprit ; mais quand on est aux prises avec les faits, les actes ne répondent guère aux paroles.

Mis en goût par les mille petits objets que produit l'industrieuse habileté des enfants à l'école de la rue Tournefort, j'ai tenu à me rendre compte de ce que leurs camarades faisaient dans les autres quartiers. Je suis allé de ci de là, au hasard de la rencontre. J'ai pénétré surtout là où mes renseignements m'informaient que l'on ne boudait pas à l'ouvrage et que l'on y allait de tout cœur.

Là où j'espérais tomber bien, la besogne est médiocre. Là où je la supposais médiocre, elle est nulle. Vraiment, l'on s'impose des sacrifices qu'on pourrait retrancher du budget. Ce sont dépenses faites en pure perte. Et ceux mêmes qui collaborent à l'œuvre doivent en être dégoûtés, car s'ils ont le désir de bien faire, ils ne peuvent compter qu'en l'état actuel de l'organisation scolaire ils y doivent parvenir...

*
* *

Entrez non pas dans un, mais dans cinq, dans dix
ateliers, pris un peu partout où le système préconisé
par M. Salicis est censé être appliqué, que voyez-vous?

Des salles trop petites. Vingt élèves au plus y peuvent tenir : la moitié d'une division. Si bien que
l'instituteur est obligé de surveiller en classe la moitié
de son bataillon, tandis que l'autre tient la scie et le
rabot devant l'établi, fait aller la pédale devant le
tour. Et les établis, les tours sont en trop petit
nombre. Six tourneurs au plus, douze menuisiers
au maximum, peuvent être mis en train. Or, les
écoles ont souvent un effectif qui dépasse 300 unités!
C'est à peine si une heure et quart par semaine est
donnée par chaque commençant au travail manuel.

Une heure et quart en huit jours! A peine s'est-on
installé, a-t-on commencé à dégrossir le morceau de
bois, à peine a-t-on écouté le conseil du contremaître
qui dirige la séance, à peine a-t-on passé le tablier
et relevé les manches, qu'il faut tout ranger en ordre
et repartir pour céder la place à de nouveaux occu-
pants. C'est un défilé à travers les ateliers ; c'est une
promenade à travers les bancs et les rangs, ce n'est
pas un séjour laborieux, fécond, profitable. Comment
veut-on reconnaître les aptitudes d'un débutant qui
sera gauche au bout de six mois comme le jour où on
lui a confié un rabot, car il n'a pas eu le temps normal
de s'exercer, de se reconnaître, d'acquérir l'habitude,
le tour de main qui, sous l'ébauche, présagent l'œuvre?
Allez donc parler d'attention, d'application, de persévérance, de précision, d'exactitude, surtout de dextérité, de rapports, de proportion, de symétrie... que
sais-je encore? — car on parle de tout cela! — à des
bonshommes aussitôt reconduits à la porte qu'ils l'ont
franchie! Je sais des pédagogues qui songent sérieusement à leur inculquer le goût de l'esthétique! Eh!

commencez donc à les laisser taper, raboter, cogner à l'aise, et au besoin se donner sur les doigts. Ils crieront, mais le métier entrera. Avec la méthode expéditive, extra-rapide, quasi-électrique qu'on emploie, on le ferait sortir, le métier, s'il avait des velléités d'entrer !

Sans compter que le personnel enseignant laisse quelque peu à désirer. Sans doute les maîtres ouvriers dont on fait choix sont experts en leur spécialité. Ils offrent de plus toutes garanties de capacité, de moralité et de tenue. Ils sont triés sur le volet. C'est, comme aurait dit Nodier, le trésor des fèves et la fleur des pois. Mais ce trésor et cette fleur, excellents en soi, ne sont pas, mais pas du tout, ce qu'il faut à l'école. Quelle apparence qu'un ouvrier, fût-il capable, comme au temps jadis, de faire un « chef-d'œuvre », sache établir de la discipline parmi les marmots qui lui sont confiés ? Pour obtenir le silence, il se fâchera, il tempêtera, mais, par ses cris, il accroîtra le bruit, loin de l'apaiser. C'est un tumulte assourdissant et, qui pis est, quotidien, que déchaînent dans le voisinage des classes les vingt démons soi-disant gardés par les chefs d'atelier. Il n'y a pas moyen de s'entendre.

Trop souvent les marteaux retombent sur une tête de clou, sans motif, et trop souvent la scie grince sans autre raison que de couvrir la voix du maître. Si c'est cela qu'on appelle, dans les comptes rendus et monographies graves, apprendre le respect du travail... Aussi, pourquoi demande-t-on à de très braves gens de s'improviser éducateurs, de conquérir l'autorité morale qui manque à tant de personnes payées pour en avoir ?...

* *

Est-ce à dire qu'il faille renoncer à la tentative? Non pas ! Elle est bonne, elle est généreuse et grande. Elle est digne d'une démocratie qui a le devoir de

rompre avec des préjugés frappant de discrédit les
arts mécaniques, le travail des mains. Elle répond
aux idées nouvelles, aux exigences et aux aspirations
du temps. Elle a pour objet de montrer au travailleur
en quelle estime on tient sa fonction sociale puisque à
l'école même on donne une place à l'outil. Elle s'assigne comme tâche de réhabiliter, de mettre en honneur l'œuvre matérielle du producteur qui contribue
à la prospérité nationale. Elle a ce rôle qui est méri-
toire de relever l'enfance ouvrière aux yeux de l'enfance bourgeoise, car, aux débuts de la vie, les deux
enfances fraternisent sur les bancs de l'école publique.
De même qu'elle montre aux fils de la classe pauvre
quelle importance ont le livre et la plume, de même,
aux fils de la classe aisée, dans ce rapprochement
inoubliable des premières années, elle montre tout ce
que vaut l'outil...

Mais encore faut-il, pour réaliser un tel idéal, que
l'on fasse au travail manuel la part, toute la part qui
lui est due. A continuer les errements d'aujourd'hui,
l'on va à un avortement complet des plus légitimes
espérances.

Veut-on aboutir ? — car il faut aboutir en pédagogie comme en politique, — que l'on se décide à des
réformes urgentes.

Vingt élèves seulement peuvent tenir à l'aise dans
la plupart des ateliers. Ayez donc des salles de
12 mètres de long environ, sur 5 de large, où la division tout entière soit réunie.

Une heure et quart, une heure et demie ne suffiront pas à ébaucher un enfant pour qu'il vienne à
bout lui-même d'une ébauche? Taillez dans l'encyclopédie des cours et des leçons. Vous trouverez sur le
calcul, sur le dessin, sur l'histoire un certain nombre
de minutes à reprendre qui seront bien employées à
reproduire des modèles simples et convenablement
gradués. Croyez-m'en. Ce sera du temps doublement
gagné, car d'une part l'enfant ne sera pas condamné

à l'inutile rétention de détails souvent oiseux, d'autre part il sera initié sérieusement, et non par manière de plaisanterie, aux premières difficultés d'un métier.

Les contremaîtres n'ont pas assez d'ascendant pour imposer une règle sévère pendant la durée des manipulations. De plus, il leur est impossible d'enseigner et de montrer, d'une part; de l'autre, de faire taire les remuants et les tapageurs, d'être au four et au moulin, — au moulin à paroles... Qu'on leur adjoigne donc l'instituteur qui, lui, saura contraindre à l'obéissance les provocateurs, les fauteurs de désordres... enfantins. Comme il aura tous ses disciples sous la main, il fera son service là, au lieu de rester dans la classe à se morfondre, gardien de la moitié inoccupée, du trop-plein laissé en souffrance. Et même, l'instituteur n'aura-t-il pas avantage à étudier les exercices effectués par ses jeunes auditeurs? Ne s'instruira-t-il pas d'exemple? Ne parviendra-t-il pas à son tour à posséder assez de connaissances pour remplacer le moniteur, pour se substituer peu à peu à lui dans la direction du travail manuel? C'est là toute une évolution dont les conséquences, si heureuses, si souhaitables, n'échapperont pas à la perspicacité des éducateurs nationaux. Ah! comme ils seraient meilleurs professeurs que bien des ouvriers, même artistes, dont les explications sont confuses, embrouillées, difficilement saisies par l'intelligence des bambins!

Comme le dit avec beaucoup de bon sens un directeur d'école communale, M. E. Schmitt : « Il n'est pas nécessaire que le maître excelle en son art. S'il possède les principes généraux, s'il connaît le nom et l'emploi des différents outils, s'il sait confectionner lui-même un certain nombre d'objets, il peut marcher hardiment de l'avant. L'instituteur démontre les principes du dessin sans être un dessinateur de premier ordre. Il apprend l'histoire naturelle sans en avoir une connaissance étendue. Il enseigne la géographie sans posséder la science d'un Malte-Brun ou d'un Elisée

Reclus. Il fait apprendre l'histoire sans être un historien comme Thiers ou Henri Martin. »

Ce sont là autant de moyens propres à sauver là cause du travail manuel, très compromise. Non qu'il faille en trop faire après n'avoir pas fait assez. Il ne s'agit pas du tout de s'imaginer qu'on va, à l'école primaire, fabriquer des ouvriers, supprimer l'apprentissage. Mais il faut bien se mettre en tête qu'on peut à tout le moins l'abréger, le préparer. Et qu'on est loin du but, au train que l'on a pris ! Il est permis d'espérer qu'on fera autrement et mieux. Sinon, il vaudrait mieux fermer les ateliers et les transformer en classes, en préaux. Cela donnerait du large. On économiserait du temps, — oh ! fort peu, il est vrai, — des matières premières, des bonnes volontés, mal utilisées, et aussi de l'argent.

L'ÉCOLE COLONIALE.

Elle est loin, bien loin, au fin fond du boulevard Montparnasse. On l'a logée où l'on a pu, cette toute jeune école née en janvier 1890 et qui n'a pas encore un an plein d'existence. On a loué un ancien pensionnat qui avait le seul mérite d'être tout prêt à donner asile à lo petite phalange cosmopolite et à sa fortune...

La façade court longue, grise, froidement monotone. Un drapeau qui claque au vent la désigne aux regards. A l'une des fenêtres j'aperçois une face aux yeux bridés, à la peau jaunâtre, l'air très éveillé ; bonne enseigne parlante.

Dès qu'on a franchi le seuil, ou est plongé dans une ambiance gaie de travail exotique, — d'un travail accepté par goût librement. Partout des cartes, des géographies, des panoramas qui rappellent le pays natal, qui évoquent les futures résidences. Statistique

et géographie enserrent de tous côtés les regards et
les intelligences. Il est vivant, il est organisé en perfection, cet entraînement par l'image...

Guidé par M. Aymonier, l'éminent directeur et co-
fondateur de l'école, qui veut bien nous en faire les
honneurs, nous visitons l'établissement du bas en
haut. D'abord, les salles de cours. Elles sont au rez-
de-chaussée. Elles ne brillent point par un luxe d'installation. Elles sont trop étroites. On s'y entasse sur
les bancs. On n'avait pas prévu pareil succès. Vite, que
l'on construise une belle demeure, avec de l'air, de la
lumière, de vastes amphithéâtres, des collections, une
bibliothèque ! Mais cela viendra, et avant peu, car la
section française a merveilleusement réussi.

⁎

Mais qu'est-ce que la section française ? Nous la
nommons et nous ne l'avons pas présentée. Elle est
destinée à donner l'enseignement des sciences coloniales pour assurer le recrutement des différents services dans nos possessions et dans nos protectorats
d'outre-mer. Elle ne reçoit que des externes. Elle a
fonctionné déjà cinq mois jusqu'aux vacances dernières. Elle va être réorganisée probablement bientôt
pour répondre à son double but : fournir un noyau
de bons fonctionnaires, propager et répandre chez
nous des notions exactes et élevées sur les questions
coloniales.

Elle sera divisée en deux groupes : la division des
élèves auditeurs, recrutée aussi largement, dans des
conditions aussi libérales que possible ; — la division
des élèves stagiaires, choisis après un concours entre
les auditeurs. Le chiffre en sera fixé par le ministre en
prévision des besoins administratifs. Les auditeurs
auront à passer une année à l'école avant d'être admis à titre de stagiaires également pour une année.

Qu'apprend-on dans les cours ? Quels sont les pro-

grammes? Il va de soi qu'ils ne peuvent être uniformes. Tant de carrières s'ouvrent aux étudiants selon les aptitudes qu'ils manifestent! Ils peuvent se
destiner aux carrières indo-chinoises. Ils ont la faculté d'entrer dans le commissariat colonial. Et ils ont
encore le choix entre la magistrature, le service des
bureaux, des résidences, que sais-je? Les places sont
multiples. Elles sont aussi variées que les ambitions.

Selon les aspirations et les goûts, selon la destination où l'on se dirige, il faut s'aiguiller sur des routes
divergentes. S'il y a des cours communs relatifs à
l'histoire, à la géographie générale des colonies, à leur
organisation, à leurs productions, à leur ethnographie,
à leur hygiène, il y a des leçons spéciales professées
pour les aspirants au commissariat, il y a tout un ensemble de conférences faites pour inculquer la langue
annamite, le cambodgien, les caractères chinois, l'administration et la législation de l'Indo-Chine aux
hôtes prochains de la péninsule. Les exercices physiques, escrime, équitation, sont obligatoires. Il faut
une robuste santé à ces jeunes hommes qui sont appelés à vivre sous de rudes climats. Et d'ailleurs, en
Orient surtout, la force, l'éclat de la vigueur donnent
du prestige aux yeux des peuples...

. .

Elle travaille ferme, la section française. Elle sera
la première promotion de l'école. Elle sait qu'on l'attend à la sortie, pour la juger à l'œuvre. Elle met son
amour-propre à justifier par ses progrès la nécessité
de son existence, à montrer qu'elle comprend toute la
grandeur et la beauté du rôle qu'elle est appelée à
jouer au dehors, dans « la plus grande France ».

L'a-t-on assez attaquée à ses débuts, lui a-t-on
assez adressé de critiques sans se demander si on ne
les décochait pas de léger, sans autre raison que la
manie si nationale d'aiguiser des épigrammes?

On a gémi, on a pleuré, — avec quel déchaînement de colères passionnées! — sur l'ancien collège de Saïgon qui avait été fondé à très bonne intention par M. Luro, mais qui, de 1874 à 1878, a pu donner la mesure de sa parfaite inutilité. Si quelques administrateurs distingués en sont sortis, comme les Fourès, les Novelles, les Lanoles, les Bonnal, qui sont aujourd'hui au sommet de la hiérarchie, combien n'ont pu s'y former dans la fréquentation intermittente des études pendant la période trop courte d'une année scolaire, en plein acclimatement tropical. Vraiment! l'on ne semble plus se souvenir que chaque tête, faible ou forte, coûtait cinq mille francs à l'État! Et il fallait tous les nommer, tous les caser, et bien, car trouvez donc un prétexte honnête pour éliminer des pauvres diables accourus à mille et mille lieues de chez eux pour se créer des droits sérieux à une bonne petite « place du gouvernement »!

Passe encore si le corps des officiers fournissait de nombreux administrateurs! La marine a donné à l'Indo-Chine les Garnier, les Luro, les Rheinart. Mais les « flottards » se sentent peu de disposition pour être transformés en terriens, à postes fixes. Ces mathurins, ça rêve toujours la mer, les aventures... Alors, que prend-on? Comment recrute-t-on parfois des fonctionnaires coloniaux? C'est de ci de là le hasard, les circonstances, quelque échec sur le continent, un coup de tête, et même, à ce que disent les malicieux, — (gardons-nous d'en être) — des recommandations, des influences, des protections qui semblent déterminer la subite naissance de vocations... africaines, américaines, asiatiques, peu importe. On embarque de ci de là pour chez les noirs, chez les cuivrés, chez les jaunes, au petit bonheur. Et de ci de là des preuves d'impéritie sont données qu'on aurait pu économiser à leurs malencontreux auteurs si on ne leur avait pas confié des situations qu'ils étaient peu aptes à occuper dignement, pour le bon renom de notre empire colonial encore en sa naissance. C'est rare, très rare. Mais enfin... Et cependant, à l'heure où notre pays étend avec raison l'aire de sa clientèle au dehors, il importe grandement que le soin de sauvegarder ses intérêts et son honneur soit commis à des agents rompus par des études particulières aux emplois qu'ils exercent.

Mais pourquoi une section indo-chinoise? Ne fait-on pas une place exagérée à l'Indo-Chine? Non pas. Si les possessions de l'Extrême-Orient prennent une importance prépondérante dans les préoccupations politiques et économiques, ne doit-on pas la leur donner dans l'ordre scolaire? Il est fort probable que sur 35 jeunes gens qui constituent l'effectif entré en octobre 1890, 10 à 12 se dirigeront vers le commissariat, et 15 au moins trouveront à faire leur carrière au Cambodge, en Annam, au Tonkin... Et ils y rendront de précieux services. Ils sauront ce qu'ils y vont faire, comment il faut s'y prendre. Ils sauront parler l'idiome des habitants. Ils n'ignoreront pas avec quelles difficultés ils seront aux prises. Ils auront un aperçu des ressources, des besoins. Ils auront été dressés, appris à leur métier...

Ils ne seront pas bombardés par un coup de baguette enchantée, et improvisés vice-résidents, voire résidents. Ils ne gouverneront pas, au débotté, à peine descendus du débarcadère, des milliers d'êtres mal régis par leur inexpérience et leur naïve intrépidité de bonne opinion bureaucratique. Ils seront d'abord chanceliers. Après un apprentissage qui aura l'avantage d'unir la pratique à la théorie, ils graviront un à un les degrés de l'échelle... Nous augurons beaucoup pour nos colons et pour nos protégés d'un système qui enfin ne laissera pas la plus petite place à la fantaisie et à la faveur et qui substituerait au caprice possible des nominations le mérite des nommés. Que n'éduque-t-on ainsi chez nous les sous-préfets de l'avenir! Vous verrez qu'avant la fin du siècle les riverains du fleuve Rouge, de toutes leurs mâchoires noircies par le bétel, riront des administrés... français! O citoyens mangeurs de riz, ô frères des lointaines paillottes, d'avance nous vous envions!.....

* * *

Et la section indigène ? Oh! pour sûr, vous en connaissez les disciples! Vous les voyez souvent passer sur les boulevards, vous les croisez au concert, au théâtre, ces fils d'Hanoï, de Hué, de Pnom-Penh, hier si émerveillés de l'Exposition, merveilles eux-mêmes pour la foule des badauds. Ils donnent à l'École coloniale son cachet pittoresque, sa couleur locale, — couleur venue de lieux antipodiques. Ils sont là une vingtaine d'un teint richement ambré, très intelligents, très fins, très déliés, très désireux de s'instruire. Ils s'initient vite à nos usages, à notre langue, et bientôt ils se feront les propagateurs de notre civilisation, les vulgarisateurs de nos progrès. Ils continuent les traditions de bon vouloir et de labeur persévérant qu'avaient importées leurs devanciers de la mission cambodgienne organisée par M. Pavie.

Ils ont leurs salles d'étude et de classe au premier étage, leur dortoir au second. Leur excellente tenue, leur calme, leur air réfléchi, leur application à l'ouvrage frappent le visiteur. Ils sont sans surveillant et ils ne causent pas et ils ne perdent pas leur temps à des enfantillages, à des taquineries, comme le feraient vingt de nos petits concitoyens, dès que le maître — l'ennemi — aurait le dos tourné. Ils ont le sentiment du devoir, l'instinct de la discipline.

Leurs progrès, dans toutes les facultés, étonnent. Ce sont descendants de lettrés, cela se voit. Bon sang ne peut mentir. Les fautes d'orthographe ne résistent guère aux dictées et aux corrections, les incorrections de langage aux démonstrations orales. Ils parlent avec une réelle facilité. Il faut dire qu'ils sont supérieurement dirigés dans leurs travaux. On leur fait des leçons de choses. On leur fait visiter des musées, des établissements industriels et consigner sur des cahiers leurs impressions toutes vives. Ils les impriment même et en composent de jolies brochures. C'est ainsi que j'ai pu lire le récit des voyages qu'ils ont faits pendant les vacances dans nos centres métallurgiques, dans nos stations maritimes. J'ai constaté qu'ils savaient voir et retenir, qu'ils comprenaient et sentaient, et qu'ils rendaient leurs idées avec un charme d'imprévu et une grâce de poésie très originaux. Les courses au grand air, au fort soleil, dans la pleine liberté de la saison estivale, leur rappellent les paysages de leur cher Orient, les lumineuses contrées où les entraîne sans cesse leur imagination...

Que deviennent-ils, ces pupilles que les colonies envoient et entretiennent à leurs propres frais? L'un d'eux est entré à Saint-Cyr, un autre à l'École des beaux-arts; il dessine fort bien et il ne doit pas déparer son atelier. Tout en recevant des connaissances générales, ils apprennent un métier. Quelques-uns iront à l'école d'Angers. D'autres se destinent à l'École d'agriculture de Montpellier où ils se spécialiseront pour la sériciculture, dont l'avenir est si magnifique dans la France d'Asie. La majorité, munie d'un certificat facilement utilisable, repartira pour sa ville d'origine. Et avec elle, elle emportera l'amour de la nation vraiment forte qui, après avoir vaincu par l'épée, sait s'assimiler les races soumises, par sa bonté, par sa douceur, par sa vertu éducatrice!

CARAVANES ET COLONIES DE VACANCES.

Écolières et écoliers, d'une vive et large envolée, vers tous les horizons, vers toutes les aurores, se sont dispersés, joyeux. C'est le temps des exodes. Hier,

sous le hall vitré d'une gare toute vibrante de mouvement, j'ai croisé une vingtaine de jeunes gens, qui,
sous la conduite d'un chef d'institution, allaient au
loin, vers les lacs de la haute Italie, vers les vallées
et les monts du Tyrol. Voyage de luxe, de confort
solide, bien entendu, bien réglé. Ces messieurs ne
se déplacent qu'en wagon-salon. Ils vont en « rapide ».
Ils feront le parcours à toute vapeur. Ils jetteront un
coup d'œil lassé sur le déroulement endiablé des
fuyants panoramas, sur la féerie vivement escamotée
des chutes, des pics, des nappes bleues, des cathédrales dentelées, des châteaux fantomatiques. C'est
une course à fond de train — train express — à travers les beautés de la nature, à travers les séductions
des points de vue. Le professeur, — très moderne —
qui sait tout, montre tout, explique tout, raconte
tout, commente tout, et gâte tout, parce que, par sa
parole, il dissipe le charme de tout. Ça c'est la méthode « fin de siècle » que les familles riches et les
marchands de soupe — riches — ont inventée pour la
déambulation de leurs beaux fils...

Dame ! on est pressé. Il faut avoir beaucoup entrevu
pour en causer. C'est coûteux, c'est fatigant, c'est
ridicule. N'importe ! On a passé par où il est comme
il faut de passer, par tous les cols inscrits, cotés dans
les guides, par les simili-boulevards des Italiens que
les voies ferrées mettent à la portée des bourses bien
garnies. Et c'est l'important. L'on pourra faire sonner
bien haut devant la galerie, qui applaudira, les noms
banals de sites et de vues que le cosmopolitisme de
notre temps, que le rastaquouérisme international a
mis à la mode. C'est ainsi que s'achève une éducation
en 1891. Quelques tickets achetés à une agence anti-
artistique, mais non anti-commerciale, suffisent pour
donner un vernis... passe-partout aux futurs « v'lan »,
aux « pschutteux » de l'avenir.

En même temps, vers des wagons plus modestes, je voyais se diriger un groupe d'adolescents qu'un professeur, un vrai celui-là, un pasteur d'enfants, menait vers les Alpes. Ils avaient sac au dos, pic à la main, et, ma foi, fière mine sous leur costume de toile écrue, ceux-là. Arrivés à Grenoble, ils devaient faire des ascensions, marcher, se rompre à la fatigue, faire provision d'air, enfler leurs poumons, renforcer leurs jarrets, s'instruire au contact direct des choses, et aussi peut-être rêver en face des spectacles étalés devant leurs regards et leur pensée par la terre et par le ciel.

C'était une caravane à la Topffer qui partait. Et son cicerone était bien capable de devenir son historien, comme le fut le Genevois pour les élèves qu'il entraînait à sa suite, au hasard de la route, de la fortune et de la fantaisie. Ah! ces petits alpinistes n'avaient pas l'air gourmés; ils ne posaient pas pour la tenue. Ils lâchaient la bride à leur joie qui s'échappait en éclats de rire, en lazzis, en belle fièvre d'ardeur juvénile.

Avoir deux mois de vacances, la permission familiale de courir toute une paire de semaines, être bien sûr que plus rien ne mettra obstacle à la fugue tant promise, enfin obtenue, — se sentir sous la protection d'un éducateur aimé, d'un compagnon resté jeune pour les jeunes, d'un second Talbot, l'universitaire pédestrian, grand propagateur des exercices physiques, et avoir dix-sept ans! Comme on fait l'étape gaiement, par le soleil et par le froid, comme on grimpera aux arbres, comme on sautera les fossés, comme on tentera des escalades! Ah! les bons repos sur l'herbe, dans le sommeil de la campagne, les haltes dans les auberges aux soupers problématiques, et même les gîtes incertains, la fuite sous la pluie, sous l'orage : tout cela leur apparaît déjà comme en un rêve. Rien ne les retient, ne les effraye. Les occasions de lutter les attirent même. Et quand ils reviendront, ces échappés de l'examen, ces envolés du concours, quelle santé ils vous auront, quelle vigueur, et aussi quel savoir vrai, puisé à la source, quel amour du beau, saisi, emporté dans la lumière, dans la contemplation de l'espace ! Sans compter qu'à courir ainsi, qu'à se lâcher dans la liberté de la plaine et des monts, dans toute l'action de leur tempérament, qu'à rivaliser d'entrain en commun, qu'à se suffire en commun, qu'à partager loin des commodités urbaines, loin du toit paternel et de la maison scolaire, mêmes petits dangers et mêmes petits déboires, qu'à se harasser ensemble, à sortir ensemble d'un mauvais pas, on apprend, comme le disait l'auteur des *Voyages en zigzags*, « le secret de se tirer d'affaire les uns avec les autres » et « cette générosité secourable et franche qui marche la toute première après le grave cortège des vertus ».

⁂

Mais ceux-là sont les heureux du monde, les privilégiés de la fortune qui peuvent, grâce à la bonne fée penchée sur eux à l'heure de la naissance, avoir toute large et toute pleine la part des plaisirs... Les petits pauvres, les fils d'ouvriers, des travailleurs, seront-ils privés de distractions, seront-ils emprisonnés dans Paris pendant que ferme l'école ? Auront-ils toujours sous les yeux, des murailles, des façades tristes, de noires cheminées ? Ne verront-ils d'autre paysage que les grêles platanes des promenades publiques, que les pelouses des squares ? Ne respireront-ils tout le jour que l'atmosphère étouffée, lourde et grise, du quartier populeux où l'industrie du père et de la mère les tient captifs ? Comment se formeront-ils aux heures où ils sont abandonnés à eux-mêmes ? Les verra-t-on pâles, maigres, courir le long des trottoirs

où la foule s'agite, où le vice les frôle et les guette?
Que d'accidents à redouter pour eux, que de mal-
heurs! Paris, et ses remous, est plus perfide, plus
meurtrier que l'Océan. Ses vagues, ses hordes de passants, comme les flots reluisent et, comme eux, en
leurs gouffres, noient, étouffent placidement.

Eh bien! non, tous ces souffreteux, tous ces déshérités ne resteront pas là. Plus ils seront chétifs et plus
ils seront méritants, plus ils auront chance qu'on les
arrache à la maladie et au désœuvrement. Eux aussi
ne sont pas oubliés. Si frêles, on ne veut pas qu'ils
sentent trop durement leur misère; si jeunes, on ne
veut pas que déjà ils envient!

Ils n'ont pas de quoi s'éloigner, ils ne savent où
aller? Mais la charité n'est-elle pas là, discrète et
douce, qui les prend par la main; qui, avec elle, les
emmène, les nourrit, les soigne, les amuse, les fortifie, les sauve? Ah! l'œuvre excellente qu'ont fondée
certaines Sociétés protestantes, et le beau, le réconfortant exemple qu'ont donné MM. Duval et Champre-
nault, adjoints au maire du onzième arrondissement!
On ne saurait trop le signaler, le mettre en relief,
malgré la modestie des bienfaiteurs.

Émus de pitié pour l'étiolant et pernicieux ennui
qui, près des boutiques et des ateliers, près des loges
et dans les mansardes, dans le ruisseau trop souvent,
lourdement pèse sur tant d'enfants à l'époque estivale, quand tout rit dans la nature, quand tout se
dore, s'épanouit, se parfume, goûte l'ivresse de vivre,
ils ont voulu que, dans leur entourage au moins, dans
le voisinage de leur richesse, les obscurs et les innocents eussent leur lot de bonheur. Ils ont mis leurs
ressources en commun; ils ont partagé les frais du
bienfait — l'honneur aussi, la satisfaction intérieure
sûrement. Et, dans un vallon pittoresque des Vosges,
sous les sapins aux odeurs résineuses, à Mandres-
sur-Vair, ils ont acheté, restauré, installé un antique
château. Quels hôtes y invitent-ils? A qui les chambres

proprettes? A qui le dortoir si bien aménagé? A qui
le grand parc de vingt hectares où sur l'eau courante
se penchent les arbres, où « les oiseaux chanteurs
aux pieds faiseurs d'étoiles », comme dit le grand
poète Strada, prennent leurs voletantes et aériennes
vacances, toujours?... Aux petites Parisiennes, aux
petits Parisiens de Belleville que des millionnaires ré-
publicains reçoivent en leur manoir. Heureux administrateurs qui peuvent et qui savent donner asile à
deux cents petits êtres, fillettes et garçons, tout prêts
à bénir ces amphitryons, — où l'on dort, où l'on res-
pire, où l'on aime et l'on est aimé!...

.
. .

Et les sociétés privées, et les particuliers ne sont
pas seuls à se montrer secourables à l'enfance : les
pouvoirs publics ont aussi pour elle des tendresses
maternelles. Le Conseil municipal n'a-t-il pas voté au
titre de « service de premier ordre » une somme de
58,000 francs pour qu'environ 1,000 petits « primaires »,
à raison de 70 francs par tête en moyenne, soient
groupés, forment des colonies dans la banlieue, ou
bien dans les pays montueux, ou bien sur les plages
de la Manche?

L'an dernier, les résultats ont été surprenants. On
avait pris les plus malingres — et aussi les plus sages;
les plus laborieux d'entre les bambines et les marmots. Ils étaient allés faire leur cure, hâves, pâlots,
tout enfiévrés de nervosisme faubourien. Ç'a été
merveille de les voir revenir forts, calmes, dodus et
rebondis. Leur poids s'accroissait de jour en jour.
La grève plus encore que les sommets leur réussissait. Ils ont tant brouetté de sable, tant creusé de
trous, tant cherché de crevettes et de crabes sous les
pierres, tant sauté, tant gambadé, que leur quinzaine
d'escapade à la brise marine a été pour eux une succession d'enivrements et de fêtes, une dévoration in-

cessante de pain, de mets simples que l'appétit, sans trêve, assaisonnait.

Et quelle bonne conduite! Quel désir de contenter maîtres et maîtresses! L'on se tenait mieux qu'en classe, quand il le fallait. Dans telle ville on se laissait recevoir par les édiles et par les pompiers, toutes fanfares retentissantes, avec un port, un maintien que de vieux soldats auraient enviés. Dans telle autre, entre deux excursions, on visitait usines, manufactures, avec sérieux, sans toucher à rien, l'œil et l'oreille aux aguets, le crayon prêt à noter les observations pour rédiger ensuite, au retour, un journal digne d'éloges. Là on se mettait au vert, dans un village, et l'on stupéfiait les habitants par tant d'ordre dans tant de liberté. Là, au Tréport, à Berck-sur-Mer, mesdemoiselles et messieurs les mioches ont séjourné de conserve. Tentative risquée! Comment allait se comporter tout ce petit monde des deux sexes, tous ces colons et ces voyageuses de huit à onze ans pendant la durée d'un séjour sédentaire? Il y avait à craindre du tapage, des disputes. Citoyennes en herbe et citoyens en fleur ont fait honneur à l'innovation. Nul tumulte, nul désordre, nulle prise de bec et nul accident. Si les natifs de Montparnasse faisaient le gros de l'ouvrage pour la maçonnerie maritime de leurs compagnes, les natives du quartier Voltaire raccommodaient les chaussettes et les culottes de leurs camarades; et c'était l'apprentissage de la vie, et c'était touchant.

Montagnards d'occasion, paysans d'aventure, marins de passage, demain regagneront la grand'ville. J'entends les mécontents, les grincheux quand même : « Prenez garde! Vous donnez à toute cette marmaille des goûts qu'elle ne pourra satisfaire. Elle se penchera avec plus de peine, plus de regrets, sur sa tâche coutumière. » — Que c'est mal connaître le cœur de l'enfant, le cœur de l'homme! C'est allègrement, de jolie vaillance, que la besogne sera faite, après la lassitude reposante du corps. Interrogez les instituteurs. Tous vous répondront que ceux-là ont encore le plus de succès l'année suivante qui ont été les élus parmi tant d'appelés. Leurs membres se sont fortifiés et leur cerveau s'est enrichi de combien de connaissances ! Il a compris, il a médité. Il a élargi son savoir, son champ d'idées et d'images.

Ce touriste.ressaisi par le travail quotidien n'en voudra plus, souffrira, gémira ? Allons donc ! Le souvenir du passé chantera en lui, en lui rayonnera, le soutiendra plutôt... Ce n'est pas mille enfants qu'il faudrait, à chaque août nouveau, diriger vers les espaces bleus de l'air, vers les étendues vertes des prés et des forêts ; c'est dix mille, c'est vingt mille, comme en Allemagne, où près d'un million est donné aux chers petits captifs de la cité, de l'école...

LES BATAILLONS SCOLAIRES.

Pauvres bataillons scolaires ! Ils ont tout le monde contre eux ! Ils sont chargés à fond de train par la foule de leurs ennemis qui, à.coups d'arguments économiques, politiques, militaires, sociaux, que sais-je encore ? mettent en fuite leurs fusils sans poudre et leurs baïonnettes sans pointe. Pour sûr, ils succomberont sous le nombre des assaillants ! Le moyen de lutter contre des conseillers municipaux qui, avec raison, trouvent trop cher un jeu se soldant par une dépense annuelle de 150,000 francs ! Comment maintenir ses rangs en lignes très droites et très correctes, quand les soldats eux-mêmes, les vrais soldats très galonnés et très dorés, se tournent contre les petits soldats, les lardent d'épigrammes, se moquent des jeunes sous-offs, des apprentis caporaux, des lignards en herbe ! Peut-on continuer à emboîter le pas cadencé et à parader sous le soleil des 14 Juillet, quand

des gens graves affirment que les revues enfantines
sont l'annonce de manifestations politiques, un entraînement armé aux futures révolutions ?...

Ils auraient beau former le carré et faire face aux
agresseurs, ils seraient forcés de se rendre à l'ennemi
qui est toute une coalition. Et pourtant je ne suis pas
bien sûr que leurs plus acharnés adversaires n'aient
pas été, hier, leurs plus heureux admirateurs. Tel qui
les ridiculise, qui leur refuse des fonds, qui insiste
sur leur chauvine inutilité, qui part en guerre contre
les pioupious imberbes, est peut-être bien le même
qui les a réclamés, exaltés, passionnés, encouragés,
défendus avec une exubérance inquiétante de folie
patriotique. Vrai de vrai, les bonshommes qui resti-
tueront bientôt au magasin d'habillement tout le
fourbi guerrier dont on les avait chargés, auront
fait, en leurs primes années, l'expérience probante de
notre humeur inconstante et volage, — comme disaient nos pères. Ils se rendront compte de bonne
heure qu'un des traits de notre caractère c'est d'être,
sans trop de propos, excessifs en nos amours comme
en nos haines, en nos applaudissements comme en
nos moqueries. Si ces fantassins ne deviennent pas
des philosophes, la faute n'en sera pas aux leçons
d'ondoyante et diverse psychologie que les hommes
de notre génération leur auront données...

Car enfin on s'était emballé et joliment sur les bataillons scolaires ! Les plus sceptiques et les plus bla-
sés ont eu leur moment de fièvre héroïque. Quand le
13 juillet 1883, sur la place de l'Hôtel-de-Ville, les *bleus*
microscopiques s'avancèrent martialement, il y eut
dans la foule un frisson d'enthousiasme. Ne souriez pas.
Vous avez tous rêvé à la revanche, à la victoire. Vous
avez trouvé le général Jeanningros tout constellé de
décorations conquises sur le champ de bataille, très

crâne, très enlevant, quand de sa voix de tonnerre il commandait la manœuvre à ses troupiers lilliputiens ! Vous vous épreniez d'enthousiasme pour lui et pour son régiment improvisé ! Vous n'aiguisiez pas votre esprit contre ce vieux brave et ses conscrits qui, pour vous, étaient autant de Barras prêts à mourir pour le salut de la République ! Et quand passaient devant vous les sévères et coquets uniformes, les bérets au mouvement rythmé, les fusils reluisants sur les épaules au balancement régulier, je ne suis pas bien sûr que vous ayez pu retenir plus d'une larme glissant le long de vos joues.

Oh ! ne vous en cachez pas ! Ils avaient du bon, ces pleurs qui ne disaient pas la tristesse, mais la joie, l'espoir, la confiance. Et ce serait tant pis pour nous si nous n'étions plus capables de les verser, si nous rougissions de les avoir répandus en un moment de troublante ivresse...

Et n'était-ce pas l'époque où M. Jules Ferry, remettant leur drapeau aux bataillons scolaires, leur disait avec une éloquente conviction : « Sous l'apparence d'une chose amusante, vous remplissez un rôle profondément sérieux. Travaillez à la force militaire de demain. Or, la France de demain, c'est vous. »

Et les paroles du ministre, les poètes les ont-ils assez paraphrasées en chœurs laudatifs ? Elles chantent dans ma mémoire, toutes vibrantes, les rimes que les Siebecker, les Cordelois, les Chantavoine, de fière inspiration, en gerbes étincelantes lançaient. On répète encore dans les écoles :

Ran tan plan, les petits soldats
Font superbement l'exercice ;
Porter l'arme ou la mettre au bras,
Ran tan plan, ne les gêne pas...

Ran tan plan, les petits soldats
Deviendront l'orgueil de la France :
Dans la paix et dans les combats

L'honneur guidera tous leurs pas.
S'ils ont la mort pour récompense,
Mères et sœurs, n'oubliez pas,
Ran tan plan, les petits soldats.

ou bien encore :

Nous sommes les petits soldats
Du bataillon de l'Espérance,
Nous exerçons nos petits bras
A venger l'honneur de la France...

Et les images populaires, elles renforçaient encore l'effet produit par les voix ! On les avait multipliées. Ce n'étaient qu'étendards flottant au vent, que fanfares retentissant à travers les pages des livres classiques, que haltes sur les places des villages, qu'escalades, et prises de fortins sous les ordres d'un officier simulant la fiction d'un assaut, cris au vent, sabre au clair...

*
* *

... Sept ans ont passé. C'est plus qu'il n'en faut chez nous pour oublier !.... Les bataillons scolaires ? Mais c'est un corps fossile, antédiluvien ! Qui les a jamais célébrés ? Qui donc a été assez naïf pour escompter leurs triomphes épiques ? Il est aujourd'hui convenu qu'il est patriotique de les condamner à mort... sans phrases, comme il a été patriotique de leur donner la vie... Leurs marches, leurs promenades ? Comédie à l'usage des bons bourgeois. — Les défilés ? Bons pour les cirques et hippodromes. — Le maniement du fusil ? Trompe-l'œil, car les fusils changent et l'on n'aura pas à se servir au régiment du système employé à la « laïque ». — Les galons donnés aux meilleurs, aux plus endurants ? Inégalité choquante, amour des grandeurs, prime accordée à la manie du panache ! — Correction de l'attitude, solidité grave de la tenue ? Singerie du militarisme teuton, prostration devant la caserne, dédain de la liberté...

*
* *

Donc, les bataillons scolaires, en 1891, auront vécu.
Ils n'existeront que comme souvenir. Rendons-nous
aux raisons si raisonnables qu'on invoque pour les
abolir... Mais il y a des choses qu'on n'abolit pas,
même par des votes et par la blague. Les bonshommes
à qui l'on va retirer sac et giberne, est-ce que l'on
compte les emprisonner dans l'école aux heures où
on leur faisait faire par le flanc droit et par le flanc
gauche, où on les dégourdissait dans la griserie des
commandements exécutés en mesure, exactement?....

C'était autant de pris sur la grammaire, sur les
sciences, sur la pédagogie dont les notions encyclopédiques envahissent le cerveau de l'enfant. Bras et
jambes gagnaient beaucoup à ne pas rester immobiles, et la tête n'y perdait rien.

Le temps consacré au développement du corps, je
compte bien qu'on ne le lui prendra pas. Il faut, sous
une autre forme, le lui rendre. A Paris, en province,
des moniteurs sont initiés aux jeux de plein air. Ils ont
appris à manier le gouret, la paume, selon les règles
remises en honneur par la Ligue nationale.

J'espère qu'on leur confiera les petits soldats pour
qu'ils les dressent à sauter, à courir, à gagner force
et santé sur les pelouses. Les exercices militaires
sont abolis? D'accord! C'est raison de plus pour que
les exercices physiques entrent dans les mœurs scolaires, et soient mis en pratique tout à fait. Sous les
vareuses, où se formaient les petits soldats, se formeront les petits athlètes, — ce qui ne leur nuira pas
pour être de vrais grands soldats. Il n'y a plus de petits
« scolos » ? Place aux petits « athlètes » !

LES JEUX A L'ÉCOLE PRIMAIRE.

Sur les pelouses. — Mes craintes. — Dans la cour. — Opinion
d'un petit enfant. — De l'air! de la lumière!

C'est donc chose décidée, enfin. Un crédit de
10,000 francs a été voté par le Conseil municipal pour
l'organisation des jeux tant au Bois de Boulogne que
dans les promenades voisines des écoles. Deux enfants
seront détachés de chaque bataillon scolaire et envoyés
à l'École normale des jeux de plein air, constituée
par la Ligue nationale sur la pelouse de Madrid. Ils
y recevront une instruction spéciale et la transmet-
tront ensuite à leurs camarades. Les primaires seront
traités comme les secondaires; les cadets comme
leurs aînés, les collégiens, le peuple, comme la bourgeoisie : c'est juste et démocratique.

Et nous les verrons bientôt s'ébattre au soleil, sur
les bons tapis que le printemps déroule ! Il y aura, un
peu partout, aux environs de Paris, dans la verdure,
du rire et de la joie, une riche montée de sève et de
santé. Les pupilles de la « laïque » sauront imiter les
athlètes aux jerseys multicolores qui s'offrent le malin
plaisir de l'emporter sur l'Angleterre en agilité. Ils
finiront bien, eux aussi, par organiser leur *match*, pour
démontrer la supériorité des biceps français sur les
muscles britanniques. Et, dès l'an prochain, ils se
disputeront la coupe du championnat, — une petite
coupe, par exemple, pour qu'ils n'y boivent pas trop
de champagne, ces minuscules. Grenelle se campera
devant Batignolles qui se dressera contre la Villette,
toute hérissée elle-même contre Montmartre ! il y
aura une belle dépense de force et d'adresse, là où la
jeune postérité de la vieille Lutèce s'entraînera pour
le combat et pour la victoire. Oh ! la brave ! la vaillante marmaille ! Je me la représente en imagination
qui s'élance, la tête en feu, le corps en eau, courant,

haletant, criant, triomphant, épuisée, heureuse, « à
la française » ! Quels bonds ! quelle ivresse ! quelles
parties enlevées et avec quel entrain !... Comme Mon-
taigne verrait avec joie bondir cette légion de diables,
lui pour qui les jeux n'étaient pas des jeux, mais « les
plus sérieuses actions des enfants ! » Et Michelet, notre
maître et notre initiateur à tous, comme il s'épanoui-
rait au spectacle de cette débordante et exubérante
activité, lui qui voulait arracher nos fils à l'emprison-
nement de la classe, lui qui clamait d'en faire, par
l'action, des hommes, lui qui demandait une éducation
trempée aux sources vives de la nature, lui qui enfin
s'écriait :

« En travaillant moins d'heures, on apprend davantage » ! et qui attaquait la passivité, l'inertie, le silence auxquels des êtres nés pour la vie et pour la
liberté sont condamnés !...

.·.

... Mais voilà que je prends mon désir pour la réalité.
Ce que j'espère, je le rêve, je le suppose réalisé. Et
pourtant ce ne sera pas tout que d'avoir des fonds
pour mener à bien l'entreprise ! Que de conditions il
faudra encore remplir pour que les efforts des novateurs soient couronnés de succès ! Que d'obstacles je
pressens qu'il sera nécessaire de renverser !

Sera-t-il possible de conduire garçons et aussi fillettes
vers des récréations plus calmes, mais non moins réconfortantes, — si tout l'horaire de toutes les petites
écoles n'est modifié ? Et consentira-t-on à donner
deux après-midi par semaine aux promenades néces-
sitées par l'arrivée au lieu de rendez-vous et par le
retour ? Et si quelques heures sont distraites du labeur
intellectuel, retranchera-t-on des programmes quelques inutilités qui ne peuvent entrer en balance avec
l'affermissement de la santé ?

*
* *

Savez-vous ce que je crains? C'est que la difficulté
ne soit tournée. « Vous voulez des jeux à l'école primaire? D'accord! Vous les aurez. Mais dans le préau
couvert, mais dans la cour bitumée ! A quoi bon faire
perdre du temps aux écoliers en allées et venues ? Ils
n'ont qu'à rester chez eux. Dans un endroit clos, sous
l'œil paternel de l'instituteur, ils pourront à leur aise
jouer aux billes, au sabot, à la balle, voire aux barres,
s'il y a de la place. »

Ma foi, à ce compte, j'aimerais presque mieux y
renoncer. Autant vaudrait demander à un canari en
cage de prendre son vol comme s'il était en pleins
champs, en pleins bois. Les élèves eux-mêmes se rendent compte du danger. Tout récemment, un directeur d'école communale avait l'idée de donner à ses
huit cents disciples le sujet suivant de composition :
« Chaque élève décrira un jeu qu'il connaît et que
l'on puisse établir dans la cour bitumée. » Les huit
cents copies ont été lues et dépouillées. Les réponses
ont été transmises à la Ligue. C'est pitié de voir combien peu de jeux peuvent s'approprier aux carrés si
restreints, si étriqués, si étouffés où est enfermée
l'enfance.

Et même un bonhomme, un défiant, un garçon qui
a l'air de se douter du coup et qui est pour la sortie,
pour les longues trottes au dehors, fait une charge à
fond de train contre la fameuse cour bitumée. Il
propose, par politesse, à ses camarades, le *jeu du
berger*, mais il ne croit guère qu'on puisse le prati-
quer là où l'on n'a pas de quoi se mouvoir. Ses do-
léances sont franchement amusantes, à moins qu'elles
ne soient attristantes, ce dont je ne suis pas sûr.

« On ne s'amuse point, écrit-il ; moi, par exemple,
je mange à l'école, je ne sors pas à midi, eh bien ! je
suis las de tourner toujours, toujours, sans avoir un

but. On sonne la cloche, nous nous mettons en rangs, et nous montons en classe. Il y en a, la plupart, qui sortent à midi, et vont déjeuner chez eux. Suffit qu'ils reviennent un peu en avance, ils ont le temps d'aller sur la place du marché et de jouer une bonne partie. Eux, au moins, ils sont un peu libres; mais nous, nous sommes comme des oiseaux en cage, dans un espace de 20 mètres de long sur 15 de large... Le matin, il fait froid, le pavé est glissant, et à peine arrive-t-on pour l'ouverture de la porte, et alors recommence l'interminable tour pendant dix minutes, puis: Dreling, dreling, dreling!!! on se met en rangs et on monte. »

Il peut vous faire rire, ce narrateur à culottes courtes; moi, il me navre. Allons, menons un peu tous ces captifs hors de la geôle, hors de la cour. Conduisons-les vers les larges étendues de prés, vers les rayons, vers les expansions bruyantes des libres caprices! Et si les examens en souffrent, ce sera tant pis — ou plutôt tant mieux, car on se décidera à les alléger, ces certificats encyclopédiques des tout petits, ces certificats pléthoriques, gonflés jusqu'à éclater.

LE LENDIT DE 1890.

Son succès. — Vertu éducative des exercices physiques. — Ce qu'a fait la Ligue Nationale pour les jeux de plein air.

Le Lendit, le grand tournoi interscolaire, est terminé. Il a obtenu un plein succès et un succès mérité. Si l'on savait ce qu'il a fallu d'efforts, de persévérance, de zèle jamais découragé, jamais abattu, pour entraîner maîtres et élèves dans le mouvement de la renaissance physique! Au début, l'on a ri, l'on a levé les épaules, quand Paschal Grousset a voulu introduire dans les lycées et collèges les jeux de plein air.

Il semblait qu'on allait tout bouleverser. C'était l'indiscipline, le désordre qu'on menaçait de propager dans les maisons d'éducation. Apprendre aux enfants autre chose qu'à tourner en rond autour d'une cour ! Les amener à se dégourdir les jambes, à se récréer vraiment pendant ce laps de temps appelé fallacieusement récréation ! Mais on n'y pensait pas ! Ces forces déchaînées, qui les réprimerait ? Ces jeunes éphèbes lâchés dans la liberté, dans le grand air et dans la griserie des verdures printanières, qui les maintiendrait dans le respect du maître d'étude et du professeur ?

I. — Succès des jeux.

Les essais furent timides — comme les volontés. Un groupe d'enfants, de ci de là, fut dressé. Tous les camarades imitèrent la tentative. Les grands gagnèrent les moyens qui gagnèrent les petits, qui gagnèrent le personnel enseignant et surveillant. Et quand l'élan fut imprimé, quand l'après-midi du jeudi fut consacrée aux joyeuses parties de balle, au saut, à la course, au canotage, l'on s'aperçut que l'enfant, loin de glisser sur la pente de la rébellion, n'était plus secoué par le moindre vent de fronde. Son système nerveux était dompté. Le besoin d'action, de vitalité qu'il exerçait aux dépens de ses gardiens, il le dépensait en bonds, en luttes, en exubérance et en emportement de sève sur les pelouses verdoyantes de renouveau, et il devenait doux, aimable, poli, bien plus docile et plus facilement maniable qu'au temps de la claustration scolaire. Le prisonnier avait fait connaissance avec une indépendance relative et n'en abusait pas. On se fiait à son bon sens, à sa raison naissante, et il prouvait qu'il n'était pas incapable de se conduire, de faire, dans l'adolescence, acte d'homme. Sa faculté d'initiative abandonnée à elle-même se fortifiait, et, par la pratique, se contenait, apprenait à

discerner, à suivre sa voie. Jamais, me dit-on de toutes
parts, les collégiens n'ont été si près d'être bien élevés, si éloignés d'être contrariants, grognons, résistants à la main, que depuis le jour où la Ligue nationale a fait pour le corps ce que l'Université faisait
pour les esprits. De leur union, de leur active et fertile
association sortira quelque chose de grand et d'original. Les générations montantes auront cette double
santé, cette double gaillardise des muscles et du cerveau qui assurent le triomphe durable d'une nation !

II. — POUR LES EXERCICES PHYSIQUES.

Oh ! je sais bien ce que l'on reproche aux promoteurs du Lendit. De ci, de là, j'entends répéter :
« Prenez garde ! vous préconisez la paresse. Toute
cette jeunesse dont vous encouragez les exploits. ne
croira plus qu'à la force et qu'à l'adresse, elle dédai-
gnera le travail de la pensée. Vous formerez des
pseudo-Rossignol-Rollin, des simili Marseille, des
tombeurs d'hommes, des lutteurs de profession, qui
ne rêveront que plaies et bosses. Ah ! ils s'occuperont
bien, ces gas-là, de piocher Virgile et de cultiver Homère ! Ils regarderont de combien leur biceps a grossi,
combien de kilos ils soulèvent aujourd'hui de plus
que la veille. Ils auront plus d'admiration pour un
bel athlète de foire que pour tous ces Grecs et tous
ces Romains dont il leur faut épeler difficilement les
noms difficiles dans les textes anciens. »

J'étonnerai beaucoup ces railleurs — et il en est
de charmants — qui crient fort à la décadence intellectuelle chez les champions de la rame, de la
savate ou bien du fleuret, en leur affirmant — ce qui
est la pure vérité — que la vigueur n'exclut pas l'intelligence, et que les lauréats du Lendit sont souvent
les lauréats des distributions solennelles. Le fait est
palpable. Tel coureur qui a tenu sur la piste la tête

du peloton tient la tête de sa classe. Tel boxeur qui
est venu à bout d'un adversaire formé d'après des
méthodes renouvelées des jeux olympiques, vient à
bout très joliment des difficultés non moins classiques
dont se hérisse une tragédie de Sophocle. De ce que
l'on apprend à se tenir droit, ferme, à marcher sans
fatigue, de ce que l'on élargit sa poitrine, de ce que
l'on raffermit ses jarrets et de ce que l'on enfle ses bras,
de ce que l'on sort vainqueur d'épreuves qui demandent de la fougue et de l'endurance, il ne s'ensuit pas
que l'on devienne incapable de réfléchir, de trouver
la solution d'un problème ou bien de trousser proprement une page de français. Ceci ne tue pas cela. Ceci
sauve cela plutôt.

Le collégien, qui s'entraîne tout le long de l'an
dans l'espoir de porter le drapeau de ses camarades
et, dans les plis de ce drapeau, leur honneur, leur
récente réputation, fait un emploi de ses loisirs
moins abêtissant que l'entuniqué ridicule qui fume
sa cigarette sur les promenades publiques et qui
frise son espérance de moustache devant l'espérance qu'allume en son cœur le frôlement d'un jupon
émancipé. Dans les cours et dans les préaux des lycées et collèges de France, j'aime mieux y voir parler
d'avirons, de salles d'armes, de manèges... que de
brasseries, que de beuglants, sans compter le reste.
Ah ! comme les mères de famille devraient remercier
Paschal Grousset et ses collaborateurs ! Elles crai-
gnaient qu'il n'y eût quelques jambes cassées, quelques bras démis? Il n'y en a pas eu — et en revanche
il y a eu quelques consciences redressées, quelques
moralités pansées et assainies, comme par enchantement. Nous avons été, en bien des cas, de merveilleux
rebouteurs. Il est bon qu'on le sache.

Et l'on va encore répétant, et ce n'est pas le moins
amusant et le plus plausible des griefs qu'on élève
contre les exercices physiques : « Sous couleur de
chasser le surmenage intellectuel, vous ouvrez la

porte au surmenage physique, vous favorisez un engouement qui aura la durée d'une mode. Surtout vous inculquez à nos fils des goûts aristocratiques. Vous préconisez un nouveau sport, le sport humain qui entraînera des paris comme le sport hippique, sur un turf où les maillots remplaceront les casaques des jockeys et où les casquettes multicolores auront leurs preneurs. Bientôt il y aura la cote des bipèdes comme des chevaux, et un favori en culottes courtes saura faire perdre sa mise au naïf populaire, aussi bien qu'un pur sang qui, sur l'ordre de son propriétaire, se dérobe à un tournant favorable. A peine sur les bancs, les gamins ne rêveront que performance et qu'entraînement. Ils seront si fiers de s'exhiber en public et de voir leurs noms dans les gazettes entre Mlle X..., des Délassements-Comiques, et l'assassin Y..., interné à Mazas, qu'ils n'en dormiront plus et qu'ils passeront leurs nuits à bavarder des fêtes en expectative, dans la demi-ombre du dortoir ! »

En voilà bien d'une autre, et comme on reconnaît que les plumitifs, gens d'esprit pour la plupart, ont trouvé là un texte facile à déclamation. La plaisanterie est agréable : elle conduit d'elle-même la plume de l'écrivain, qui trotte, qui trotte... On s'amuse et l'on amuse : c'est l'essentiel... Mais la verve n'est pas toujours le jugement, pas plus que l'esprit n'est la logique. Il y a longtemps que chacun s'en doute.

Si les jeux physiques ne doivent avoir qu'une saison comme la mode, je souhaite que leur saison soit égale en durée à la mode... du café qui a vu pas mal d'hivers et de printemps sans compter les étés et les automnes. J'admets que l'engouement soit un peu fort et un peu tapageur. Mais n'en est-il pas ainsi de tout en France ? On se passionne pour une nouveauté. Puis l'on s'y accoutume, et, de l'habitude, naissent la mesure, le calme, le tempérament. Vous verrez que peu à peu tout se tassera, tout viendra à un niveau moyen. Quant aux goûts aristocratiques que l'on est censé propager parmi la population scolaire, ils se démocratiseront. Ils passeront à l'école primaire.

Ils seront communiqués aux enfants du peuple après avoir été donnés à la progéniture des bourgeois. Car je ne vois pas, mais pas du tout, ce qu'il y a d'aristocratique à vouloir que le sang coule plus chaud et plus abondant dans les veines des écoliers, à vouloir qu'ils deviennent robustes et sveltes, qu'ils soient aptes, avant la caserne, à faire leur métier de soldats.

Ils portent des maillots : la belle affaire ! C'est moins cher qu'un costume à bon marché ! Ce luxe est une économie. Voudrait-on d'ailleurs les voir s'ébattre enserrés dans un caban, engoncés dans un grotesque uniforme ? Autant vaudrait demander à un baigneur de se plonger dans l'eau en habit noir ! Si les jerseys jettent une note gaie sur la monotonie des prés, au fond, qui s'en plaindra ? C'est nous qui sommes ridicules, nous les gens graves, de nous promener dans l'horreur d'une tenue sombre et lourde pendant que pèse sur nos épaules l'écrasement de la canicule.

Pour ce qui est des paris, j'avoue que je n'en ai pas encore vu faire et il faudra encore beau temps pour que l'on puisse faire fermer les agences des sous-bookmakers athlétiques, qui ne sont pas encore ouvertes.

Mais les spectacles à grand orchestre, devant les tribunes, sous l'œil de M. Tout le monde ! Mais les réclames dans les journaux ! Voulez-vous mon avis ? Tam-tam et articles étaient nécessaires au début. Il a fallu frapper l'attention. Aujourd'hui c'est fait. Maintenant que la partie est gagnée, on pourra, l'an prochain, agir avec plus de discrétion, plus de modestie. Ça se passera en famille... Et pourtant il y aura encore des reporters pour compter les points et jeter les résultats aux quatre vents de la curiosité !...

LE LENDIT DE 1891.

Il va son train, le Lendit de 1891. Il fait sa petite besogne silencieusement, modestement, mais il la fait en perfection. Il n'est pas tapageur comme le Lendit inaugural de 1889, comme son successeur de 1890, qui mena grand bruit. L'âge des multicolores exhibitions est passé, passé l'âge héroïque des courses, des jeux devant la foule faisant cercle sur les pelouses, des exercices lâches et bondissants dans le retentissement des fanfares et des applaudissements.

Les critiques adressées aux organisateurs et aux athlètes ont été entendues. Tout se fait sans tralala de réclame, — il en avait bien fallu un peu au début, pour entraîner parents et enfants! Deux invitations en tout sont données à chaque champion. C'est tout au plus si papa, si maman — et à son défaut une cousine — peuvent l'encourager d'intrépides hourras. C'est à peine si la presse, si indiscrète, si prompte aux soudaines glorifications et aux brusques moqueries, connaît les résultats des épreuves. Nos éphèbes n'étalent leurs maillots et ne font bomber leurs biceps que devant les solennels jurés qui, chose rare, invraisemblable, sont tout à fait compétents. Si parfois ils éveillent, par la beauté de leurs formes, de coupables concupiscences, comme chez telles petites femmes de la rue Mogador, ils n'en peuvent mais, réellement.

.*.

Et les concours se succèdent. Escrime, gymnastique, marche, saut, vélocipédie, natation, canotage entremêlent leurs séances. Nul surmenage à craindre, d'ailleurs. La fatigue a été évitée par le choix de la saison et par l'heureuse distribution des jours et des heures.

On n'a pas attendu les ardeurs de la canicule pour

commencer les ébats. Ce n'est pas, suant et soufflant,
tout ennuagés d'aveuglante poussière que les potaches se disputeront prix et médailles. A la fin mai,
finie sera la fête de la renaissance physique qui concorde avec le renouveau de la nature et non plus
avec l'étouffement estival. Sur les verdures encore
tendres, si fraîches, si riantes en leurs printanières
herborescences, dans l'air tout embaumé de senteurs,
sans en être encore alourdi, plus souple est la force,
plus vive l'adresse, plus saccadés partent les élans,
plus solide et soutenue dure la patience. Bienheureux
concurrents! coureurs, sauteurs, escrimeurs, boxeurs
— tout ce qui rime en *eur* — sont dans la joie de
n'avoir point à s'éponger le front dans le flamboie-
ment de la fournaise — dans le soleil de Messidor.
Seuls, les nageurs, en leur eau peu tiède, réclament.
Mais on ne peut contenter tout le monde... et son
fils! En tout cas, pour mon compte, je suis fort heureux d'esquiver la menace d'une insolation sur la
route de la reine Hortense, comme l'an dernier, où
je suais à grosses gouttes en remplissant les honorables, mais immobiles fonctions de poteau indi-
cateur...

.⁎.

Quand le Lendit ouvert le 16 avril sera clos le 31 mai
par les régates du Bois de Boulogne, il restera encore
deux bons mois aux lauréats pour la préparation des
examens et des concours. Il sera impossible de leur
dire, comme au début : « Vous allez vous faire refuser
au baccalauréat. Vous manquerez l'entrée des écoles.
Vous n'aurez ni accessits ni prix en Sorbonne! Vous
sacrifiez le cerveau au biceps. » Le travail de révision
dans les études n'aura pas à souffrir des distractions
prises bien avant la confection des copies à primer.
Qui aura son échec ne pourra s'en prendre qu'à lui
seul et n'aura pas le droit de s'écrier entre deux accès
de larmes : « C'est la faute au Lendit! »

Il est tout à fait innocent de tous les torts qu'on pourra lui prêter, le nouveau Lendit, le Lendit printanier, le Lendit des lilas et des roses. Il n'a plus sa semaine à lui — sept jours d'éreintement et d'ahurissement pour ses adorateurs. Du lundi au samedi, il avait entassé tout un amoncellement de travaux herculéens. Il fallait aller d'une piscine dans un manège, de là sur un pré, puis sur une piste, puis dans un gymnase, puis sur un lac, que sais-je encore! Les forts à bras qui, dans l'antiquité, triomphaient à Olympie, se seraient déclarés vaincus au bout du troisième jour, tant on mettait muscles et nerfs en mouvement, sans trêve, sans entr'actes! Nos collégiens s'en tiraient, mais en avaient pour un mois à se remettre d'un entraînement par trop forcé. On a renoncé à cette effrayante succession des mouvements précipités. La classe ne perd aucun de ses droits. Chaque jeudi, chaque dimanche, les tournois ont lieu. Cela dure plus longtemps, mais c'est plus sérieux, mieux équilibré, mieux compris, mieux adapté à l'âge des « amateurs » — puisque amateurs il y a.

⁎⁎

Sans compter que le bienheureux Lendit de 1891 aura encore eu ce bonheur inespéré d'établir la concorde entre les différentes Sociétés sportives — (oh! le vilain mot, oh! qu'il sent l'anglomanie)! — qui se partagent les sympathies de nos adolescents. Elles se regardaient de travers toutes ces associations qui se disputaient l'honneur de conseiller, de recruter, de grouper, de récompenser le plus d'adhérents possible. Elles avaient avec excès des moniteurs, des programmes, des engagements, des insignes, des capitaines — souvent sans soldats! Elles se fragmentaient en une poussière de petits clubs aux noms retentissants... l'*Alouette*, la *Gazette*, l'*Avant-Garde*, la *Gau-*

loise, l'*Intrépide* (j'en sais plus de soixante!) — qui se réclamaient tantôt de l'*Union* et de M. Jules Simon, tantôt de la *Ligue nationale* et de M. Paschal Grousset. C'était un éparpillement d'efforts, une dispersion désordonnée qui, enfin, se plie à la méthode, à l'unité. Les grands chefs, les promoteurs de l'éducation plastique se sont concertés. Chacun d'eux a fait des concessions. Toutes les fêtes et réjouissances se sont confondues dans le Lendit, qui sort fortifié et rajeuni de l'entente et de la réconciliation générale !

.˙.

Et maintenant, équipes et unités, combattez le bon combat !.... De vrai, pourtant, on n'a nul besoin de vous adresser une émoustillante, une fouettante recommandation. Une saine, une bonne émulation s'empare des lycéens qui veulent soutenir le renom des maisons dont ils arborent les couleurs. Les rivaux sont aux prises. Monge, Lakanal, Buffon, l'École alsacienne, Michelet, Rollin, Janson luttent d'énergie...

Qui gagnera la coupe du Président de la République ? Je ne serais pas surpris que cette année encore le triomphateur fût fourni par la province. En 1890, il vint de Caen. D'où sortira-t-il ? Il faut s'attendre à quelque surprise. Il y a beaucoup d'aléa là comme aux courses ; et comme à Longchamp, comme à Auteuil, les favoris n'arrivent pas toujours. Le lycée de Passy, qui passe pour très exercé, très stylé, a des émules qui le serrent de près, qui, après deux défaites, veulent prendre leur revanche...

.˙.

Et voyez l'influence d'une idée juste, la puissance d'expansion que contient une utile institution. Le

Lendit a réussi à Paris. Le mouvement est imprimé,
la mécanique est montée, et, dans les départements,
nombre de ressorts... académiques donnent de toute
leur tension, de toute leur détente. Il y a des Lendits provinciaux, — à l'instar de la capitale. Une
région opère isolément ou bien s'unit à une région
voisine. C'est ainsi que Bordeaux et Poitiers, grâce à
leurs recteurs, depuis une quinzaine déjà, ont improvisé une série de rendez-vous et de défis fort cour
tois sur les bords de la Garonne. Les autorités académiques ont suivi, paraît-il, les coureurs... en voiture,
pour bien montrer tout l'intérêt qu'ils portaient aux
imitateurs des « hémérodromes ».... ces lévriers à
deux pattes de l'antiquité qui, tout un jour, allaient
au pas gymnastique pour annoncer une victoire.
Quand je vous le disais, que partout, à l'origine des
choses, il fallait un peu de grosse caisse et de tam-
tam, de poudre jetée aux yeux. Les graves universitaires du Poitou et du Bordelais l'ont compris. Même
le Lendit girondin, pour n'être pas en reste d'invention
avec Paris où l'on s'avise de tirer à l'arc, se signale
par une trouvaille assez originale. Le Lendit Girondin
a son *clou :* un rally-paper vélocipédique... Et bientôt
de l'est et du nord, le Lendit gagnera le centre, le sud
et l'ouest. 87 lycées, 165 collèges sont inscrits sur les
registres de Paschal Grousset. Toulouse essaiera d'é-
blouir Montpellier de ses exploits. Marseille, qui se
fera passer le caleçon, essaiera de tomber Toulon qui
voudra voir à son tour Nice et Aix toucher des deux
épaules.

*
* *

Or voici une idée que je propose. Maintenant que
par un vote du Conseil municipal les « *colo* » ont vécu
et que les jeux de plein air vont être substitués aux
exercices militaires, pourquoi n'y aurait-il pas un
Lendit — des Lendits même, — pour les écoles pri-

maires? C'est un vœu que j'ai déjà formulé et que je
répète : « Les enfants adroits et vigoureux feront les
adolescents souples et résistants. L'apprentissage de
l'endurance et de l'adresse est à commencer de bonne
heure. Plus on descendra jeune dans l'arène, plus on
aura les membres dispos, faciles aux mouvements de
vive et preste élasticité. Et puis, le pli sera pris ; on
continuera volontiers par habitude et par goût ce
que l'on aura fait dans l'impétuosité des primes
années, par imitation, par amour-propre. Et les générations se fortifieront. Et nous aurons de jeunes garçons bien plantés, solides, musclés, qui feront de bons
soldats. » Je ne vais pas jusqu'à demander des Lendits féminins, bien que 14 lycées, 15 collèges et 25 écoles
normales primaires de jeunes filles soient... dans le
train. Mais il ne faut pas être trop gourmand. A l'an
prochain, les Lendits féminins !

APRÈS LE LENDIT.

Le Lendit est terminé. Les courses des régates
scolaires organisées sur le grand lac du Bois de Boulogne en ont marqué la fin par un digne couronnement. Comme je l'avais fait prévoir, la coupe du
Président de la République a été chaudement dispu-
tée. Le lycée Janson de Sailly l'a pourtant gagnée,
mais avec une très courte avance. Il la conservera,
car c'est pour la troisième fois qu'il la mérite, et, aux
termes du règlement, après trois victoires, elle est
acquise pour toujours à l'établissement qui a rem-
porté un triple triomphe.

On a, en vue des épreuves, bien travaillé plastiquement.
Les épreuves ont permis de constater un sérieux progrès dans l'entraînement, dans la tenue, dans la force,
dans la souplesse. Bien des *professionnels* se conten-

teraient de s'escrimer, de nager, de boxer, de monter en vélocipède comme les collégiens choisis pour représenter leurs camarades. Les concurrents ont gagné en force, en agilité, en vitesse. Le temps a été bien employé pendant l'automne et l'hiver.

Les concours de régates, qui ne peuvent avoir lieu sans un certain apparat, sans faste et sans pompe, ont attiré une foule considérable. Le soleil, pour célébrer le joli mois de mai, s'était mis de la fête, enfin ! Il enveloppait de ses rayons les toilettes claires longtemps captives, les costumes des canotiers dont les casaques et les casquettes aux couleurs des lycées reluisaient.

Ç'a été la dernière lutte. Si Janson y a gagné la coupe, Condorcet peut se glorifier de posséder le champion. Ce sont les deux lycées de la rive droite qui, après avoir rivalisé d'entrain jusqu'au bout, ont les honneurs du Lendit.

Un des clous de la journée a été la course à quatre rameurs gagnée par l'équipe Granet, Bap, Maroger et Jobit, du lycée Janson. La yole, enlevée par des bras vigoureux, qui frappaient l'eau avec une précision, une régularité dignes de mathurins gradés, a été amenée au but avec une remarquable rapidité.

Le résultat final a été accueilli par des hourras frénétiques, trop frénétiques peut-être. Les rouges et les blancs, Janson et Condorcet — comme Oxford et Cambridge, — ont des partisans dont l'enthousiasme est un peu bien chaud, un peu bien exubérant. Mais enfin le soleil donnait si fort, après une si longue absence, qu'il chauffait un peu les imaginations ! Et puis on comprend que toute cette jeunesse manifeste sa joie d'une façon vibrante. C'est de son âge. D'ailleurs le caractère national, si prime-sautier, peut-il disparaître ?

L'HYPNOTISME ET L'ENFANCE.

Le magnétisme à l'école. — Ce qu'on prétend obtenir par la suggestion. — Les devoirs artificiels. — Ne violentons pas la nature !

Eh bien, non ! Et feu Guyau, le moraliste, auteur de nombreux volumes et très profonds où la science s'allie à la conscience, et d'un beau livre posthume sur *l'Education et l'Hérédité*, ni les médecins et les physiologistes, prophètes des dieux Charcot et Bernheim, ni les chroniqueurs scientifiques comme Félix Hément, qui sont tout férus de suggestion et d'hypnotisme, ne me feront admettre que l'on doive se livrer à de mystérieuses expériences, même moralisatrices. sur l'enfant !

Interdit à la porte des casernes et des hôpitaux militaires, le magnétisme n'a pas le droit, sous couleur de pédagogie, d'avoir accès dans la maison d'école, dans l'infirmerie des collèges. A chaque tentative qu'on fera, même à bonne intention, pour l'y introduire, il faudra, au nom du bon sens public et de l'intérêt général, crier un vigoureux : « Halte-là ! » qui arrête l'élan des envahisseurs.

Je sais bien ce que l'on prétend faire. On promet monts et merveilles. L'hypnotisme, c'est la panacée universelle pour les défauts, voire même les vices des mauvais écoliers. L'hypnotisme vient à bout de la colère, de la violence, de la rancune. L'hypnotisme redresse les penchants dépravés, corrige la paresse, étouffe la sournoiserie, assoupit l'excès d'impétuosité.

Mères, qui gémissez sur l'indolence de vos fils, voulez-vous qu'ils travaillent, qu'ils se transforment en

piocheurs et tiennent la tête de leurs classes? Suggé-
rez-leur donc, pendant le sommeil, qu'ils doivent
renoncer à leur *farniente*, dépouiller le vieil homme,
devenir les modèles rêvés! Vous verrez qu'ils éton-
neront promptement leurs camarades par la persévérance de leur labeur et de leur application. Vous
doutez? Que diable! c'est le docteur Liébault, de
Nancy — de Nancy, la Mecque, la citadelle de la suggestion, — qui l'affirme! Il a soigné ainsi un cancre
qualifié, classé, officiellement estampillé, effroi des
professeurs lorrains, et vous l'a métamorphosé,
comme par enchantement, en lauréat!... Avez-vous
un bambin qui manque de mémoire? penchez-vous
sur son chevet, la nuit quand il dort à poings fermés,
et, d'un fluide insinuant, adroit, éducatif, convain-
quez-le qu'il doit réciter sans faute ses leçons. Et vous
verrez que, bientôt, il vous débitera, d'affilée, sans
un accroc, tout un cours de récitation! Vous êtes
sceptique? Vous vous défiez encore? Mais vous pouvez bien obtenir cela de votre marmot, puisque le
docteur Richet affirme qu'il a tenté l'épreuve contraire et fait perdre toute sa mémoire à un sujet.
(J'avoue que je ne vois pas l'utilité de la chose;
mais enfin!)

Parents, vertueux parents, faites-vous partie de la
Ligue contre l'abus du tabac et constatez-vous que votre
mioche — un petit bonhomme pas plus haut que ça! —
fume déjà triomphalement sa cigarette? vous l'empê-
cherez vite, vite de *griller sa sèche* (pour employer le
style potache)! Glissez-lui donc l'idée, pendant que
Morphée le visite, qu'il ne doit plus jamais lancer dans
l'air des bouffées bleues en spirales fantastiques. Vous
pouvez être assuré qu'il renoncera tout à fait à la manie
de fumer et qu'il sera plus tard un membre influent de
l'utile Société qui pourchasse la nicotine. C'est un
fait certain, très certain, car le docteur Voisin vous en
répond, lui qui a guéri mainte et mainte personne de
déguster les londrès les plus exquis, lui qui a terrassé

en outre l'ivrognerie, lui qui, enfin, a pris à bras-le-
corps le délire mélancolique et l'a fait toucher des
deux épaules, là, tout du long, grâce à l'empire de sa
volition !

Et le mensonge et le vol! Ils s'enfuiront à tire-
d'ailes. Demandez à M. le docteur Bérillon comment
on s'y prend, pour enrayer les instincts des fourbes
futurs et des pickpockets en herbe ! Ah! si nous
savions tous nous servir du sommeil hypnotique, il
n'y aurait plus, avant dix ans, un faussaire, plus un
détenu dans les maisons centrales qu'il faudrait fermer, quand la nouvelle génération qui pousse sur les
bancs sera arrivée à la maturité de sa perfection intellectuelle, morale et magnétique.

* *

Vraiment, si les instituteurs mettent en pratique les
théories de nos opérateurs et de nos vulgarisateurs,
ils rendront inutiles les fonctions de juges et, sur
tous les tribunaux, on pendra une pancarte enrichie
d'un : « Maison à vendre ». Si j'étais que d'eux, je sug-
gestionnerais, j'hypnotiserais à outrance, quand ce
ne serait que pour taquiner ces excellents MM. de
Broglie et de Pongerville, qui soutiennent avec assurance que l'accroissement de la criminalité dans notre
pays correspond au développement de l'instruction
gratuite, laïque et obligatoire! Ah! si elle est hypnotique, l'instruction, ces messieurs qui la voudraient
tant payante, facultative et surtout congréganiste, ces
messieurs seraient battus ! Ils ne pourraient plus
crier à l'abomination de la désolation !

* *

Si nous laissions faire M. Félix Hément, la race des
cancres et la lignée des polissons s'éteindraient vite !
Car M. Félix Hément, dans son désir d'améliorer le

genre humain, va plus loin que le défunt M. Guyau et
que les très vivants praticiens de la Salpêtrière et de
l'Hôtel-Dieu. Ce qu'ils font pour le corps, il le fait
pour l'âme. Il est un guérisseur incomparable. La
suggestion est pour lui positivement un système d'é-
ducation. Il écrit : « Les enfants incorrigibles ne sont-
ils pas des fous ou tout au moins des malades qu'il
faut traiter ? » Et il nous conte l'histoire d'un certain
Edouard, fils d'un de ses amis, qui est en passe de
devenir un idéal de sagesse et d'obéissance, après
avoir promis d'être une recrue de Biribi, de la chair
à silo africain. Son Edouard — ô cher homonyme ! —
devient si gentil, si doux, si aimable, grâce à un papa
qui lui communique de bonnes petites impressions
pendant son repos, qu'il est devenu le héros d'une
communication adressée à M. le professeur Luys, de
l'Académie de médecine. Il méritait bien cet excès
d'honneur, le jeune Edouard, après s'être prêté avec
tant de bonne grâce aux expériences de son seigneur
et maître.

... Je crois à tout cela et même à autre chose
encore, puisqu'on me l'affirme ! Je crois — voyez
combien je suis confiant — aux preuves alignées dans
les traités spéciaux et dans les gazettes bien infor-
mées. Je crois que la suggestion est une bonne fée
dont la baguette change tous les vices en vertus,
tous les Eyraud... de cours d'assises en honnêtes
gens. Je crois que tous les magnétiseurs, depuis Mes-
mer jusqu'à M. F. Hément, sont infaillibles comme les
papes.

Je crois — que ne crois-je pas ? — je crois surtout
surtout qu'il ne faut pas laisser la plaisanterie se prolonger un plus long temps et se donner des airs sérieux pour en imposer au public ; même si elle a pour
patron un publiciste de talent, ancien inspecteur
général de l'Université, il est nécessaire qu'on lui
barre la route résolument et qu'on la force à rebrous-
ser chemin.

Demandez à mon excellent confrère Jules Lermina ce qu'il pense des forces psycho-physiologiques, lui qui en a étudié les effets et qui depuis tant d'années s'applique à en pénétrer les causes. Il vous dira qu'on les connaît mal, que nul n'en est maître et ne peut en disposer à son gré. Il vous convaincra qu'il est non seulement dangereux, mais cruel, d'agir sur l'encéphale de l'enfant, sur son organisme, si faible encore, si frêle, si tremblant !

Produire des devoirs artificiels peut être fort intéressant, mais si on les produit aux dépens d'un ébranlement qui détraque la machine, qui en fausse les rouages essentiels ! Éveiller des aptitudes nouvelles chez un petit être, argile qu'on façonne à sa guise, c'est curieux et amusant sans doute pour les gens du métier ; mais si cet éveil étrange est obtenu dans l'affaiblissement de l'intelligence et de la volonté ! Je me défie des moyens surnaturels ! J'ai peur de l'occultisme pour l'enfance !

Je ne veux pas que l'école devienne une école de rêve et d'hallucination ! Quel que soit l'enfant qu'on ait à former, la plus sûre méthode, croyez-m'en, la plus efficace, la mieux faite pour trouver le chemin de sa raison et de son cœur: c'est la bonté.

Le véritable, le seul hypnotisme qu'il faille appliquer à l'écolier: c'est la douceur, c'est la tendresse. Un regard bienveillant, une parole amie, un accueil de consolation et de pardon après une réprimande et une punition, après un acte de juste sévérité, agiront plus sur un jeune esprit et de façon plus intime, plus pénétrante et plus durable, que toutes les passes, que toutes les invocations, que tous les commandements effectués dans les doubles ténèbres de la nature et de la vie intérieure.

L'ÉDUCATION MORALE AU COLLÈGE.

A propos d'une brochure. — La réforme de l'internat. — Les récompenses. — Les punitions. — Le personnel. — Un certificat d'aptitude pédagogique.

J'ai reçu de M. Morlet, directeur des études à Sainte-Barbe-des-Champs, ancien censeur du lycée de Marseille, une brochure sur *l'Éducation morale au collège*. Je m'attendais à une charge à fond de train contre les nouvelles méthodes ; un censeur d'hier, l'administrateur d'un collège, ne peut, me disais-je, voir d'un bon œil les efforts que l'on fait pour humaniser la discipline ! L'application du système Maneuvrier-Marion, excellent en soi, donne, au début, de la peine aux chefs d'établissement. C'est un apprentissage à faire et, comme l'on est parfois un apprenti à cheveux blancs, l'on a du mal à prendre un pli, inusité, tardif : de là, avec beaucoup de bonne volonté au fond, quelque mauvaise humeur de ci de là dans la forme...

M. Morlet ne récrimine pas ; tout au contraire, il approuve les innovations, il y applaudit, il y pousse. Loin de se refuser à un progrès qu'hygiénistes et gens du métier ont jugé nécessaire, il va de l'avant, avec un entrain, une résolution qui gagneraient les plus récalcitrants. Le moyen de résister à un pédagogue qui, à la théorie, joint la pratique, qui, à côté de ce qu'il faut faire, montre ce qu'il fait ! A chaque instant il vous dit : « Vous doutez ? Vous êtes sceptiques ; mais j'ai tenté l'épreuve, voici le résultat. » L'on est mis en face d'un fait constaté, l'on touche du doigt le succès de la tentative, et l'on est bien forcé de s'incliner devant une conviction qui aux paroles joint les actes, d'une audace tempérée par la raison, qui réussit parce qu'elle sait vouloir...

Ah ! que de bonnes choses il faudrait emprunter aux

expériences de M. Morlet! Comme le *principe d'autorité* est toujours uni au *principe d'affection !* Comme
ces deux forces, comme ces deux facteurs de l'éducation se combinent, s'entr'aident, se complètent et
s'achèvent !

Voulez-vous être vraiment maîtres des enfants que
l'on vous confie, ne soyez pas pour eux des Jupiters
tonnants, toujours prêts à lancer sur leur espièglerie
carreaux et tonnerres sous forme de consignes et de
privations de sortie! Elever n'est pas dompter, dans
une dure contrainte de l'esprit et du corps. Elever, au
sens étymologique, c'est nourrir ! Et nourrir de quoi ?
de sa bonté, de sa tendresse, de tout son cœur. Tous
ceux qui ont réussi à maintenir dans leurs études,
dans leurs classes, — maîtres répétiteurs et professeurs, — la loi du respect et de l'obéissance, n'ont
jamais cherché à inspirer la crainte, mais la confiance, l'amitié, par cette bonne grâce, cette égalité
d'humeur, cette amabilité qui sont la marque assurée
des sérieuses vocations pédagogiques. Se défendre
par des châtiments contre l'enfant, c'est faire une
guerre offensive à l'enfance. Et c'est être vaincu ! Le
secret de la victoire est dans le don de soi-même qui
entraîne le don d'autrui. Une parole chaude et bonne
fait plus — que de fois je l'ai constaté — pour la conquête d'un tempérament rebelle que tout l'arsenal
des punitions.

Non qu'il faille être désarmé vis-à-vis de la petite
république qu'il s'agit de dominer. Peines, récompenses ne sont pas à bannir. On doit les utiliser,
mais à bon escient, avec habileté. M. Morlet, qui
réprouve pensums, piquet, arrêts, est pour le *blâme
officiel* infligé aux lieu et place des parents, soit par
le proviseur seul, soit par le proviseur assisté d'un
conseil extraordinaire où figureraient les professeurs.
Il estime que par une admonestation en règle on fait
sentir au coupable sa faute, on l'amène à la regretter,
on obtient de lui une réparation prochaine. Il maintient

quelques peines effectives, mais il les réduit à un minimum. De même il diminue le nombre des récompenses et les attribue plutôt au *mérite* qu'au savoir. Il veut qu'on se rende compte des efforts plus que des aptitudes, de la persévérance plus que du talent. Il voudrait qu'il y eût un *classement moral*, qui assurât des prix d'*excellence morale* à la fin de l'année scolaire.

Si tant de discours, de patience et de mansuétude n'agissent pas, si une action si paternelle ne vient pas à bout d'une nature particulièrement revêche et désagréable, il n'est plus qu'un moyen à employer, c'est l'exclusion temporaire, puis définitive. A quoi bon garder contre son gré un mauvais sujet qui se refuse à une obéissance raisonnable ? Pourquoi laisser à côté de ses condisciples un camarade qui est pour eux un détestable exemple ? Collèges et lycées ne sont pas des bagnes où la loi exige que les coupables fassent leur temps de travaux forcés et traînent le boulet jusqu'à l'expiration de la sentence !

..

Je sais bien que c'est là l'idéal et que d'aucuns vont traiter tout cela de rêveries, peut-être de fantaisies. Et pourtant M. Morlet n'est pas un idéologue, un songe-creux. Je ne saurais trop le répéter. Il ne se contente pas de prêcher des lèvres, il prêche d'exemple. Il a la passion de bien faire et il fait bien. Voulez-vous voir d'où lui vient l'influence qu'il a sur ses écoliers ? « Je n'ai jamais manqué, écrit-il, au cours de ma vie administrative, de consacrer une heure ou deux chaque jour à ce que j'ai appelé l'*audience*. Les élèves savent que ces heures leur appartiennent; qu'à ce moment l'homme que leurs parents ont investi de leur autorité, à qui ils ont donné leur confiance, se consacre à eux, les appelle à lui, les convie à venir l'entretenir de leurs petites affaires, de leurs joies, de leurs tristesses, de leurs espérances et de leurs crain-

tes. Ce n'est plus alors le supérieur qui les écoute...
et c'est un écho de la voix paternelle qui résonne aux
oreilles des enfants et qui va jusqu'à leur cœur. Et
comme ils savent vous récompenser de votre complaisante attention si vous les écoutez! Quel ascendant on
peut prendre ainsi sur eux! Il se peut que quelques
jours après on soit forcé de les gronder, de les punir : n'importe! le souvenir des bontés ne s'efface pas
si vite; cette figure sévère du maître, l'enfant sait
qu'elle peut sourire et nul sentiment de haine ne
saurait germer dans son cœur. »

Ah! la belle, la touchante page! Elle fait chaud au
cœur de qui la lit comme l'inspiration dont elle émane
devait faire chaud au cœur de l'enfant... Mais ce n'est
pas tout d'avoir à la tête de la maison un éducateur,
il faut qu'il soit secondé, soutenu, encouragé par un
entourage d'élite, convaincu, enthousiaste. M. Morlet
ne désespère pas de le former. Et il a raison encore.
La France n'est-elle pas la terre classique du dévouement, du zèle entraîné et entraînant?

Que faut-il pour que le personnel ait de la cohésion, de l'en-avant? Il est nécessaire qu'il ait sa part
de responsabilité dans la direction, qu'il y participe,
qu'il soit admis dans des conseils où il pourra émet-
tre un avis — écouté! Le professeur, loin d'être tenu
à l'écart, sera entendu, consulté. Le maître d'étude,
devenu vraiment le répétiteur, sera traité avec les
égards qui sont dus au fonctionnaire qui a la tutelle directe de la jeunesse. Il sera mieux rétribué:
il sera honoré; il sera respecté en haut pour l'être en
bas.

Est-il vraiment utile de lui imposer, au début, un
examen, *le certificat d'aptitude pédagogique?* Je ne le
pense pas. La pédagogie s'enseigne. S'apprend-elle?
Un moraliste n'a jamais moralisé personne. Un pédagogue n'inculquera jamais à personne la véritable pédagogie, — car elle vient de l'âme et non de l'esprit.
Quant un jeune homme, pourrait commenter Ho-

race Mann et Pestalozzi, il ne m'aurait pas convaincu qu'il sait refréner les mauvais penchants d'un cancre, fortifier les bons instincts d'un brave garçon. Faire des choix intelligents, tout est là! Expérience passera bientôt science. Et l'expérience s'acquerra si le répétiteur ne considère pas son métier comme une besogne — passagère, mais comme une durable profession qui donne du pain et qui donne la considération.

UNE NOUVELLE DISCIPLINE.

L'on sait que, depuis un an déjà, un nouveau système de discipline a été appliqué dans les lycées et collèges de France. L'on a suivi les idées de M. Marion, professeur de pédagogie à la Sorbonne, qui s'est fait l'apôtre de la douceur, de l'indulgence, d'une méthode appropriée aux mœurs du temps.

Certes, depuis longtemps, la férule avait été reléguée au rancart. Le cachot où certains d'entre nous ont jadis gémi pour des peccadilles, avait été fermé à tout jamais dans un grincement final de ses gonds rouillés. Il y avait déjà eu des tempéraments, des adoucissements aux rigueurs de la claustration scolaire. Mais on n'avait pas encore agi avec suite, selon une idée directrice bien étudiée, fortement établie. On avait pris certaines mesures partielles, adopté certaines améliorations de détail, à tâtons, un peu à l'aveuglette, pour répondre à des réclamations, pour, de ci de là, donner satisfaction à l'opinion publique qui demandait des réformes.

A l'heure actuelle, c'est un plan longuement débattu dans les commissions du Conseil supérieur, voté après mainte discussion, maint amendement et mainte correction, qui est en vigueur. Le piquet, l'odieux piquet, legs de fakirs et de stylites ankylosés, le piquet qui, pendant des heures, clouait l'enfant hypnotisé, hébété devant une muraille lourdement chauffée du soleil et brûlante de réverbération, la retenue de promenade qui le condamnait à écrire une prose torturante sous la dictée d'une voix à moitié endormie, le pensum qui lui plantait une plume entre les doigts, tant à domicile que dans les salles d'étude, le tenait courbé sur son pupitre et lui faisait prendre en horreur tout ce qui dans la prose et les vers sonne fièrement et s'épanouit en beautés, tout cela, pensum, retenue, piquet, tous ces instruments de supplice liés en faisceau contre la croissance, contre le développement des jeunes et vives forces, qui empêchaient l'écolier de s'emplir les poumons d'air pur, les yeux de lumière, l'imagination des tableaux déroulés au dehors par la nature, tout cela n'existe plus que de nom, n'a plus qu'une valeur historique pour un musée des antiques, — dans le pays des vieilles lunes !

*
* *

Dorénavant, la discipline n'est plus simplement répressive, coercitive. Elle a dépouillé ce caractère de sévérité dure, autoritaire, absolue qui a sa raison d'être dans une maison de correction, dans une prison, mais non dans des établissements dits d'éducation.

Car élever, ce n'est pas réduire l'intelligence affaissée, énervée à l'abaissement. Ce n'est pas tenir les âmes dans le tremblement. C'est fortifier la raison, non la soumettre à des règles qui ne se discutent point, qui souvent ne se comprennent point. C'est nourrir les caractères de solides principes, c'est leur montrer la voie droite, c'est les former par la liberté pour la liberté.

La discipline sera désormais réparatrice. Elle ne s'imposera pas comme un joug tyrannique ; elle ne pèsera pas sur les têtes lourdement. Elle fait appel aux bons sentiments. Elle sollicite les repentirs pour avoir le gré d'accorder les pardons. Elle amnistie la faute quand le coupable fait preuve de franchise dans l'aveu et manifeste des regrets sincères. Elle a pour principe de ne plus favoriser, comme par le passé, par suite de la crainte qu'elle inspirait, le mensonge, l'hypocrisie et parfois la délation. Elle se donne pour idéal de recourir le moins possible au châtiment, de substituer les sanctions morales aux sanctions pénales.

Son code n'est plus un code de défense, de guerre offensive même, dicté par le désir d'avoir, après une courte lutte, la paix à tout prix... dans le silence des soumissions forcées. C'est un ensemble de patientes prescriptions, qui cherchent à obtenir l'obéissance volontaire par l'amitié, par la mansuétude, par l'autorité personnelle du maître. Arrière le pédant et le cuistre qui se pose devant son petit auditoire en Jupiter tonnant, armé d'éternels et foudroyants carreaux! Place à l'éducateur qui veut gagner la confiance, trouver le chemin des cœurs, persuader, captiver l'attention, provoquer le zèle au travail, l'entrain, la bonne humeur à l'ouvrage, mis trop souvent en fuite par l'arsenal des consignes et des rapports !

Non, d'ailleurs, que, d'après les récentes circulaires et instructions ministérielles, il faille céder aux cancres, aux mauvais garnements. Le droit de punir est reconnu au corps enseignant. La punition, pour n'être pas inscrite au moment où elle est donnée, n'en est pas moins dûment enregistrée et fort valable quand elle est maintenue à la fin d'une classe. La privation de sortie demandée pour un délinquant est obtenue des censeurs et des proviseurs, surtout s'il s'agit d'un récidiviste. Peut-être les droits des maîtres répétiteurs ont-ils été trop méconnus. Ils devraient avoir mêmes prérogatives que les professeurs. On les leur rendra, sans nul doute, après qu'on aura constaté les inconvénients d'un retrait impolitique. Ils n'auraient pas de nombreux châtiments à distribuer, mais ils en auraient quelques-uns sous la main, dont ils n'abuseraient pas. J'ai la conviction qu'on ne les maintiendra pas dans une situation désavantageuse vis-à-vis des internes et des demi-pensionnaires et qu'on se fiera à leur tact et à leur modération pour l'application d'une pénalité si heureusement mitigée et restreinte.

.

Or, voilà que ma plume trotte, trotte et que je pindarise, et que j'entonne les louanges de la nouvelle discipline universitaire à qui je reproche ce seul défaut, d'être trop défiante, et à tort, à l'égard des maîtres répétiteurs, et, tout à coup, je m'aperçois que mon dithyrambe pourrait bien ne pas être accueilli volontiers par tout le monde. Nombre de personnes répugnent aux nouveautés.

En pédagogie surtout, comme on s'occupe des écoles, il n'est point étonnant qu'il y ait des écoles différentes. Si beaucoup de personnes tiennent pour le régime actuel fondé sur une réciprocité de relations cordiales, sur l'expérience protectrice d'une part, de l'autre sur une déférente affection, il existe un fort parti d'opposants. La tentative leur est suspecte. Ils regrettent ce qu'autrefois, en leur enfance, on faisait. Les critiques ne manquent pas qui balancent presque les sympathies et les encouragements.

« Vive le passé ! s'écrie un chroniqueur justement influent, vivent les us scolaires du temps jadis ! L'enfant ne s'incline que devant la sévérité. Il faut être impitoyable à ses errements. Pourquoi supprimer ces punitions, voire même ces coups qui mataient les natures difficiles ? La discipline se meurt ! La discipline se meurt ! La discipline est morte !... »

C'est le fond du raisonnement. C'en est la conclusion. C'est dit avec esprit, avec verve. Cela vous a une

apparence de logique et de solide bon sens. L'on se dit :
« Il a peut-être raison, M. Sarcey. L'on ne peut rien
tirer des enfants sans les battre un peu, sans les punir beaucoup. Sévissons et cognons. Qui aime bien,
châtie bien. »

Eh ! oui, M. Sarcey aurait raison, mille fois raison,
si les choses allaient aussi mal que dans une boutade
endiablée et très amusante il le déclare. A son avis,
et proviseurs, et censeurs, et surveillants généraux,
et professeurs, et maîtres répétiteurs sont navrés des
résultats obtenus. Tout craque, tout s'effondre. Ce ne
sont que plaintes et récriminations. Si M. Bourgeois
tirait au sort, dans une urne, trois noms d'universitaires pris dans les différentes catégories du « bâtiment », le trio imaginé par M. Sarcey serait unanime,
le soir, à table, en causant librement avec le ministre entre la poire et le fromage, à condamner les concessions, les faiblesses du règlement : « S'il y en a un
seul, je dis bien : un seul, s'écrie l'indigné M. Sarcey,
qui ne déclare que ça ne peut pas durer dix mois
comme cela, je veux être pendu ! »

Oh ! ne vous pendez pas, Monsieur Sarcey, ne vous
pendez pas ! Car nous n'aurions plus le plaisir de
vous lire — et aussi de vous contredire. Oh ! ne vous
pendez pas. Vous qui savez si bien les classiques du
théâtre :

> « Oh ! ne vous pendez pas, pour cela, s'il vous plait,
> Et faites-vous un peu grâce sur votre arrêt ? »

Des trois arbitres choisis par vous, il y aurait fort
à parier qu'un seul, le maître répétiteur, serait pour
vous. J'ai dit pourquoi. Les deux autres seraient bien
capables de prononcer le classique « qu'il mourût » et
de vous condamner à une pendaison dont nous serions
fort désolés.

Tout est disloqué, selon vous, dans la vieille machine qui grince lamentablement. Nul ne commande

et nul n'écoute l'ordre qui n'est pas donné. Avant un an, c'est la fin des fins.

Mais c'est précisément ce qu'il faudrait prouver autrement que par des affirmations — à moins de les donner pour des hypothèses. Vous offrez de faire choix d'une corde et d'un arbre si tout le monde n'est pas de votre avis?

Attendez. Voici l'opinion d'un professeur, M. E. Viret. Elle est exprimée sous forme de lettre familière dans la *Revue Saumon :*

« La discipline qu'on va inaugurer part d'un système très logique et admirablement conçu. Quand les lycées seront conformes à la pensée de nos législateurs actuels, l'Université aura fait un grand pas en avant, les mauvais élèves seront plus rares, et le professeur ne rencontrera plus trace autour de lui de cette défiance séculaire qui, même à l'heure qu'il est, empêche les meilleurs d'entre nous de se présenter à leur classe comme des conseillers et comme des amis.

« Seulement!... le nouveau système est d'une application infiniment plus délicate que l'ancien. Une caserne durement réglementée, avec salle de police, prison, peloton de punition, c'est facile à diriger, et l'ordre y est obtenu sans peine. Une caserne où les mêmes pénalités existent, mais où les chefs ferment les yeux sur les infractions les moins graves, l'ordre y est plus précaire, mais cela marche encore. Mais un établissement d'éducation dont les élèves sont des enfants de tout âge et plus ou moins bien élevés par les familles, un établissement ainsi conçu où chacun travaillera, obéira, respectera ses chefs pour des motifs de convenance et de sentiment, contenu surtout par les appels réitérés faits à sa conscience, voilà qui est très beau, mais très difficile. Le *concours des professeurs est assurément une chose acquise*, et, pour ma part, je suis heureux de prêter la main à une telle œuvre. Le dévouement des proviseurs n'est pas douteux... »

Êtes-vous édifié, Monsieur Sarcey ? Et pensez-vous maintenant que tout le monde pense comme vous ? Vous êtes par trop pressé de porter un jugement sur des innovations qui n'ont pas encore produit tout leur effet — et de réclamer pour vous un jugement... capital ! Il faudrait encore attendre un peu pour se prononcer en pleine connaissance de cause.

Avec un personnel dévoué, ardent, l'on peut faire bien des choses, même opérer ce miracle de mener des garçons autrement qu'à la baguette. Il se peut que sur quelques points du territoire, où l'on a le sang un peu chaud et la tête un peu vive, le succès ne réponde pas à l'attente des novateurs; mais il semble qu'en général la désorganisation ne soit pas organisée comme vous l'annoncez. Ne remarquez-vous même pas ceci qui me réjouit ?

Depuis que la nouvelle discipline fleurit, le nombre des mauvais garnements tend à disparaître. On les avertit. On les réprimande. Puis on les exclut, et justement. Leur place n'est pas là où, bien traités, ils continuent à mal faire.

Depuis que la nouvelle discipline fleurit, le travail n'est pas délaissé ! Les succès aux examens, aux écoles en font foi. Ce n'est pas parce que dans les rangs, entre deux séances, on échangera quelques mots, parce qu'au réfectoire on causera un peu et à voix basse avec son voisin, qu'on bâclera plus rapidement version et problèmes.

Depuis que la nouvelle discipline fleurit, plus une révolte, plus un cas d'insurrection ouverte dans tous les établissements d'instruction publique. Vous n'entendez plus parler de manquements graves à l'ordre. Vous n'apercevez plus de ces soulèvements qui éclataient tout à coup par sautes violentes et qui entraînaient tant de renvois — tant de larmes pour les familles !

Depuis que la nouvelle discipline fleurit, le cerveau n'est plus seul mis en jeu chez l'enfant. Par des exercices répétés, par des courses sur les pelouses, par la natation, le canotage, par un entraînement soutenu, jambes et bras se fortifient. Les poitrines s'élargissent. Les membres font équilibre à la tête. La santé s'améliore. Les générations « montantes » deviennent plus robustes, plus souples, plus résistantes à la fatigue, plus calmes en leur force mieux connue.

N'est-ce pas là, et pour les esprits débarrassés d'une servitude abêtissante, et pour les corps façonnés aux dures épreuves, une école de régularité, de respect, de responsabilité ? Et n'est-ce pas là l'apprentissage de la vraie discipline — qui convient à une démocratie ?

AU PAYS DES ÉTUDIANTS

L'ASSOCIATION DES ÉTUDIANTS.

L'Association générale des étudiants, l'A, comme on l'appelle familièrement au Quartier Latin — a fait beaucoup parler d'elle, tout récemment. Et ce qui a fait beaucoup parler, c'est... son silence. On lui en a voulu, de ci de là, de n'avoir pas rugi, de n'avoir pas déchaîné des colères renouvelées de *Rabagas*, de *Gaetana*, contre les attaques lancées à la Convention par M. Sardou. On a cru que la Jeunesse des Écoles enrégimentée, étiquetée, emprisonnée, n'avait plus même admiration, même culte qu'autrefois pour les hommes et pour les principes de 1789.

. La Jeunesse des Écoles, mais elle est ce qu'elle était! Le souvenir de ceux qui ont combattu pour la liberté, qui sont morts pour le triomphe de la justice et de la raison, est gravé dans le cœur des jeunes gens. Ils savent tous ce qu'ils doivent de reconnaissance et de pieuse admiration aux héros qui ont sauvé la Patrie en danger, qui, de Valmy, ont ramené aux frontières les Impériaux et les émigrés. Ils se réclament toujours des Titans qui, au dedans, au dehors, ont vaincu l'ennemi. Ils se tournent toujours vers le grand foyer de lumière, qui, de sa chaleur et de sa clarté, flamboie à l'aurore de l'âge contemporain...

Prenez-les séparément, ou bien par groupes, vous constaterez qu'ils désapprouvent, et de toute leur indignation, une pièce qui, sur un théâtre républicain,

— subventionné par la République — tourne en dérision ce qui jadis fut la République...

Et pourtant ils ne sont pas intervenus. Et ils ont même fait savoir qu'ils n'avaient pas pris parti. Est-ce à dire qu'ils inclinent vers la réaction ? Non pas. Individuellement, ils ont pu protester, lutter, répondre aux provocations. Mais, en corps, en tant qu'Association, ils ne le pouvaient pas...

*
* *

L'A, sans être inféodée à personne, et bien que très indépendante de toute attache gouvernementale, a un caractère quasi officiel. Elle reçoit une subvention de l'État et de la Ville. Elle a des membres d'honneur qui appartiennent à toutes les opinions. Elle a son rang dans les cérémonies publiques, dans les fêtes patriotiques. Elle a l'autorisation de placer ses imprimés dans les cadres à affiches des Facultés. Elle a son drapeau. Elle a ses insignes. Et surtout elle a son règlement.

Je lis au titre VI des statuts : « Toute discussion politique ou religieuse est formellement interdite. »... Et à l'article 34 : « Toute participation en qualité de membre de l'Association à un acte politique quelconque... entraîne l'exclusion. » Il est évident que l'Association, mise en cause, a dû répondre par l'organe de son Comité : « Nous n'avons pas le droit, aux termes des dispositions arrêtées en assemblée générale, de mettre en avant, d'engager, sous aucun prétexte, la collectivité. Nous ne pouvons prendre une résolution qui lance en plein mouvement, en pleine action nos quatre mille adhérents, quand eux-mêmes, par leurs propres votes, se le sont interdit. Nous ne pouvons nous exposer à une désagrégation, à une désorganisation, pour avoir enfreint des règles que nous avons fixées. Nous sommes en instance, auprès du Conseil d'État, pour devenir *Société d'utilité pu-*

blique (1), et, quelles que soient nos opinions personnelles, nous sommes forcés de ne nous mêler en rien à des manifestations. »...

*
**

L'A n'a pas en effet qualité pour se faire l'interprète des idées politiques, religieuses, sociales, morales, qui emplissent l'âme des générations nouvelles. Ce n'est pas là son rôle. Elle est née en 1884 d'un sentiment plein de noblesse et de générosité. Elle a été fondée pour établir des liens de solidarité entre les étudiants des diverses Ecoles, qui s'ignoraient, qui surtout se méconnaissaient.

Les Boureau, les Loiseau, les Delcambre qui, par leur travail et leur initiative, l'ont amenée au point de prospérité où elle est à l'heure actuelle, qui l'ont léguée, forte et bien vivante, à l'excellent président d'aujourd'hui, à Henry Bérenger, ont voulu unir les élèves entre eux, et avec les élèves, les maîtres. Ils ont tenu à tirer de leur isolement, l'avocat, le médecin, le professeur de demain qui fréquentaient seulement un petit cercle d'amis et vivaient dans une indifférence profonde de ce qu'on pensait, de ce qu'on faisait à côté.

Ils y sont parvenus au prix de quels efforts, de quelle persévérance ! Et le bien qu'ils ont fait est immense. Ils ont surtout rendu service aux étudiants pauvres. Moyennant une cotisation sans importance, ils sont parvenus à leur ouvrir un lieu de réunion où ils se voient, où ils causent dans des fumoirs, dans des salles de conversation, où ils travaillent dans une bibliothèque ouverte jusqu'à minuit, où ils trouvent revues, feuilles quotidiennes.

Et en outre, ils ont constitué une caisse de secours pour venir en aide aux étudiants malades, pour leur avancer de l'argent dans la détresse, pour leur donner

(1) L'A est depuis le mois de juillet 1891 reconnue d'utilité publique.

des bourses qui leur permettent de passer leurs
examens, d'obtenir leurs diplômes. Aujourd'hui, le
service médical est organisé. Plus de 2,000 francs ont
été prêtés en 1890 ; 400 francs ont été dépensés pour
des obsèques. Sans compter que le Bureau a obtenu
maint et maint avantage pour les étudiants allant au
théâtre, au concert, se fournissant chez certains phar-
maciens, dentistes, tailleurs. Les réductions sont importantes. Elles permettent à nombre de petits budgets de s'équilibrer, à nombre de familles de limiter
leurs sacrifices pécuniaires. Et c'est là de la bonne,
de la meilleure démocratie...

*
* *

« Mais ils sont intéressés en diable, vos jeunes
gens ! » va-t-on me dire. Intéressés ? Non pas. Ils sont
tout simplement de leur temps. Ils ont compris le
profit qu'ils pouvaient tirer de l'association, si peu
pratiquée encore chez nous, si fort en honneur chez
nos voisins. Ils ont été intelligents, avisés, pratiques,
si vous voulez : voilà tout. D'ailleurs, s'ils ont fait proprement leurs petites affaires, ils ne se sont pas con-
finés dans un stérile égoïsme. Ils ne regardent pas
toujours la Sorbonne, la fontaine Saint-Michel, leur
cher Quartier Latin. Ils ont des fenêtres ouvertes sur
le dehors. Ils se mêlent à ce qui se fait au delà des
ponts. Ils font figure et fièrement là où les vœux du
pays les appellent, les attendent.

On n'a pas oublié avec quel éclat ils ont produit le
drapeau tricolore cravaté de violet, à Heidelberg, à
Bologne. C'était la France qui était avec eux, au loin,
c'était la France que l'on saluait en eux, quand on
les acclamait, au delà des Alpes, au delà du Rhin. Ils
savaient qu'ils n'étaient pas chez des amis, et par le
sérieux de leur attitude ils imposaient le respect, ils
tenaient leur rang avec une belle dignité.

Et chez nous, à Paris, en province, où a-t-on vu

qu'ils se soient jamais désintéressés des grands mouvements nationaux, qu'ils se soient séparés de leur milieu, de leurs concitoyens ? Oh ! certes, ils ne pouvaient
être accusés de former une caste, de se poser en aristocratie fermée, quand, élèves des écoles supérieures,
ils se penchaient vers leurs frères, les élèves des écoles
primaires et, par milliers, achetaient et distribuaient
des tickets pour l'Exposition universelle, afin que les
petits sans le sou, sans pain, pussent contempler la
grande Merveille ! On ne les reprenait pas sur leur
prétendu modérantisme quand ils déposaient des
couronnes sur les tombes de Quinet, de Michelet ! On
ne les trouvait pas impopulaires quand ils prélevaient
sur leurs « mois » 5,000 francs ramassés pour les
chers blessés de Lang-Son ! On ne pensait pas à les
traiter de rétrogrades, on ne les accusait pas d'illibéralisme, de scepticisme, de dilettantisme — que sais-je
encore ? — quand ils portaient l'offrande d'une cou-
ronne à un fils du peuple, à l'héroïque sergent Bo-
billot, quand ils en déposaient une autre en hommage
à un fils du peuple aussi, à un ancien, à l'organisateur
de la Défense nationale, à Gambetta ! Et quand ils
marchaient derrière le char de Victor Hugo, dans ce
magnifique cortège où le pays républicain défilait
dans les larmes et le recueillement, qui donc songeait
à mettre en doute la sincérité de leur républicanisme ?
Et récemment quand, de toute leur énergie, ils ai-
daient au renversement de l'idole boulangiste, où était
leur prétendue défection ?...

Là où leur devoir leur a dit d'aller, ils n'ont pas
manqué de se trouver au poste d'honneur. Ils s'y sont
rendus et spontanément. Ils ont, comme ils le disent
— et il faut les croire — ce culte de la Patrie que Michelet appelait la « grande amitié ». Tout ce qu'elle
leur impose, tout ce qu'elle leur suggère, avec foi, avec
amour, ils le font...

Quant au tapage dont ils se sont rendus un instant
coupables, il faut l'oublier, le mettre sur le compte

d'une fièvre, d'un emballement passager. Accusés
d'être trop sages, trop réservés, ils ont montré qu'à
vingt ans on a toujours la tête chaude et que l'on sup-
porte malaisément la critique. Les fameux articles
du règlement n'avaient pas prévu qu'ils entreraient
en conflit... avec des articles de presse. Ah ! ces journaux ! ces journaux ! Décidément ils n'entendent rien
au règlement !...

Tout ce que l'on peut reprocher à l'A, c'est, en ses
sections spéciales, de se mannequiner, de s'acadé-
miser un peu trop, de trop discuter, et conférencier,
d'abuser du verre d'eau sucrée. Ils sont bien graves,
bien austères et tristes, les sujets qu'abordent les
orateurs... Et qui sait pourtant s'il faut leur en vouloir
beaucoup de ce sérieux, de ce labeur? Dure est la
besogne aujourd'hui ; âpre la montée vers le plus modeste gagne-pain, quand il s'agit de demander la
nourriture quotidienne aux professions libérales...

Cette fin de siècle exige tant d'efforts, tant d'ahans
et de sueurs pour la conquête du succès — de moins
même que le succès, — du gîte, du couvert. Le bohème d'antan, bon garçon, un peu casseur d'assiettes,
trop joyeux et prime-sautier parfois, a vécu. Faut-il
tant le regretter ?...

D'ailleurs si l'on pioche ferme à l'A, on s'y amuse
aussi, on y lâche la bonde à sa gaieté. Il faut voir
dans les réunions amicales comme on y accueille,
avec quels vivats, dans quelle tempête de *bans* et de
bis, cette grande pince-sans-rire d'Yvette Guilbert, et
la bonne franche exubérance de Léa Dieudonné. Mo-
roses, renfrognés, collet-monté, nos successeurs? Allons donc ! Ils ont parfois plus de tenue que nous, —
et c'est un progrès.

Quand ils donnent un bal, comme celui de l'an
dernier, comme celui qui aura lieu en avril prochain,
et qui leur fournira peut-être les moyens de devenir
propriétaires, oui, propriétaires, ils oublient les foli-
chonneries de Bullier. Ils demandent aux danseuses

de montrer patte blanche pour entrer. Et ma foi, s'ils n'ont ni Georgette, ni Amanda, pour enlever les quadrilles, ils s'en consolent en entraînant à la valse d'honnêtes femmes. Et comme il en est de jolies, ils n'y perdent rien...

Allons! allons! qu'on laisse tranquille l'A et ses adeptes. Quelle apparence qu'en quelques mois ils aient renié, ils aient brûlé ce qu'ils adoraient. Mais il y a... il y a... le règlement. Certes, elle a raison, cent fois raison, l'A, de ne pas le violer. Je suis pourtant bien sûr que si jamais la liberté était en péril, que s'il fallait, de décisif et fort élan, livrer pour elle un combat, l'article 34 et le titre VI auraient tort. Le souvenir de Vaneau plane encore sur toute cette jeunesse...

UNIVERSITÉS ET FACULTÉS.

Les Universités et l'Université. — Les idées de M. Liard. — Un livre patriotique. — Ce que la République a fait pour les étudiants. — Pourquoi il faut des Universités. — La charte des Universités.

On ne parle que des Universités dans l'Université. Lyon veut avoir son Université. Montpellier veut avoir son Université et reçoit Président de la République et ministres pour célébrer le sixième centenaire de ses établissements scolaires. Marseille veut avoir son Université méditerranéenne et découronner à bon droit Aix qui réclame — et qui voudrait avoir son Université! Et je passe nombre de villes qui veulent encore avoir leur Université.

Et l'Université sourit à toutes ces attentes d'Universités, à toutes ces Universités en expectative, en gestation, en espérances — qui souvent seront trompées — en illusions qui de ci de là seront déçues... Or, voici qu'au moment où l'opinion publique s'oc-

cupe à son tour, tout comme le docte corps des professeurs, des Universités, l'apôtre lui-même de ces
créations prochaines, ou plutôt de ces résurrections,
M. Liard, directeur de l'Enseignement supérieur, publie un livre, un plaidoyer, en faveur de la question.
Jamais volume ne vint mieux à son heure, à la veille
de discussions qui vont se produire au Sénat et avoir
un grand retentissement dans le pays. Et jamais volume aussi ne fut plus précis, plus convaincant, plus
ému, plus pressant et plus nerveux ; à travers chaque
page circule l'amour de la jeunesse pensante, l'a-
mour aussi de la patrie...

*
* *

Comme je voudrais que les adversaires du régime
actuel eussent la curiosité de feuilleter seulement les
chapitres si logiques du maître logicien ! Ils verraient
ce que le gouvernement de la République a fait pour
les étudiants et ils comprendraient pourquoi les générations montantes sont attachées si fortement au
régime actuel.

Depuis quinze ans, les Facultés de l'État se sont
renouvelées, corps et âme. La transformation était
d'ailleurs nécessaire, car ainsi que le dit l'auteur :
« Misère des bâtiments, insuffisance des crédits, détresse des laboratoires, absence des premiers instruments de travail, torpeur des institutions, et, trop
souvent, avec beaucoup de talent, langueur chez les
hommes, voilà en quels termes peut se résumer la
situation des Facultés à la fin du second Empire. »
Les salles où se faisait la leçon publique étaient étroites, mal disposées : le public les désertait. Entendaient-
ils le clairon sonner, battre le tambour, les auditeurs
se précipitaient dehors pour prendre l'air — et l'air
de la musique militaire. Les laboratoires étaient pauvres, pauvres les collections, pauvres les bibliothèques : le luxe allait ailleurs. Savez-vous ce qu'on al-

louait à la Faculté de droit pour achat de livres et de revues en l'an de grâce 1869-1870 ?... Mille francs! On n'y recevait pas, à la veille de la guerre, un seul périodique étranger. C'est ainsi que l'on apprenait à connaître ses voisins !...

La République — surtout depuis 1875, depuis qu'elle a été vraiment la République — a, sur un plan net, ferme, tout repris, tout perfectionné, et parfois tout innové, tout créé.

L'état des bâtiments est lamentable? Elle bâtit, elle reconstruit, elle étaye, elle élargit, elle agrandit, à Besançon, à Bordeaux, à Caen, à Clermont, à Dijon, à Grenoble, à Lille, à Lyon. Elle consacre près de cent millions en monuments, en masses puissantes qui attestent la grandeur, le génie de la France intellectuelle.

Les maîtres sont mal payés ? Les instruments de travail insuffisants ?... Elle porte le budget de 4 millions trois cent mille francs (1871) à 11 millions quatre cent mille francs (en 1889). Elle le triple... Mais c'est du gaspillage, c'est une danse insensée des écus nationaux! vont s'écrier les champions de la routine... Eh! non. En face des déboursés, il faut inscrire les gains. Les diverses redevances, droits d'inscription, d'examen, de diplôme, etc., s'élèvent à 5 millions environ. L'excédent des dépenses n'est donc que de 6 millions et demi.

Et les gains en idées, en propagande, en effectif ? Ils sont énormes. En 1869, il y avait 9,552 étudiants. Il y en a 18,000 aujourd'hui. Le bénéfice est de près de neuf mille unités.

C'est là le dehors, l'extériorité des choses ; en dedans, la vie des professeurs et des disciples est modifiée. Les programmes sont refondus, réformés. La médecine devient plus expérimentale, le droit plus historique. Des chaires sont ouvertes qui voient affluer les élèves. La Sorbonne est la première école mathématique du monde — et elle a une école d'historiens qui ne le cède point pour le savoir à l'Allemagne et qui l'emporte sur elle par la méthode.

Le fonctionnement même des Facultés est changé. Elles deviennent un organisme vivant et personnel. Depuis 1885, elles ont leur budget, leurs conseils particuliers, leurs assemblées, sous la présidence et la direction du doyen.

Dans la Faculté, hors de la Faculté, la jeunesse fait corps et se tient. La concentration des professeurs est parallèle à la concentration des étudiants. Partout, au nord, au sud, des associations se forment, des groupes se constituent qui sont unis par les liens étroits de la solidarité, de l'amitié. Ce sont comme des familles où l'on se voit, où l'on s'entr'aide. La France de demain se connaît, s'estime, s'apprête à lutter pour le progrès et pour la liberté. « Et ceux qui ont quelque chose à faire passer dans son âme savent où la rencontrer. »

**

Reste une dernière phase et décisive à parcourir, reste le terme, l'aboutissant organique et nécessaire de l'évolution à atteindre. Quels sont-ils?

Il faut que les *Facultés* se combinent, s'achèvent en *Universités*. Il faut que les diverses parties du tout séparées, sans cohésion solide, s'unissent en un ensemble. Il faut que les membres épars se concentrent en un corps où le sang coulera, riche et chaud, puissamment.

Et pour quelles raisons?... Raisons d'ordre international : le vocable. Université est usité partout, compris partout, sauf en France. Raisons d'ordre scientifique : la Faculté isolée ne s'ouvre que sur un côté des connaissances humaines. L'Université unit en un même faisceau toutes les branches du savoir. La Faculté est comme une cloison étanche, impénétrable. L'Université brise les parois, établit la communication, ouvre un échange incessant d'idées, opère le mélange des esprits. Raisons nationales : la Faculté c'est la diversion, c'est la dispersion ; l'Université c'est l'unité, c'est le foyer des hautes écoles dont l'étranger recherchera les rayons réchauffants. C'est, pour nos fils, un libre milieu « où tout se reflète, le passé et le présent, le vrai et le beau, la patrie et l'humanité ; où flottent aussi les germes de l'avenir, où tout leur présente aux yeux les divers aspects de la dignité de l'homme, ses devoirs et ses responsabilités »...

Je n'affirmerai pas qu'il n'y ait pas un peu de rêve, une part d'irréalisable idéal dans ce que M. Liard se promet et attend de ses chères Universités. Mais qui l'en blâmerait, quand son idéal et son rêve le poussent à tenir un si magnifique langage, en un élan de poésie, de passion, de patriotisme tout à la fois.

« La belle charte intellectuelle et morale qu'on pourrait écrire pour nos Universités futures !

« Aux Universités, les jeunes Français apprendront que les connaissances ne sont que le fragment d'un tout, et qu'au-dessus d'elles il y a des idées générales auxquelles il faut penser pour penser par soi-même et librement.

« Ils seront jeunes, parce qu'il est contre nature d'être vieux à vingt ans. Ils seront gais, parce que la gaieté est saine et parce qu'elle est française. Ils aimeront la vie, parce que la vie est bonne et que le pessimiste n'est pas de leur race.

« Ils apprendront que la science n'est pas la conscience, que l'esprit n'est pas la volonté et que la volonté ne se règle pas de la même façon que l'esprit.

« Ils apprendront qu'ils ont des devoirs envers leur patrie, le devoir militaire d'abord, puis le devoir civique.

« Ils apprendront que leur patrie... sera ce qu'ils voudront qu'elle soit, ce qu'ils seront eux-mêmes, faible s'ils sont faibles, forte s'ils sont forts ; qu'elle continuera dans le monde sa mission de justice, de

liberté et d'humanité, s'ils ont la claire conscience de
cette destinée et les énergies nécessaires pour en assurer le développement.

« Ils apprendront aussi qu'ils ont des devoirs envers la démocratie ; qu'ils doivent l'aimer, l'éclairer,
la servir, sans défaillance et sans bassesse, et que, s'ils
sont les plus instruits, c'est pour être les meilleurs, et
que les meilleurs sont les plus obligés...

« Ils apprendront encore qu'il y a des devoirs sociaux ; que, dans la société, la nature et l'histoire n'ont
pas fait à tous les parts égales, mais que les mieux
partagés doivent aux autres bienveillance, allégement
et justice. »

O la belle, la fière charte ! On la dirait de Michelet,
tant l'inspiration en est élevée, tant elle exprime de
noblesse et aussi de pitié, d'attendrissement... Mais
où en pourra-t-on connaître et aimer les principes ?
Y aura-t-il quinze Universités comme il y a quinze
Facultés ? Non pas. Il y aura Université là seulement
où le groupement des Facultés pourra être vivant,
pourra être un vrai centre d'activité scientifique et
littéraire.

N'est-ce pas là un retour en arrière ? Ne revient-on
pas aux Universités provinciales qui végétaient sous
l'ancienne monarchie ?... L'Université moderne ne res-
semblera pas à l'ancienne Université. Elle sera décen-
tralisatrice ; elle ne sera pas indépendante absolument. Elle ne sera pas un État dans l'État ; elle ne sera
surtout pas, comme jadis, une Église dans l'État !

Paris va ouvrir triomphalement la marche. Tous
ses docteurs en Sorbonne ont opiné du bonnet au
rapport de M. Lavisse qui a préconisé la fondation
de l'*Université parisienne*. La Chambre et le Sénat ne
n'y opposeront pas. Et Lyon, et Bordeaux, et Toulouse, et Montpellier, et Lille suivront l'exemple de
Paris... Mais après ?... Après, je crois que ce sera tout.
Oh ! les petites Facultés ! les petites Facultés ! elles ne
méritent certes pas de mêmes compliments que les

grandes Universités ! Si les unes sont une affaire nationale — elles sont bien près d'être un péril national. Ce qu'il serait aisé de montrer...

CHEZ LES ÉTUDIANTS.

Nos jeunes gens. — Hier et demain. — Le pessimisme. — L'action. — L'esprit scientifique et l'esprit démocratique.

On les calomnie, nos jeunes gens : on les fait trop pratiques, trop égoïstes, trop pressés d'arriver à la fortune, aux honneurs, trop ambitieux sans avoir ce qui légitime l'ambition : l'amour du devoir, la passion de bien faire. On les méconnaît quand on nous les montre dans le roman, au théâtre, dans les journaux, partout, en quête de profits et de succès, sans scrupule, sans affection, prêts à tout risquer pour triompher dans le combat de la vie. On ne voit en eux que des dilettantes de plaisirs trop faciles et que des fanfarons de vices trop inélégants. On invente des mots pour les moquer agréablement. Ils sont les petits « fin de siècle » sans idée, sans idéal, qui demandent seulement à se maintenir en joie et en santé, à fuir tout ce qui est œuvre sérieuse, à se réfugier dans l'indolence et dans l'incuriosité de tout ce qui n'est pas l'intérêt personnel et immédiat. Ils sont les décadents qui n'ont nul souci des sentiments supérieurs, et pour qui souffrir, c'est moins jouir...

Et l'on va chaque jour répétant la même antienne, qui sur le ton du persiflage, qui de la pitié. Et l'on dit que c'en est fait d'un pays, d'une patrie où les générations montantes sont éprises passionnément d'individualisme et dans leur cœur n'accordent aucune place à la solidarité, à la fraternité humaines. Et l'on se lamente sur l'époque prochaine où ces « douteurs » seront face à face avec les difficultés que leur

prépare l'avenir. Il y aura, dit-on, alors un beau conflit, une furieuse mêlée d'appétits déchaînés quand il
s'agira d'assouvir ses propres instincts, et il y aura
alors un nonchaloir et un impitoyable désœuvrement,
un affaissement de lassitude quand il faudra lutter
pour la société, pour les principes généraux, pour la
chose publique. Les cerveaux de nos contemporains
sont tous tendus vers l'obtention rapide de la richesse
et du luxe; ils n'ont point d'élan vers le juste, vers le
bien, vers ce qui est utile à autrui. La science trop
intensive a produit des êtres qu'une civilisation trop
raffinée écarte de la vieille bonté naturelle, retranche
de la mansuétude et de la charité...

.·.

Eh bien, non! Il n'en est pas ainsi. Et je souffre
quand je vois maltraiter et méconnaître de si étrange
façon le vrai caractère de ceux qui bientôt prendront
notre place, mettront la main à la barre. Et je me ré-
jouis quand l'un d'eux, d'un mouvement fier, repousse
tout lien avec la petite église des petits jeunes gens
qui brûlent de l'encens devant leur petite personne,
grands prêtres de leur grand orgueil! De ce que
quelques esprits aiment à quintessencier, comme le
Disciple de Paul Bourget, à épiloguer sans fin et à se
complaire dans l'analyse de leurs états d'âme et de
leurs émotions intérieures comme l'*Homme libre* de
Maurice Barrès, il ne s'ensuit pas, par bonheur, que
toute la jeunesse française passe son temps à chercher des prétextes pour sophistiquer et pour ratioci-
ner sans fin.

Un groupe de rêveurs peut encore s'éprendre d'a-
mour pour soi-même, élever des autels à sa propre
divinité, s'imaginer que le but de l'existence c'est de
s'étudier, de se contempler, de s'hypnotiser dans l'admiration de ses délicatesses et de ses raffinements

littéraires et artistiques ; de gémir sur sa destinée et
de s'enfoncer dans un pessimisme ennemi de l'action, de l'en-avant qui emporte le siècle. La grande
masse de ceux qui bientôt seront des hommes refuse
de les suivre, elle répudie l'héritage que ses tristes
devanciers, endoloris et engourdis par le malheur des
temps, par les désastres de l'année terrible, voudraient
léguer à la jeunesse intellectuelle.

Ne leur parlez pas de pensée pure, de relativité
universelle à la Renan, d'ambiguïté intellectuelle, de
dégoûts pour le réel, d'énervement et de faiblesse
morale. Ne leur dites pas de se retrancher du monde,
de renoncer à la spontanéité et à la liberté, ne les invitez pas à la solitude recherchée dans le sentiment
hautain de leur supériorité...

Nos jeunes gens — ceux de 1891 — se réclament
de l'action, de la lutte, ils veulent être les bons ouvriers des œuvres fortes. Désirez-vous savoir ce qu'ils
aiment, ce qu'ils souhaitent accomplir ? Demandez-le
à l'un d'entre eux, à un lettré, plein d'avenir, qui fait
partie du Comité de l'Association des étudiants :
M. Berenger.

Dans une récente conférence faite au siège de la
Société et publiée sur les instances de ses camarades,
il se faisait le porte-parole de la foi nouvelle, de cette
renaissance qui se manifeste parmi ceux qui ont vingt
ans.

Ah! les saines, les réconfortantes déclarations...
Elles sonnent, comme une vibrante claironnée, l'évolution qui s'élabore. « Le sentiment qu'il y a une âme
collective formée de toutes les autres âmes, ce sentiment pénètre dans les espoirs, dans les actes de la
nouvelle génération »...

Mais quel sera au juste ce réveil ? On ne saurait le
déterminer avec précision. L'esprit souffle où il veut,

9.

et personne ne peut lui assurer une direction préconçue. Il est pourtant permis de fixer son caractère dominant.

« La nouvelle génération, dit M. Berenger, sera avant tout *sociale*, c'est-à-dire préoccupée avant tout de manifester en art comme en politique, dans l'action comme dans la pensée, son adhésion à la société moderne, sa foi dans la science et la démocratie, son amour du peuple et de la patrie. La science et la patrie sont, en effet, les deux puissants moteurs de l'évolution future. »

Eh bien ! que pensez-vous de « ceux qui ont vingt ans » ? Qui ne les applaudirait de tenir un si ferme langage ? Qui oserait encore crier à la dégénérescence, à l'abâtardissement, quand, dans un milieu que d'aucuns taxent de sceptique, un appel d'un si viril effort excite un général enthousiasme !

Elles marchent vers la lumière, elles vont vers la vérité, ces juvénilités qui veulent mettre le savoir humain au service de l'humanité, qui rapprochent les classes instruites des classes laborieuses ! Ce seront bientôt des virilités qui, par la communion de l'esprit scientifique et de l'esprit populaire, accompliront de grandes actions !

Chaque jour, rétrécir par des découvertes le domaine de l'inconnu ; chaque jour faire profiter ses semblables des conquêtes bienfaisantes qu'on vient de réaliser ; d'une part, chercher à inventer, maintenir et accroître la supériorité de l'intelligence ; de l'autre, se pencher vers ceux qui souffrent, vers les humbles, vers les déshérités, aller à leurs esprits, à leurs cœurs, les consoler, les réconforter, les secourir : n'est-ce pas là un beau rôle à remplir ici-bas ? Et c'est la mission que s'assignent nos jeunes gens !

LA JEUNESSE ET LA DÉMOCRATIE.

Les « intellectuels » et le peuple. — Ce que veulent être
les écrivains.

Je parlais tout récemment des étudiants, de l'esprit
nouveau qui semblait les animer. J'essayais, en com-
mentant une conférence faite au siège de l'Association, de démêler le caractère, les tendances, les aspirations de ceux qui, demain, seront la nation. Je les
montrais, en littérature, en art, en philosophie, re-
nonçant aux ambiguïtés, à l'entortillement des idées
où se complaisent les dilettantes et les raffinés. Je disais que le scepticisme des romanciers à la mode ne
les gagnait pas, que le pessimisme des décadents les
trouvait indifférents. Je déclarais que les générations
nouvelles allaient vers la lumière, vers la vérité, cherchaient, d'un généreux effort, à mettre le savoir humain au service de l'humanité, à rapprocher les
classes instruites des classes laborieuses !

Et je m'écriais : « Ce seront bientôt des virilités, ces
juvénilités ardentes et généreuses, qui, par la communion de l'esprit scientifique et de l'esprit populaire,
accompliront de grandes actions ou, ce qui vaut mieux,
de bonnes actions.

« Chaque jour, rétrécir par des découvertes le domaine de l'inconnu, chaque jour faire profiter ses semblables des conquêtes réalisées ; d'une part, chercher,
inventer, maintenir et accroître la supériorité de l'intelligence ; de l'autre, se pencher vers ceux qui
souffrent, vers les humbles, vers les déshérités, aller
à leurs esprits, à leurs cœurs, les consoler, les réconforter, les secourir : n'est-ce pas là un beau rôle à
remplir ici-bas ? Et c'est la mission que s'assignent nos
jeunes gens ! »

* *

J'ai eu la joie de constater que mes paroles, comme

le grain lancé dans les profonds labours par le se-
meur, avaient levé, s'étaient épanouies en moisson.
J'ai reçu des visites, j'ai reçu des lettres pleines d'expressions toujours trop laudatives, mais toujours très
vibrantes, très généreuses, allant droit de l'âme à l'âme.
L'on m'a su gré, au quartier Latin, d'avoir exprimé
avec sincérité, dans une pleine ouverture de cœur, —
avec une affection toujours nouvelle d'ancien — aux
camarades qui entrent dans la vie et qui comprennent
avec tant de justesse, quels devoirs leur incombent au
sombre tournant du siècle. La communauté d'idées et
d'impressions a établi entre nous un courant de sympathie dont je me sens tout réjoui, tout réconforté.

Parmi les témoignages de fraternel attachement qui
m'ont été donnés, j'en distingue un qui m'a frappé
par la netteté des déclarations. Je suis heureux de
l'avoir inspiré et je suis heureux aussi de voir de quelle
ardeur pour le bien public, pour le relèvement de la
patrie, brûlent ceux qui arriveront demain aux honneurs, à l'influence.

« Vous l'avez bien vu, monsieur, m'écrit mon correspondant, nous sommes las du dilettantisme hautain
et stérile où nos aînés directs semblent avoir voulu se
réfugier... Il est temps pour nous de répudier ce triste
héritage du passé, qui nous écrase plus qu'il ne nous
soutient dans la vie. Il ne s'agit plus maintenant de se
retirer dans un isolement volontaire, de fuir son
siècle et de se laisser voguer à tous les souffles,
sans souci de la route à parcourir et du rivage à atteindre. Des tâches plus sérieuses et plus nobles s'imposent à la jeunesse, à la jeunesse littéraire surtout.
N'est-il pas étrange qu'une société comme celle de
notre temps, qu'une société dont la science et la démocratie sont les deux sources de vie essentielles, n'ait
point eu sa puissante expression littéraire dans des
œuvres larges et synthétiques? Qui pourrait méconnaître la grandeur tragique de notre époque et la
beauté tourmentée du nouvel idéal moderne? L'âme

humaine n'a-t-elle pas été puissamment remuée par ces deux redoutables courants, l'esprit scientifique et l'esprit démocratique? Comment diriger ces deux forces aveugles, comment en utiliser la puissance barbare, si ce n'est par la création d'un idéal moral supérieur, d'un idéal de justice et de charité, de tendresse et de pitié? Il ne peut donc plus être question de jeter l'anathème au monde moderne, comme l'a fait un Leconte de Lisle, ou d'en tracer la caricature avec des prétentions d'impassible, comme l'ont rêvé un Flaubert et ses disciples.

« Un immense avenir s'ouvre à la littérature et celui qui saura dégager des éléments multiples de la vie contemporaine une synthèse poétique et humaine, celui-là, qu'il soit romancier, faiseur de drames ou poète lyrique, est assuré de parvenir jusqu'à la foule, s'il sait trouver pour elle les paroles héroïques et douces qu'elle a soif d'entendre et qu'on lui a si parcimonieusement mesurées jusqu'ici. Loin de nous donc les rêves exquis, mais fragiles, du dilettante : loin de nous les dédains faciles des partisans de l'art pour l'art! Pour retrouver la force d'échafauder de grandes œuvres, les littérateurs n'ont qu'à en aller chercher les matériaux où ils sont, c'est-à-dire dans le peuple et dans la science : ils n'ont qu'à écouter battre le grand cœur agité du monde moderne et à tâcher d'en être les interprètes. Les suprêmes artistes des temps évanouis, les Sophocle, les Dante, les Shakespeare, n'ont jamais fait autre chose. Un art national est donc encore possible, en dépit des décadents et des naturalistes de toute sorte, un art franchement sociologique, art de simplicité grandiose dans la forme, de bonté sereine dans l'inspiration. Le jour où des génies viendront qui, brisant les anciennes et les nouvelles formules, réaliseront cet art, les théâtres pourront s'ouvrir à des œuvres populaires, les romans auront d'autres succès que des succès de scandale, et la voix des poètes sera vraiment celle de la race.

« Ce jour-là n'est peut-être pas si éloigné qu'on pourrait le croire en n'étudiant que les manifestations superficielles et agonisantes d'une période littéraire en train de s'éteindre. Dans la vraie jeunesse, dans celle qui, aujourd'hui, n'est rien encore et, demain, sera tout, il y a des germes certains d'évolution, et, d'ici quinze ans, ces germes auront peut-être échappé aux vents mauvais et se seront épanouis en arbres magnifiques, dont les ramures pleines de fleurs et de fruits verseront une ombre bienfaisante à la Patrie régénérée. »

Qu'ajouterai-je à la profession de foi, si belle d'inspiration et de forme, que j'ai tenu à mettre sous les yeux du public et des instituteurs, des éducateurs nationaux, soucieux d'être renseignés sur l'état intellectuel et moral de la vraie jeune France? Notre pays n'est pas près de décliner, de descendre au fond de l'abîme où d'aucuns comptent le voir plongé, quand tant de regards sont fixés sur les sommets, vont vers la montagne !...

LES ÉTUDIANTS ET LES OUVRIERS.

Les étudiants et la foi. — Le groupe d'études sociales.
Conférences ouvrières.

Les étudiants ont-ils la foi, l'auront-ils? Vont-ils s'éprendre de je ne sais quelle religiosité mystique? Suivront-ils les prêcheurs, les pasteurs d'âmes qui les invitent à croire, à voir? Voilà les questions qu'en des gazettes parfois très frivoles, l'on se pose très sérieusement; comme si un état d'âme général pouvait être approfondi, scruté, fouillé! Comme si nos modernes psychologues, quelles que soient leur finesse et leur pénétration, pouvaient lire dans les consciences de toute une jeunesse, quand, à force de couper les fils en quatre, d'arguties et de sophistique, ils ne par-

viennent pas à se rendre compte de ce qui se passe
dans le for intérieur d'un seul individu! Est-ce que
l'on ne comprend pas que ce sont là des discussions
oiseuses, des dissertations byzantines et de décadence
qui se passent de solides raisons et s'amusent et se
nourrissent de folles imaginations?

Peut-on supposer que la collectivité des « intellectuels » ont, comme en vertu d'un mot d'ordre et d'une
commune inspiration, mêmes pensées, mêmes désirs,
mêmes rêves ! Ne voit-on pas que si tel d'entre eux a,
ce que l'on appelle « la grâce » — ainsi disait-on au
dix-septième siècle et dit-on de nos jours — tel autre
est un parfait païen, tout prêt à prendre comme objet de son culte l'antique beauté, tel autre un parfait
athée — à moins qu'il ne soit un des trente mille
bouddhistes chers à M. de Rosny, apôtre très occiden-
tal de l'oriental anéantissement, pontife très actif de
l'inaction.

Il en va ainsi : chaque cerveau et chaque cœur ont
leurs idées et leurs sentiments que ne partagent pas
le cœur et le cerveau du voisin. Chacun a son idéal
— et parfois même n'en a pas du tout. D'où il suit
qu'il est parfaitement inutile de se mettre l'esprit à la
torture, de s'interroger et d'interroger la terre et
les cieux pour chercher, sans la trouver, en des méditations et des conversations sans fin, la caractéris-
tique morale de la nouvelle France...

* *
*

... Au fond, je ne crois guère qu'elle rêvasse autant
que le voudraient nos rêvasseurs. Je connais beaucoup
d'étudiants qui souvent causent avec moi et je ne
saisis guère chez eux le goût des analyses et des subtilités que d'aucuns leur prêtent gratuitement. Ce
sont pour la plupart de bons et braves garçons qui pio-
chent ferme, parce que la lutte pour la vie devient
plus âpre de jour en jour, et qui, aux heures de loisir,

au lieu de disputer germaniquement sur les principes et sur les causes, causent de tout à la française.

Et si je remarque chez eux un souci, une pensée dominante : c'est la pensée de rendre service à la patrie, le souci de se montrer digne d'elle.

Ils laissent orateurs et écrivains s'étendre sur les symptômes et sur les tendances qu'on croit remarquer en eux et ils songent surtout aux moyens pratiques d'être utiles à cette démocratie qui les attire, qui les sollicite. D'instinct, la jeunesse est généreuse ; elle se penche vers ceux qui ont été déshérités des biens matériels, des avantages intellectuels dont elle profite. Le problème de la destinée et de l'au-delà a moins d'attrait pour elle que les problèmes sociaux et politiques qui se posent à chaque heure devant elle. Combien elle se sent portée avec plus de force et plus d'entrain vers l'étude des milieux économiques où elle peut jouer un rôle et de science et d'amour, que vers les mystères de l'inconnaissable, que vers les ténèbres des fidéismes et des déismes intangibles !...

.*.

Mais voilà qu'à mon tour je tâche de décrire les aspirations des étudiants. J'ai tort, je le confesse. Mais je n'ai tort qu'à demi, car je ne parle que d'un groupe, il est vrai, qui s'est même constitué en comité d'études sociales. Oh ! ils ne perdent pas le temps, ceux-là, à se demander s'ils seront pessimistes, pour suivre la mode. Ils ne se battent pas les flancs pour savoir s'il sera de bon ton de se complaire au dilettantisme de l'ondoyant Renan et de ses non moins ondoyants disciples ! Ils veulent être fonction dans la société. Ce sont des militants qui se tournent vers l'action et qui se préparent par une patiente initiation à la rendre vraiment profitable à tous, féconde en solides résultats.

Tout récemment quand, au banquet de l'Association,

d'illustres invités ont pris la parole, les appels à la piété qu'adressait M. de Voguë à ses jeunes amis ne les ont guère touchés. Certes, ils éprouvaient un grand respect pour tant de conviction et pour tant de sincérité ; mais leur déférence pour l'homme n'allait pas jusqu'à l'adhésion à ses doctrines. Ce qu'ils ont applaudi, ce qu'ils ont senti et retenu, c'est le conseil qu'il leur a donné : « Qu'il serait bien, a-t-il dit à nos étudiants de France, d'essayer ce qui réussit aux étudiants d'Oxford, un rapprochement entre le monde du savoir et le monde du travail manuel, au moyen de conférences populaires, de lectures du soir devant des auditoires d'ouvriers ! Ce n'est pas le dévouement qui manquerait chez vous, et je crois que les auditeurs ne vous manqueraient pas. Vous leur feriez la charité de votre science ; à ceux qui ont peiné tout le jour sur l'outil, vous donneriez un peu de pensée, un peu de rêve à emporter le soir. De votre côté, vous apprendriez à connaître ce monde obscur, et comment on y intéresse les esprits, comment on gagne les cœurs... Il y aura des tâtonnements, des déceptions avant de trouver le meilleur moyen de pénétration dans les milieux populaires. N'importe ! j'ai foi dans l'idée, je vous l'abandonne ; elle est en bonnes mains. »

.*.

Je comprends sans peine que M. de Voguë ait foi dans une idée empreinte d'une ardeur si généreuse — et, comme lui, je suis convaincu qu'elle est en bonnes mains. Ceux d'entre les étudiants qui se sont voués spécialement à la recherche des progrès démocratiques, sont tenus tout d'abord d'aller vers ce peuple dont ils désirent améliorer la condition, de le fréquenter, de se mêler à son existence, de l'ausculter, de le tâter, de constater et ses maux et ses besoins. Comment y réussiront-ils mieux qu'en s'adressant à lui dans des causeries familières, qu'en lui présentant de

belles pages soit en prose soit en vers, accompagnées
d'indications qui en éclaircissent les difficultés ? Ils
verront bien quel est l'auteur-préféré et où va l'admiration et l'amour de la foule. Ce sera pour eux une
première et précieuse indication : ils en pourront tirer
profit pour les réformes que dans l'avenir ils projettent.
Ce sera une tentative de rapprochement, une ébauche
d'entente qui plus tard porteront leurs fruits. Bien
des dissentiments disparaîtront quand des liens se
formeront entre des classes qui ne se connaissent point.
Il ne faut qu'un peu d'assiduité chez les auditeurs,
qu'un peu de bonne volonté chez les maîtres improvisés.

Je voudrais que, dès l'hiver prochain, à la rentrée
des Écoles, l'apprentissage commençât. Il ne s'agirait
point de se lancer en de longues et savantes dissertations, de rééditer les cours de la Sorbonne et du Collège de France. Il faudrait, en un langage très simple,
rendre accessible à la foule la connaissance des chefs-
d'œuvre anciens et modernes, des découvertes scientifiques, de tout ce qui s'adresse à son âme et à sa
raison. Oh! les sujets ne manqueraient pas! Paraît-il
un beau livre? Comme l'ouvrier ne peut l'acheter sur
sa courte paye, ne peut-on lui en lire des extraits, les
relier par des commentaires, en tirer une leçon qui
l'instruise et qui l'élève! Un personnage disparaît-il?
Ne peut-on raconter sa vie? Un événement se produit-
il dans le monde industriel? Il est aisé de l'expliquer,
d'en développer les causes et les conséquences.... Ce
serait là pour les futurs avocats, les ingénieurs,
les professeurs de demain, un bon, un louable emploi
des soirées. La préparation des concours et la poursuite des diplômes prennent du temps, je le sais, mais
elles laissent quelque loisir et à quoi pourrait-on
mieux dépenser une heure de son repos qu'à établir
un courant de sympathie entre ceux qui ont fortune,
savoir, et ceux qui peinent pour gagner le pain et qui
ont été condamnés à l'ignorance par la nécessité?...

J'augure de ce rapprochement passager qui aura la

durée des études un rapprochement plus étroit qui
aura pour durée l'existence tout entière. Plus tard,
au sortir du quartier Latin, au sortir des facultés provinciales, — car le mouvement doit être général — aux
causeries succéderont les actes. L'on aura commencé
à prendre langue avec les humbles, avec les déshérités; — l'on se souviendra d'eux, l'on continuera à
s'intéresser à eux. L'indifférence et l'égoïsme, où s'enferment trop de satisfaits, feront place à des penchants
humains et fraternels, à l'amour de la solidarité. Dans
la vie publique et dans la vie privée, il y aura un
concert d'efforts en faveur du quatrième état. Il y
aura un apport de ressources à toutes les sociétés
qui se dévouent pour le soulagement de l'enfance,
pour le soutien des femmes et des vieillards. L'élan de
la charité sera immense et immense aussi l'élan du
travail législatif, du progrès économique et social qui
doit assurer au prolétariat plus de bien-être dans le
présent, plus de sécurité pour le lendemain, avec une
moindre usure de la machine humaine dans l'usine
et dans l'atelier.

L'INSTRUCTION POPULAIRE

L'UNIVERSITÉ MUNICIPALE.

Les cours de l'enseignement populaire supérieur professés à l'Hôtel de Ville vont fermer leurs portes... Rassurez-vous : c'est pour les rouvrir en octobre. Maîtres et disciples, de très grands, de très mûrs disciples des deux sexes, sont à la veille, là comme ailleurs, de prendre leurs vacances. Et là plus qu'ailleurs, peut-être, ils auront gagné le droit au repos estival. De l'automne à juillet, on a fait de bonne besogne, dans la salle des Prévôts. M. le docteur Levraud peut être quelque peu fier de son œuvre. Au début, il a laissé dire, il a laissé rire : il a été de l'avant. Féru de son idée qui était excellente, qui témoignait de son amour pour les classes ouvrières et pour la demi-bourgeoisie, il a obtenu une subvention du Conseil municipal qui, après une première consultation, l'a maintenue, — et l'entreprise a prospéré. Aujourd'hui, elle est tout à fait florissante.

L'a-t-on pourtant assez et moquée, et attaquée, et criblée de coups d'épingle ! Vous souvient-il des sarcasmes et des cris dont on accueillit ses débuts ? On allait faire concurrence à la Faculté des lettres, à la Faculté des sciences ! Une Sorbonne municipale se dressait en face de la Sorbonne universitaire ! A quoi bon faire des cours savants pour le peuple qui n'y viendrait pas ! Ou l'on serait incompris si l'on restait sur les hauteurs, ou l'on serait banal si l'on descen-

dait trop bas dans un but de puérile vulgarisation!
De plus, — c'était fatal — on allait se lancer dans
l'apologie des théories les plus révolutionnaires!...

***

Les mécontents en sont pour leurs frais de boude-
ries et d'épigrammes. La politique n'a rien à démêler
avec les matières du programme développé. Le peuple
qui, d'après de bienveillantes prédictions, devait briller par son absence, est présent et bien présent, avec
une ponctuelle régularité. Il n'a même pas l'air du
tout de ne rien entendre à ce qu'on lui raconte. Son
instruction première a gagné depuis vingt ans et il est
permis de s'en apercevoir au sérieux, à la réflexion
dont il fait preuve à chaque séance. La Sorbonne (rive
gauche) n'a pas eu à se plaindre de la Sorbonne (rive
droite) dont la concurrence ne saurait la gêner, car
toutes deux ont leur raison d'être. Là-bas on parle, le
jour, à des étudiants qui ont leur après-dînée libre. Ici
l'on s'adresse à des personnes qui peuvent s'asseoir
sur les bancs seulement le soir, quand les gaz s'allu-
ment...

Dame! je n'affirme pas que dans le monument de
nos édiles les vérités, très nettes, très entières soutenues par les conférenciers ressemblent beaucoup aux
demi-vérités provenant des demi-opinions chères aux
docteurs officiant en face. Il ne faut pas écouter longtemps les orateurs non officiels pour connaître leur
sentiment sur ce qui vaut la peine ici-bas d'être un
principe. Ils ne sont ni compliqués, ni alambiqués. Ils
sont rebelles à l'entortillement quintessencié. Ils ne
se complaisent pas aux balancements d'affirmations
vite changées en négations, d'aveux devenant par un
mécanisme habile des réticences, de doutes surtout
fort académiques, mais où les simples, ceux qui vont
droit leur chemin, ne verraient goutte. Ils n'essayent
pas de contenter tout le monde. Ce qu'ils veulent, ce

à quoi ils visent, chacun peut le saisir promptement.
Sans faire appel aux passions, sans jamais transformer
leur chaire en tribune, mais par la persuasion, par la
vie logique des faits, ils réalisent une belle et saine
propagande de l'idée démocratique appuyée sur l'expérience et sur la raison. Ils détruisent pas mal d'erreurs, renversent pas mal de préjugés, aplanissent la
voie à pas mal de progrès. Ce n'est pas pour déplaire
à quiconque, sans doute? — à quiconque se réclame
de la République, j'entends.

. .

Et voyez comme ces causeries, comme ces exposés
faits sans apparat, bonnement, clairement, avaient
une réelle utilité, correspondaient à un besoin indéniable des esprits! L'hiver de 1891 a été rude, n'est-ce
pas? Il a gelé ferme. Les moyens de communication
étaient difficiles. Il y avait plaisir à se recroqueviller
chez soi, au coin du feu...

N'importe! Le public est venu en foule. Il n'y a jamais eu moins de cent assistants. Souvent, quand il
s'agissait de sujets particuliers point trop graves, point
trop arides, plus de trois cents amateurs accouraient.
Les projections exerçaient un grand attrait. Pour peu
qu'une lanterne fasse défiler quelques vues bien parlantes et vivantes et qu'on le sache d'avance, il y a
une belle salle. Mais ce sont là les curieux, les passants. Il y a les assidus, les fervents, les fidèles que
des images ne contentent pas. Le bataillon est très
dense, très serré, qui prend des notes et qui ne
déserte pas le poste pendant dix mois. Et les mêmes
vont à tous les cours, suivent tout l'ensemble des travaux.

C'est, remarquez-le bien, chose excellente. Cela
prouve qu'ils ne sont pas possédés, ces bienheureux,
par la manie de la spécialisation. Et cela prouve aussi
qu'ils écoutent, qu'ils lisent, qu'ils étudient, ces sages,

uniquement pour apprendre — non pas pour passer
des examens. En ce milieu si obligeamment décrié
par avance, le culte désintéressé du savoir vaut par
lui-même. Ailleurs, en pourrait-on dire autant?

⁂

Les cours qui s'accroissent en importance grandissent parallèlement en nombre. L'enseignement qui, en
1890, n'en comptait que deux, en a compris quatre
en 1891.

La *biologie* est confiée à M. Pouchet, du Muséum. Il
a passé en revue les systèmes les plus variés, les plus
suggestifs, comme on dit aujourd'hui : adaptation de
l'être au milieu, unité de composition, grandes hypothèses sur l'origine, nouvelles doctrines médicales,
problèmes relatifs aux races. M. Pouchet est le professeur par excellence. Il est très savant, très au courant, et très familier. Son elocution facile, élégante,
son débit plein d'autorité, charme autant qu'il éclaire.
M. Pouchet parle debout, ce qui paraît beaucoup
plaire. Il a, pour exciter et soutenir l'attention, des
aides précieux dans ses tableaux, dans ses bocaux,
dans ses reproductions de types par la photographie
et par l'impression coloriée. Il s'adresse aux yeux autant qu'aux intelligences. Il fait de vraies leçons de
choses et il a raison. Elles conviennent à tous les
âges... L'an prochain, il reprendra le même thème,
mais avec des variations, des compléments. La matière ne lui fera jamais défaut. La nature, incessamment interrogée en tous lieux, lui fournira chaque
jour plus de merveilles qu'il ne pourra jamais en
expliquer, jamais en révéler.

M. L. Ménard — un vétéran de la critique historique — est chargé de l'*Histoire universelle*. Il connaît
à fond les premières civilisations. Artiste, poète, il
les évoque avec une chaude intensité de vie. Il a de
l'érudition et, aussi, ce qui vaut mieux, du goût, de

l'élan. Il a dans le cerveau le dessin très ferme, la ligne classique, en ses contours, de l'archéologie orientale, mais il a aussi une envolée, un au-delà, un sens des lointains qui mettent sous nos yeux, en un lumineux relief, les monuments de l'Égypte et de l'Inde, les

> Temples au style énorme, extravagants et beaux,
> Qui rampent sous le sol ainsi que des tombeaux,
> Vastes comme des monts, fins comme des dentelles,
> Formidables bijoux où l'enfer a des ailes,
> Jeu du rêve taillé pour de l'éternité
> Qui, depuis dix mille ans, est l'immobilité...

ainsi, qu'hier, disait le génial poète Strada, tout plein de son idéal épique. Il sait, à travers le babélisme des hypogées, des statues, des colonnes, des ruines et des débris, retrouver le mystère des religions disparues. Il pénètre dans le cœur même des croyances. Il les compare, il les oppose, il les détruit les unes par les autres. Il montre dans les superstitions d'autrefois le germe des symboles et des rites modernes. Lui non plus n'a pas de sitôt épuisé son sujet... éternel comme la faiblesse et l'aveuglement de l'homme. Il a encore bien des découvertes à faire dans le champ des fidéismes où chaque peuple a creusé un sillon à sa taille et n'a pu s'y reposer satisfait...

* *

L'*Histoire nationale* est présentée par M. Marillier, de l'École des hautes études, agrégé de philosophie. Il avait annoncé qu'il narrerait tous les faits qui se sont succédé depuis le temps de la Gaule indépendante jusqu'en 1815. Il va de soi qu'il s'est arrêté en route. Il n'est guère parvenu qu'à l'époque de la Réforme. Mieux vaut une sage lenteur qu'une marche trop précipitée qui fait d'un cours d'histoire... une course d'histoire. M. Marillier parcourra en trois ans

l'espace qu'il s'était promis d'accomplir en une année,
— et nul ne s'en plaindra, car il s'acquitte de sa tâche
à son honneur, comme le lui prouve la sympathie de
ses élèves. C'est d'ailleurs l'enseignement le moins
malaisé à donner, celui qui exige le moins de recherches personnelles, car les différents chapitres peuvent
être puisés à des sources facilement accessibles. Le
mérite n'est pas mince pourtant de ramasser en une
synthèse personnelle et vivante, en un corps de doctrines fortement concentrées, en des formules qui
restent gravées dans la mémoire, toute la dispersion
d'événements disparates en apparence et pourtant en-
chaînés par des lois inflexiblement rigoureuses.

L'*Histoire de Paris* est la chose, la province de
M. Monin, docteur ès lettres, professeur au collège
Rollin. Par ses publications antérieures, par son
Journal d'un Bourgeois en 1789 notamment, par sa
longue et patiente étude des textes et documents se
rapportant à la Révolution dans Paris, il était tout désigné pour le poste qu'il occupe aujourd'hui avec tant
d'éclat. Comme il a passé par des lycées de province,
il a pour qualités dominantes : l'ordre, la méthode, la
clarté, ce qui n'exclut pas chez lui le souci, la passion
de l'exactitude, l'abondance, la souplesse, la distinction du langage. Il évolue avec une étonnante aisance
à travers les difficultés d'un programme où tout est à
traiter, où il faut entièrement innover. Il démêle avec
une précise ingéniosité dans le flux et le reflux des
traités et des guerres, dans les tempêtes des révolutions, la part exacte et incontestée qui revient à son
cher Paris. Il sait être complet sans être diffus. Et dans
la poussée de son discours on sent comme un feu la-
tent, comme une fougue contenue, une sincérité de
conviction nous faisant aimer l'homme qui, si passionnément, aime ce dont il parle... M. Monin, parti
de la période préhistorique, est arrivé jusqu'en 1789.
Il ira, dès la reprise des cours, de la monarchie finis-
sante à l'empire commençant. Il est là chez lui. De la

Constituante au Consulat, rien ne lui échappe. Son succès ne pourra que grandir.

. .

Que voilà des éloges!... Est-ce à dire que tout soit pour le mieux dans le meilleur des Hôtels de Ville? Non, certes. Les compliments ne vont pas sans certaines réserves — sans certains vœux, surtout.

Ne serait-il pas possible de mettre à la disposition du public une salle plus intime, mieux appropriée à sa destination? On dirait d'un corridor, d'un vestibule. La voix se brise aux colonnes, s'éparpille en ondes qui, avant de passer par-dessus les premiers rangs, expirent. Le professeur est contraint à des efforts continuels, qui doivent le mettre au supplice et qui ne sont guère goûtés des spectateurs.

Pourquoi exiger de chaque maître trois leçons par semaine? N'y a-t-il pas là un peu de surmenage — et pour lui et pour tout le monde? D'une soirée à l'autre, en quarante-huit heures, il est difficile au conférencier de se retrouver, de se livrer à une préparation réfléchie. Et les auditeurs, bousculés pendant cinq mois et privés de direction pendant sept, n'oublient-ils pas ce qu'ils ont retenu?

Et pour qu'ils conservent à toujours le souvenir de ce qu'ils ont entendu chaque fois, ne serait-il pas expédient d'imiter le système employé par les professeurs itinérants d'Angleterre et d'Écosse? Que ne distribue-t-on aux auditeurs un résumé imprimé de chaque leçon, une sorte de sommaire, de canevas où seraient indiqués les idées, les faits essentiels!

Enfin, il est impossible de ne pas remarquer l'évidente disproportion qui existe entre les cours. Un seul est scientifique, les trois autres sont historiques. Des fondations nouvelles s'imposent. L'Université municipale sera tout à fait digne de son nom quand les mathématiques, la physique, la chimie, et l'éco-

nomie politique, et la littérature seront représentées.
Tout y aurait un caractère... parisien. On dirait seulement le rôle joué par Paris dans les découvertes,
dans l'expansion des idées, dans l'éclosion de la
prose et des vers — et l'on verrait tout ce que la
France lui doit, tout ce que lui doit l'humanité! Oh!
je sais bien que pas plus que Paris, l'Université municipale ne sera faite en un jour. Mais elle se fera, j'en
suis bien sûr. La bonne réussite de ses débuts permet
d'augurer favorablement de l'avenir. .

DE L'ÉCOLE AU RÉGIMENT.

Est-ce que l'on ferait fausse route? Est-ce que l'instruction primaire qui coûte des millions d'efforts et
des millions d'écus n'aboutirait qu'à une vaste décep-
tion? Aurions-nous été dupes d'un entraînement qui
se tournerait aujourd'hui en découragement et en
lassitude? La science enseignée à l'enfant se résou-
drait-elle en ignorance chez l'adulte? Y aurait-il pendant la durée de l'adolescence une telle déperdition
du capital intellectuel acquis à l'école dans les jeunes
années que la ruine, que la faillite serait complète à
l'entrée du régiment?

C'est ce qui se dit. C'est ce qui s'imprime. Et c'est
ce qu'il importe de savoir au juste par une *enquête nécessaire* — ainsi qu'on l'a appelée. Il faut absolument,
et au plus tôt, que le pays soit renseigné. Il a mis
toutes ses espérances dans l'œuvre scolaire de la République. Il sait qu'elle est confiée à des éducateurs
qui sont excellents, qui comprennent toute la beauté,
toute la grandeur de leur rôle.

Et il veut savoir en quoi précisément consiste
l'échec et pourquoi il y a échec. Déjà, depuis longtemps, il se doute bien un peu que si les instituteurs

ne réussissent pas dans leur tâche patriotique, la faute
en est aux méthodes, aux systèmes en usage, aux programmes en honneur, à la fureur d'ambitieuse encyclopédie dont les esprits sont possédés. Et il soupçonne
qu'il y a d'autres causes, et profondes...

*
* *

Car enfin voici des faits bien et dûment constatés,
dont l'importance sociale est aussi indéniable que leur
palpable évidence. Un enfant sort de l'école primaire
à treize ans. Il a son certificat d'études. Il est censé
avoir répondu à des questions assez nombreuses et
assez vastes qui lui ont été posées par des gens très
compétents, très sérieux. Il a obtenu la moyenne
pour ses réponses, puisqu'il a son diplôme mis en poche. Il passe, le bonhomme, aux yeux de ses contemporains, pour savoir lire, écrire, compter, réciter de
mémoire la liste des départements et des sous-préfectures, la nomenclature des rois, sinon des ministres.
qui se sont succédé depuis feu Clovis jusqu'à M. de
Freycinet.

Or, ledit breveté, ledit estampillé par un jury officiel n'a pas plutôt enjambé les bancs de la classe qu'il
devient ignare comme une carpe. De treize à quinze
ans, il ne se rappelle presque plus rien, et de quinze
à vingt et un ans, âge où il a la joie d'être incorporé,
il a tout, tout oublié, absolument tout.

S'il est campagnard, il a eu autre chose à faire que
d'étudier. Il a bêché, pioché, conduit la charrue. Il a
exercé ses bras, non sa mémoire. Il n'a pris la plume
que pour donner une signature, non pour continuer
les chefs-d'œuvre calligraphiques où jadis il excellait.
A-t-il eu besoin de compter? Il ne s'est pas donné la
peine de mettre des chiffres les uns à la suite des autres sur du papier. Il a additionné ses poules, ses oies,
ses moutons, de tête. Il a fait du calcul mental.
Quant à la géographie, à l'histoire, il les a réduites à

l'exploitation de ses terres et à la fréquentation de son député, personnage souvent peu historique.

Est-il citadin? Il a eu d'autres chats à fouetter. Il est entré en apprentissage. Il a fait force travaux manuels pour rapporter quelques sous à la maison, après avoir tant coûté à ses parents qui ont payé linge, vêtements, nourriture si longtemps. Et au sortir de l'atelier, il a lu ailleurs que dans les livres. Il a, de bonne heure, pris un peu de bon temps, l'été, dans la rue, l'hiver, dans la claque des théâtres, dans les pourtours des cirques et des cafés-concerts. Si par hasard il jette les yeux sur des lettres moulées, il n'a guère pour auteurs favoris que les classiques du feuilleton quand on distribue, pour rien, le premier numéro d'un roman à sensation. Il continue aussi à épeler devant les affiches, surtout si elles esquissent la silhouette de petites femmes très déshabillées et affriolantes.

*
* *

Et voilà comme les trois quarts de nos petits Français continuent leur instruction après que l'on s'est tué à la besogne pour les amorcer et les mettre en goût. Nombre d'entre eux — ce n'étaient pas les *forts*, les *lauréats*, sur les bancs — en arrivent même à ne plus déchiffrer l'alphabet quand ils sont appelés sous les drapeaux. Ils sont absolument illettrés. Chaque année, les conseils de révision se lamentent à la vue d'un si étonnant et si attristant phénomène. La constatation du mal est si fréquente que le ministre de la guerre s'en est plaint à son collègue de l'instruction publique, qui, d'accord avec lui, fait rechercher le pourquoi de la chose.

Le pourquoi? oh! il n'est pas malaisé à découvrir. Il y a de la faute de tout le monde et il faut faire un *meâ culpâ* général...

Il y a seulement quelques années encore, on ensei-

gnait moins aux enfants et l'on enseignait mieux. On
leur faisait répéter cent fois ce qu'ils avaient à retenir
une fois — et pour la vie. Le superflu ne s'entassait
pas sur le nécessaire au point de l'étouffer. On se rendait compte que le temps était limité et qu'il fallait le
mettre à profit pour verser dans le cerveau des bambines et des marmots la seule petite dose de savoir
qu'il était susceptible de conserver à toujours. Il n'y
avait pas des notions de ceci, de cela, et d'autres choses encore aussitôt envolées que mal prises. Il y avait
du solide, de l'utile, du pratique. C'était bien préparé,
bien emballé, bien ficelé et bien emmagasiné. Les provisions ne s'épuisaient qu'à la mort du propriétaire.
Aujourd'hui, chacun veut fourrer dans la tête des
infortunés primaires tout ce qu'il a mis toute son
existence à s'inoculer soi-même. Chacun préconise la
science, et le dessin, et la géométrie, et le chant, et le
droit, que sais-je encore? On se croirait en plein
Bourgeois gentilhomme et les « petites drôleries », les
passe-temps, les amusettes abondent aux dépens du sérieux... durable. Comment s'étonner après qu'on a réduit l'instituteur à se transformer en *factotum*, en
maître Jacques, et l'élève en machine compliquée, aux
centuples rouages, que bientôt le mécanisme, faute
de graisse et de jeu, se détraque et fonctionne à
vide?...

Sans compter que si l'État est dans son tort avec
ses exigences dont le résultat est si beau, nous aussi
nous sommes coupables, et autant que lui. Aux
champs, à la ville, où sont-ils les pères et les mères qui,
le lendemain du jour où leur progéniture a dit adieu
aux devoirs et aux leçons, l'encouragent à cultiver en
elle volontairement les semences qu'elle a reçues obligatoirement. Le fameux certificat est encadré, mis en
belle place pour étonner les visiteurs. Il reluit, il
éblouit. Il lutte d'éclat avec la feuille de congé et l'attestation de bonnes vie et mœurs délivrées au grand-
père, avec le portrait de la grand'mère, mais il ne cer-

tifie plus rien, ce certificat! Car son titulaire en arrive
bientôt à bredouiller les syllabes dont il se compose.
Et à plus forte raison le gamin qui jadis n'est pas parvenu à le décrocher et pour qui, naguère, la lecture
était un supplice!...

* *
*

Mais quel remède apporter à une situation qui doit
appeler l'attention des législateurs? A-t-on le droit,
comme me l'écrit un correspondant, « de forcer le père
de famille à envoyer, au moins deux fois par semaine,
son fils ou bien sa fille à l'école primaire pour y suivre des cours supplémentaires de deux heures au
moins où l'on ferait un résumé de ce qu'ils ont vu an-
térieurement? » — Je ne le pense pas. N'est-ce pas un
excès de rigueur, un excès de zèle? N'y a-t-il pas là
une atteinte portée à la liberté? Le père sera-t-il obéi?
Si l'assiduité de l'enfant n'est qu'intermittente, où est
la sanction des absences? Et quelle réglementation,
quelles difficultés pour appliquer l'idée! Et aussi quelles dépenses, car il faudrait payer, sur tout le territoire, la légion des professeurs bi-hebdomadaires!

Convient-il d'édicter, comme le voudrait un inspecteur, M. Ernest Cadet, qu'il y aura, pour tous les écoliers, un examen de sortie obligatoire, passé à treize
ans, portant sur un minimum de connaissances indispensables? Ceux qui seraient refusés seraient tenus de
rester à l'école jusqu'à ce qu'ils eussent purgé leur
paresse et leur ignorance. Nous voilà encore en plein
arbitraire. Il y a des intelligences tout à fait fermées.
Pensez-vous les ouvrir en transformant la maison
d'école en maison de détention! Et si l'on a besoin des
marmots, espérez-vous qu'on vous les laissera jusqu'au
tirage au sort, jusqu'au mariage?

L'insuffisance de l'instruction primaire sera surtout
combattue par l'établissement de cours d'adultes. Les
subventions aux associations particulières devront être

augmentées dans les grandes villes. Là où des conférences n'existent pas, il est urgent, il est expédient d'en instituer. Les municipalités seront bien inspirées en fondant des séries de leçons, en poussant des avocats, des médecins, des écrivains à s'improviser vulgarisateurs.

Des prix, des récompenses honorifiques seraient décernés à ces auxiliaires de l'armée enseignante. Et dans les campagnes même, grâce à la rapidité des communications, il n'est pas malaisé de lutter contre les « ténèbres palpables », comme les appelait Littré. La lumière partirait du chef-lieu, rayonnerait au loin. Un jour serait choisi, à intervalles réguliers, pour tirer de sa nuit tel village perdu au fond des bois, tel hameau perché sur la montagne ! Pourquoi n'y aurait-il pas, dans toute notre France, des cours circulants, des bibliothèques itinérantes, toute une vaillante université laïque d'avant-garde? Des orateurs seraient fournis, des livres seraient prêtés. La bonne parole serait portée aux quatre coins du pays par des volontaires qui mériteraient bien de la patrie. Ah! quelle belle œuvre, quelle grande mission j'entrevois pour des apôtres jeunes, ardents, épris du bien, passionnés de vérité ! Quels nobles combats à livrer, et aussi quelles victoires, quels bienfaits ! quelle reconnaissance de tous, ouvriers et paysans !...

LES INSTITUTEURS ET LES COURS D'ADULTES.

Allons! Il paraît que j'ai touché juste et fait œuvre utile — sinon agréable — en signalant l'état de nullité où croupissent, de l'école au régiment. et après le régiment, la majorité des enfants devenus adolescents, puis soldats, et électeurs, et pères de famille, qui pourtant, jusqu'à treize ans, participent aux bienfaits de la gratuité et de l'obligation. J'ai mis le doigt sur la plaie. Et l'on n'a pas trop crié. C'est même le contraire qui est arrivé. Ceux qui aiment vraiment, sincèrement l'instruction primaire, qui préfèrent lui rendre service plutôt que de la flagorner et de la couvrir de fleurs, ceux qui n'ont pas peur de la vérité, car ils sont de force à se ressaisir après une erreur, ceux-là, à l'envi, m'ont su gré de ma franchise — si brutale qu'en ait été l'expression.

On a compris que je ne faisais pas son procès à l'enseignement, mais que je cherchais surtout et que j'invitais à découvrir les moyens les plus capables d'assurer la vigueur et la durée de son efficacité. Loin d'ébranler des principes dont je suis un partisan et un défenseur passionné, je souhaite qu'ils jettent des racines profondes en riche sol, qu'ils s'enfoncent en de fiers labours, et lèvent, de ci de là, non des gerbes isolées, mais une série de moissons fécondes...

* *

... Donc, l'instruction primaire ne suffit pas. C'est acquis, c'est constaté. Les rapports officiels en font foi. Elle débrouille l'enfant dans les premières années. Elle fait de son mieux pour lui inculquer les éléments qu'il apprend avec peine et qu'il oublie avec facilité. Elle lutte la plupart du temps, malgré les règlements sur l'assiduité scolaire, en hiver, à la ville, contre les séjours prolongés au foyer familial, en été, au village, contre les travaux des champs.

L'école est une initiation, une préparation. Elle n'est, elle ne cherche à être que cela. Elle ne tente pas d'empêcher que son influence ne soit limitée par les quatre murs qui l'enferment. Elle n'a que peu de prise sur le cerveau du petit homme qu'on lui confie passagèrement. Elle n'en a plus sur l'homme fait. Elle l'abandonne à sa paresse intellectuelle. Elle ne lui est plus d'aucun secours quand, ses treize ans révolus, il en a franchi le seuil. Elle ne s'occupe pas de le disputer à l'oisiveté, à l'ennui surtout, au vide des soirées passées à ne pas se reposer de la fatigue quotidienne. Elle se croit quitte envers lui quand elle lui a fait suivre tant bien que mal la filière du programme officiel. Elle croit alors avoir accompli son devoir. Et elle se désintéresse de son inaction prochaine, de son imminente déchéance — qui gagne de proche en proche et qui, passant de l'individu à la collectivité, pourrait bien un jour devenir... décadence.

La fonction de l'école dans l'État, le rôle de l'instituteur dans la nation, doivent être singulièrement plus larges et plus étendus. Le combat qu'ils livrent, au nom du savoir, contre l'ignorance, ne se réduit pas à un premier engagement, à des escarmouches commencées à l'aurore, mais à des manœuvres stratégiques, à des charges et à des assauts, qui se prolongent jusqu'au soir, jusqu'à complète extinction des forces assaillantes. Un léger succès, par amour de la gloriole, ne suffit pas : il faut un triomphe solide, par amour du bien public. Tous les avantages remportés en de rapides chocs ne servent de rien, s'ils ne sont pas poursuivis, achevés, complétés par d'incessants efforts...

A cette admirable et héroïque campagne contre les retours inoffensifs de l'ennemi, nous avons convoqué tous ceux qui, la journée de travail finie, avaient encore assez de force et de cœur pour se livrer à un nouveau labeur. Nous avons fait appel à tous ceux qui ont eu le bonheur de recevoir une instruction supérieure et qui ont le devoir de faire participer la foule aux bienfaits de leur savoir et de leurs talents. Nous avons demandé qu'on accordât encouragements, faveurs, subventions à toutes ces associations, à toutes ces Sociétés, tant de Paris que de la province, qui se rapprochent des classes populaires, qui, d'élan spontané, de fraternelle générosité, se font les éducatrices et les protectrices de frères moins heureux, les auxiliaires de l'œuvre commencée par l'instituteur...

*
* *

Oui, l'on ne sera jamais trop nombreux pour assurer la victoire de l'école — hors de l'école ! Mais le soldat qu'il convient toujours d'employer, de mettre en avant, et qui revendiquera toujours son poste de fatigue et d'honneur ? C'est l'instituteur. Multipliez les conférences, mettez dans des chaires improvisées tous les vulgarisateurs, tous les professeurs de bonne volonté, patronnez les spécialistes qui, physiciens, historiens, géographes, répandent leurs connaissances, mais surtout ne manquez pas d'avoir recours au dévouement toujours prêt, toujours sûr, toujours infatigable, des éducateurs nationaux...

*
* *

Il est urgent de les replacer là où ils étaient, de leur restituer dans les grandes villes, dans les moindres bourgs, les cours que l'on a supprimés. Puisque la nécessité de leur existence s'impose de nouveau, il importe de rendre de nouveau la vie à ces leçons du soir, à ces révisions permanentes de notions apprises pendant la jeunesse. On n'a pas bâti, à grands frais, des palais scolaires, on n'a pas conquis sur les adversaires du progrès les lois qu'ils appellent scélérates — et qui sont les plus belles, les plus nobles lois qu'ait édictées la République — pour lâcher dans la vie des légions d'êtres mal dégrossis, ignares dès la quinzième année. Ce qui a été gagné au prix de tant d'efforts, il faut le sauver...

Les municipalités qui ont voté des fonds pour élever
des constructions dont elles s'enorgueillissent, ne voudront pas que tant de maîtresses œuvres, dans leur
travail d'édification, ne semblent être que trompe-
l'œil, qu'ornement de façade. Elles ne reculeront pas
devant des dépenses qui serviront d'appoint aux frais
consentis aussi par le gouvernement dans l'intérêt de
l'instruction élémentaire. Elles auront à cœur d'empêcher que les jeunes recrues de l'école ne soient pas
entièrement illettrées quand elles deviennent les recrues du drapeau. Elles renonceront à des errements
qui ont détruit, sous couleur d'économies mal entendues, une admirable organisation dont le peuple
tout entier, paysans et ouvriers, tirait profit.

On glisse, de chute en chute, sur une pente fatale.
Les cours du soir — l'école du soir, si utile, si démocratique — qui partout devraient être ouverts, agrandis,
améliorés, partout se ferment par indifférence systématique. Le nombre des communes qui les ont maintenus est, en 1891, le quart de ce qu'il était en 1881.
Quel recul en dix ans! Et quel saut dans la nuit!
Nous nous disons les fils, les héritiers de la Révolution. Oh! que nous sommes loin d'appliquer les théories des conventionnels! N'avaient-ils pas décidé, avec
une sorte de divination, dans leur crainte patriotique
de voir la routine et l'incuriosité ressaisir l'âme encore jeune et tendre, et mal formée des petits Français,
« qu'une fois par semaine l'instituteur donnerait une
instruction publique à laquelle les citoyens de tout
âge, de l'un et de l'autre sexe, seraient invités à
assister » ?

*
* *

Ce que voulait la Convention, un siècle après elle,
faisons-le, enfin, ou plutôt refaisons-le. Ce sera servir
la cause des élèves adultes — et des maîtres. Ceux-là,
pour leurs métiers, pour les mille détails journaliers
de l'existence, gagneront beaucoup à relire un peu

des auteurs faciles, à revoir un peu de calcul, d'orthographe usuelle. Et ceux-ci ne perdront rien à recevoir une indemnité mensuelle qui leur assurera un
peu de bien-être. Ne serait-ce pas là un moyen de
relever les traitements? de donner, avant que la loi
de 1889 ne produise son plein effet, un peu de jeu à
des situations pécuniaires trop étroites, trop étran-
glées ?

C'est un surcroît de besogne, mais l'instituteur s'en
acquittera gaiement, avec son zèle habituel, pour ses
disciples de la veille qui seront ses auditeurs et ses
amis du lendemain, — de toujours. Et il est tout désigné pour remplir sa nouvelle fonction, si haute, si
noble. N'a-t-il pas pour lui l'expérience, et ces vertus
éducatrices par excellence, l'élan, la patience ? N'est-
il pas au courant des méthodes les plus simples
pour amener le développement de l'esprit, pour se
mettre à la portée des intelligences? N'a-t-il pas con-
tracté l'habitude de la clarté, de la précision ? N'a-t-il
pas l'acquis que lui a donné une longue carrière ?
N'a-t-il pas ce sens du discernement, ce tact pédagogique qui consiste à établir le départ de ce qu'il faut
mettre de côté pour enseigner les autres et de ce qu'il
convient de retenir — et de faire retenir? Et surtout
n'a-t-il pas ce don d'autorité que l'on puise dans la
vocation, dans une apparente facilité, qui rend l'auditoire attentif et qui le tourne vers une application
laborieuse ?

Et si, grâce à ce contact permanent avec les générations montantes, son influence s'affermit, s'accroît,
devient plus vivante et plus agissante, ce sera tant
mieux. Dites-moi quelle est l'action exercée dans un
pays par l'instituteur, par l'homme de la lumière —
et je vous dirai quelle est dans ce pays la force des
institutions libérales.

LES CONFÉRENCES POPULAIRES.

Et voici une idée nouvelle qui fait son chemin, et qui, bientôt, fera son œuvre, pour le plus grand bienfait des petites communes, des campagnes. Ils s'ennuient ferme les ruraux, quand vient l'automne, quand sévit l'hiver. Nulle distraction. La maison, le soir, est close de bonne heure, et, près de l'âtre où l'on se pelotonne, on n'a guère d'autre ressource que la lecture de livres rarement renouvelés, que la reprise de conversations fréquemment monotones...

L'instruction acquise dans les premières années vite s'efface des mémoires... Il faut travailler aux champs. Il faut gagner le pain, suer, souffler d'ahan pour conquérir le droit de ne pas mourir sur le sillon délaissé. On n'est pas sorti de l'école depuis trois ans, quatre ans, que l'ignorance reprend son empire sur l'esprit sollicité par de plus vulgaires préoccupations que le souci de la culture intellectuelle. Ce qu'a dit, ce qu'a enseigné l'instituteur devient bientôt lettre morte pour le cultivateur qui, de l'aube au soir, bêche, pioche, herse, conduit ses bœufs, mène sa ferme...

.˙.

Et pourtant, pendant qu'il est là, penché sur la glèbe, qu'il se désintéresse chaque jour davantage de ce qui se passe autour de lui, pendant qu'il semble renoncer à la pensée, le progrès lève autour de lui des moissons d'idées, de découvertes, de sentiments bien plus riches et bien plus largement épanouis que les récoltes de grains et de fruits où se réjouit sa vue étroite et bornée. A chaque instant, sciences, lettres, beaux-arts, théories économiques et sociales, tout l'ensemble de nos connaissances s'étend, s'agrandit en des proportions démesurées. Et toutes ces merveilles, tout cet épanouissement, tout cet effort de l'humanité, tout cet élan vers un idéal de bien et de vrai, il y a des milliers d'êtres qui y demeurent étrangers, qui ne sont pas admis à le comprendre, à l'aimer...

Est-ce leur faute? L'abdication, le renoncement sont-ils volontaires? Non pas. Mais toute cette légion de paysans, d'ouvriers agricoles, et avec elle les femmes, les enfants, les deux tiers de notre France, toute cette foule des forts, des sincères, des persévérants, toute cette nation laborieuse semble exclue de la société pensante, déshéritée des privilèges que l'on prodigue au peuple des cités, aux grandes agglomérations urbaines.

.·.

A Paris, dans les centres importants, le public est plus heureux. Dès qu'une invention se produit, dès qu'un poème émerge des banalités ambiantes, dès qu'un peintre, un sculpteur fixent sur la toile ou bien dans le marbre une vision de la nature, aussitôt la vulgarisation intervient qui commence sa propagande. Des causeries, des conférences sont organisées où la vie des auteurs est contée, où l'on explique leurs recherches, les résultats atteints, où l'on déclame leurs vers, où l'on met sous les yeux des auditeurs des reproductions, des tableaux, des statues. La renommée, qui a déjà les journaux et les revues à ses ordres, commande à toute une troupe d'orateurs improvisés qui répercutent ses échos en bruits formidables, en un ouragan de glorieuse expansion. Si un ouvrier, dans nos villes, ne sait pas ce qu'est un téléphone, ne se débrouille pas dans le mécanisme des fontaines lumineuses; si, d'autre part, il ignore le fonctionnement des banques, des Sociétés coopératives, les éléments de l'économie politique et sociale, les principaux faits de l'existence nationale, la bio-

graphie des écrivains en renom, l'analyse de leurs
plus beaux écrits, il n'a vraiment qu'à s'en prendre
à lui-même et il ne peut être mécontent que de sa
paresse et de son indifférence. Car c'est par dizaines
que l'on compte les associations dont les membres,
avec un zèle et un dévouement admirables, n'ont de
cesse qu'ils n'aient tenté de développer autour d'eux
les bienfaits de l'instruction, qu'ils n'aient greffé sur
les notions acquises pendant l'enfance et l'adolescence
toutes ces nouveautés conquises continuellement par
le génie sur le domaine de l'inconnu — matériel et
moral...

* *

Il est pourtant inadmissible qu'une démocratie ne
songe pas à répandre le rayonnement de la lumière
chez ses enfants. Elle a le devoir de combler la distance qu'une longue incurie a laissé s'établir entre les
villageois et les citadins. Elle est moralement obligée
de réduire cette inégalité en égalité d'un ordre supérieur, en haussant au niveau des initiés ces profanes
— malgré eux. Elle y est d'ailleurs amenée par une
sorte de nécessité politique, car elle puise toute sa
force dans le savoir de ses adeptes. Elle ne vit pas,
comme une monarchie, de l'incuriosité générale. Elle
est surtout fondée, elle bâtit ses assises inébranlables
sur la science, sur l'instruction.

C'est ce qu'a compris un jeune apôtre, très convaincu, plein d'une communicative ardeur, le poète
Guérin-Catelain. Il a pris la direction d'une croisade
qui bientôt remportera ses premières victoires dans
nos bourgades les plus reculées, dans nos hameaux les
plus obscurs. Il vient de fonder une *Société de conférences populaires* qui a son siège, 13, place de la
Bourse, et qui ne manquera pas de rendre d'inestima-
bles services. J'en causais hier avec lui. Il m'exposait,
d'une voix chaude, tout son plan qui est vraiment ingénieux et qui me semble assuré d'un plein succès.

« Les moyens d'action sont très simples et très pratiques. Des conférences populaires seront faites à Paris ou dans la banlieue par des hommes de valeur et de bonne volonté ; ces conférences seront recueillies par la sténographie, revues par leurs auteurs et expédiées dans toutes les communes. Elles y seront lues, à raison d'une ou deux par semaine, dans les saisons, aux jours et heures les plus convenables, par un conférencier communal.

« Les conférenciers communaux seront choisis parmi les médecins, les vétérinaires, les notaires, les fermiers instruits, les rentiers, les fonctionnaires 'des finances ou de l'enseignement. Partout, du moins on peut l'espérer, on trouvera un homme capable de lire la conférence avec un talent suffisant et de la faire suivre même de quelques commentaires. Si, dans certaines communes, on ne trouvait point de conférencier communal, on le chercherait dans les communes voisines. Le sujet de la conférence et le nom de son auteur seront affichés dans toutes les communes pendant la semaine entière. »

Mais quel accueil nos savants, nos auteurs célèbres ont-ils fait au projet? Ont-ils refusé de le patronner?... Tout au contraire, ils se sont ralliés au programme de M. Catelain, et, en foule, ont donné leur adhésion. Dans la liste des notabilités qui composent le comité d'honneur je relève, au hasard de la rencontre, quelques noms : MM. Bourgeois, ministre de l'instruction publique ; Burdeau, Gréard, Lapommeraye, Legouvé, Sarcey, Jean Macé, Jules Simon, Sully-Prud'homme, G. Tissandier, Jules Ferry, Lockroy, Goblet, etc.

Et déjà des conférences ont été promises par MM. Baudrillart, Levasseur, Steeg, Gabriel Monod, Schrader, Félix Hément. C'est le 19 avril que la première séance aura lieu en Sorbonne. On attendra les

premiers froids pour commencer à semer la bonne
parole en province. Dès que les gelées de 1891 blan-
chiront le sol, nos laboureurs auront à leur portée
une distraction gratuite qui les reposera des fatigues
coutumières. Le printemps sera employé par M. Catelain à s'organiser. Je suis bien sûr qu'on se hâtera
de répondre à son appel et qu'avant peu chaque canton aura son comité, ses prédicateurs laïques, ses
improvisateurs et ses lecteurs ordinaires et extraordinaires...

*
* *

Et quelles sont les matières dont on traitera? J'ai
sous les yeux une esquisse des sujets que l'on se propose d'aborder. C'est toute une encyclopédie. Il y en
a pour tous les goûts. Pays d'industrie, pays de matière, pays de raison positive, pays de rêve et d'imagination auront le choix entre mille choses excellentes
qui les flatteront en leurs plus chères préférences. Il
sera parlé de la géologie et de l'anthropologie, et de
l'atmosphère, et de la botanique, et des civilisations,
et de l'histoire étrangère et de l'histoire de France. Il
sera parlé de l'organisation judiciaire, administrative
de notre patrie, du droit usuel, de la tactique et de la
stratégie modernes. Il sera parlé de l'éducation, de
l'hygiène, de la comptabilité. Il sera parlé des budgets,
des statistiques. Et il sera parlé aussi de l'évolution
artistique et littéraire. De quoi ne sera-t-il pas parlé?
Il est vrai qu'on a le temps. C'est une entreprise à
longue portée! à toujours...

Voilà donc renouée par M. Catelain et par ses
collaborateurs la tradition des conventionnels qui, il
y a déjà un siècle, avaient mêmes désirs, mêmes
aspirations! N'est-ce pas Condorcet qui voulait rendre
accessible l'instruction à tous les citoyens, à tout âge
de la vie? Ne demandait-il pas que chaque dimanche
l'instituteur donnât une conférence publique? « Quarante ou cinquante leçons par année, disait-il, peuvent

renfermer une grande étendue de connaissances, dont les plus importantes, répétées chaque année, d'autres tous les deux ans, finiront par être entièrement comprises, retenues, par ne pouvoir plus être oubliées. En même temps, une autre portion de cet enseignement se renouvellera continuellement.

« Qu'on ne craigne pas que la gravité de ces instructions en écarte le peuple. Pour l'homme occupé de travaux corporels, le repos seul est un plaisir, et une légère contention d'esprit, un véritable délassement: c'est pour lui ce qu'est le mouvement du corps pour le savant livré à des études sédentaires, un moyen de ne pas laisser engourdir celles de ses facultés que ses occupations habituelles n'exercent pas assez. »

Lakanal ne s'est-il pas prononcé, dans son rapport sur l'éducation nationale, pour des *Lectures publiques* relatives à la morale, à l'ordre social, à l'économie rurale? A qui veut-il les confier? A l'instituteur... Et Lanthenas, le 20 décembre 1792, n'a-t-il pas insisté, avec force détails, sur l'utilité de ce qu'il appelle, lui, les *instructions publiques*? Il s'exprimait ainsi:

« ... Les études et les méditations de tous les instituteurs salariés par le Trésor public tourneront immédiatement, et le plus tôt possible, à l'utilité des citoyens. Chacun de ces instituteurs, selon son génie, s'efforcera, par des *lectures publiques*, de rendre pratiques les connaissances de la partie qu'il sera chargé d'enseigner, et de les unir journellement à tout ce qui sera d'un grand intérêt. Le peuple français alors s'éclairera de toutes les lumières accumulées par l'expérience des siècles...

« ... Tout individu pourra suivre directement, s'il veut, dans les écoles des degrés supérieurs, une plus ample instruction; ou bien, s'il se voue dès lors à des travaux, à des occupations avec lesquelles des études prolongées ne sauraient s'accorder, il entretiendra facilement les connaissances qu'il aura acquises, en assistant avec ses parents *aux lectures publiques*, que seront chargés de faire les instituteurs des écoles primaires. Ces lectures seront choisies de manière à faire servir de véhicule pour la morale, pour les connaissances simples et utiles, l'empressement civique que l'on aura à connaître tout ce que chaque jour doit amener d'intéressant et de nouveau dans la République.

« Ainsi, ceux qui auront été élevés dans les écoles primaires ne pourront jamais oublier ce qu'ils ont appris... »

Et Lanthenas définissait en termes exacts les résultats que donnerait l'application de son système pédagogique.

« Aux citoyens livrés à des *occupations industrielles*, il offrira chaque semaine une instruction qui, en amusant leur esprit, délassera leur corps de ses travaux ordinaires ; enfin, il invitera, par l'attrait même de la curiosité et du plaisir, généralement tous les citoyens à se réunir paisiblement et à s'instruire en commun.

« Une fois par semaine, l'instituteur donnera une *instruction publique*, à laquelle tous les citoyens de tout âge, de l'un et de l'autre sexe, seront invités à assister.

« *Ces instructions* auront pour objet :

« 1° De rappeler les objets enseignés dans les écoles ;

« 2° De développer les principes de la morale et du droit naturel ;

« 3° D'enseigner *les lois* dont la connaissance est nécessaire aux fonctions publiques les plus rapprochées de tous les citoyens ;

« 4° D'annoncer les nouvelles et les événements qui intéressent le plus la République ;

« 5° De donner des connaissances sur la culture et les arts d'après les découvertes nouvelles. »

M. Catelain ne poursuit pas un autre objet.

Ce n'est pas un mince honneur pour lui que d'avoir repris une théorie dont la pratique méthodique et raisonnée empêchera toute une classe de citoyens d'être vouée à une lamentable et honteuse infériorité intellectuelle. Allons ! qui s'inscrit comme adhérent ? qui s'offre comme conférencier, comme lecteur ?

INSTITUTEURS ET CONFÉRENCIERS.

Il vient de se fonder, à Paris, 13, place de la Bourse, une *Société des Conférences populaires.* C'est un jeune poète, un apôtre par l'élan et par le zèle, qui, reprenant les idées de Lakanal, de Lanthenas, de Condorcet, a groupé autour de lui ces dévoués et ces laborieux : les Steeg, les Burdeau, les Hément, et a organisé l'Association.

M. Guérin-Catelain se propose de faire, en faveur des campagnes, ce que tant d'œuvres spéciales font pour les villes. Il s'est assuré le concours d'orateurs, d'écrivains qui vulgariseront, à l'usage des travailleurs agricoles, les dernières découvertes de la science, les plus récents progrès accomplis par l'humanité pensante. Un beau poème paraîtra-t-il, comme l'étonnante *Genèse* de Strada, il sera analysé, commenté, révélé à la foule. Un peintre, un sculpteur se signalera-t-il par un chef-d'œuvre comme tel tableau de Detaille, telle statue de Dalou, des projections photographiques mettront sous les yeux des auditeurs la merveille, et le mérite de l'ouvrage et de son auteur sera placé en belle lumière par un spécialiste...

Les paysans, sortis si jeunes de l'école, si vite replongés dans leur nuit, seront tirés de leur incuriosité par des allocutions simples, faciles, où on les tiendra, sans érudition, mais avec une familiarité aimable, au courant de ce qui se fait, de ce qui se prépare, de ce qui constitue le progrès de la société où ils vivent...

Il va de soi que le projet de M. Catelain aura pour plus précieux auxiliaires les instituteurs. Ce sont les éducateurs nationaux qu'il invite à l'aider, à le soutenir, à devenir ses conférenciers, ses prédicateurs laïques, — surtout ses lecteurs ordinaires et extraordinaires.

Voici quel est son plan. Une conférence faite à Paris sera sténographiée sur-le-champ, sera reconstituée, reproduite, dans tout le détail de son exacte physionomie. Les tâtonnements, les répétitions, les retours sur l'idée, sur le mot, les reprises, les incorrections même seront notés, conservés. Tout ce qui fait le discours vivant, mouvementé, prime-sautier, y sera. Le morceau sera revu par l'improvisateur, mais revu le moins possible, car si les phrases sont trop pompeuses, trop académiques, trop bien tenues, elles risqueront de n'être pas tout à fait comprises.

Quand le texte sera bien établi, — sans trop de retouches, — il sera donné à l'impression et expédié aux personnes qui voudront bien se faire les porteurs de la bonne parole. Elles en donneront lecture en public, au village, après l'avoir étudié, en avoir pénétré les moindres nuances...

Je suis bien sûr que, par centaines, les instituteurs, les institutrices, se feront inscrire pour continuer ainsi, sous forme de lectures publiques, à combattre le bon combat contre l'ignorance. Ils se rendront utiles et agréables aussi, car ils fourniront une distraction à des gens qui s'ennuient et qui, d'abord par curiosité, puis par goût, par plaisir, par désir de s'instruire, viendront les entendre...

Ah! que je connais de maîtresses et de maîtres qui vont se retremper aux règles édictées par M. Legouvé sur l'art de la lecture! Que j'en sais qui se feront un devoir et un plaisir de se mettre devant le verre d'eau sucrée pour rythmer de belle prose et déclamer de bons vers!

Il leur faudra des autorisations pour se produire ainsi devant les parents de leurs élèves. Mais l'autorité académique ne saurait manquer de favoriser un mouvement dont elle est loin de se désintéresser, car les plus hauts dignitaires de l'Université font partie du Comité d'honneur. Elle prendra sous ses auspices l'organisation des travaux qui, dès cet hiver, aux premières veillées, commenceront. Et, par là, elle étendra, au plus grand profit de tous, l'influence des instituteurs.

PARIS SCOLAIRE NOCTURNE.

L'Association Philotechnique. — A travers les sections.
Solidarité.

C'est l'heure où le Paris qui fait la fête s'éveille : c'est le soir. Les bals publics, les concerts, hurlent de tous leurs trombones, grincent de tous leurs violons, dans l'envolement des tutus et des voix, dans la pâmoison des chœurs laudatifs. Là, et dans les cafés qui regorgent de bons buveurs, partout où l'on s'amuse, où l'on croit trouver du plaisir, ouvriers, comptables, commis, petits employés, la masse de ceux qui dans l'atelier ou bien dans la boutique ont, de l'aube au soir, peiné pour peiner encore demain, dérobent à l'ennui de la vie coutumière quelques heures de joie, d'oubli facile; courte halte entre deux misères. Et ma foi, on les comprend, on les excuse. Après la tâche, avant la tâche, une détente est nécessaire...

Mais n'admirez-vous pas ceux d'entre ces travailleurs de l'outil, du registre, du mètre, de la balance qui, la journée finie, malgré le surmenage — un vrai, celui-là — du cerveau et des membres, font ce miracle de courage et d'énergie de prendre sur les moments de repos, de familiale tranquillité, malgré la pluie, malgré le froid, pour recommencer au dehors un labeur nouveau, et cela résolument, gaiement? Que dites-vous de tous ces jeunes gens qui, à toutes les séductions les frôlant et les enjôlant, préfèrent l'instruction conquise à l'école du soir, au prix de quels efforts, de quelle noble persévérance? Que pensez-vous de ces jeunes filles qui, leurs dix heures fournies à la couturière, leur pauvre dîner dévoré en hâte, dés et ciseaux à peine déposés, courent dare dare à une de ces Sociétés populaires, dont les classes sont tenues gratuitement par des professeurs, ajoutant, eux aussi, à la besogne du jour acceptée pour nourrir femme et enfants, le devoir recherché pour être utiles à leurs semblables, pour faire de la bonne et vraie fraternité sociale?

Et il y a des jeunes, et il y a des vieux, ceux-là dans l'espérance d'améliorer leur condition, ceux-ci demandant à l'étude une consolation, qui suivent ces classes où sciences, lettres, arts, métiers les plus divers sont enseignés en leur théorie et leur pratique. Ma surprise a été grande récemment, de parcourir avec mon ami Rotival quelques-unes des sections où se pressent, dans les maisons d'école, dans les mairies, tous ces étudiants des deux sexes si zélés, si ardents à l'ouvrage...

Rotival m'avait dit : « Venez donc faire une tournée dans nos cours. Ils sont en pleine activité. Ils obtiennent beaucoup de succès cette année. Ils rouvrent avec dix mille élèves — tout un corps d'armée scolaire — qui se groupent autour de quatre cents chaires, de quatre cents vulgarisateurs... » Avec quelle joie empressée j'ai accepté l'invitation, vous pouvez le deviner. L'occasion m'était fournie de voir de près ces maîtres improvisés, ces auditeurs qui « se haussent vers la lumière, comme le disait hier M. Jules Ferry, et qui paient de leurs veillées volontaires la rançon de leur affranchissement ». Et surtout il m'était permis de revenir sur certaines préventions, que naguère j'avais nourries, sur certaines critiques tournées à l'épigramme que jadis, sur la foi d'informations malicieusement taquines, j'avais décochées.

Nombreuses sont les sections, longues, longues les distances qui les séparent, court, très court l'intervalle de temps qui nous est donné pour les visiter. Combien j'aurais voulu entendre, à la Sorbonne, ces vétérans de l'enseignement populaire : M. Pressard qui, depuis vingt-cinq ans, est sur la brèche; M. Vinot, qui a débuté en 1852! J'avais le plus vif désir d'aller à ces cours pratiques d'apprentissage perfectionné, que l'Association, dirigeant de plus en plus ses efforts vers l'instruction professionnelle, met à la portée des adultes, dans les quartiers les plus excentriques. Il m'eût été bien agréable de me rendre rue Pinel, là où les mécaniciens assistent à des cours théoriques faits par un professeur de l'Association, et à des cours pratiques faits par des professeurs désignés, après entente, par la Chambre syndicale patronale. J'aurais voulu assister à quelques démonstrations manuelles faites devant des photographes — c'est un cours unique en France. — Que n'ai-je pu — j'espère bien le pouvoir bientôt — me rendre compte de l'empressement que montrent à fréquenter les cours, les jeunes coupeurs et brocheurs en chaussures. Quel regret surtout que la discordance des horaires m'ait empêché de courir rue Neuve-Popincourt!

Là, il y a un coin du Paris scolaire nocturne qui vaut la peine d'être exploré. C'est original et pittoresque. Figurez-vous une réunion d'ouvriers mécaniciens qui s'assemblent dans un local à eux, loué par leur Chambre syndicale. Là, ils sont à leur aise. Ils viennent en cottes, en pantalons de toile. Ils fument leur pipe, et, au milieu de nuages de fumée, écoutent, regardent, s'intéressent. La pièce n'est pas grande; elle est vite comble. C'est le jeudi qu'ils ont choisi. Ce sont des leçons d'électricité qu'ils ont demandées. Le progrès le veut ainsi. La connaissance de cette science appliquée aux machines est devenue indispensable à qui les manie. Il faut qu'on sache ce qu'est un accumulateur, une dynamo dont ils tirent si souvent une force motrice. Et c'est un spectacle touchant et réconfortant aussi que de constater avec quelle attention passionnée tous ces braves gens se mettent au courant des découvertes, se familiarisent aux inventions, s'assimilent les explications de l'ingénieur qui les initie aux secrets des appareils prêtés par M. Radiguet.

Mais si je n'ai pas pénétré partout, je me suis glissé dans bien des cellules de la ruche. Partout j'ai constaté que l'on piochait ferme, que les minutes étaient bien remplies. Quel auditoire excellent a M. le docteur Rouillard, chef de clinique à Sainte-Anne, qui, au boulevard Montparnasse, professe l'histoire naturelle ! Le silence, pendant qu'il parle, tient du recueillement. Il détaille les os d'un squelette dont la fonction, depuis bientôt vingt ans, est de se montrer chaque soir devant de nouveaux disciples, et sur la rive droite, et sur la rive gauche, partout où a lieu une conférence sur l'animal humain, et bien qu'il en soit à décrire et à promener sous les yeux tibias et fémurs, nul sourire, nul commentaire ne souligne sa causerie. Mais aussi comme il est net, et clair, et précis, comme il glisse habilement sur tout détail qui amènerait une intempestive distraction. Et pourtant il n'est pas bien aisé d'intéresser une société si hétérogène. Là, une mère et sa fille ; là, tout près, des jeunes gens ; là, mêlés, côte à côte, des dames, des soldats qui préparent quelque école. Et tout cela est tout yeux, tout oreilles, et prend des notes soigneusement...

Même public dans la classe à côté, même affluence, et même zèle studieux : M. Joseph Colombet apprend à des commis, à des employés la tenue des livres en partie double. On prend, sans en rien perdre, tous les exemples, tous les chiffres qu'il donne. On se garde bien de chuchoter, car le moindre babil en-

traînerait des erreurs de comptabilité. La méthode
suivie est marquée au coin de l'utilité. Une opération est proposée. Chacun cherche. Chacun donne
le résultat. Quand on est tombé d'accord sur le
chiffre, on l'écrit. Et là, comme chez M. Rouillard,
le rapprochement des filles et des garçons n'est la
cause d'aucun incident, d'aucun tumulte. Le succès
des cours mixtes est aujourd'hui consacré. On en
peut fonder partout. Partout ils réussiront. Loin d'y
avoir mésintelligence et jalousie — ou bien trop
grande intimité entre les deux sexes. — il y a émulation de bonne tenue, d'exactitude, d'efforts. S'il y a
eu des craintes au début sur les dangers d'une camaraderie qu'on se plaisait à représenter comme com-
promettante pour certaines vertus effarouchées, les
appréhensions sont calmées aujourd'hui, car l'épreuve
est faite, et bien faite. Il y a autant de sérieux, autant
de retenue, dans les rapports de nos jeunes Françaises et de nos jeunes Français, qu'il peut y en avoir
entre les misses et les adolescents d'Amérique ou bien
d'Angleterre. Tout se passe le mieux du monde. Et
c'est tant pis pour les sceptiques qui ont cru nécessaire de douter et de rire...

Il se fait tard. Vite, vite, au lycée Condorcet. J'assiste, avant de partir, à la fin d'une conversation italienne entre M. Derisoud, professeur, qui, ma foi, a
l'accent d'un pur Toscan, et ses élèves qui lui donnent avec beaucoup de facilité la réplique, et m'en-
sauve, au trot d'un fiacre, vers la vue Caumartin où
plus de mille élèves accourent à l'appel du directeur,
M. Barbier, ingénieur des arts et manufactures. C'est
la section modèle. Elle offre un ensemble remarquable de cours coordonnés méthodiquement, qui attirent une clientèle venant des plus lointains arrondissements... Hélas! je ne fais que traverser les salles où
M. Tissier, docteur en droit, enseigne la législation
usuelle, M. Fardé, employé à la Banque, le change,
M. Lauc, attaché à la préfecture de la Seine, l'histoire

contemporaine, M. Jus, ancien élève et lauréat de l'Association, la langue anglaise. Les cours de langues vivantes sont très recherchés. Tant de positions sont offertes à qui parvient à les posséder! Si l'on ne devient pas un polyglotte, comme Pinloche, et si l'on ne décroche pas le bonnet de docteur ès lettres, on est interprète, traducteur, que sais-je? et l'on double facilement ses appointements!...

A regarder les lentes théories de néophytes qui sortent de la vieille maison universitaire après y avoir reçu la manne du savoir, je saisis toute l'importance, toute la grandeur et toute la beauté de l'apostolat que remplissent, par générosité naturelle, par vocation, par amour du peuple, les « Philotechniciens! » Que d'êtres ils arrachent à la misère, à la pauvreté! Que de bien ils font autour d'eux! Et ce qui est merveilleux, combien peu d'ingrats ils obligent. Car il n'est pas rare que les élèves, après avoir fait leurs preuves, deviennent maîtres à leur tour. Ils cherchent à l'être pour rendre à des déshérités une part des bienfaits qu'ils ont reçus jadis. C'est un devoir de reconnaissance pour eux et ils paient la dette avec usure, avec bonheur. Ils ne se considèrent pas quittes envers l'ignorance quand ils en ont secoué le joug : ils la combattent chez les autres. Arrivés, ils font arriver les humbles, les chétifs qui ont besoin d'eux. Et il y a des dévouements touchants. Nombre de femmes enseignent après avoir été enseignées. Et parfois il y a des unions entre ancien et ancienne élèves et les deux époux vont chacun de son côté semant la bonne parole. C'est ainsi que Mme et M. Florot professent tous deux la comptabilité avec un égal désir de rendre en leçons profitables les leçons dont ils ont su profiter...

Est-ce à dire que l'idéal soit atteint? Non pas; il faudrait que l'on pût retenir jusqu'à la fin de l'année, malgré les délices des promenades printanières, les hôtes accourus à l'entrée de l'hiver. Il faudrait que, par des primes, comme à Lyon, comme ailleurs encore, on parvînt à combattre les absences, les intermittences; il faudrait que le 13ᵉ, que le 15ᵉ, que le 16ᵉ, que le 20ᵉ arrondissements fussent pourvus de l'organisation pédagogique dont ils sont privés. Il faudrait que la Ville de Paris, dont les cours d'enseignement technique pour les adultes sont peu prospères, eût recours, grâce à des subventions plus importantes, à l'expérience d'une association qui est déjà florissante. Il faudrait encore des donations, des legs... Il faudrait... Mais ce qui est ne péut que s'améliorer, que gagner de proche en proche. Les esprits s'éclairent. Les cœurs se connaissent et s'aiment. Et ce n'est pas un mince mérite pour l'Association Philotechnique d'avoir tant fait depuis un demi-siècle pour cimenter entre les classes une durable solidarité.

PÉDAGOGIE FÉMININE

LA BREVETOMANIE.

Une maladie nationale : une monomanie endémique qui sévit depuis combien d'années déjà, sur la gent féminine, en France. Obtenir son brevet : c'est à quoi rêvent les jeunes filles. Les amener à obtenir le brevet, c'est à quoi rêvent les mères. Pour peu que l'épidémie s'étende, et, hélas! elle s'étend, la moitié des familles, chez nous, sera occupée à faire passer des examens à l'autre moitié. La fille se recommandera à l'indulgence de sa mère; le fils à la bienveillante protection de son père.

C'est ainsi. Nous devenons le peuple le plus épris de diplômes et de parchemin qui soit au monde. Nous l'emportons sur les Chinois eux-mêmes en matière de concours. Tenez! un instant l'on avait pu croire que le baccalauréat avait reçu le coup de grâce. Sa mort, sans phrases, était réclamée. Nos pères conscrits, en souvenir des boules noires emboursées au temps de leur jeunesse fleurie, avaient des velléités de la voter. Il n'en a rien été. Il y avait un bachot. Le progrès s'en est mêlé. Il y en a eu trois!... et qui se subdivisent!...

Passe encore pour les hommes. L'on peut jusqu'à un certain point concevoir qu'on exige d'eux, à l'entrée des carrières officielles — ces carrières d'Amérique pour tant d'infortunés! — des titres, des grades, des soi-disant preuves d'aptitude. Et l'on conçoit alors, que, dès l'enfance, on entraîne les bambins à ces exercices périlleux : tromper par des exercices de rédaction et de mnémotechnie des messieurs très corrects, très cravatés de blanc, très dignes en leur tenue sévère, nommés examinateurs, et dont le rôle est d'être les durs cerbères des fonctions sociales du grand et petit mandarinat.

*\
* *

Il semblerait que les femmes dont le rôle paraît surtout de rendre un mari heureux, d'élever des enfants après les avoir mis au monde drus et forts, eussent dû échapper à la contagion. A quoi bon les martyriser? Pourquoi les traduire devant des juges, devant des tapis verts, les traîner en des salles solennelles où l'on délibère sur leur admissibilité, sur leur réception, quand le meilleur de leur science devrait tendre à cacher ce qu'elles savent, le meilleur de leur art à dissimuler tout ce qui en elles n'est pas grâce prime-sautière, facilité aimable et enjouée, sourire et charme librement épanouis en leur naturelle floraison?...

Eh! oui, j'admets bien que, par nécessité plus encore que par vocation, quelques centaines de jeunes filles — ô les malheureuses! — se sacrifient pour passer des *écrits* et des *oraux* et pour devenir institutrices. Quand on ne peut faire autrement, il n'y a pas à résister. Est-on pressé par le besoin, doué de facultés supérieures, je comprends qu'on acquière à force de veilles une instruction assez riche et abondante pour être distribuée ensuite en tranches à des élèves, sous forme de cachets, maigrement rétribués. Force est bien pour la légion dolente de piocher des manuels, de pâlir sur des textes, de s'étioler à respirer... la fleur de la littérature! Est-on contraint d'enseigner? Se sent-on assez de foi, de conviction ardente, pour s'enfermer en une école et pour y professer, pour y faire don de sa vie, de son âme? Qu'on travaille ferme

alors ! Qu'on dompte l'indolence même chez la
femme ; que, de l'aube au soir, on fasse tâche d'homme
pour gravir tous les degrés de la terrifiante échelle
qui du brevet simple mène à Sèvres, à l'agrégation, à
la chaire d'un lycée. Rien de mieux. A toutes les capacités féminines, toutes les institutions sont ouvertes et
justement...

.*.

« Mais, madame, avez-vous une belle et jolie héritière qui en dot aura quelques billets de mille ! Renon-
cez alors à la fièvre furieuse qui vous tient de la clouer
dix heures par jour devant son pupitre chargé d'odieux
bouquins ! » — « Elle mettra le brevet dans sa corbeille de noces. » — « Pauvre richesse ! A quoi bon ?
Si son seigneur et maître est instruit, mais instruit à
fond, il trouvera que l'érudition de sa femme, au
moindre souffle, à la moindre allusion un peu fine,
un peu adroite, s'écroulera ; et il rira, dédaigneux. S'il
est ignorant, occupé seulement de ses affaires, il
déclarera qu'elle en sait trop pour lui, il sera embarrassé d'un si humiliant voisinage. Ou bien il renverra
sa femme aux fourneaux, durement ; ou bien il courra
embrasser à pleine bouche quelque bonne fille dont le
rire sera l'unique savoir, et la caresse robuste et
franche la naturelle étude. »

.*.

— « Va pour le mari. Admettons qu'il se moque ou
bien qu'il se fâche. Il reviendra. Ma fille est si gen-
tille !... Mais ne pensez-vous pas que le brevet lui
sera fort utile, étant mère, pour diriger les études
des enfants ? »
— « Quelle illusion, encore, ô maman, abusée maman ! C'est tout au plus si votre brevetée pourra apprendre à sa progéniture les petites lettres, et un peu

d'écriture, et mal! Il y faut tant d'habitude, une telle patience! Je vous accorde encore qu'elle fera réciter de mémoire à sa couvée quelques fables de La Fontaine, sans que fillettes et garçons y aient rien compris. C'est la mode. Elle n'y manquerait pas pour beaucoup... Mais, en dépit de son zèle, dès que les huit ans, les dix ans seront atteints dans la maisonnée, surtout par les marmots, elle sera bien empêchée, madame votre fille.

« Comme elle voudra, en vraie maman française, — elle a de qui tenir — en vraie maman gonflée de préjugés et de routine, que ses héritiers soient ou ingénieurs, ou avocats, ou médecins... ou déclassés, elle voudra les « mettre au latin » ; et alors à quoi lui servira son bagage d'écolière? Et quand ils seront censés faire du grec, elle ne pourra même plus marmotter des lèvres une page, une toute petite page, à l'alphabet si étrange et si hirsute. Oh! elle aura peu de temps, bien peu de temps le plaisir d'entendre ânonner prose et vers. Encore une perspective de pédagogiques douceurs fermée à ses désirs maternels... »

— « Mais, monsieur, vous admettrez au moins que si, par malheur, elle perd sa fortune, elle pourra, grâce au brevet, se tirer d'embarras... »

— « Je ne l'admets pas, mais pas du tout, ô maman de la future maman! C'est une erreur lamentable. Compter sur l'exploitation du brevet pour gagner de quoi manger! O rêverie! Un brevet, ça ne nourrit pas. Ça expose sa propriétaire à mourir de faim, car, par pudeur humaine, elle ne consent pas à descendre jusqu'à la pratique d'un métier, car elle répugne à faire œuvre de ses dix doigts bravement. Mais vous ne lisez donc que les feuilletons et que les crimes dans les gazettes, maman de maman? Vous ne savez donc pas que sept mille candidates à Paris seulement attendent, dans la gêne, qu'une titulaire d'emploi veuille bien se laisser porter en terre pour céder la place à une d'entre elles! »

* *
*

Voyons, là, sérieusement, est-ce qu'il ne serait pas
possible à nos petites bourgeoises — qui ont des
écus, de faire mieux que d'étudier pendant les dix
plus belles années de leur vie les ficelles et les trucs
propres à mettre debout une copie et à répondre,
comme des machines bien montées, à de monotones
questionnaires?

Elles ont un chez soi, il me semble, dont elles
pourraient s'occuper. Qui les force à passer leurs
journées loin de leur domicile, pour trotter, de cours
en cours, de maîtres en maîtres, d'un air affairé?
Est-ce que la grande affaire, qui importe pour toute la
durée de l'existence, n'est pas d'apprendre comment
on fait marcher la maison, comment on dirige le
service, comment on fait régner l'ordre et la propreté
dans tout le « home », comme on assure le confort
d'un intérieur bien chaud, bien tendre, bien accueillant? De douze à dix-huit ans, une jeune personne
qui songe à son bonheur, le prépare, le couve, l'engage à se présenter, s'habitue à ne pas le laisser s'en-
voler, s'il vient, en cage, sous forme de gentil fiancé.
Toilette, cuisine — eh! oui, cuisine! — régularité et
bonne ordonnance du train-train quotidien, activité
preste et légère : voilà ce qu'il faut soigner, bien plus
que les devoirs exigés par les préparateurs du fameux
et horripilant brevet !...

* *
*

« Vive la femme pot-au-feu, alors! » Oh ! que non
pas. Je ne vous veux pas toujours, mesdemoiselles,
un tablier passé à la taille, autour des poêlons. Vatel
n'est pas mon idéal. Mais Philaminte — Philaminte
interrogée, classée, estampillée par des commissions
scolaires, n'est pas mon rêve non plus. Loin, bien

loin, une pécore qui, à table, pousse des colles à son conjoint. Au diable la sotte qui se croit tenue, par son brevet — son titre de noblesse — au lendemain de la session, de jouer à la savante! Malheur, malheur à elle!... Non, non, l'on ne saura jamais combien ce maudit certificat, délivré par les hôtels de ville, fait de tort aux contrats que les hôtels de ville aussi distribuent. Pourquoi diable la paperasse inventée pour désunir les deux sexes sort-elle du monument même qui donne son vol à la feuille imaginée pour les unir?...

Ah! ce brevet! qui nous en délivrera pour les « jeunesses » qui n'en ont que faire, qui ne courent pas la raboteuse carrière d'éducatrices!... Eh! sans doute, en notre siècle de lumière, où brillent Ohnet et l'électricité, Camille Doucet et le gaz oxhydrique, chacun consent de plus en plus que la femme ait *des clartés de tout;* mais sera-t-elle éteinte, pour n'avoir pas, péniblement et tristement, consacré l'ardeur de ses forces adolescentes, de sa vie jeune et vivace, dans un labeur de détenue à temps, de recluse emmurée?...

Je suis passionné d'instruction, — mais, pour la femme, d'instruction à côté, non dans une direction rigide, hiératique... Ah! le joli programme que parcourrait une jeune fille... moderne, si elle n'était pas condamnée à *potasser* les matières de l'examen sacrosaint!... Tenez, si ma plume n'avait pas déjà trotté longtemps sur le papier, je tenterais d'esquisser le plan que j'entrevois. Au premier jour, je le crayonnerai...

LA DÉFENSE DU BREVET.

Ma petite attaque, à coups d'épingle, contre le brevet, tant élémentaire que supérieur, m'a valu combien de répliques!.. Décidément, c'est chose sacrée que les parchemins! On n'en doit parler qu'avec vénération.

La brevetomanie gagne de proche en proche. Elle a d'abord été la maladie de nos petites bourgeoises. Puis elle a sévi sur les filles de nos ouvriers. Et de là, elle a frappé à la porte des hôtels somptueux. La sœur de Bob qui appartient à un monde où l'on aime bien, dans le fumoir, à dauber maires et conseillers municipaux, la sœur de Bob, par mode, par genre — dans les hôtels de ville — passe ses examens.

Mal m'en a pris de n'être pas tendre pour le respectable certificat. Pourquoi ai-je voulu, conseiller malencontreux, en détourner mes jeunes contemporaines et leur montrer que ce n'est pas un gagne-pain, qu'il vaut mieux faire œuvre de ses dix doigts, se tourner vers un emploi, vers une profession moins aléatoires, plus facilement utilisables !

Le brevet a ses protecteurs, surtout ses protectrices. Il en est d'intrépides, de convaincues. Plus d'une écriture féminine, bride sur le cou de la plume, s'est déchaînée contre moi. Que d'épigrammes, mais aussi que de raisons, et sérieuses ! Voulez-vous que je résume les arguments qui, denses et drus, viennent de pleuvoir sur mon acte d'accusation ? Ramassant et tassant à peu près les points développés par mes très hérissées et irritées correspondantes, voici, à peu près, le plaidoyer que j'obtiens. Dame ! vous verrez, mesdames, que vos camarades du sexe soi-disant faible n'entendent pas plaisanterie quand on se permet de lutiner leurs folies... pédagogiques. Et vous verrez, messieurs, que ça va encore être la faute de l'ennemi... de l'homme. La femme est brevetomane. C'est l'homme qui l'a voulu... naturellement ! Et maintenant la parole est aux défenderesses. Est-ce assez classique, et grammatical : « défenderesses » ? Mais quand il s'agit du brevet, même... simple !

* *

« Oui, sans doute », crie le chœur des réclamantes,

des protestataires enjuponnées, « le rôle des femmes doit être de rendre un mari heureux et d'élever des enfants après les avoir mis au monde drus et forts. » Mais l'affirmation n'a-t-elle pas comme un air de ressemblance avec le raisonnement de la princesse qui proposait de la croûte de pâté à ceux qui manquaient de pain ? Elle n'aimait probablement pas du tout, la princesse, la lourde enveloppe qui séparait sa dent du lièvre ou bien du faisan, et elle en concluait que c'était là nourriture bonne tout au plus pour des manants. Plus d'une « demoiselle » piochant l'examen s'arrangerait fort de cette croûte de pâté qui s'appelle... un mari. Mais voilà. Plus que jamais ladite croûte se doit payer d'une dot. Elle se fait rare, et partant chère.

« Les jeunes filles ne se marient plus à dix-sept ou dix-huit ans, dans nos milieux bourgeois, comme cela se faisait il y a un demi-siècle. Que faire ? On se servira du brevet, puisqu'il existe. Nos filles seront désormais ferrées en orthographe et grammaire, arithmétique, histoire et géographie, et cela, pour l'ornement et aussi pour l'utilité, car si décidément l'on coiffe sainte Catherine, on pourra bien être dans la nécessité de demander au diplôme de quoi ne pas mourir de faim.

« A qui le tort si l'on se plonge dans les manuels à un âge où l'on devrait se former le goût, cultiver ses dons naturels, laisser s'épanouir la vie en son printemps au lieu de la dessécher en une absorbante préparation ? Mais à vous-même, à moi, aux jeunes gens qui ne veulent plus se marier qu'assurés d'une « position », de sorte que beaucoup d'entre eux se marient tard et que beaucoup ne se marient pas du tout. Plus d'un qui est riche, qui pourrait supporter les charges d'une famille, ne se soucie nullement de s'en embarrasser. Vous vous êtes avisés, en malins que vous êtes, de la suprême sottise de nos lois qui accablent les pères de servitudes innombrables et qui en exemptent généreusement les célibataires.

« Eh bien ! voilà pourquoi beaucoup de nos filles ne
sont pas muettes... devant les jurys d'examen. Le dé-
bordement des brevets a sa source dans la difficulté
pour nos enfants de trouver des épouseurs, dans les
retards qu'ils apportent à prononcer le « oui » conju-
gal. Elles ressassent trop la chronologie des rois
fainéants ? Soyez moins paresseux à les conduire devant
M. le maire. Elles perdent trop de temps à s'inculquer
la syntaxe de l'imparfait du subjonctif ? Perdez-en
moins à les initier à l'article du Code qui vous en fait
les seigneurs et maîtres !

⁂

« Voilà pour nos petites bourgeoises. Et pour nos filles
d'ouvriers, si la brevetomanie leur fait tourner aussi
la cervelle, c'est encore à vous, messieurs, qu'il faut
s'en prendre. Oui, encore et toujours à vous ! Pourquoi
avez-vous rédigé des programmes qui prennent les
fillettes dans l'engrenage dès l'école primaire ? Pourquoi avez-vous facilité la superproduction des diplômes
en apprenant des choses très savantes, mais point
pratiques, aux débutantes ? Comment voulez-vous que
nos fillettes des classes pauvres, entraînées, poussées,
dès le premier jour, vers les interrogations et les
concours, fourrées dans les livres, ne se sentent pas
mordues au cœur par l'ambition quand elles voient
leurs maîtresses trôner dans les vastes salles des écoles
toutes neuves et qu'elles entendent sans cesse répéter
autour d'elles : « Elles ont un traitement assuré. Elles
auront une retraite. Elles ont du pain cuit, celles-là !
et grâce au brevet ! Et que sont-elles de plus que
nous ? En deux ans, en trois ans au plus, quand on est
dans les premières, on peut en faire autant, — et avec
des protections !... » Il y a là de quoi tourner les plus
solides têtes, surtout les tremblantes cervelles des
perruches bien stylées.

« La femme est une aristocratie », a dit Michelet.

Et toutes nos gamines, qui sont lasses d'aller chercher le pain, le vin, le charbon, de faire le feu, de soigner les petits, — et tout cela est dur dans les froids sixièmes, dans les logements juchés près du ciel — toutes nos écolières un peu bien douées, qui sont apprises à sacrifier les travaux d'aiguille aux bouquins, qui s'entendent mieux, par suite d'une sotte éducation, à réciter des dates et des vers, à faire des problèmes qu'à tailler, à bâtir, à coudre, à broder, à balificoter corsage et jupe (comme disaient nos mères-grand), veulent être une aristocratie... scolaire, une aristocratie... enseignante qui pédagogisera.

« Vos méthodes, surtout éprises d'idéologie, sacrifient trop souvent à de faciles triomphes d'amour-propre l'avenir, le bonheur, la moralité de victimes qui se comptent déjà par centaines. Comment voulez-vous qu'une jeunesse qui a fait des sciences, de la littérature, du dessin d'art, jusqu'à seize ou dix-sept ans, se soucie d'apprendre un métier et de redescendre à manier l'aiguille de la couturière? C'est bon pour les très grands cœurs, pour les héroïnes, ces sacrifices.

C'est bon pour une Mme Roland. Dans ses premières années, il avait fallu tout le respect et l'amour qu'elle portait à sa mère pour qu'elle se résignât au petit voyage chez la fruitière et à la confection de l'omelette. Devenue grande et très instruite, elle n'y voulut plus consentir. Mais, après son mariage, par dévouement pour les siens, elle se livra avec goût et plaisir aux soins du ménage, à la ville, et, plus tard, à la campagne. Car ce n'est qu'en avançant un peu plus dans la vie que l'on parvient à allier les goûts d'un esprit cultivé et les vulgarités du pot-au-feu. La tendresse et l'abnégation pour des êtres chers s'ajoute au progrès de la raison pour amener la femme à ce degré de perfection. Mais l'esprit est plus tendu, plus absolu chez la jeune fille. Elle a plus d'illusions et de vanité. Elle s'exagère facilement son propre mérite et le parti qu'elle pourra tirer de ses talents. Elle a aussi

une plus forte dose d'égoïsme, nourrie par les gâteries
et l'effacement volontaire des pauvres parents, qu'elle
arrive facilement à mépriser pour le petit bagage intellectuel qu'elle a acquis, au prix de leurs privations...

« Et plus de sept mille postulantes, toutes très brevetées, très pourvues de papiers dûment paraphés,
attendent — à Paris seulement — la place si longtemps rêvée. Et le flot monte. Et il menace de tout
submerger. Ah ! que ne les a-t-on tournées, ces malheureuses, vers un labeur qui les eût préservées, et de
l'orgueil, et de la faim. Elles n'auraient pas été ignorantes pour savoir les quatre règles, l'écriture, la lecture. Qu'avaient-elles besoin d'être si instruites, et si
inutilement? Les munir des connaissances nécessaires,
sans plus, et les mettre à même de gagner de bonnes
journées, c'eût été de la vraie, de la bonne démocratie. Elle eût mieux valu que la fausse aristocratie
où par maladresse, par excès de zèle, on les a hissées.

Car leur infortune durera autant que leur existence.
Issues du peuple, elles ne sont plus peuple, par les
goûts, par le cœur. Elles ne veulent pas d'un travailleur pour mari. Elles rougiraient de mettre leur main,
si blanche, si frêle au contact délicat du papier, dans
la main calleuse d'un forgeron, d'un menuisier. Il n'a
pas les manières et le ton du héros entrevu dans les
romans. Mais, encore un coup, ces inutiles, ces « déclassées » féminines, ces éternelles quémandeuses de
postes éternellement fuyants, ces tristes et ces dolentes
vouées à la sollicitation et à l'intrigue, c'est vous
qui avez été leurs bourreaux en croyant être leurs
bienfaiteurs, c'est vous, qui par des promesses falla-
cieuses les avez perdues en leur persuadant que vous
les sauviez. Il n'y aurait pas tant d'institutrices sans
élèves, si, pendant des années, vous ne les aviez pas
bercées de leurres et de chimères. Vous les avez vouées
au brevet — aux larmes, au désespoir, à la misère, à
pis encore ! Vous êtes responsables des maux que, par

votre imprévoyance, vous avez déchaînés dans la société...

.*.

« Vous l'avez voulu ainsi. De quoi vous plaignez-vous ? Vous avez encombrement de brevets gagne-pain, de brevets de précaution, de maintien, que sais-je ? Vous avez même, par-dessus le marché, entassements de brevets platoniques, de brevets parasites, de brevets réclames à l'usage du grand monde... Ah ! ce brevet de luxe, vous avez raison de le houspiller. Il est franchement déplacé chez les riches. On demande moins et plus aux femmes qui doivent occuper les rangs en vue dans la haute société. Là l'éducation faite à coups d'examen est ridicule. Elle est cruelle aussi. Et c'est nous, les mamans, qui sommes coupables. Le système a été imaginé par des mères coquettes qui, craignant des rivales en leurs filles, les accablent d'un fastidieux labeur, s'en débarrassent par des leçons, les emmaillotent d'un sarrau à ceinture de cuir, les logent en des chambres hérissées d'ardoises et de cartes, leur donnent pour récréation un cours de chimie inorganique, tandis qu'elles-mêmes, sveltes, huppées et frétillantes, jouent du piano, chantent, font miroiter la toilette du bon faiseur, et flirtent à l'aise dans quelque boudoir orné de colifichets à la mode...

« Ces mères-là devraient faire de leurs filles les femmes que si souvent vous réclamez, les femmes lettrées et bonnes ménagères. Elles ont le temps de rendre le type que vous pensez. Elles en ont les moyens. D'ailleurs, cet idéal a existé. Il fut souvent réalisé en France, au temps où Charlotte Corday, où M¹¹ᵉˢ Duplay lisaient ou bien écoutaient lire Plutarque, Rousseau, tout en soignant le ménage. C'est encore un pareil groupe féminin : les dames Caron, les dames Saray que nous révèlent les lettres charmantes d'André Ampère. Combien Sainte-Beuve a raison d'aimer M¹¹ᵉ Eugénie de Guérin lisant Platon, au coin du feu de la cuisine. Cette belle et noble éducation fut celle de nos femmes, avant 1848 : la couture et les menues occupations de l'intérieur, et avec cela un goût assez vif des lettres.

« Mais cette fleur d'éducation littéraire, elle nous venait de nos pères qui avaient le bon goût de passer leurs soirées au logis. Le billard, le cigare, le cercle, on ne savait pas ce que c'était. On dînait entre cinq et six heures. Les veillées étaient longues. Elles appartenaient à Corneille, à Molière, à Walter Scott. Les habitudes modernes — et masculines ont changé tout cela. Tels sont les pères, telles sont les filles : il y a des sentiments, des pensées très hautes, qui ne peuvent venir à la fille que du père. Commencez par réformer nos mœurs, si vous voulez réformer l'éducation. Trouvez-nous des hommes qui, après le dîner, daignent causer avec les femmes.

« Tant que la séparation morale des deux sexes subsistera, l'instruction des filles restera purement scolaire, mnémotechnique, composée d'éléments sans lien, pris dans les livres de classe, dans les froides démonstrations du professeur. Quant à l'âme, elle sera au prêtre ! Car le prêtre sait, par politique, par habileté, qu'il faut perdre son temps à causer avec les femmes. Il leur souffle son esprit. Il n'en saurait être autrement...

NOS JEUNES FILLES.

Non, décidément, non, malgré tous les plaidoyers du monde ; si les brevets — et l'élémentaire, et surtout le supérieur — n'existaient pas pour les jeunes filles, il ne faudrait pas les inventer. Si tant de nos contemporaines prennent en horreur et les lettres et les sciences et les arts, tout ce qu'elles devraient aimer, au moins, un peu, c'est la faute des examens. Si

elles se hâtent d'oublier ce qu'on a essayé de leur
enseigner, c'est qu'elles ont été soumises à un régime
absurde, tyrannique, froidement et systématiquement
féroce. Le savoir — un savoir riant, aimable, bon enfant — elles l'auraient dégusté volontiers par petites
gorgées et l'auraient digéré. On le leur a embecqué,
on les en a bourrées, on l'a entonné en leurs cervelles
qui éclataient, pour qu'elles soient en mesure d'écrire
et de parler de tout, quand l'heure de rédiger le *style*
— comme elles disent — et de répondre aux questions a sonné, dans les hôtels de ville!

M'est avis qu'on fait fausse route, chez nous, depuis
tantôt un demi-siècle, dans l'éducation et l'instruction
des fillettes — les femmes de demain, les mères d'a-
près-demain. Le progrès s'opère à rebours. Il semble
qu'on prenne à tâche de faire violence à la nature féminine, qu'on s'ingénie comme par plaisir à la détourner de sa mission.

Ah! si nos pédagogues qui règlent tout, qui mènent tout, voulaient être plus simples, plus modestes;
s'ils renonçaient aux vastes ambitions, comme nos
petites Françaises s'en trouveraient bien — et nous,
surtout, qu'il ne faut pas oublier, par contre-coup!

Comme elles se formeraient le goût, librement, heureusement, comme elles auraient la soif d'apprendre,
et encore d'apprendre — pour retenir, à toujours, —
si la menace d'un échec n'était pas dès la quinzième
année suspendue sur leur tête, si elles n'étaient pas
comme liées et emmaillotées dans les réseaux d'un
examen!

*
* *

Que de choses ingrates, ennuyeuses, surtout inutiles, elles laisseraient de côté! Elles auraient tôt fait
de ne pas s'enfoncer dans les problèmes, dans la recherche des solutions épineuses; elles n'auraient garde
de se mettre à la torture pour retenir tant de noms
de fleuves, de rivières, surtout de ruisseaux, tant de

chefs-lieux et de sous-préfectures, toute cette nomenclature géographique, qu'un dictionnaire peut leur
donner si aisément. Elles ne se lèveraient pas dès
l'aube, elles ne quitteraient pas la table avant le des-
sert, pour enfourner précipitamment l'histoire-batail-
les, l'histoire-traités, l'histoire-chronologie, tout ce
tintamarre de dates et de faits dont elles n'auront que
faire le lendemain de leur réception. Elles ne veille-
raient point à la lueur d'une lumière qui gâte leurs
beaux yeux pour s'initier à ces choses ridicules : savoir à quel moment précis telle pièce a été jouée,
combien de points compte une oraison funèbre, dans
quel livre exact est telle fable, à qui est dédié tel ouvrage... ce qui lui sera bien égal dès qu'elle aura dit
« oui » devant M. le maire.

C'est ainsi : les brevets sont de grands coupables. Il
y aurait moins de sotte science par le monde... féminin si les commissions scolaires n'existaient pas. Si
vous croyez qu'on cherche à lire, à comprendre, à
sentir! quand on veut décrocher la timbale sacro-
sainte... Si vous vous imaginez que l'on préfère bien
juger, bien raisonner plutôt que de graver des mots et
toujours des mots dans sa mémoire. Les casiers, les
logettes du crâne sont pleines à crever de ceci, de cela,
mais rien n'est rangé avec ordre. C'est le triomphe du
pêle-mêle. C'est l'anarchie des inutilités et des fadai-
ses, la confusion des détails et des minuties, c'est la
désorganisation organisée...

Il paraît que l'on s'en aperçoit en haut lieu, enfin!
Une circulaire fort explicative sur la lecture expliquée
qui vient de partir de la rue de Grenelle et qui commence son tour de France est, ma foi, fort édifiante.
Sobrement mais nettement, et non sans nuance d'iro-
nie en sa gravité, elle signale les défauts d'une méthode aride et desséchante, propre à former des perruches automatiques, non des créatures pensantes.
« On use trop, dit le rédacteur de l'homélie officielle,
d'histoires littéraires et de manuels, contenant des

réponses toutes faites sur chaque auteur. On se préoc-
cupe moins de lire Corneille et Racine que de lire
ce qu'on dit sur Corneille et sur Racine, *ce qu'il faudra en dire à l'examen.* » (Bravo! monsieur le rédacteur anonyme!) « On doit mettre les élèves en contact
direct avec les chefs-d'œuvre de notre littérature... Il
ne suffit pas de lire, il faut savoir lire. » Et la grande
lettre, l'excellente lettre réformatrice et pas mal ma-
licieuse « exprime le vœu que les commissions d'examen ne négligent rien pour s'assurer, aux épreuves
écrites comme aux épreuves orales, que les candidats
ne récitent pas simplement des leçons apprises dans
les manuels, mais qu'ils sont capables d'appréciations
personnelles, résultant d'un commerce avec les grands
écrivains ».

Voilà qui est fort bien. Mais à condition que ce soit
exécuté. Et ce qui serait encore mieux, c'est si la circulaire s'étendait à toutes les matières — car le
trompe-l'œil mnémotechnique, l'art de jeter la poudre
aux yeux, triomphe en sciences, en lettres, en tout,
sur toute la ligne. Ah! que l'on sera loin de l'idéal
rêvé, que l'on réussira peu à développer chez nos petites bourgeoises le sens et le goût des humanités —
et de n'importe quoi — hors le chiffon, le cancan et
le verbiage sans suite, tant que les brevets, ces pen-
dants, ces vis-à-vis des baccalauréats, éveilleront les
ambitions des mamans et de leurs héritières!...

* *

« La femme est un « adjectif », disait une femme
d'esprit, — l'on en veut trop faire un *substantif!* » Eh!
faites-nous de nos filles des *adjectifs* qui aient une valeur, qui ne soient pas une épithète de rencontre, d'ornement, banale à faire la joie d'un Ohnet! Pour être
l'adjectif de ce substantif : l'homme, il faut que la
femme en soit vraiment l'aide, l'appui, l'encouragement, la vraie compagne et naturelle et intellectuelle

et morale... Est-ce que l'on songe à cela?... Ou poupée, si elle est du grand monde, ou mécanique, boîte à surprise... sans surprise, pièce à musique monotone et désagréable, si elle est née peuple; la voilà telle qu'on la forge et qu'on la livre au preneur, qui s'en lasse bien vite, et à raison...

Je suis effrayé de penser combien peu de ces *adjectifs* s'appliquent aux *substantifs*, forment trame serrée et indestructible avec lui, pour la vie. Il n'y a pas union; il y a dissociation, déséquilibre, hurlement. Allez mettre d'accord et rapprochez deux éléments, deux êtres qui, pendant quinze ans, ont suivi des chemins s'écartant sans cesse l'un de l'autre, qui ont tiré, sans cesse à droite, à gauche... avec l'espérance de se rencontrer. Si un hasard leur permet de se rejoindre, de s'atteler ensemble, vous pouvez être sûrs que l'harmonie se résoudra en cacophonie et en divorce...

* * *

Que leur faut-il donc savoir, à nos contemporaines? J'éprouve trop de difficulté à répondre. J'aime mieux une autre question. « Que leur faut-il ignorer? » Me voilà plus à l'aise pour en causer. Ne vous semble-t-il pas qu'elles devraient ignorer les mensonges de la coquetterie et de la fausse pudeur, qui n'a rien à voir avec la vraie chasteté? Et avec cela le faux pédantisme, les bas-bleuisme à la mode. Et encore l'esclavage des idées qu'on appelle reçues et qui sont l'absence même d'idées, de bon sens, de logique. Et encore l'application, ou bien l'amour des petites vanités, des enfantines puérilités, des niaiseries, des vulgarités à caillettes et à ignorantes. Et surtout la manie de dénigrer, de s'ennuyer ailleurs qu'au bal, aux fêtes, au spectacle. Et que sais-je! que sais-je !... qui devrait être effacé, passé à l'éponge...

Or, c'est cela même qu'il est utile de rayer que le système des *travaux forcés* pour la conquête des examens développe en voulant le supprimer. On tire tellement sur la corde, on la tend si violemment, qu'elle n'est plus bonne à rien tant le chanvre est effiloqué, usé, rongé. On fabrique des pseudo-Christine de Pisan, Dacier, Staël, Girardin, à la douzaine; on tient boutique de savantes — et l'on jette en circulation de parfaites prétentieuses, orgueilleuses, sans amabilité, sans charme, et qui pis est, sans savoir... On rêve de leur donner la solidité, mais on s'y prend si mal qu'on tue en elles éclat, imagination et grâce par un fastidieux entraînement, par une préparation assommante. Ou elles se hâtent d'oublier — et alors rien de fait, — ou elles continuent à bourrer leur mémoire tandis que leur intelligence mâche à vide — et alors rien de fait encore, malgré du temps, de la santé, de la jugeotte, hélas! perdus!...

. .

Ni oiseau de luxe, ni pionne, ni chanteuse de romances, brodeuse à outrance de tapisseries, ni dévideuse de mémentos; utile, sérieuse, aimable : telle la société la voit et la veut, la jeune fille Française!

Bonne lingère, — sans donner dans la dentelle et le frivolage du tralala; — bonne couturière, — car elle aura plus d'une fois, soit à repriser des bas, soit à constater si un point est mis adroitement; — musicienne passable, sans excès, sans acrobatie manuelle au piano, sans trop de Chopin massacré, sans mouture passionnée de Mozart : voilà pour l'utilité, — en vue du mariage, — et dans le cas où il serait nécessaire de se tirer d'affaire, si l'on devient pauvre, si l'on est veuve...

Ce n'est pas assez. On lui demande encore de savoir assez chiffrer, pour avoir l'œil sur sa dépense, de savoir assez tenir la queue de la poêle pour remplacer au besoin la cuisinière, de savoir assez d'hygiène pour faire exécuter, en garde-malade intelligente, les ordonnances du médecin, de savoir assez d'économie pratique et domestique pour prendre en main les intérêts de son mari et lui donner un conseil quand on cause des intérêts communs; de savoir assez aimer son intérieur, de s'y plaire assez, après l'avoir bien ordonné et orné, pour ne pas désirer en sortir à chaque heure et pour y rendre la vie heureuse à l'époux de son choix...

Et pour ce qui est de l'agrément, du superflu — plus nécessaire encore chez le sexe faible que chez l'autre — elle l'acquerrait, au jour le jour, légèrement, facilement, pour l'avoir, non pour l'étaler. Elle glisserait sur tout, sans appuyer. Elle dégrossirait un peu son ignorance, gentiment, à la française — et en Française. Comme elle travaillerait pour travailler, non pour contenter un jury, elle aurait le loisir d'écouter pour comprendre, plutôt que pour retenir mot par mot. Elle essayerait de fixer son imagination et sa raison sur les vérités belles et riches, que le formalisme des terminologies déflore et tue. Elle regarderait autrement qu'en courant, et à la dérobée, entre deux devoirs, entre deux leçons, ce qui se passe autour d'elle, et dans le monde et surtout dans la nature. Elle se ferait peu à peu une âme, bien vibrante, en communion avec l'âme des êtres et des choses; et elle deviendrait bonne. Elle vivrait sa vie au lieu de la traverser, comme une condamnée, comme une étrangère qui ne connaît rien du dehors, rien de soi. Elle ne philosopherait pas, certes, mais elle apprendrait, grâce au raisonnement, à la réflexion intérieure, à se suffire à elle-même, sans remplacer par les vanités, les riens et le bavardage de l'âge mûr, par le vide et l'inanité d'une vieillesse souvent dévotieuse, l'indigeste bourrage de notions mal assimilées dans les premières années, l'abêtissement du début.

Elle ne serait pas astreinte à tout cultiver, ce qui signifie, au fond, ne rien récolter, mais elle aurait le droit de cueillir elle-même sa gerbe. Elle suivrait ses àptitudes. Elle lirait de belles pages et les aimerait, car elle ne serait pas obligée de les expliquer en grammairienne devant des philologues. Elle prendrait plaisir à se faire raconter les événements glorieux pour sa patrie et elle en sentirait l'héroïsme, car elle ne se verrait pas dans la nécessité douloureuse de dire en quelle année au juste ils se sont passés. Elle serait plus artiste, plus amateur. Elle effleurerait tout, et, de tout suc, ferait son miel. Elle garderait son originalité native, l'imprévu de ses demandes, le piquant de ses réponses qui ne seraient pas dictées par un questionnaire, œuvre pénible de cuistres. Elle resterait elle-même et elle ne serait pas nulle pour cela. Elle saurait autre chose, elle verrait un peu au delà. Elle aurait dans sa tête, avec une jolie fantaisie conservée en sa fraîcheur et en sa nouveauté, beaucoup de savoir, mais de savoir à côté, de celui qui est peut-être le plus vrai, qui est sûrement le plus délicieux, le plus aimable, le plus aimé... Mais elle n'aurait pas le brevet, pas plus l'élémentaire que le supérieur, — ce qui ne serait pas un signe d'infériorité.

NOS AGRÉGEES.

Il y a des femmes agrégées, comme il y a des femmes avocats, des femmes docteurs. Sorties de Sèvres ou bien des rangs, déjà pourvues du brevet supérieur, voire même du baccalauréat, en outre du certificat d'aptitude, une centaine de candidates se présentent chaque année, soit pour la partie littéraire, soit pour la partie scientifique, aux redoutables épreuves de l'agrégation instituée à leur usage. Les triomphatrices sont nommées professeurs dans les lycées qui, de toutes parts, s'organisent. Elles y remplacent leurs collègues, MM. les agrégés, dont les toques sévères, à chaque octobre nouveau, battent en retraite devant la marée montante de la concurrence en coquets châpeaux à plumes.

Devenir agrégée, enseigner dans un grand établissement de l'État, avoir sa chaire à soi, sa classe, un traitement fixe, une retraite assurée et ne plus courir le cachet au hasard des bonheurs, surtout des malechances : c'est le rêve où se hausse l'ambition des bonnes élèves, dès l'école primaire. Je sais plus d'une bambine, que dès le jeune âge, aux premières promesses de bagout qu'elle donne, à la première récolte de prix et de couronnes, sa mère style déjà pour qu'elle songe à décrocher tous ses grades universitaires, à conquérir son droit à l'épitoge soulignée d'une double, d'une triple hermine ! Et tenez, pas plus tard qu'hier, un père de famille qui écrit comme moi dans les feuilles publiques, me demandait par quelle filière sa fillette devait passer pour obtenir un jour sa nomination ministérielle. La fillette a dix ans. Elle aime beaucoup à lire. Elle récite fréquemment une fable, tourne assez bien un bout de lettre, aime écouter des personnes graves. Elle a de toute évidence la vocation de l'enseignement. Et si elle ne l'a pas, on la lui inculquera. Il le faut. C'est décidé !...

Cela fait un peu sourire. Mais cela ne fait-il pas penser ? Le lendemain est si incertain, le pain si difficile à gagner pour la jeune fille sans dot, l'offre est si inférieure à la demande pour tous les métiers commodes à exercer, que nombre de vaillantes s'astreignent à un travail acharné, font un terrible effort pour se tirer de la gêne, de la condition étroite et triste où le sort semble vouloir les emprisonner. Elles entreprennent une œuvre malaisée, ingrate, qui doit rebuter par ses aspérités toutes celles de leurs compagnes dont le courage et la volonté ne sont pas inébranlables. Elles s'imposent une tâche qui décourage la masse, qui attire la seule élite — et j'avoue que je comprends leur fierté, toute leur joie, quand elles ont réussi...

*
* *

Dure est la fatigue, raide la montée vers les honneurs... pédagogiques. S'agit-il des sciences? Il faut une préparation de plusieurs années, une disposition particulière, le don, et aussi la pratique, l'habitude, une tension d'esprit continuelle, une tendance innée aux abstractions pour oser se mettre sur les rangs et affronter le verdict du jury, qui cherche parmi toutes les calculatrices, les vraies, les sérieuses mathématiciennes, les virtuoses précises de l'algèbre et de la géométrie...

S'agit-il des lettres? On pourrait croire, à ne se fier qu'aux apparences, qu'une certaine facilité de rédaction, beaucoup de lecture, une connaissance superficielle des auteurs, une correction relative, doivent suffire pour assurer le succès. Mais non. Là encore les qualités brillantes doivent céder la place au savoir, aux connaissances exactes, à l'intime fréquentation des textes, à la sûreté de la méthode, qui s'acquiert au prix de quels efforts, de quelles pénibles études! Le concours est semé d'obstacles, obstrué de pièges et de précipices. Deux dissertations, l'une littéraire, l'autre grammaticale, une composition d'histoire, gardent l'entrée de l'écrit. L'oral est hérissé d'explications, de corrections, de questions historiques, géographiques, philosophiques, linguistiques : toute une encyclopédie, tout un tintamarre de cervelles!

Je conseille aux diplômées qui veulent escalader les hauteurs de l'agrégation, de bien consulter leurs forces. Elles pourraient s'exposer à des mécomptes qui, tous les étés, se reproduiraient. Je leur conseille aussi de demander avis au gardien qui surveille les pentes, les sentiers en lacet, les montantes voies qui aboutissent lentement au vertigineux sommet. Voilà déjà plusieurs années que M. Eugène Manuel préside le jury de l'agrégation féminine, pour la section des

lettres. Et voilà plusieurs années aussi qu'après avoir
corrigé les copies et dirigé les interrogations, il rédige
un rapport sur l'ensemble de l'examen, sur sa valeur,
sur le mérite des refusées, sur les aptitudes des reçues.

On ne saurait se figurer combien la lecture de ces
pages, où l'émotion s'allie à une raison toujours en
éveil, où le sérieux des jugements didactiques se relève par une pointe d'esprit, par une grâce et un sourire de langage, peut fournir d'intérêt aux personnes
du métier et aux autres aussi. Rien d'apprêté, de solennel, de trop officiel. C'est pensé par un homme qui
n'est pas enfoncé dans le terre à terre des pures théories classiques, qui a le sens du moderne, qui fait
œuvre d'apôtre, de sociologue, de moraliste et qui a
une très haute idée de sa mission quand, de toute son
influence, de tout son pouvoir, il contribue au progrès d'une excellente institution démocratique. Et
c'est écrit par un homme qui puise sa prose jolie, ai-
lée, alerte, aux sources vives de la poésie, qui déteste
l'écriture administrative et sauve l'aridité du sujet par
mille vues imaginatives, par mille digressions, où, dans
une pleine ouverture de cœur, il révèle le fond de ses
sentiments, son amour pour les humbles, pour les
modestes, pour toutes ces vertus laïques qui s'épa-
nouissent en don d'idées, en communication de richesses intellectuelles, entre les quatre murs d'une
classe, à des disciples prêtes demain à se dévouer au
même apostolat...

J'ai sous les yeux le rapport de 1890. Quel dommage qu'il soit enfoui, et avec lui ses aînés, dans des
revues très hirsutes que les spécialistes seuls feuillet-
tent! Que ne les réunit-il en un volume tout parlant
et vivant qui serait l'histoire même de l'instruction féminine sous la troisième République!... Nos agrégées
de l'avenir et quiconque s'intéresse à l'importante
question de la femme en notre âge de féconde socio-
logie ne manqueraient pas d'y trouver un ample et
précieux trésor d'utiles enseignements...

.˙.

Il ne flatte ni les appelées ni même les élues, M. Eugène Manuel! D'abord il dit leur âge. Sur 58 aspirantes : 2 n'avaient que 21 ans. Elles n'ont point réussi. 17 avaient de 22 à 25 ans : 2 ont été reçues agrégées, dont la première du concours. 23 avaient de 25 à 30 ans : elles ont fourni 2 agrégées. 8 dépassaient la trentaine : 2 d'entre elles ont atteint le but. 1 dépassait 40 ans, elle a échoué. Dame! après la quarantaine! Vous savez ce proverbe : « La fortune n'aime pas la vieillesse. » Il paraît qu'elle n'aime pas non plus la maturité des années.

La maturité de l'esprit : c'est au contraire ce qu'elle exige, et, avec elle, M. Manuel. Comme il morigène les maladroites qui trahissent ce qu'elles ont encore de superficiel et d'un peu incohérent dans leur savoir! Il ne veut pas qu'on le trompe par une « certaine facilité à tout comprendre, surtout à tout reproduire », sur l'esprit de suite, l'expérience de l'enseignement, la mise en œuvre de ce qu'on a vu et retenu. Voilà le solide, voilà le roc où il faut s'ancrer. Foin des pédantes, des savantasses qui font étalage d'une science *livresque*, apprise par cœur! Les étourdies, les nerveuses, les joueuses pour qui la mnémotechnie est l'idéal feraient bien de méditer ce passage, que je détache du sage mémoire... contre la mémoire et les intempestives vivacités du tempérament.

« Le savoir de nos professeurs doit être un moyen, non un but. Nous voulons former des âmes, et des âmes de femmes. Tous nos exercices y doivent aboutir... Plusieurs des aspirantes qui nous ont paru le mieux douées se sont montrées novices dans leur profession... Ces vives lueurs ne sont pas la lumière égale que l'enseignement réclame; il n'y faut point de feux à éclipses... Ce qui a prévalu finalement sur les rencontres heureuses, sur les aperçus ingénieux, mais aussi sur les inégalités et sur les écarts, c'est le bon sens aimable, la maturité rassurante, la parole maîtresse de la pensée et d'elle-même... »

« Feux à éclipses! » Oh! la piquante épigramme! Les traits malins abondent d'ailleurs en ce preste et coquet rapport, gentiment mondain. Nos agrégées avaient à traiter du goût. Croiriez-vous que quelques révolutionnaires ont contesté l'existence du goût? Il faut voir comme M. Manuel tance les téméraires en se jouant : « Nous demanderions volontiers à ces jeunes filles si elles admettent ces fantaisies déréglées dans leurs vêtements et leur toilette, et si elles appliqueraient à elles-mêmes ces théories irréfléchies. Elles sont femmes, et elles nieraient le goût? Elles n'accepteraient pas cette grammaire de la parure, qui a été écrite... et accorderaient toute licence aux folies de la mode? — Elles reculeraient devant les conséquences. » Que répondrez-vous, mesdemoiselles? N'allez pas au moins vous lancer dans les folies de la mode!

S'il badine souvent, s'il se moque sans méchanceté mais sur un ton de douce raillerie, le mentor se fâche quelquefois et avec raison. La forme des dissertations lui paraît lourde, ennuyeuse. Et il le dit : « Ces sortes de devoirs doivent être de construction élégante et légère. Il n'y fallait pas tant de moellons et de pierres de taille. » Bien envoyé. Relisez donc Mme de Sévigné, ô aspirantes... Ailleurs, il se plaint de ce qu'on « aborde une foule de points, de ce qu'on passe à côté de la question sans la voir. On sait beaucoup de choses, mais on les présente à contretemps. »

La rédaction d'histoire lui suggère des réflexions terriblement justes en leur sévérité. Il repousse « la froideur que rien ne vient animer et qui est à l'histoire ce qu'est la carte géographique par rapport à la géographie véritable du pays qu'on y voit dessiné. On vit trop avec les *Précis*... On oublie que c'est aux sources mêmes que le passé a son écho le plus sonore. »

Il est mécontent des épreuves orales. Le talent est

rare, rare la finesse et la pénétration, surtout la force
de l'esprit; rare la sensibilité, rare la faculté d'analyse... et cela chez la femme! On paraphrase un morceau plus qu'on ne le juge. On s'arrête à des minuties, à des banalités! On se perd dans l'accessoire. On
néglige l'essentiel. A-t-on une copie d'élève à critiquer? On s'en tient à des commentaires puérils et insi-
gnifiants! Les expositions orales ne dénotent pas assez
un accent convaincu. Trop de détails quand on fait
une leçon d'histoire — trop de détails surtout quand
la leçon est géographique. Nulle évocation des milieux. Nulle résurrection des faits et des êtres. L'autorité fait défaut aux admissibles. Elles récitent. Elles
ne disent pas. Elles ne convainquent, elles ne persua-
dent pas. Chaque fois que M. Manuel résume son impression, se lisent ces mots : « L'épreuve reste faible. »
Il n'y a guère que l'examen des langues vivantes où
les agrégées brillent d'un vif éclat.

Quelle est la conclusion où se range le président? Il
convient de la citer, car elle renferme tout un enseignement, toute une morale pratique. Les défauts et
les qualités de la femme moderne, même très instruite, même supérieure, y sont indiqués en un portrait général qui s'applique à nombre d'individus.

« Beaucoup de savoir acquis, mais médiocrement
bien aménagé; trop peu de méthode encore; un certain manque de clairvoyance, quand il s'agit de reconnaître un sujet, et des idées peu abondantes pour
le développer; l'art d'ordonner, de composer, de con-
clure, encore défectueux; beaucoup d'observations
fines et délicates, mais peu de vues d'ensemble, et une
critique souvent bornée; des sentiments généreux, des
aspirations vers un idéal moral très élevé, mais sans
analyses pénétrantes, sans solide psychologie, sans
prédication professorale assez vigoureuse; une parole
correcte, facile, élégante, n'arrivant à la chaleur et au
mouvement qu'au prix de la simplicité et du naturel:
tels sont les qualités et les défauts qu'il y a lieu de

vous signaler, Monsieur le ministre, sans nier de louables efforts et quelques progrès incontestés. » Allons! courage! agrégées de l'avenir! Vous avez une revanche à prendre. Vous avez l'honneur du sexe à venger; je suis bien sûr que M. Manuel changera, de bonne grâce, ses blâmes en compliments, — si vous les méritez.

L'ÉCOLE PROFESSIONNELLE DE LA RUE BOURET.

Vieille école et nouvelles méthodes. — Hommage aux novateurs. — Les écoles parisiennes à l'œuvre. — Six métiers, six gagne-pain. — Corsetières et brodeuses.

... Loin, loin, au pied des Buttes-Chaumont, à la Villette, dans l'étroite rue Bouret, près des familles ouvrières dont elles sortent, en plein centre d'activité ouvrière, les petites ouvrières grandissent...

L'école est triste, pauvre, déplorablement installée. Classes où l'on s'empile, ateliers où l'on s'entasse, cour où l'on s'écrase en vertu de la compressibilité inhérente au corps humain. Les 175 élèves sont exposées aux regards des voisins qui plongent sur le préau. Il est grand temps qu'à un local si atroce soit substituée la maison que l'on doit construire spécialement sur un terrain cédé par le dépôt des pavés. 250,000 francs ont été votés. Les plans sont dressés. Que ne se hâte-t-on de les examiner? de bâtir aux pauvres apprenties un asile digne d'elles et de Paris! Le petit bataillon féminin est tout prêt à déménager vite, vite. Il lui faut de l'air, de l'espace, de la lumière. On a l'intention de lui en donner, mais l'intention est-ce tout? Allons! un peu de zèle, un peu de hâte. Il faut, d'ici quelques mois, arracher toute cette jeunesse à la claustration qu'elle subit en un bâtiment sombre, lézardé, qui sue l'ennui et la misère (1).

(1) La construction est commencée et poussée vivement.

*
* *

Par bonheur, si la ruche est vilaine de construction, si elle tombe en poussière et si elle est toute noire de vétusté, les abeilles font leur cire et leur miel en cette laideur des choses, avec un bruissement léger d'activité harmonieuse et féconde! Six cellules pour six métiers, six tristes cellules, mais qu'on y fait de jolis travaux! Dès que les heures réglementaires ont été données aux cours généraux, les petites mains se mettent à la besogne, et couturières, lingères, modistes, fleuristes, corsetières et brodeuses, à qui mieux mieux, s'appliquent à montrer leur goût et leur ingéniosité de Parisiennes parisiennisantes. Et même, au cours de la troisième année, l'enseignement primaire n'est plus professé, le matin : la journée tout entière est consacrée à l'apprentissage...

J'interroge Mᵐᵉ Delahaye, l'aimable directrice, qui avec beaucoup d'obligeance se prête à une interview méthodique et prolongée, suivie d'une visite qui me met en présence des maîtresses et des écolières. En ai-je assez tracassé de directeurs et de directrices, depuis six mois! je suis un curieux redoutable! Et pourtant partout on m'accueille avec un empressement dont je suis touché. C'est que l'on sait combien j'aime ce dont je parle, combien je voudrais rendre service à ces éducateurs et à ces éducatrices qui ont entrepris chez nous cette œuvre si hardie, si originale, si riche de résultats prochains : l'union de l'atelier et de l'école, l'association intime du livre et de l'outil! Je ne désire rien tant que d'exposer leurs efforts, que de signaler leur dévouement, que de montrer par quels âpres tâtonnements, par quels rudes apprentissages ils passent tous pour fonder en France, dans la maison scolaire, l'apprentissage de l'enfant! L'on ne saura jamais assez ce qui se dépense d'initiative, de courage, d'énergie et de persévérance entre les quatre

13.

murs d'une école où tout est à prévoir, à inaugurer ;
où programmes, pédagogie, théorie et pratique, il faut
tout établir. Dans quinze ou vingt ans, quand l'instruction professionnelle partout triomphera, il faudra
que l'on rende hommage aux novateurs qui patiemment, laborieusement, à la suite d'Élisa Lemonnier,
à la suite des saint-simoniens, auront assuré le succès de la tâche patriotique et sociale ébauchée au milieu de notre siècle et menée à bien par la République...

*
* *

Mais je reviens à mes fillettes. Les couturières dominent là comme ailleurs. Elles sont quatre-vingts
environ. Mme Laurieu leur apprend à couper les toilettes de jeunes filles et je vois une délicieuse robe de
bal en moire toute blanche qui fait honneur au talent
du professeur et des disciples. Mlle Pevérier, qui était
« première » dans un magasin à la mode et qui, par
vocation, s'est consacrée à l'enseignement, initie, avec
une rare connaissance de la tradition et de la nouveauté, son groupe d'élèves au costume de style. Et
son groupe a ses clientes et ses admiratrices qui préfèrent Mlle Pevérier à plus d'un faiseur en renom. Je
n'en suis pas étonné. Elle transforme ses collaboratrices en autant de fées qui, de leur aiguille, changent
à leur tour les robes en merveilles d'élégance et de bon
ton. D'ailleurs que ne peut-on pas obtenir d'apprenties
très travailleuses, fort bien douées, qui sont élevées
en artistes ? N'ont-elles pas pour le dessin les leçons
de Mlle Lévy, pour l'aquarelle, de Mlle Girouin ? Ne
sont-elles pas habituées à connaître et à reproduire
les changeantes combinaisons des lignes et des couleurs ?...

Les lingères ne constituent qu'une faible phalange.
Elles sont 17. L'atelier vient d'être nouvellement ouvert. Les modistes sont également 17. Les fleuristes
sont rares aussi ; 11 en tout. Mais elles seront bientôt

assez nombreuses. Le métier reprend, après avoir traversé une crise. Le genre fin n'a pas réussi en Allemagne. L'on se rend compte que la concurrence se
fait sans profit et qu'il faut recourir à l'industrie des
fleuristes françaises, si habiles, si expertes à imiter la
nature, en sa richesse épanouie. Et où pourra-t-on
bientôt former les ouvrières, ailleurs que dans les
écoles? Dans les grandes maisons, l'on semble renoncer à dresser les apprenties. On n'aime plus comme
autrefois à les débrouiller. L'on sait que dès qu'on
leur a montré l'A B C du métier, elles sont retirées
par leurs parents qui les placent à côté pour un salaire
quelconque. Et c'est de la peine et du temps perdus
pour obliger des rivaux, pour aider des ingrates...

Les corsetières m'ont vivement intéressé. La première année, on pénètre tous les mystères de l'éven-
taillage, on se fait la main au corset d'exportation.
La seconde et la troisième années, on a l'honneur de
toucher au corset de commande! au corset souple,
distingué, léger, sérieux, qui, dans le réseau de la
baleine et de la soie, enferme la grâce des belles formes. C'est un objet d'art, ce corset de commande! Il
demande un soin, une attention, une correction, une
sûreté de coup d'œil dont une élite seule est capable.
L'école de la rue Bouret étale avec orgueil l'essaim de
ses 36 corsetières — aussi brillantes que les 36 étoiles
du drapeau américain! Heureuses corsetières! Elles
ont un état qui n'est pas tombé dans le bon marché,
qui maintient ses prix et ses bénéfices! Elles peuvent
remercier Mme Desgrippe qui les entraîne avec tant
d'ardeur et qui leur apprend à sculpter avec un tel
souci de la plastique la poitrine et la taille de leurs
contemporaines. Et savez-vous ce qu'elles rapportent
à l'école de la rue Bouret, les 36 élèves... du corset?
Environ 250 francs par mois! Leurs produits sont très
recherchés! Ils flattent si gentiment la coquetterie de
nos mondaines! Mais j'ai peut-être tort de signaler la
chose si indiscrètement. Pourvu qu'une légion de

jolies femmes ne s'abatte pas sur l'atelier de la rue
Bouret et n'aille pas exciter les plaintes des commer-
çants!

* *

J'ai gardé les brodeuses pour la fin. Ç'a été pour
moi le bouquet de la fête! La broderie triomphe à la
rue Bouret! Elle donne à l'établissement son lustre et
son originalité. Les vingt-sept apprenties exécutent la
broderie au dessiné. Le trait est tracé en noir par des
dessinateurs sur le canevas. Rien n'indique les tons,
rien ne marque le coloris à traiter. Les élèves nuancent
d'elles-mêmes, à leur fantaisie — fantaisie qui est
réglée, dirigée, puis abandonnée à la libre inspiration
quand les débutantes sont capables de composer. On
leur remet des séries, des *suites* en laine ou bien en
soie : c'est à elles de démêler les jeux d'ombre et de
lumière, l'accentuation : c'est à elles de parcourir la
gamme avec habileté, en appuyant par-ci, en glissant
par-là. C'est affaire d'habitude et de nature, de don
aussi. Savoir bien éclairer ce qui est lisse, savoir as-
sombrir certains contours : tout est là et c'est beaucoup.

On se rend difficilement compte de la patience qu'il
faut employer pour donner à une tapisserie l'apparence d'une peinture exacte, dans un tableau indécis,
tremblotant, flottant, où le petit point remplace le
pinceau. Mme Guillaut, le professeur de broderie artistique, a fort à faire, et pourtant elle s'adresse à des
personnes très intelligentes qui comprennent vite et
bien, mais qui ont besoin d'une constante application pour rendre nettement sur le métier ce qu'elles
ont nettement saisi par la pensée. Après trois ans de
labeur assidu, *gauchères* et *droitières* y arrivent et
font honneur aux leçons reçues. J'examine une por-
tière Louis XIV, que Mme Delabaye déploie avec joie,
avec l'ivresse des ambitions réalisées, sous les yeux
des visiteurs. Elle me montre des tulipes qu'on dirait

en relief, prêtes à être cueillies, des héliotropes qui
doivent fleurer bon, tant elles se redressent en un
rayon de soleil, en une gloire...

Je ne sortirais pas du cabinet directorial si j'inven-
toriais toutes les richesses qu'il renferme. Ce ne sont
que coussins, que tentures, que sachets dont le drap
et le satin sont brodés au passé-rentré, et de leurs
riches tonalités éblouissent les regards. Fauteuils et
canapés sont recouverts de bandes imitant les Gobe-
lins, qui sont vraiment trop belles pour qu'en leurs
bras moelleux et en leurs dossiers capitonnés on s'en-
fonce irrespectueusement.

Il est pourtant un détail qui me choque un peu. Si
les ornements sont venus à souhait, les figures grima-
cent, manquent de vie, de vérité. Je risque une petite
critique... Elle est vite réfutée. Il faudrait, me dit-on,
quatre ans d'apprentissage aux élèves brodeuses pour
aborder la figure victorieusement. Elles ne restent que
trois ans à l'école. Et encore ne peut-on exiger
d'elles que quatre heures de travail, à cause de la vue
qui se fatigue. Et il faut bien ne pas tout embrasser...
même la figure, de peur de ne rien étreindre.

AUX FOURNEAUX.

Et voici l'éducation des filles subitement remise sur
le tapis, parce qu'un jury de gourmets, à Meudon, a
posé pour un concours une question insidieusement
culinaire aux concurrentes. Aussitôt, toute la presse
de s'émouvoir, de prendre feu même; ici, d'attaquer
l'instruction donnée au sexe faible; là, de la défendre
énergiquement. Pour un peu, la politique aidant, j'ai
cru un moment qu'on se prendrait aux cheveux — aux
cheveux de nos Agnès et de nos Philamintes. Tel tient
pour le brevet et n'en démord pas. Tel autre est l'intrépide champion du fourneau, selon lui, trop délaissé,

et trouve que le sujet proposé par des examinateurs de gargantuesque complexion, par nos Brillat-Savarins de l'enseignement, est la « grande chose » (*sic*), « le dernier mot du problème social et pédagogique » (*sic* encore), « un symbole » (*sic* toujours).

Que de bruit! que d'agitation pour peu de chose. Eh! oui, vive le roux! vive la recette pour préparer le ragoût de mouton! vive le banqueteur anonyme qui a eu l'idée d'introduire la cuisine dans les compositions écrites... mais, vive aussi le bon sens, la mesure, et ce vieux juste milieu, tant moqué, tant chansonné, mais si humain, si français, si nôtre, — et, vive aussi la justice! On ne va peut-être pas fermer, sans plus attendre, toutes les maisons d'instruction publique et privée, écoles primaires, supérieures, lycées, fondés depuis vingt ans! Et l'on voudra bien aussi, la première émotion passée, reconnaître que chez nous on ne tient pas seulement usine de pédantes, comme on l'insinue, fabrique de savantasses et de bas-bleus, mais que sur le marché on sait aussi, depuis quelques années, mettre quelques centaines de donzelles qui sont plus près d'être des cordons bleus que des bas-bleus.

* *

Car enfin, ce novateur découvert dans la banlieue parisienne, ce pédagogue soi-disant révolutionnaire, ce néo-Basedow, ce pseudo-Pestalozzi du poêlon vengé et réhabilité, n'a rien innové, rien amélioré, rien bouleversé du tout... Il a simplement reconnu l'existence d'un fait établi, il a tout bonnement donné une sanction semi-officielle à des matières — c'est le cas de le dire — qui figurent dans les programmes en province et à Paris depuis bientôt dix ans. Il a surtout profité d'une réclame inattendue qui a mis en lumière des détails trop ignorés, tout un ordre de travaux intérieurs dont nos modernes éducateurs s'étaient préoccupés. Ce qu'il a demandé devait fatalement être demandé. C'était dans la logique des choses. Tous les Manuels d'économie domestique et ménagère distribués aux fillettes par les commissions scolaires contiennent des formules fort bien rédigées, d'après les codes les plus savants des Vatels les plus renommés.

La tenue d'une maison, la disposition du mobilier, l'aménagement du « home » intime et aussi la confection d'un plat sucré, la préparation brevetée s. g. d. g. d'un pâté, d'une omelette, de la poule au pot, des mets les plus nationaux peuvent s'y apprendre par cœur après quelques heures d'attention. Il n'y faut qu'un peu de mémoire, qu'un tantinet de bonne volonté. Interrogez une bambine sur la confection d'une sauce même alambiquée. Elle vous dira d'affilée, sans faute, imperturbablement, ce qu'il y faut théoriquement de sel, de poivre, d'œufs, de farine, tout comme elle vous récitera sans accroc, mais sans intelligence aussi, une fable de La Fontaine. Et toute cette chimie, qui n'a pas de secrets pour elle, elle vous la couchera dans son exacte notation, sur du papier blanc, un jour d'examen ; elle vous la servira aux messieurs de la commission qui auront cru être malins en lui faisant la demande.

*
* *

Mais servir la sauce elle-même, toute chaude et toute bouillante, bien liée, bien appétissante, douce au palais, oh ! ce serait une autre affaire ! Comme j'aurais plutôt compris que nos excellents gastronomes extra-muros eussent exigé que l'*écrit* se passât à la cuisine, au feu ! On aurait placé mouton et légumes et tous les ingrédients de rigueur sur la table de bois, on aurait passé un tablier à la taille de toutes ces jeunesses et on leur aurait dit : « Voilà ce qu'il vous faut. Tirez-vous d'affaire. Les lauriers seront à celles d'entre vous qui sauront le mieux s'en servir pour parfumer le rata de leur arome, à celles qui feront le plus vite, le mieux, et à meilleur compte. »

Et on les aurait vues à l'œuvre ! L'on aurait saisi si elles avaient ce tour de main, ce coup d'œil, toute cette attitude de décision, tout ce flair très particulier qu'ont les vénérables prêtresses officiant dans le temple sacro-saint de la grille et du four ! Voilà qui eût été probant, vraiment décisif !

Car ne voyez-vous pas qu'un devoir, qu'une rédaction sur un rôt, voire sur un bouilli, ne servent de rien, n'offrent aucune garantie sérieuse de capacité ? C'est de la théorie qui se greffe sur de la théorie. C'est une série de prescriptions, d'ordonnances fort compliquées souvent qui s'ajoute déjà et qui demain surtout s'ajoutera aux discussions de théorèmes, aux biographies historiques, aux cartes géographiques, aux comptes rendus littéraires.

Comme on a beaucoup applaudi à la fantaisie de nos festoyants apôtres, leur exemple sera furieusement imité. Il faut s'y attendre. Je sais déjà des institutrices qui préparent des « narrations », des « styles », comme on dit dans les pensionnats, sur tout ce qui est susceptible d'être dégusté par une bouche humaine. Je suis effrayé d'avance par le nombre des potages, entrées, entremets, etc., classiques, même romantiques — et toujours réalisés néanmoins, reproduits et inédits parfois, que dans toutes les écoles, dès octobre prochain, on décrira, on allongera, salera, poivrera, mijotera, bouillira, rôtira... sur des cahiers à couverture peinturlurée. Quel surmenage en perspective ! Quel tintamarre de cervelles et non de marmites et de casseroles ! Quel frémissement de plumes sur les lignes bleues des pages encore vierges ! Je parie que, la mode aidant, plus d'une écolière brodera des fioritures, tournera des périodes sentimentales sur les aliments, sur des poulets qui « demandent » à être dorés par la flamme, sur les lapins qui « veulent » être étendus sur un lit d'herbes odoriférantes. Toute une phraséologie à la Berchoux sera pillée, plagiée, délayée amoureusement. Une littérature particulière au

pot-au-feu naîtra. Et qui sait, émule du cabaretier-
poète normand, une poétesse, une muse se révélera
pour chanter toute la gamme — sinon des fromages
— au moins des fruits, et même toute la lyre des as-
saisonnements et des denrées coloniales fournis par
le Potin de l'endroit !

.. .

Tenez, à vous le dire franc, pour s'amuser et « pour
épater le bourgeois », sans compter la bourgeoise, la
bonne fourchette qui est si friande de mouton en ragoût a rendu un bien mauvais service aux candidates de
l'avenir. Son mouton va entraîner autant de moutons
de Panurge — par bonheur pas en chair et en os — dans
combien de casseroles, ces tombeaux de la gent mou-
tonnière, et causer combien d'échecs authentiques,
combien arracher de vraies larmes à de beaux yeux !...
Au certificat d'études primaires, au brevet tant élémentaire que supérieur, partout où de braves petits
jupons se risquent à essayer les questionnaires des
terribles grandes culottes très solennelles, la préparation du mouton sévira, flanquée de l'inséparable et
désormais historique roux !

Et les pères et maris très graves qui siègent en pon-
tifiant, en croyant remplir une mission supra-humaine,
derrière les tapis verts des hôtels de ville et des Facultés, ne s'en tiendront pas à la simple et naïve donnée
du problème bon enfant posé en l'an de grâce 1890.
Par des études incessantes, par une lecture et dégus-
tation soutenue des subtilités et raffinements imaginés
par les maîtres coqs des cabarets les plus mondains,
par des soupers fins pris aux heures les plus hasardeu-
ses pour leur vertu, ils se feront une érudition formidable et proposeront des énigmes, d'indéchiffrables
rébus à leurs victimes. Et même pour mieux se rendre
compte des méthodes expérimentales, pour connaître
plus à fond la loi des mélanges entre épices et liqui-

des, ils rôderont avant le repas autour de Babet, toute
rouge de son importance et des étincelles envolées du
foyer... ce qui leur attirera des scènes de leurs dignes
et fidèles épouses, toutes rouges de jalousie. Mais le
progrès de la science, le relèvement de l'alimentation
nationale, cela vaut bien quelques orages conjugaux !

Car enfin ils ne peuvent pourtant pas, ces sacrés
aréopagites, rester au-dessous de leurs fonctions !
Pour poser des « colles » aux autres sur la cuisine,
il faut savoir un peu de cuisine. Sinon l'on risque de
commettre des bévues dont l'assistance pourrait bien
s'esclaffer. Vous, monsieur l'historien, vous ne pré-
tendez pas vous improviser, là tout debout, chef, voire
même marmiton ? Vous, monsieur le mathématicien,
qui voulez perfidement embarrasser votre voisine,
la fille de Mme X..., qui vous assomme de son piano,
et que vous soupçonnez de ne pas savoir mettre la
main à la pâte, commencez donc par pétrir vous-
même. Votre conscience ne va-t-elle pas vous reprocher votre incompétence? Et oserez-vous donner un
zéro à qui ne vous répond pas, vous qui, sur la sellette, demeureriez bouche close? Ah! quel bon tour
on vous jouerait, si l'on vous poussait dans le piège
que vous tendez à autrui! Vous y seriez pris tout le
premier...

. .

Non, voyez-vous, ces développements, ces dissertations sur le ragoût, sur le roux, ne me disent rien
qui vaille. Ni l'épreuve n'a sa raison d'être, telle qu'elle
est, sa vraie portée, sa valeur propre, ni le jury qui la
propose n'est en mesure de rendre son verdict, en
toute équité, en pleine connaissance de cause.

Si l'on tient à se rendre compte de ce que peut
faire, pour contenter l'appétit et la gourmandise de
son homme, une future petite femme, qu'on lui mette
carrément la poêle en main. Pour l'obtention des diplômes, la couture se fait, non en paroles, mais avec

les doigts, n'est-ce pas? sous les yeux de dames patronnesses qui savent coudre? De même la cuisine doit
se faire avec les doigts, — non avec des souvenirs,
des tartines extraites des livres, — et doit se faire
devant des maîtresses de maison qui savent la cuisine. Expliquer une cuisson... en principe, mettre en
doctrine l'art d'accommoder les restes, allons donc !
Faites-moi goûter tout cela bien fumant ! Les fautes...
de goût seront plus intéressantes à relever que les
fautes... de langage et d'orthographe. Affirmer : « Je
mets tant d'huile, tant de vinaigre », c'est bien. Le
mettre, et à propos, c'est mieux, c'est tout.

Je suis sûr que l'on a dû bien rire dans les Écoles
professionnelles de Paris à la nouvelle de ce concours...
platonique, si peu réconfortant. Là, celles qui enseignent la science nutritive ne se contentent pas d'ordonner qu'on leur récite par cœur... le plat appris dans
la *Ménagère*, même la plus parfaite. Cette cuisine de
perroquets ne les satisfait pas. C'est viande par trop
creuse. Elles conduisent les apprenties au marché,
elles leur montrent comment on achète à peu de frais,
elles font prendre note de ce qui est mis dans le panier, et, une fois rentrées, retroussent leurs manches,
coupent, hachent, exécutent le menu, le font exécuter devant elles, et de leurs aides font des cuisinières
— si elles ne sont pas nées rôtisseuses.

Que n'ai-je emporté avec moi, à la campagne, un
carnet tel qu'il est tenu à la rue Fondary, à la rue
Ganneron (1). Ce qui est inscrit a été marchandé, cuit,
mangé. Et s'il y a un prix à donner, on ne l'accorde
pas à qui débite le plus beau chapelet de paroles indigestes, mais à qui présente la friture la plus digestive.
Ah ! madame Félicité, madame Paulin, vous que l'on
nomme madame Pot-au-feu, comme vous avez découvert la « grande chose », le dernier mot du problème,
le symbole avant votre rival suburbain !

(1) Voyez *Alentour de l'école.*

L'ÉCOLE DE CUISINE.

Je ne me suis pas pressé, bien que gourmand,
même gourmet, de me rendre à l'École de cuisine. A
l'inauguration, je m'étais abstenu. N'y aurait-il pas
un peu... beaucoup d'engouement, et tout ce bel enthousiasme durerait-il? Après le premier coup de feu,
les poêlons continueraient-ils la danse des fritures?
D'ailleurs, le cérémonial, l'apparat d'une ouverture
me fait peur. Je m'étais promis d'aller m'éjouir au
ronflement des fourneaux et à la chanson du beurre
un peu après la *première;* car il en est des innovations
pédagogiques comme des pièces; l'entrain, l'élan s'ac-
quièrent à l'user, — à moins qu'il n'y ait four et qu'il
ne faille changer l'affiche.

— Il y a four — mais four actif et crépitant — à la
rue Bonaparte et l'affiche pourtant tient bon, et, longtemps, toujours même, brillera tout engageante à la
foule. Oh! je suis bien sûr que vous irez toutes et tous,
y prendre des leçons. L'école de cuisine, c'est l'école
de l'avenir!...

Fort habilement, la Société des cuisiniers français
a placé son palais... des palais à l'entrée du quartier,
sur cette rive gauche où fleurissent les études. Même
elle l'a logé proche de l'École des Beaux-Arts pour lui
donner un caractère classiquement scolaire. Outre la
cuisine, on y enseigne d'ailleurs les sciences alimen-
taires qui à l'empirisme des préparations joignent les
vérités sévères des théories chimico-organiques. C'est
une Faculté, une Université, une Sorbonne, une Académie culinaire — qui pourrait avoir plus d'admirateurs que ses doctes devancières.

*
* *

... La porte du numéro 16 franchie, on se trouve

dans une grande cour un peu triste, un peu trop en-
cadrée de murs lézardés où, hier encore, s'abritait un
Mont-de-Piété. Tout au fond, en face de l'entrée, un
petit monument de fort bon style, ma foi, dresse la
solidité de son fronton où se lit *Salle des Cours*.

Le péristyle du milieu donne accès dans une pièce
très spacieuse, avec un plafond en cerceaux, éclairé
par une large baie vitrée. C'est le lieu du mystère sacro-saint, c'est le Temple. Tenons-nous-y sans perdre
temps à visiter les dépendances : office, salle à manger, pâtisserie, bibliothèque, salon de lecture, que
sais-je?

C'est ici que le grand œuvre va s'élaborer, le sacrifice
aux dieux de la table se consommer.

L'auditoire est au complet. C'est jour payant. La
clientèle fait plaisir à voir : ce sont bourgeoises qui,
chez elles, s'offrent le luxe de « tenir bonne chère »,
ce sont jeunes filles aux joues roses, au teint frais, qui
ne doivent pas faire la petite bouche devant un bon
plat. Elles sont tout yeux, tout oreilles. Sur leurs élé-
gants carnets de notes, les crayons trottent menu. Il
ne faut rien perdre de la recette que le maître, de ses
lèvres, laisse tomber, pendant que ses doigts opèrent.
Ah! mesdemoiselles, mesdemoiselles, si vous saviez
quelle bonne, quelle utile action vous accomplissez en
vous asseyant ainsi, le lundi, le vendredi de chaque semaine, sur les bancs du gastronomique asile! Si
j'étais un riche célibataire en quête de fiancée rare
et précieuse, je sais bien où je l'irais chercher. Je pré-
senterais ma demande à la plus appliquée, à la plus
zélée d'entre vous. Pour sûr, je trouverais en elle gref-
fés sur l'appétit, — santé, gaieté, fraîcheur et grâce,
amour de ce qui vaut la peine ici-bas d'être aimé!

*
* *

Mais pourquoi philosopher? Regarder, écouter, vaut

mieux. Quel décor de féerie vaut celui que je caresse de la vue! Quelle musique vaut le refrain murmuré par la bassine en cuivre aux bords couronnés de fumée qui, là-bas, dans l'arche des arches, entre deux colonnes à larges baies, frissonne de fiévreux bouillons?...

Et n'est-il pas éloquent, cet orateur improvisé, qui, de merveilleuse précision, en un langage où l'on sent une inspiration tempérée par l'expérience, le don, la véritable vocation, passionne ces excellentes élèves en leur montrant quelles délices produit la confection réussie des pointes d'asperges au velouté!

Ah! l'ambassadeur d'Autriche-Hongrie n'est pas à plaindre d'avoir un maître d'hôtel comme M. Capdeville. Il doit lui apprêter des filets de sole Colbert à rendre jaloux feu Vatel, surtout feu Carême, ce collaborateur de Talleyrand dont « l'art servait d'escorte à la diplomatie ». Et les tartelettes de fraises! Tenez, si la reproduction du procédé n'était pas interdite par l'auteur, par le créateur, — le souverain pontife du chef-d'œuvre, — je vous le livrerais tout chaud, tout bouillant, et vous vous en lécheriez les babines!

M. Capdeville a vraiment grand air derrière sa table de démonstration machinée de douze prises de gaz pour les fourneaux et les rôtissoires. Il donne ses ordres avec une netteté lumineuse. Il met lui-même la main à la pâte avec une vitesse, une dextérité et un bonheur qui auraient charmé Brillat-Savarin et Alexandre Dumas père, si fier quand il élaborait pour ses amis un mets de saveur succulente.

Et quel cadre pour l'opérateur! Derrière lui, dans un enfoncement, se profilant sous une arrière-voûte, la cuisine reluit dans le rougeoiement, dans les ors de sa batterie... pacifique. Elle s'épanouit dans une gloire qui, de son éclat, met en vif relief le geste auguste du chef, à son poste de combat. Combien je comprends l'enthousiasme du poète-cuisinier Ozanne, s'écriant dans une ode fière :

Salut à la nouvelle aurore
Qui luit à notre firmament :
L'école vient enfin d'éclore
Dans un joyeux rayonnement!

*
* *

M. Capdeville, sa démonstration terminée, se retire.
C'est M. Fleurent qui lui succède en habit noir, derrière les fourneaux — j'allais dire derrière la chaire.
M. Fleurent est préparateur au Conservatoire des
Arts et Métiers. Il est maître de conférences à l'Institut gastronomique — et ses conférences sont d'un professeur qui sait ordonner une leçon, la rendre claire,
familière, accessible à des profanes. Il faut voir comme
il évite les expressions difficiles, la terminologie éru-
dite ! Il donne la composition des végétaux alimen-
taires en termes simples, que tout le monde comprend.
C'est un vulgarisateur qui, sans se livrer à de faciles
fantaisies, n'empêtre pas son monde dans le détail
d'un minutieux fatras. Il fait aussi peu d'histoire naturelle que possible. Il vous prend un navet, un radis,
un humble légume et il vous apprend tout ce qu'il faut
savoir pour se rendre compte du rôle joué par leurs
essences aromatiques dans l'hygiène, dans la réparation des forces, dans la reconstitution des tissus. Rien
de sec, rien de froid : des exemples, des faits, des
preuves. C'est la sûre méthode. Peut-être serait-il utile
qu'il eût sous la main des tableaux, des images, bien
parlants aux yeux. De même il conviendrait que le
plancher de la salle, au lieu d'être plat, fût incliné,
formât amphithéâtre, pour que les assistants cantonnés
aux derniers rangs ne perdissent rien de ce qui se dit,
de ce qui se fait. Mais tout cela viendra. Un progrès
en entraîne un autre et les cuisiniers qui ont, sur le
bénéfice de leurs expositions annuelles, pu économiser de quoi fonder et soutenir leur école, en amélioreront sans cesse le fonctionnement, — surtout si la

Ville les aide un peu, comme le fait déjà le ministère du commerce.

*
* *

Car l'école ne rend pas seulement service aux classes moyennes, elle est grandement ouverte aux classes ouvrières et populaires. Le mercredi est réservé aux séances gratuites. C'est le jour où M. Driessens se livre à son apostolat de nutrition ménagère. Il entreprend à la rue Bonaparte ce qu'avec tant de succès il a su réaliser à Saint-Denis, où tant de petites filles ont été formées par lui à mettre debout ragoûts de mouton, rôtis, blanquettes de veau, gâteaux, pièces montées. Il ne cherche pas à dresser des virtuoses, des cordons bleus, qui excellent dans la cuisine artiste et transcendante, et, selon des formules très alambiquées, exécutent des festins de haut goût, comme des maîtres queux brevetés, accrédités près des tables où s'assoient les millionnaires. Il n'est pas si ambitieux. Il cherche tout bonnement à initier ses apprenties à l'utilisation des restes, au retapage du vieux et à la préparation du neuf.

*
* *

J'ai causé avec M. Driessens qui professe, avec l'aide de ses disciples « dionysiennes ». Il m'a confié ses desseins. Il veut constater tous les progrès effectués par les assistantes. Il a l'intention de prier plusieurs d'entre elles, à tour de rôle, de l'assister comme fait le bataillon de fillettes qui s'est volontairement enrôlé sous son drapeau. Il se rendra compte de leurs dispositions. Il leur donnera des conseils au fur et à mesure des erreurs. Il leur fera, comme il dit, épeler l'alphabet culinaire — en attendant qu'il le publie. Il se fait une idée saine de la fonction qu'il remplit. Il sait à quelles choses très matérielles est souvent lié le bonheur de la femme, et il demande qu'un certificat de connaissances culinaires soit exigé au brevet supérieur. Il a confiance dans le rôle social de la cuisine et, de tous ses efforts, il veut hâter l'heure où le mari trouvera plaisir et profit à rester attaché au foyer domestique, car le foyer, grâce à ses soins, sera d'une irrésistible séduction.

*
* *

Et MM. Capdeville, Fleurent, Driessens ont des collaborateurs intrépides qui donneront à la nouvelle École influence et renom. On m'a remis la liste, le programme des cours, le nom des professeurs. C'est toute une élite professionnelle qui travaille à une renaissance du goût. Directeurs d'hôtels, de restaurants, de charcuterie, de confiserie sont intéressés comme le public au mouvement qui se dessine dans la voie de la rénovation pantagruélique. Ils sont souvent fort ignorants, eux aussi, en ce qui touche l'office, la sommellerie, les travaux en sucre, la rédaction des menus — parfois si charlatanesques sur leurs cartes ! Les praticiens pourraient compléter leur éducation sous la direction de spécialistes qui ont fait leurs preuves. S'il ne leur est pas absolument indispensable de savoir l'histoire générale du manger et du boire chez les Hébreux, les Touraniens, les Phéniciens et les Égyptiens, ils auront quelque intérêt à posséder assez le dessin et le modelage, la perspective, pour décorer avec harmonie la blancheur d'une nappe, et surtout à retenir assez de droit usuel pour ne pas avoir procès avec leurs clients quand ils « salent » trop leur addition...

Pour tous et pour tout, l'école a du bon et du meilleur. Elle maintiendra les traditions nationales. Elle ne se laissera pas envahir par le cosmopolitisme des plats aux appellations retentissantes et aux indigestes absorptions. Dans les riches demeures comme dans les pauvres logis, elle donnera les moyens de se pro-

L'École moderne.   14

curer, à moindres frais, une nourriture plus substantielle et meilleure. Certes, M. Jules Simon avait le droit de dire récemment : Les fondateurs, MM. Bérenger et Dancourt, qui relèvent l'art de manger, ont rempli la tâche de « bons Français ».

LA FEMME A L'ÉCOLE DES BEAUX-ARTS (1).

Le monde des artistes, le public aussi, suivent avec intérêt les démarches tentées par Mme Bertaux et par le groupe de ses collaboratrices pour obtenir l'admission des femmes, en qualité d'élèves régulières, à l'École des Beaux-Arts. Les femmes peintres et sculpteurs qui ont leur Salon à elles, qui sont autorisées à présenter leurs toiles et leurs statues aux Salons... masculins, veulent que l'enseignement d'État soit donné à leurs congénères aussi bien qu'au sexe fort.

La femme a droit d'accès à l'École de Droit, à l'École de Médecine ; elle concourt pour l'externat, pour l'internat des hôpitaux. Elle se fait sa place partout et dignement. Nulle part elle n'est inférieure à son rôle, nulle part elle ne déchoit à sa mission, si noble soit-elle. Cette conquête lente, mais incessante des privilèges jusque-là réservés à l'homme, elle la poursuit sur tous les terrains avec un égal succès. Elle espère bien qu'une des étapes de sa marche victorieuse dont la poussée et l'en-avant, depuis un siècle, ne sont pas interrompus, est fixée à l'Ecole des Beaux-Arts. Le progrès, jamais ralenti, le veut ainsi. La science lui a ouvert ses temples ; l'art doit la recevoir en son sanctuaire... officiel. Le Vrai leur est démontré. Le Beau — le prétendu Beau au moins, le Beau réduit en formules, en hiératiques théories — ne doit pas leur être interdit.

(1) La cause a été gagnée. La femme est admise, en principe, à l'école des Beaux-Arts.

Et il semble que la femme soit à la veille de forcer les portes de la citadelle sacro-sainte ! Le conseil supérieur de l'Ecole a émis un vœu favorable à la demande. M. Guillaume a fait un rapport dans le même sens. M. Dubois, directeur des études classico-plastiques professées à la rue Bonaparte, en référera a M. Larroumet, qui en référera au ministre. Il y a quelque apparence que l'on se montrera aimable envers la plus aimable moitié du genre humain et qu'elle emménagera bientôt dans les ateliers des Bouguereau, des Gérôme, des Cavelier, des Lenoir, des Yvon, des Mathias Duval, des Maniglier et des Falguière. La blouse grise étendra ses plis bariolés de couleurs sur les jupons comme sur les culottes et les « peintresses » fraterniseront avec les rapins...

.·.

C'est là, d'ailleurs, que gît la difficulté. Comment se comporteront entre eux, à ces cours mixtes d'un nouveau genre, le bataillon des disciples à vestons et celui des étudiants à corsages? Dame ! il faudra refaire les règlements. Il faudra surveiller un peu... pas trop... cette jeunesse turbulente. Ce ne sera peut-être même pas nécessaire : elle se surveillera elle-même. Vous verrez les futurs logistes les plus endiablés renoncer à un tas de brimades qui se déchaînent dans les salles et dans les couloirs. A la cantine du père Valentin, les conversations seront moins fantaisistes, le vacarme moins assourdissant. Et il y aura, les jours de liesse, de moins nombreuses et plus pacifiques charges de cavalerie sur les chevalets. Au contact les uns des autres, ces jeunes gens renonceront ici à leur tintamarre de mauvais goût, à leur excès d'exubérance et de blague souvent affectée ; là, à une certaine raideur de manières, à un certain quant-à-soi qui souvent tourne à un rigorisme outré et ridicule. Ce que les uns perdront en laisser aller et en débraillé de la te-

nue, les autres le gagneront en abandon aimable et en
naturel. L'on sera bons camarades promptement et
l'on contractera à l'user, dans la pratique coutumière
de la fréquentation et de la vie commune, une tendance à la réciprocité du respect, l'habitude d'une
politesse délicate... qui n'aura rien d'anti-artistique...

D'ailleurs Mme Léon Bertaux, qui a pris en main la
cause des femmes, peut répondre par des exemples,
par des faits indéniables, aux craintes de scandale
qu'émettent certains timorés, outranciers de la pudeur, vrais dragons de vertu...

Est-ce qu'à Londres, à l'Ecole normale de dessin du
South-Kensington, la première école des beaux-arts
anglaise, il n'y a pas 329 femmes sur 590 élèves ?
Est-ce qu'aux derniers grands concours nationaux
entre les écoles d'art du Royaume-Uni, la 2e médaille
d'or, et la 4e sur sept récompenses, n'ont pas été conquises par des femmes ? Est-ce qu'on a jamais remarqué, depuis que l'institution fonctionne, que la morale ait été violée, que les relations entre compagnes
et copains aient été autrement que cordiales et sympathiques ? Et pourtant, on se voit au réfectoire, dans
les salles de lecture et de conversation. Si l'on travaille séparément dans les ateliers, on suit les mêmes
cours généraux. Le programme est le même, les concours sont les mêmes, et, loin d'éveiller la jalousie, ils
suscitent une féconde émulation. Et ce n'est pas rare
que les jeunes filles sortent victorieuses de l'épreuve.

Et ce qui se passe en Angleterre, se produit en Hol-
lande où, à l'Académie royale des Beaux-Arts, en des
ateliers spéciaux, les jeunes filles qui ont des dispositions pour la peinture et la sculpture sont admises ;
à Pétersbourg où, à la Société impériale des Arts, il y
a 400 jeunes filles sur 1,000 élèves, où à l'école an-
nexée au musée Steeglitz 300 jeunes filles figurent
parmi les 800 élèves. Et c'est partout ainsi, en Suède,
en Norvège, en Danemark, où l'on n'établit aucune
distinction entre les deux sexes pour la participation

au haut enseignement artistique. Et à Vienne on ne fait pas autrement ; à l'Ecole d'art et d'industrie, les ateliers sont contigus. Enfin, à Berlin, la méthode n'est pas différente. Sur 500 élèves, il y a environ 50 jeunes filles qui sont groupées en des ateliers séparés, mais qui bénéficient des mêmes leçons orales, des mêmes démonstrations.

Ah ! que les novatrices françaises ont beau jeu pour prouver que leur innovation n'est qu'une imitation, retour de Londres, de Vienne, de Pétersbourg, de Berlin, de toutes les capitales, de toutes les cités étrangères ! Comme il leur est facile de montrer que rien, ni dans le principe, ni dans l'application, ne s'oppose à l'adoption d'un projet qui partout est passé à l'état d'acte, qui partout produit des résultats excellents. Ce n'est pas un privilège qui est réclamé, c'est l'abolition d'un privilège au profit de l'homme qui est demandé par la femme et justement. Il n'existe plus qu'en France, un siècle après la Révolution, car il semble vraiment qu'après avoir imposé nos principes au monde, nous en soyons réduits à les lui emprunter sur essai.

.˙.

Et qu'on ne vienne pas dire encore et toujours, comme je l'entends répéter depuis que le concours de l'Etat est invoqué en faveur des facilités à donner aux femmes pour l'achèvement de leur éducation artistique : « A quoi bon les introduire là où forcément elles échoueront ? Dans sa forme élevée, dans ses manifestations, l'art, le grand art ne leur est pas accessible. D'ailleurs, vous faites violence à leur réserve innée en leur permettant de dessiner d'après le nu, en les initiant aux dissections anatomiques. »

Que le modèle vivant n'épouvante pas les femmes, c'est peut-être fâcheux, mais c'est certain. L'Etat ne fera que sanctionner un usage envieilli. Il y a beau temps que dans les cours particuliers, que dans les ateliers à la mode, l'académie, sans feuille de vigne, est en honneur. Je ne veux pas raviver l'éternel débat, ni m'escrimer à démontrer que le nu, quand il est beau, est chaste. Mais ne le fût-il pas, on ne voit pas pourquoi il serait entouré de rideaux et de gazes impénétrables au quai Malaquais, quand il triomphe ailleurs, quand il s'étale, en toute liberté et en toute sa splendeur épanouie, en des écoles dûment autorisées où, moyennant finances, l'entrée s'ouvre à deux battants.

Quant au grand art, qu'est-il au juste ? On en pourrait disputer longtemps. Il se peut que la peinture historique ne sourie pas aux femmes — sauf à une Vigée-Lebrun -- et qu'en elles, moins qu'en leurs rivaux, un pompier casqué d'airain sommeille ? — mais, j'en sais plus d'une qui, loin des scandales et des tuniques, fait de l'art et de l'art le plus pur. Il y a bien des hommes qui se contenteraient du talent reconnu à Mlle Louise Abbema, à Mme Réal del Sarte, à Mme Madeleine Lemaire, sans compter Mme Rosa Bonheur, dont les animaux pourraient bien être préférables aux mannequinés bonshommes dus aux copistes fidèles de David. Le portrait, les natures mortes, les fleurs et le genre, et le paysage, mais c'est de l'art ! Et c'est de l'art vrai aussi que le fusain, que le coloris sur émail, la miniature, le pastel, l'aquarelle où les femmes ne sont vraiment pas maladroites. Il est même des amateurs qui prétendent qu'elles y sont parfois supérieures à leurs concurrents. Je ne sais, mais on pourrait, un jour, avoir des surprises. Outre que la villa Médicis pourrait bien avoir parfois des pensionnaires féminins, il y a plus d'une « peintresse » qui s'offrira son petit hôtel, — tout comme un confrère courtisé des Américains, — dans les parages de l'avenue de Villiers. Et ce sera une « sœur » de la section d'architecture qui aura dressé les plans, arrêté les devis — et présentera le mémoire...

En tout cas, la sculpture, si je ne me trompe, est

un grand art. Il y faut pour la conception des efforts
intellectuels, pour l'exécution des fatigues physiques,
un labeur rude et fort : eh bien, je ne sache pas que
pour la statuaire les femmes soient si mal douées.
Plus d'une, par des envois qu'on n'a pas oubliés, a su
camper fièrement son héros ou sa héroïne, a pétri
largement la glaise prise dans le baquet et soumis le
marbre à la fougue et à la puissance de son inspiration. Et si toutes ne se sont pas haussées jusqu'à la
statue en pied, nombre d'entre elles se sont attaquées
au buste avec une vérité saisissante. Mais surtout
elles ont excellé dans les travaux de moyenne et de
petite dimension, dans les figurines, dans les terres
cuites, dans les statuettes où il faut tant de goût, tant
de délicatesse exquise dans l'invention, tant de fini
dans le faire ! Les catalogues des ventes publiques,
les inventaires des marchands font foi que les œuvres
signées par les « boueuses » font prime, sont cotées
à de hauts prix. Il ne s'agit plus de cette honnête médiocrité que l'on redoute, mais de belle et bonne besogne due à de sérieuses aptitudes, à des vocations
qui se seraient même manifestées avec plus d'éclat si
elles avaient été aidées et encouragées davantage, si
elles unissaient au don le métier.

*
* *

Et ce n'est là qu'un côté des considérations qui mi-
litent en faveur de cette élite qui demande au ciseau,
à la palette, du pain et un nom. La justice et l'humanité ne veulent pas qu'on condamne toute une légion
de vaillantes créatures à des dépenses au-dessus de
leurs ressources pour obtenir quelques cachets d'un
médaillé vendant cher sa marchandise. C'est très coûteux, ces séances dans les ateliers en vogue, et c'est
insuffisant !
Et la route, sans guide, sans appui, est si longue à
parcourir. Que d'après-midi à passer au Louvre, au

Luxembourg pour copier des toiles sans que le jeu des couleurs et des ombres, sans que l'harmonie des combinaisons soient indiqués autrement que par une sorte de pressentiment, de divination prime-sautière et irréfléchie ? Que de recherches ! que de luttes ! et que de découragements ! Il est nécessaire d'avoir une indomptable foi pour apprendre ainsi presque seul, sans le secours d'une parole amie, révélatrice ! Combien de résolutions avortent ! Combien de ces laborieuses, de ces ardentes s'arrêtent, succombent sous le poids du fardeau ! Et si l'on vainc les obstacles, si l'on arrive au but, l'on n'y parvient pas plus fort, plus trempé pour de nouvelles luttes, mais usé, épuisé d'efforts et de tension douloureuse...

Et voilà pourquoi je voudrais qu'on épargnât les déboires d'un si triste apprentissage, et si décourageant aux femmes qui aspirent à se faire une situation dans et par les arts. Oh ! toutes n'y arrivent pas. La majorité se repentira d'avoir eu de si ambitieuses visées. Mais à tout le moins, elle ne pourra reprocher à l'égoïsme de la société de s'être opposé à sa tentative. Il y aura là, comme dans l'enseignement, des déclassées, des malheureuses, car il y aura surabondance de candidates dès les prochains concours.

Mais le mal là aussi aura son correctif. De même que le nombre des institutrices est à la veille de diminuer après nous avoir épouvantés par la rapidité de sa montante progression, de même, après que l'effectif des femmes artistes aura été par trop grand, il ira décroissant. Les déboires des premières « pionnières » avertiront qui sera tenté de marcher dans leur voie. Seules, celles-là qui ont vraiment un tempérament, le culte et la passion de l'idéal, persisteront et atteindront gloire et fortune. C'est la loi, l'inévitable loi de la concurrence vitale. Elle a ses victimes, elle a ses triomphateurs et ses triomphatrices.

LA FEMME EXAMINATRICE.

Elle l'est! Où ? Au certificat d'études primaires ! — Sauvons
les brevets ! — Les examinateurs en province.

C'est fait. La femme est examinatrice. Vous la
verrez bientôt trôner, triomphante, radieusement
épanouie, dans les jurys d'examens pour le certificat
d'études primaires. C'est peu de chose et c'est beaucoup. Elle a mis un pied dans la place. Elle s'y in-
stallera, elle s'y carrera tout à l'aise. Il lui suffit d'avoir
ses entrées : d'ici deux ans elle saura montrer qu'elle
est chez elle, surtout qu'on est chez elle.

Au fond, pour le moment, et là où elle est appelée
à siéger, je n'y vois pas de mal. L'on va choisir des
directrices d'école, elles composeront avec les directeurs et les professeurs un tribunal mi-parti qui ne
manquera pas de pittoresque. Toujours des redingotes
où la majesté de l'interrogateur froidement s'engonce.
c'est attristant ! Je ne suis pas mécontent de voir, sur
ce fond sombre, éclater les corsages plus gais, à
l'époque estivale, des institutrices. Ce sera multico-
lore et panaché. L'œil sera réjoui...

Et la conscience sera satisfaite donc, et la passion
d'équité qui doit animer tout citoyen français ! Les
petites candidates qui, à l'oral, tremblaient, balbu-
tiaient, confondaient le calcul et l'histoire, mettaient
en danse la géographie emmêlée dans la grammaire,
elle-même embrouillée; les petites candidates qui
rougissaient, qui ne savaient quelle contenance garder
devant des interrogateurs mâles, vont être dans la joie.
Elles seront rassurées ; elles retrouveront tout leur
aplomb; elles délieront leur langue comme si elles
causaient avec des camarades et médisaient déjà du
prochain. Elles ne commettront plus une faute. Elles
seront brillantes autant que profondes, érudites autant qu'élégantes. La vue du sexe auquel elles doivent

leurs mères et que leur devront leurs filles en fera
des petites merveilles. C'est du moins l'effet que l'on
attend de l'innovation.

Je n'y contredis pas. Les gamines pas plus hautes
que ça qui affrontent pour la première fois le terrible
aréopage doivent être soutenues, encouragées. On
leur doit, derrière la table où s'inscrivent les notes
fatales, un sourire, une protection. C'est accordé.
Tant mieux.

Mais au moins n'allons pas plus loin. S'il s'agit du brevet tant élémentaire que supérieur, comme il faut que
l'on fasse sérieusement les choses sérieuses, il convient
de ne pas donner à chaque examinateur une voisine,
à chacun sa chacune. Il y a déjà madame l'examinatrice pour la couture. Elle suffit à sa tâche et elle suffit
à la tâche féminine. Ne nommez pas madame l'examinatrice pour l'orthographe, madame l'examinatrice
pour la morale : cela ferait certainement plaisir à la
titulaire de l'emploi, — si en vue, si honorifique, —
mais cela ferait tant de mal à l'examen !

Ce que j'en dis, c'est par peur de voir mes craintes
se réaliser. Il y a comme un vent de puissance féminine qui passe sur nous. L'influence se fait sentir au
certificat d'études primaires ; j'appréhende ses ambitions. J'ai comme l'idée qu'elle voudra tenter l'escalade
audacieuse des brevets !

Et que d'inconvénients, alors ! Qui nommera-t-on ?
Qui déléguera-t-on ? Des maîtresses appartenant à l'enseignement officiel ? Quelles compétitions alors ! Quelles
rivalités ! Et que de faveurs revendiquées et conquises !
Des maîtresses de pension ? Mais si elles préparent au
brevet, n'y aura-t-il pas lieu de se demander si elles
ne favorisent pas leurs élèves pour accroître la réputation de leur maison, pour enfler l'orgueil de leurs
prospectus ?

Et puis, croit-on qu'il suffise d'avoir soi-même un
brevet pour en octroyer à autrui ? Il faut être bien au-
dessus d'un diplôme pour se permettre de poser la

plus mince question sur le programme que représente
le parchemin! Il est nécessaire de beaucoup, beaucoup
savoir pour apprendre à ses semblables, et de savoir
encore bien davantage pour avoir le droit de constater
jusqu'où va leur science et surtout leur ignorance.
Est-ce que pour conférer le baccalauréat à un jeune
homme, on le met en présence de simples bacheliers
qui peuvent avoir oublié les connaissances acquises
au temps jadis?

On vous les conduit devant des agrégés flanqués
de docteurs qui, en dix minutes, vous ont fait le tour
de leur cervéau! Ces messieurs ont un flair inimagi-
nable pour reconnaître un amateur d'un garçon sérieux,
un client des manuels, un fervent de la juxtalinéaire,
d'un piocheur qui a mis vraiment le nez dans ses
textes! Et pourquoi? Parce qu'eux-mêmes ont absorbé
la substantifique moelle et distinguent à des signes
certains la bonne et saine musculature du boniment
artificiel. Et encore arrive-t-il qu'ils se trompent et
qu'ignominieusement ils refusent des lauréats! Cela
se voit à toutes les sessions!

D'ailleurs, est-ce que l'on parviendra à s'entendre, à
tomber d'accord dans une assemblée où mesdames les
examinatrices coudoieront MM. les examinateurs? Il y
aura d'incessantes chicanes, des zizanies à n'en plus
finir. Il suffira qu'un tel prône les mérites d'une fillette
pour qu'une telle les rabaisse. L'on ne se placera pas
au même point de vue pour juger la valeur des sujets.
Oh! je ne songe pas à mal et je suis fort sérieux. Il n'y
aura plus moyen de se présenter avec quelque chance
de succès si l'on tombe, en grammaire, en histoire, en
géographie, sur une examinatrice au lieu d'avoir la
chance de se trouver vis-à-vis d'un examinateur. Ce
sera un flux de menues questions sur les cas embar-
rassants de la syntaxe, sur les verbes difficiles, sur
les modes et sur les temps hirsutes et revêches! Ce
sera un entassement de pièges insidieux où l'on
essaiera de prendre de pauvres créatures qui auront à

débiter des dates, des noms de batailles, des détails
que j'espère bien ne pas retenir avant ma mort! Et
ce sera une enfilade de villes, de fleuves, de lacs,
d'îles qui danseront dans les têtes et qui feront de
chaque aspirante une suppliciée! Foin des grandes
lignes! Peu importent les vues d'ensemble! Dominer
son savoir, à quoi bon? Ce qui est indispensable pour
décrocher la peau d'âne, c'est d'avoir la mémoire
pleine de riens et d'inutilités. Car l'on ne saura jamais
combien un encéphale féminin peut amasser dans ses
circonvolutions de notions et de sous-notions sans
portée.

Et voilà pourquoi il est convenable de ne pas ôter,
dans chaque Académie, aux professeurs retraités, aux
anciens magistrats, à tout le sacré collège des jurés
à barbe, leurs anciennes prérogatives. Ce serait d'ailleurs très mal de porter atteinte à leurs droits. Ils ne
s'en consoleraient pas. Dans chaque chef-lieu, il y a
une douzaine de fonctionnaires qui, deux fois l'an,
ont la douce et grave habitude d'interroger leurs
jeunes concitoyennes. Ils retirent de la commission
qu'ils reçoivent du rectorat un lustre, un prestige qui
les rehausse aux yeux de leurs contemporains : ils
sont quelque chose; ils ont accès dans la préfecture.
Ils corrigent des copies. Ils peuvent faire attendre des
patientes — impatientes qui soupirent après une note
convenable. Ils assistent à des évanouissements, à des
syncopes. Ils consolent les affligées. Ils adressent un
speech bien tourné aux heureuses et aux victorieuses.
Il faut les voir, le jour où l'on affiche la liste des admissibles, puis des reçues, comme ils ont un air
mystérieux. Ils sont intérieurement tout pleins de
leur importance. Ils courent, avec des têtes de diplo-
mates, affairés, rapides, muets, leur serviette bondée
de papiers, vers le local solennel où les attendent les
familles, sous l'œil paternel et administratif de l'inspecteur d'Académie. Il semble qu'ils portent un secret
d'État avec eux! O joie suprême! O gloire! Ils dé-

tiennent une part de l'autorité, du gouvernement!
Pendant une semaine, ils consignent leur porte à toute
intrusion. Si l'on allait les circonvenir d'une adroite
recommandation! Ils refusent jusqu'aux cartes de
visite! Mais parfois, si un minois est bien fripon, bien
tentant... on entre-bâille l'huis, n'est-ce pas? Ce qui
ne veut pas dire qu'on se permettra le moindre bout
d'injustice.

Et l'on voudrait, en province, détruire tant de
bonheur, et l'on voudrait chagriner tous ces braves
gens qui rêvent en avril la session d'août, en août la
session d'avril; qui, toute l'année, dans la monotonie
de leur existence, se préparent à improviser le questionnaire par où ils brilleront devant le public et feront
briller le bataillon oratoire des candidates? Oh! que
non pas!... Les intéressées elles-mêmes s'y oppose-
raient. Elles ont tant de plaisir à défiler devant M. le
conseiller, devant M. le juge, devant M. le professeur.
Sans eux, l'examen ne serait plus l'examen. C'est eux
qui lui donnent son caractère élevé, grandiose, impo-
sant, correct et majestueux.

MADAME L'INSPECTRICE.

C'est le progrès. Chaque jour amène une améliora-
tion. 1890 avait vu apparaître madame l'Examinatrice.
1891 voit, dès son aurore, s'épanouir madame l'Inspectrice. Oui, madame l'Inspectrice. Sera-t-elle assez
heureuse celle qui demain sera nommée, celle qui,
après avoir décroché le certificat d'aptitude aux hautes
fonctions dont elle brûle d'escalader les vertigineux
sommets, pourra mettre sur sa carte de visite — une
grande, large, forte carte avec un nom énorme au
milieu, et le prénom en toutes lettres, et toutes les
distinctions honorifiques — : Madame X... : Inspec-

trice de l'enseignement primaire. O joie! O splendeur! O triomphe !

Car c'est fait. Tout est réglé, arrêté. Des décrets
ont paru qui déterminent les attributions dévolues à
Madame l'Inspectrice. Elle inspecte les écoles de filles,
les écoles mixtes, les écoles maternelles, tant publiques que privées, de son ressort. Elle assiste, avec
voix délibérative, aux réunions des délégués canto-
naux. Elle dirige les enquêtes et instruit les affaires
dont elle est chargée par ses supérieurs hiérarchiques.
Elle donne son avis sur la nomination et l'avancement
des institutrices. Elle est consultée pour les récompenses, pour les peines disciplinaires. Bref, elle marche l'égale de l'inspecteur primaire. Et l'égale, on
sait ce que cela signifie, quand il s'agit de la femme...

* *

Désormais, tout va aller pour le mieux dans la meilleure des Universités... Madame l'Inspectrice Primaire, arrivée aux honneurs, n'aura garde de se
souvenir de l'opposition que lui a faite naguère l'inspecteur. L'entente sera parfaite. Nul conflit à redouter.
Madame l'Inspectrice cédera le pas à M. l'inspecteur
qui s'inclinera devant elle. Elle ne lui fera nullement
sentir par sa froideur quels torts il a pu avoir vis-
à-vis de sa « colléguesse », en contrariant sa nomination, en ne rendant pas justice au mérite féminin.
Elle ne lui adressera jamais la parole en termes ai-
gres-doux. Elle n'affichera aucun air de supériorité.
Elle aura la victoire modeste.

D'ailleurs, elle a autre chose à faire que de taquiner
son ex-rival, madame l'Inspectrice. Il faut qu'elle
songe à bien remplir son rôle, sa mission, son apostolat. Vous pouvez vous fier à son tact, à son instinct
des convenances, au goût inné de son sexe, pour
qu'elle ne se donne pas un maintien roide, compassé,
pour qu'elle n'ait pas une mine fière et arrogante, pour

qu'elle ne se hérisse pas de dédain, pour qu'elle ne se cuirasse pas de morgue et de prétention, afin de marquer la distance infiniment incommensurable qui sépare l'institutrice qu'elle était la veille, de madame l'Inspectrice qu'elle est aujourd'hui. La folie des grandeurs posséder madame l'Inspectrice! Jamais, jamais.

*
* *

Oh ! le merveilleux, l'incomparable, l'estimable service qui vient d'être rendu à l'enseignement primaire, grâce à l'institution de l'inspectorat en jupons et en chapeau à plumes. Des malicieux, des malintentionnés prétendent que les déléguées des congrès passés se repentiront un jour d'avoir demandé que la femme pût être appelée à juger la femme. Ils disent aussi, qu'avant peu, elles s'apercevront du mal qu'elles se sont fait à elles-mêmes, dans l'espoir de conquérir un bien. Ils ajoutent même — ô les jaloux! — que de tous côtés, bientôt, ces ambitieuses réclameront la bonne, la douce tutelle de l'homme, sa loyale protection, le secours de sa bienveillante et paternelle impartialité. Mais vous pouvez croire que je ne les crois pas. La noirceur de leur âme me fait peur. C'est sûrement le Malin qui les inspire, et ce qu'ils en disent c'est par esprit de routine, méchanceté toute pure...

Voyons! la femme était partout à l'école. Elle était professeur, directrice, et on ne lui confiait pas l'inspection? Mais il le fallait, et de toute nécessité, et vivement, dans l'intérêt de la pédogagie et de la discipline, pour le bien de l'administration et pour celui de la politique, donc!

* *
*

Madame l'Inspectrice se prononcera sur la valeur d'une institutrice, et en connaissance de cause. Car on sait sa science, sa supériorité. Elle a son certificat. Un parchemin, c'est chose sacro-sainte. Qui ne respecte la vertu d'un parchemin officiel? Un parchemin prouve que la théorie est sue de mémoire et peut être récitée tout d'une haleine. Il prouve qu'à la théorie se joint la pratique. Il prouve aussi l'existence de ces qualités intérieures : la délicatesse, la vivacité d'analyse, la sûreté du coup d'œil, la pénétration d'esprit, la bonté, la tendresse de cœur nécessaires à qui contrôle la vie intellectuelle et morale de ses semblables, à qui tient sous sa dépendance le bonheur, souvent l'honneur de ses subordonnées! Madame l'Inspectrice entre dans une classe. Comme elle a un diplôme très paraphé, comme elle a elle-même professé, comme elle a mis longtemps la main à la pâte, comme elle est tout à fait compétente, — accordons tout cela — il s'ensuit de toute évidence qu'elle prendra sur elle de rompre avec ses habitudes, avec son système personnel d'instruction pour admettre d'autres méthodes sans morigéner. On a toutes sortes de garanties contre la rédaction d'un rapport où madame l'Inspectrice impute à crime l'application de principes mal compris par elle. L'amour du détail, la recherche de la petite bête, le désir de tatillonner, la manie d'étaler son savoir, l'excès d'irritabilité nerveuse : madame l'Inspectrice est à l'abri de tous ces défauts. Il est entendu qu'elle est impeccable. Il ne peut pas se faire qu'elle transforme l'inspection féminine en féminine taquinerie, peut-être même en despotisme féminin — le pire de tous. Du jour où madame l'Inspectrice aura sa nomination en poche, dare dare, dans son cerveau, le sentiment cédera la place à la raison, la passion au sang-froid...

*
* *

C'est un charme. C'est un ensorcellement. Madame l'Inspectrice, aussitôt choisie, prend de l'ascendant, de l'autorité morale sur les institutrices. Elle exerce une influence sérieuse sur les municipalités. Elle a du prestige auprès des populations, surtout des populations rurales qui ont toujours été habituées au gouvernement de la femme.

J'entends bien encore les grincheux murmurant : « Où puisera-t-elle assez d'énergie, de fermeté, de force tenace et suivie pour défendre son personnel contre les insinuations, contre les attaques dont il est si souvent et si injustement l'objet? Peut-on attendre d'elle qu'elle se mêle à des luttes misérables? Et si elle a besoin, au milieu des difficultés, d'être soutenue par l'inspecteur, à quoi sert-elle? Loin de maintenir la discipline, ne craint-on pas qu'elle ne sème la zizanie? Elle jettera plus d'huile que d'eau sur le feu — vous le verrez — quand il s'agira d'apaiser de mesquines rivalités, de réduire à néant des médisances, de mettre fin à ces disputes, à ces sautes brusques de tempêtes et de querelles qui, tout à coup, éclatent dans les établissements où elle doit assurer le règne de la concorde! O les plaintes! O les récriminations! O les pleurs et les grincements de dents qui, partout, croiseront leurs cris!... » Et ils m'en débiteraient ainsi encore très longtemps, ces grincheux, si je les écoutais. Mais j'ai tôt fait de leur tourner le dos. Ne pas rendre à madame l'Inspectrice l'hommage qui lui est dû, douter de son caractère?... Quelle profanation!

*.
. *

Mais c'est surtout l'administration et les finances, le contentieux, si aisés, si accessibles, qui mettront en pleine lumière les aptitudes et les capacités étonnantes de madame l'Inspectrice. Elle maniera les affaires avec la dextérité d'un procureur. Elle sera au courant de la législation en notre pays et en notre temps si peu paperassiers, comme si elle avait discuté et voté toutes les lois depuis le commencement du siècle. Elle se décidera, sans parti pris, sans précipitation, avec ce calme que l'on puise dans les résolutions dû-

ment et fortement motivées. Et l'on peut être assuré,
si on la charge d'une mission, que si les fils commen-
çaient à s'emmêler, ils seront dévidés à tout jamais,
sans qu'ils puissent à nouveau s'embrouiller. Si une
enquête lui est confiée, l'on peut être encore plus
assuré qu'elle la conduira de vive façon. Tout sera à
l'accord, à l'apaisement, à un « Embrassons-nous,
Folleville ! » général.

Il y a bien toujours ces opposants, ces malcon-
tents, qui me soufflent à l'oreille : « Voyez-vous madame l'Inspectrice courant à chaque instant les grandes
routes, passant sa vie sur les banquettes des wagons
pour surveiller sa circonscription! Ce n'est pas là
besogne féminine. Sa place est au foyer. Sera-t-elle
suivie, dans ses tournées, de son mari, de ses enfants?
Nourrira-t-elle en route son dernier-né? A moins que
madame l'Inspectrice ne fasse vœu de célibat?... »
Mais je ferme mon oreille — et la page, — car vraiment, de ci, de là, on pourrait croire que je donne raison à tous ces grincheux et maupiteux, à tous ces
sans-façon dont les chuchotements continuent à bour-
donner autour de moi. Fi! messieurs! Quel manque
de galanterie! Honneur à madame l'Inspectrice (1)!

L'ÉTUDIANTE RUSSE.

L'on parle beaucoup de l'étudiant russe, peu de
l'étudiante. Elle vaut pourtant la peine et grandement qu'on s'intéresse à sa vie, à ses mœurs, à toute
l'habitude de son caractère. Type curieux en qui
l'étrangeté le dispute à la simplicité, la fermeté à la
douceur, la tension, l'effort à la grâce, à la spontanéité de l'élan. Très positive et très poète aussi, amie
de la science et du rêve, très sérieuse et aussi très
utopiste en ses songeries humanitaires, l'étudiante

(1) Voir pour le rôle de la femme à l'école : *Alentour de l'école.*

russe commande toujours l'estime, souvent le respect, parfois l'admiration.

Elle a des qualités par où elle s'impose aux déférents hommages des sceptiques les plus endurcis, à l'attendrissement des plus impitoyables railleurs. Si vous connaissez l'une d'entre elles, vous ne pouvez lui refuser ces qualités innées à la race slave, l'entêtement au travail, le sérieux, le désir opiniâtre de comprendre, et avec cela le don, la faculté de descendre aux minuties du détail, de l'analyse, puis de s'élever aux idées larges, générales, de les embrasser vivement d'un regard. Filles d'un peuple neuf, entré tard dans la civilisation, elles sont toutes proches de la nature, de la terre, du steppe richement arable, d'une fruste et vivante ambiance ; elles offrent au savoir un cerveau de labour facile où la pensée, à peine semée, germe, prend force et éclate...

.♦.

Il y a en Russie, en Suisse, en France, beaucoup d'étudiantes nées au pays moscovite. Mais pourquoi se font-elles étudiantes ? Pourquoi surtout se font-elles étudiantes en médecine ? Car, à Paris, pour trois d'entre elles inscrites à la Faculté des lettres, cinq à la Faculté des sciences, une à l'École de droit, *quatre-vingts* appartiennent à l'École de médecine.

Ce n'est pas l'ambition qui attire hors de leur patrie, hors du foyer paternel, cet exode de jeunes filles préférant au calme de la maison natale l'agitation douloureuse des hôpitaux. Des sentiments tout à fait contraires inspirent cette vaillante jeunesse et l'obligent à s'expatrier. Elle a besoin d'une vie intellectuelle, vaste, immense, que n'enferme pas en son cadre étroit le despotisme des tsars. Elle obéit à cette tendance à s'émanciper, au sens vrai du mot, qu'a la femme moderne, à ce besoin d'occuper une position indépendante dans la famille. Elle a le désir incoer-

cible de ne pas vivre en parasite dans la société, mais
de lui apporter le plus d'utilité possible. Elle va là où
la pensée n'est pas enchaînée par la réaction, où la
liberté est proclamée...

Ce n'est pas sans lutte et sans déchirement qu'elle
parvient à partir pour la conquête lointaine des titres
et des diplômes. J'ai été témoin de combien de con-
fidences, de quels aveux pénibles ! Ce sont de vrais
drames ces départs de l'enfant pour les capitales où
le père, la mère, les frères, en imagination, la voient
perdue. Pendant un, deux ans, toute la famille éplorée
résiste, s'élève contre l'instruction supérieure de la
femme, au nom de la raison, des préjugés, de la religion, de la politique. Puis, devant la volonté nettement affirmée d'émigrer à tout prix, la famille cède,
promet une petite pension, ou bien s'obstine dans un
refus que la fuite de la rebelle rompt bientôt. Elles
sont nombreuses les étudiantes qui ont usé de tous
les moyens pour se procurer leur acte de naissance,
leur attestation de baccalauréat obtenue à la sortie
du lycée russe, précieux parchemins que les parents
mettaient soigneusement sous clef. Elles les ont surpris, dérobés, emportés bien vite ; elles ont quitté
ressources, affection, existence chaudement couvée ;
elles ont rompu avec tout lien et elles ont couru à la
gare voisine, n'ayant souvent que la somme nécessaire pour payer le billet de voyage. Arrivées à Pétersbourg, ou bien à Genève, à Paris, elles sont venues
trouver tout droit une ancienne amie qui, volontiers,
leur a offert l'hospitalité — trait traditionnel chez le
peuple russe. — Dès le lendemain, les voilà à la
recherche des occupations qui donnent le pain. Leçons
particulières, traductions, copies, couture, broderie :
tout est bon, tout leur sourit pourvu que la porte des
écoles s'ouvre...

Mais vers quelle école se tourner ? « Quoi faire ? »
comme le dit Tchernichewsky ? A quoi se décider ?
Quelle carrière choisir ? Devenir institutrice ? La jeune

fille russe n'y songe guère. A quoi bon? Si elle est intelligente, si elle veut vraiment élargir l'esprit de ses élèves, remonter au principe, parler de droit, de morale, de justice, elle ne le peut. Le pope est là qui assiste à la leçon, qui, de son ignorance, pèse sur la parole lourdement. Essayez seulement d'affirmer, dans une classe primaire, qu'on peut faire de l'eau avec de l'oxygène et de l'hydrogène. Un saint représentant du culte orthodoxe vous accusera de détruire la foi, de tuer l'œuvre du Créateur!... La jeune fille russe prendra-t-elle la robe d'avocat, plaidera-t-elle à la barre pour les innocents? A quoi bon encore? Que peut l'éloquence, ainsi que le dit Mᵐᵉ Tatcheff, dans un pays où la parole n'est pas libre, où un accusé, acquitté par le jury, peut être saisi par les gendarmes et envoyé dans les mines au sortir de l'audience?

« Mais là-bas, continue Mᵐᵉ Tatcheff, qui depuis tant d'années, en des notices, en des mémoires, en de courtes brochures, trop inconnues, hélas! défend la cause de l'étudiante russe, — mais là-bas, au milieu des marais malsains, des forêts épaisses, au centre de la Russie ou dans les Toundras sibériennes, nous voyons tout un monde de malheureux, de moujicks, condamnés à mourir sans aucun secours. C'est à eux, à ces misérables, à ces infortunés, que nous allons donner toute notre énergie, tout notre dévouement, toute notre intelligence. Pour cent millions d'habitants, la Russie n'a que quelques milliers de médecins. Pour venir en aide aux pauvres et aux déshérités, nous serons doctoresses! »

* *
*

L'étudiante russe put, au début, devenir doctoresse en Russie même. A partir de 1861, au moment où les serfs furent émancipés, des lycées, des écoles normales, des cours supérieurs, dus à l'initiative privée, furent fondés pour les femmes. Les premières bache-

lières voulurent être plus et mieux que des bache-
lières. La population était éparse, les médecins étaient
rares : la voie leur fut indiquée. Elles se donnèrent la
mission, bien féminine en son héroïsme, sinon de
guérir, du moins de soulager souvent ; de consoler
toujours ! Calmer les souffrances, étancher les pleurs :
n'y a-t-il pas là de quoi tenter la femme ? N'y a-t-il
pas là pour elle une vocation, tout un rôle de dévouement et d'abnégation ?

En 1872, après dix ans de sollicitations, l'étudiante
russe, à Pétersbourg, obtint que les cours pour sages-
femmes fussent autorisés par décret impérial. Très
surveillée, soumise à des prescriptions rigoureuses,
obligée « de faire part de toutes les circonstances
particulières de sa vie » à ses supérieurs, de ne pas
s'absenter de la ville sans avoir obtenu un congé
régulier, de « ne pas porter les cheveux courts », elle
porta joyeusement le poids d'un code draconien et
conquit, par son assiduité, par son ardeur, le droit de
parfaire en cinq années ses études de médecine. En
peu de temps, il y eut 450 doctoresses. Elles se dis-
tinguèrent pendant la guerre turco-russe, bravant le
typhus, bravant les balles, méritant une médaille d'or
et l'ordre de Saint-Georges par leur courage. Elles
furent pour les soldats « les petites sœurs » toujours
invoquées par les blessés... Dans la vie civile, elles
rendaient, elles rendent d'incessants services.

Elles s'établissent dans les campagnes, là où les
secours médicaux manquent le plus. Elles sont médecins des *Temstwo* — médecins ruraux. Plus cordiales,
plus affables que les hommes, elles conquièrent la
clientèle pauvre. La nuit comme le jour, elles courent
où le devoir les appelle, loin, bien loin, à des journées
de traîneau. Distributrices de santé, médecins éternellement errants, elles sauvent la vie du soldat en
campagne, sans une plainte, gaiement, dans le bonheur de l'apostolat... Certes, elles n'auraient pas
franchi les frontières de l'Ouest, de l'inconnu civilisé,

et demandé un asile aux nations étrangères, les ambulancières de Plewna, les guérisseuses de musulmanes,
si brusquement, en 1883, l'État n'avait fermé les cours
où elles apprenaient la théorie et la pratique de leur
rude profession. Dans les hautes sphères, les idées
avaient changé. L'on voulait rendre la femme russe
à son ménage, la mère à ses enfants. Il est vrai que
les enfants sont trop souvent arrachés à la mère pour
être expédiés en Sibérie !...

* *

Chassée de Pétersbourg, l'étudiante russe a gagné
les Universités helvétiques, — l'Université de Paris.
Mais elle mène même existence que sur les bords de
la Néva. C'est même pauvreté subie avec même insou-
ciance. Tout ce prolétariat féminin vit de leçons, de
traductions. Avec cent francs par mois, on se loge,
on se nourrit, on s'habille. Il faut dire que c'est un
trait commun à toute la jeunesse active de la Russie
de restreindre ses besoins au minimum. Même les
étudiantes qui reçoivent une riche pension ne la dépensent pas tout entière et la partagent avec les réfu-
giées qui n'ont pas de subvention.

Une table, deux chaises, un lit parfois sans som-
mier, — selon la coutume russe, — c'est tout le mobilier d'une jeune fille, dans une chambre, à un sixième
étage. Mais, en revanche, livres, revues, cahiers
s'empilent.

Les relations des étudiantes entre elles n'ont rien à
faire avec les positions sociales, avec la fortune. Filles
de général, de professeur, de petit employé, elles sont
toutes inspirées de sentiments démocratiques. Elles
sont peuple. Toutes aussi sont gagnées à des idées
qu'a si souvent émises le grand Tolstoï et ne veulent
devoir leur subsistance qu'à leur travail personnel,
non à la richesse acquise par le servage des paysans
et des ouvriers...

Afin d'économiser, elles se groupent en petites *communes* — communisme et sociabilité sont inhérents au tempérament russe. Quand elles n'ont pas leur mansarde particulière, elles réunissent les fonds généraux et louent un appartement, là-bas, au fin fond du quartier Latin. Elles font le service tour à tour, tour à tour la cuisine. Leur *home* privé est dans la ruche des cellules rangées près d'une salle où le phalanstère se réunit aux repas.

Là on fait de la musique, on chante, on cause, on reçoit des amis, on danse même. Auprès du « samovar », on boit le thé qui amollira la dureté du pain, dans la fumée des cigarettes de tabac d'Orient, que l'étudiante, par mode, par habitude, lâche en spirales bleues... En dehors des petites *communes*, il y a le séjour dans une maison de famille. Seules, les richardes se le permettent... Quant à celles qui, au logis, ne préparent pas elles-mêmes leurs aliments, elles mangent dans un des deux restaurants russes installés près de l'Observatoire. Là, elles y rencontrent l'étudiant russe... Je dirai un jour ce qu'il est, quels liens de solidarité l'associent à l'étudiante, combien pour elle il est bon, tendre, délicat, secourable. Pour l'étudiante russe, l'étudiant c'est le camarade franc, sincère, dévoué, respectueusement aimant, c'est le frère qui remplace la famille, la patrie absente...

MES BAS-BLEUS !

Et vivent les bas-bleus et le bas-bleuisme ! Ils ne sont pas près de disparaître. Hier, quatre doctoresses ont été forgées sur la bonne enclume de la Faculté de médecine. Et depuis 1866, 202 diplômées ont été lancées dans la circulation par les jurys très supérieurs de l'enseignement supérieur. Le bas-bleu triomphe...

Pourquoi bas-bleu ? Le mot et la chose datent du

quinzième siècle. Il faut avouer qu'ils ont eu le temps de changer de couleur. Est-ce Venise qui a tricoté la laine du premier bas-bleu, Venise qui avait une « Société du Bas »? Mais les jambes des associés étaient masculines et rien ne prouve qu'elles aient emprunté sa teinte à l'azur du ciel italien, à la nuance de la sombre Adriatique? Est-ce Londres qui a tissé autour de mollets féminins le légendaire et solide bas bleu, de si bon teint? Ma foi, c'est peut-être bien Londres qui a joué au pédantisme de ses rêches et roides filles le méchant tour de les vouer au bleu? Aussi, pourquoi la savante lady Montague s'avisa-t-elle de résister aux propositions amoureuses de Pope? Dame! Le poète se vengea en découvrant que son ex-idole avait des bas bleus... d'un bleu malpropre, nullement céleste. Et le poète chanta les bas bleus de la cruelle en vers cruels qui coururent. Et les bas bleus, passés à la cheville de l'infortunée Précieuse, passèrent... la Manche, trottèrent vers les capitales, galopèrent vers les moindres petites villes, chaussèrent grandes dames et bourgeoises de tout pays. Ils allèrent plus vite que les bottes du Petit Poucet, les bas bleus. Et ils allèrent mieux à tous les pieds que les pantoufles de Cendrillon. Car c'est merveille de voir comme ils s'allongent, s'enflent, se rétrécissent au gré des plus diverses formes. Et tel bas bleu qui va à la maigre ne dépare pas la dodue...

Aujourd'hui, avec la diffusion des lumières, presque toutes les femmes sont bas-bleus ou bien sont à la veille de l'être. Mais il y a bas-bleu et bas-bleu, comme il y a fagot et fagot. Il y a différence entre les porteuses de la plaisante chaussure, comme il y a variété dans l'étoffe, dans la coupe, dans la mesure, dans le coloris. Telle n'a qu'une chaussette bleue et d'un bleu très pâle. Telle autre retient par la jarretière, bien au delà du genou, un immense bas... très haut, et bleu... de Prusse. Celle-ci l'étale, s'en orne comme d'une parure, s'en coiffe, s'en gonfle à tous les yeux comme une ballerine fait de son maillot dans l'apothéose d'une pirouette finale. Celle-là, discrète, de grâce raffinée, le montre un tantinet seulement dans un relèvement coquet de sa jupe. Cette autre enfin, très adroite, très avisée, qui craint la raillerie, porte une robe à traîne, à longs plis tombants et lace et relace jusqu'à épuisement du cordon sa bottine pour dérober à l'indiscrétion des curieux la fine soie, la maille serrée, si peu, si peu céruléenne de son petit, tout petit demi-bas...

Eh bien, faut-il l'avouer?... mais pourquoi pas, après tout?... je préfère le gros, l'épais bas-bleu, le bas-bleu bien sévère, bien tranchant, bien éclatant, à tous ses faux frères qui s'effacent, qui se dérobent, qui ont l'air comme honteux d'eux-mêmes.

« Bas-bleu », dit-on d'une institutrice, d'une marcheuse, d'une directrice de pension, qui fait des citations, qui se guinde, qui invoque les classiques, qui toujours parle examens, concours, brevets. Et dans le terme « bas-bleu » nombre de gens, d'ignorants surtout, mettent tout ce qu'ils peuvent de dédain, de morgue méprisante. Bas-bleu, c'est, en deux monosyllabes, la critique aigre et cuisante dont on fouette sans cesse tout le bataillon enseignant mis en ligne par le sexe faible. Bas-bleu dit tout. Bas-bleu répond à tout. Bas-bleu rend la démarche des héroïnes, leur mise, leur maintien, et leur plumage et leur ramage.

Eh bien, va pour bas-bleus! Les bas-bleus doivent être fiers et honorés d'être bas-bleus. Et que pourraient-ils être autre chose et mieux? S'ils prêtent à rire à la galerie, c'est tant pis pour les rieurs. Tout ce qu'il y a d'inélégant, de gauche, de désaccordé en eux, je le respecte, je l'estime, je l'admire presque.

Cette femme professeur dont la vue vous fait sourire n'est pas mise à la dernière mode. Elle a quelque chose d'étriqué en ses vêtements, elle a un air vieillot malgré sa jeunesse. Mais croit-on qu'à courir de maigres cachets elle puisse s'offrir un costume chez la

bonne faiseuse? Ouvre-t-elle la bouche? Elle a souvent un parler sentencieux, elle abonde en phrases
contournées, lentes et longues ; elle fait appel à un
vocabulaire souvent hors d'usage, elle entretient toujours autrui de sa profession.

Que voulez-vous? C'est moins sa faute que celle du
métier. Le joug du travail pèse toujours sur ses
épaules, au salon comme en classe. Après avoir rempli son devoir en chaire, elle croit qu'il est utile d'en
prolonger la rigueur dans la société. C'est là le défaut
d'une qualité. Elle a une si grande idée de sa mission,
elle est tellement éprise d'instruction et de pédagogie,
elle en répand si dévotement la manne sur ses élèves,
que, dans la ferveur de son apostolat, elle traite parents, amis, inconnus même, comme ses disciples.

Amusez-vous, messieurs les plaisantins. Oh! des
bas-bleus comme ceux-là ne sont pas d'espèce grotesque. A beaucoup, ils sont vénérables et sacrés. Ils
rendent trop et de trop profonds services, ces bas-
bleus, à vos fils et à vos filles, pour que les pères et
les mères ne leur pardonnent pas de légers travers, si
ingénus, si innocents. Ils sont trop souvent à la peine,
ces bas-bleus, pour qu'on ne les excuse pas, si l'aus-
térité, si la gravité un peu solennelle de leurs fonctions sort parfois au dehors en échappées d'affectation
rigoriste et de prétentieuse exagération. Au fond, les
aimerions-nous mieux autrement? Pouvons-nous même
nous les représenter d'autre sorte? Ne sommes-nous pas
habitués à eux? N'en avons-nous pas besoin pour faire
contraste à la frivolité ambiante? Et ne ressentons-
nous pas, par entraînement, par instinct, plus encore
que par devoir, une secrète sympathie, une pitié
attendrie et affectueuse pour leurs faiblesses? Oh! ces
bas-bleus de l'école, ces bas-bleus de l'enseignement,
croyez-moi, ils nous sont nécessaires. Ils n'auront
bientôt plus de détracteurs que parmi les sots... gens
d'esprit trop facile, enclins aux banales singeries d'imitation...

*
* *

Je demande grâce aussi pour la foule de mes contemporaines, qui essayent de courir, malgré les déboires, malgré les obstacles, malgré les chutes, la carrière des lettres. Combien j'en connais de ces vaillantes, de ces laborieuses qui sont obligées de demander à la production d'une incessante « copie » dans les journaux, dans les revues, dans les dictionnaires, le pain de leurs enfants, souvent de leurs maris. Combien j'en sais qui, le soir, sont obligées de compiler, d'entasser notes sur notes, fiches sur fiches, qui corrigent des épreuves, qui recopient des manuscrits, qui, le jour, s'enferment dans les bibliothèques et y font des extraits le plus souvent pour autrui. Combien j'en vois qui traduisent, transposent, pour les écrivains et pour les compositeurs à la mode !

Les raille qui voudra, ces bas-bleus, ces femmes auteurs : je m'incline devant leur patience, devant leur dignité ; je m'incline devant ces bas-bleus par nécessité, par misère, qui s'avancent sur les chemins de la pensée. Oh ! je ne l'ignore pas, la femme de lettres a souvent ses ridicules. Elle n'est pas sans prétention. Elle a une tendance fâcheuse à confondre ses articles dans les magazines d'éducation, dans les journaux de modes, avec la vraie littérature. Elle prend trop le métier pour l'art. Elle croit facilement que ses imitations sont empreintes d'originalité. Elle a parfois une vanité, une ambition excessives. Mais ses actes valent mieux que ses paroles, sa conduite mieux que ses écrits, et elle donne si souvent un exemple de courage et de fière fermeté à l'homme pour que l'homme, loin de la cribler d'épigrammes, lui soit ami et lui soit secourable.

D'ailleurs, la femme bas-bleu est capable à son heure de confier à une page blanche l'éclosion d'un chef-d'œuvre. Comme le dit le poète :

Nous leur devons l'amour, l'espoir et le bonheur,
Sachons leur pardonner le talent et la gloire.

S'il y a eu trop de Louises Colets en notre siècle, il y a eu une George Sand et ceci rachète cela, et largement. S'il y a eu quelques bohèmes, quelques toquées célèbres qui ont pris le monde de la littérature pour le monde de la galanterie, il y a cette modeste Pauline de Meulan qui mérita, par son ardeur à l'étude, de devenir la compagne de Guizot. S'il y a encore trop de viragos qui ne reculent pas devant le scandale et qui se livrent, dans les bureaux de rédaction, à un peu honorable reportage, ne peut-on leur opposer la réconfortante et vivante antithèse que forment ces collaboratrices de deux grands maîtres, Mme Edgar Quinet, Mme Michelet, tout entières, jusqu'à la mort, à la religion de leur dévouement et de leur souvenir...

*
* *

Ce sont là des bas-bleus pourtant et ce sont aussi des bas-bleus, ces cantatrices, ces musiciennes, ces peintres qui ne reculent pas devant quelles études, quelles souffrances souvent, toujours quels rancœurs, pour se faire une place au soleil et pour gagner un peu d'or...

Et ce sont des bas-bleus, aussi, ces « doctoresses », ces civilisatrices, qui, en province et à Paris, conquièrent de haute lutte leurs grades, qui ouvrent à leurs sœurs des horizons nouveaux, des routes inexplorées. Allez-vous les poursuivre de vos sarcasmes, la légion de ces bas-bleus qui ont la passion du sacrifice! Prenez-y garde. Elles pourraient bien demain sur un champ de bataille se venger de vous, en pansant vos blessures, en vous sauvant...

O mes bas-bleus, mes chers bas-bleus, comme on vous méconnaît! Vous êtes utiles à vous-mêmes et aux autres ; tantôt vous répandez le savoir parmi l'enfance, tantôt vous charmez, vous consolez l'âme, tantôt vous soignez le corps. Vous avez l'irrésistible vocation, l'élan, la force, l'emportement vers l'idéal. Vous tra-

versez la vie en semant la vérité, en dispersant les
bienfaits. Et si parfois, dans la tension de l'âpre effort,
vos traits, vos gestes, toute votre habitude physique
ont quelque chose de forcé, de compassé, de pénible
et de laborieux, ce rien de contraire à l'harmonie
et à la nature, on le moque, on le caricature, on le
tourne en quolibets. Et vous continuez votre tâche, et
vous avez raison... Les bas-bleus qui auront des clartés
de tout, les bas-bleus qui sauront ce qu'on doit savoir
de son temps, les bas-bleus qui seront de vraies
épouses, de vraies mères tout en étant de vraies femmes instruites, qui pourront, tout en faisant le ménage, venir en aide au mari, ce seront bientôt toutes
nos Françaises. Et l'on cessera d'en rire bientôt.

BOBICHONETTE.

La sœur de Bob : de dix à treize ans. Vous l'avez
souvent rencontrée à l'avenue du Bois ? Elle y traîne
sa « marcheuse » qui, dolente, lassée, la suit en ses
capricieux crochets. C'est surtout au Club des Pannés
qu'elle élit domicile, déjà. Elle y voit les belles toilettes, les beaux équipages, le beau luxe où elle vit
dès l'enfance. Elle y voit coqueter. Elle y entend ca-
queter. Elle surprend des bouts de conversation qui,
d'une élégante harmonie, la bercent. Elle y peut jouer
à la Madame, s'y faire admirer dans l'enveloppement
de son chapeau aux ailes aériennes, dans le gonfle-
ment hâtivement indiscret de son corsage, dans le
frou-frou de sa petite robe courte aux plis Empire,
très corrects, chef-d'œuvre du faiseur à la mode.

*
* *

Et elle réussit à fixer l'attention sur elle, Bobichonette! Elle est délicieuse à croquer. Son profil fin de

Parisienne se détache très gracieux, très spirituel, sur
l'empâtement des figures bourgeoises, grasses et
graves. Elle a un œil, rieur, inviteur, qui s'exerce si
gentiment aux précoces œillades, un nez si hardi dans
son léger retroussement, une bouche si comique-
ment prête à lancer une épigramme... et des cheveux
si coquets, si mousseux de frisons, et qui la nimbent
d'une si troublante auréole! Elle est la promesse de
tant de choses charmantes, aimantes et aimées, qui
demain s'épanouiront! Elle est une ébauche si enlevée, si réussie d'un portrait mondain qui sera si
achevé!... Essayez donc de résister à tant de grâce
souple, à tant de finesse exquise!...

* *

Et puis, Bobichonette a des façons à elle de s'avancer, de se tenir, de s'asseoir. Elle veut ressembler à
celle-ci, à celle-là qu'elle a vue à la dernière réception
de maman. Par bonheur, elle ne ressemble qu'à elle-
même et ses imitations, quelque vraies qu'elles soient,
ont encore quelque chose de gauche et d'enfantin qui
ajoute à la fantaisie de l'effet par le mélange du naturel et du factice. Marche-t-elle, Bobichonette? Elle
croit qu'il est bon genre de garder une attitude droite,
raide, correcte, d'avoir cet air solennel que lady X...
promène dans les salons. Mais regardez-la. Un rien la
fait pencher à droite, à gauche, la rappelle au caprice
de l'allure française, si harmonieuse, si vivante. Son
buste, sa taille ont des inflexions, des ondoiements,
que lui envierait l'original dont elle ne parvient heureusement pas à rendre l'exacte copie, empesée et
mannequinée. Mais, soudain, Bobichonette arrive-t-elle
devant un groupe bruyant de « v'lans » et de « pschutteux », elle répare son oubli, son abandon, et se
redresse, et se campe, et passe fièrement devant la
galerie qui sourit et qui contemple. S'assied-elle?
c'est son triomphe. Elle choisit toujours les places en

vue, sur la bordure du trottoir. Elle prend une pose
alanguie, désabusée — comme si elle avait usé et
abusé de tout, ainsi que ses voisines. Elle a un œil
sur les piétons, un œil sur les voitures. Elle a vite fait
le tour d'une promeneuse. Elle sait d'où sort sa toque,
d'où son mantelet, d'où sa jupe. Elle en sait le prix.
Et quelle moue de dédain sur sa lèvre quand elle a
saisi un soupçon de ridicule, quand elle a surpris un
rien d'inélégant et de vulgaire dans une mise féminine! Elle a l'art des nuances, des demi-tons, dès le
berceau, Bobichonette. Si elle porte un ruban, si elle
se pare d'un bijou, il faut que la gamme des couleurs
et des reflets soit dans la mesure...

.•.

Je ne sais rien de plaisant et de distrayant au regard
comme un essaim de Bobichonettes. Quel poète chantera dignement le chœur que nos petites contemporaines forment, à l'heure de la chaleur apaisée, en
face de l'Arc de Triomphe? Il vaut le chœur des Muses
vives et dansantes en la patrie de feu Pindare. Hier
j'ai vu un groupe de ces fillettes dont l'enfance attein-
dra demain l'adolescence, aborder une nouvelle venue,
une Bobichonette toute fluette et mignonne, que sa
famille produisait dans le monde des... Bobichonettes.
Ç'a été des présentations, des salutations sans fin. Et
quels coups d'œil, quelle inspection des anciennes qui
détaillaient tout le costume, qui toisaient tout le
pelage, depuis la plume blanche à la Rembrandt du
sommet jusqu'au bout verni de l'escarpin final! Un
colonel, à la revue, n'examine pas avec plus de soin
les boutons des uniformes! Il faut croire que l'épreuve
tourne à l'avantage de la candidate, car, vivement,
poliment, elle est agréée dans le cercle. On l'interroge,
on veut être au courant de ses relations, de la profession paternelle. Il faut vraiment que les réponses au
questionnaire soient satisfaisantes, car un brouhaha

laudatif accueille les explications. Les formalités sont
achevées. Mlles Bobichonettes ont reçu et sacré leur
compagne Bobichonette. Et celle-ci lui tend une rose,
et cette autre lui offre une chaise, et celle-là lui
entr'ouvre un médaillon où une petite mèche de cheveux entoure la tête chérie d'un cousin, collégien qui
a tourné la tête de sa cousine. Et, après un repos, la
ronde reprend. Et il arrive que les Bobichonettes, par
groupes sympathiques, se donnent le bras, forment
une chaîne bariolée, passent et repassent, toutes fris-
sonnantes de plaisir, très vibrantes de mouvement et
de bruit, — jusqu'à l'heure où les « marcheuses » se
lèvent et sonnent la retraite. C'est l'instant des adieux,
— des tristesses. Mais, demain, on se reverra : on
reprendra la médisance interrompue, après y avoir
rêvé toute la nuit...

*
* *

Bobichonette est rentrée dans le somptueux hôtel
où l'ennui désœuvré l'attend. Elle s'est habillée pour
le repas du soir. Elle a causé un instant avec maman
— si elle ne dîne pas en ville, avec papa — s'il n'est
pas retenu au cercle. Sa marcheuse l'a confiée à sa
gouvernante qui l'a confiée à sa bonne qui l'a confiée
à son lit. Elle songe dans son dodo, tout blanc de dentelles, à sa nouvelle amie qu'il faut former, qu'il faut
habituer à potiner comme les Bobichonettes du jour.
Elle s'endort et elle voit se pencher sur elle les
ombres chuchotantes de ses co-initiées qui lui content une foule d'histoires dont elle rit sous ses draps
nerveusement agités...

*
* *

Elle rit moins, le lendemain, Bobichonette. Les
corvées commencent. M. le professeur de musique la
plante devant un piano qui hurle de douleur sous les

doigts agacés de son bourreau — qui est peut-être
bien sa victime. Puis il faut s'apprêter. Bobichonette,
conduite par son inévitable garde du corps, va au
cours! Elle s'y rend avec une hâte très lente, pour
arriver en retard. Elle charge « mademoiselle » de
son ombrelle, de son panier à ouvrage, de sa serviette.
Elle la transforme en bête de somme. Elle assiste à
contre-cœur à la séance. Elle écoute avec une attention
distraite les explications. Elle lit en brodant. Elle écrit
en bougonnant. Elle ne s'intéresse, en géographie,
qu'aux leçons où l'on parle d'aventures, d'explora-
tion, de pays où fleurissent les friandises et la confiture. Elle n'aime en histoire que les héroïnes de jolie
bravoure, que les régentes, que les favorites. Elle
ne retient de la science que ce qu'elle a de pittoresque
et de gai. Si elle a un goût, c'est pour le dessin, pour
la peinture sur porcelaine. Elle a l'instinct de la ligne
et de la couleur. Elle enlumine des images. Elle désire
aller dans telle académie où les grandes lui ont dit
que l'on travaillait d'après le modèle vivant. Elle est
curieuse de pénétrer dans l'atelier, dans le « home »
intime d'un peintre célèbre. Elle est attirée par les
mystères de la vie artistique. Et pour être inscrite
parmi les élèves d'un médaillé très connu, — très
sympathique, — au torse bien sanglé et au veston
aristocratique, elle fait des scènes à la maison!

*
* *

Faire des scènes! Bobichonette y excelle. C'est la
gamine... protée. Elle est changeante et diverse. Tout
sucre au dehors, elle est tout vinaigre chez elle. Si
vous la voyez seule, vous êtes bien près de la détester.
Fille de surmené et de névrosée, c'est un paquet de
nerfs sensibles à l'excès. Elle est aussi capable d'être
bonne jusqu'au dévouement que mauvaise jusqu'aux
plus subtils raffinements de cruauté. Lui résiste-t-on?
Elle devient tourmentante, de cinglante et coupante

insolence, d'implacable insubordination. Elle ensorcelle maman qui renvoie dix femmes de chambre avant d'en trouver une dont Bobichonette raffole un mois, pour la faire chasser ensuite. Et elle a par toquades, par accès, après de folles révoltes, des retours brusques qui font pardonner ses colères, ses tempétes. Au fond, elle réalise le type idéal, le parfait exemplaire de l'enfant mal élevé. Ses mots... terribles sont célèbres. Ils défraieraient dix gazettes. Elle répond à tout et à tous, à valet, à cocher et à père et à mère. Elle a lassé un bataillon d'institutrices, et ses taquineries sont si connues que les plus pauvres d'entre les diplômées fuient sa maison ou n'y restent qu'à la semaine, comme en une hôtellerie de passage...

. .

Et pourtant, cette petite créature gâtée, pourrie par l'adulation, par l'idolàtrie paternelle et maternelle, par le perpétuel tremblement imposé à la domesticité, ne sera peut-être pas dans la vie le monstre... ravissant, l'adorable... furie que les romanciers guettent pour la portraicturer.

Elle s'assagira, elle s'attendrira au contact des choses douloureuses. Elle aura ses jours de soucis, d'amertume et d'alarme, comme épouse, comme mère. Elle verra mourir ses proches, ses amis. Elle souffrira — et elle deviendra bonne — et meilleure encore ! Elle sera charitable, comme tant de ces ex-Bobichonettes qui, avec passion, soulagent les infortunes, qui accourent au chevet des malades, jamais découragées, jamais lasses, intrépides de patience...

Et, ma foi, si elle mène de front les soirées passées au théâtre et au bal, et les après-midi consacrés aux œuvres de bienfaisance ; si elle enrichit la caisse de sa modiste et la bourse des pauvres ; si elle tend la main aux humbles, aux déshérités et que cette main, de longue et blanche finesse, se plaise aussi à l'arrange-

ment délicat des bibelots, aux chatoyantes sinuosités
de la soie ; si elle est, et très frivole et très sérieuse à
la fois ; si elle console et si elle enchante ; si elle con-
cilie le plaisir de son devoir et le devoir de son plaisir ;
si elle est bien de son temps, bien de son milieu, bien
de son... Paris, de tout votre cœur, dites, ne l'aimerez-
vous pas ?

LA PÉDAGOGIE D'UNE FEMME MÉDECIN.

Vous pouvez croire que je suis allé daré dare, la
semaine dernière, à la mairie de Passy, où mon ami
Winandy, président de la section pour l'*Union de la jeunesse républicaine*, avait organisé une conférence vraiment originale. Le sujet était bien alléchant pour moi :
L'éducation physique des jeunes filles — et par qui ? par
Mme le docteur Blanche Edwards-Pilliet. Car elle n'est
pas doctoresse, entendez-vous bien ! Elle est docteur.
Elle se nomme officiellement docteur. Elle doit être
annoncée ainsi ; et j'ai lu tel article d'elle qui est signé
ainsi.

Il va de soi qu'il y avait beaucoup de monde pour
l'applaudir. Les femmes n'y manquaient pas. Elles
sont très fières, et à bon droit, des titres conquis par
cette laborieuse et par cette persévérante, qui, de gen-
tille et jolie bravoure, a, malgré marée, et médecins,
enlevé au concours sa place d'interne provisoire. Elles
se rappellent que Mme le docteur a dû mener une
campagne en règle contre des préjugés envieillis pour
défendre ce droit des femmes, si naturel, si beau, si
noble en sa simplicité, de s'asseoir au chevet des malades dans les hôpitaux autrement que comme infir-
mières, mais comme égales de l'homme, — égales par
le savoir, par le cœur. Elles lui savent gré, — on le
voit, — d'être sortie victorieuse de l'épreuve, d'avoir,
sans forfanterie comme sans ridicule, rempli sa tâche...

Oh! elle n'a aucun air de fanfaronnade, de vanité satisfaite; elle ne songe guère à mener du bruit autour de son nom et elle n'a nul goût pour la réclame, Mme le docteur, qui, il y a quelques jours à peine, était encore Mlle le docteur, car elle vient d'épouser un jeune savant, un interne aussi, appelé comme elle à un brillant avenir. Elle n'a pas cette audace, cette fougue qu'on pourrait s'attendre à voir en elle. Petite, blonde, elle est d'apparence frêle. Ses traits accusent la longueur des veilles, des travaux longtemps poursuivis. Mais, sous la fatigue, on perçoit aussi la décision, l'énergie, la patience, le don d'enthousiasme, et une conviction, une foi, que tout, dans la mobilité du masque, dans le feu du regard, dans l'en-avant du visage, trahit spontanément...

* *
*

Mme Edwards-Pilliet aborde son auditoire comme un professeur de métier. Car si elle se risque à parler en public, elle a déjà fait ses preuves à l'Association Philotechnique où elle enseigne de nombreuses disciples. On sent qu'elle est chez elle, dans sa chaire. Elle sait exposer, déduire, en logicienne consommée. Elle rend sa science attrayante, elle la met à la portée de tous. Elle revient sur l'idée qu'elle veut graver dans les esprits, jusqu'à ce qu'elle l'ait élucidée. Elle divise, elle groupe; elle ordonne avec méthode. Elle supplée par la solidité du plan à la facilité de l'élocution, car parfois son langage n'est ni tout à fait correct, ni tout à fait élégant. Peut-être aussi aurait-elle intérêt à surveiller sa diction. Le débit est souvent trop rapide, trop saccadé. Elle déblaie trop les mots et trop de mots à la fois, avec un léger zézaiement qui d'ailleurs ne laisse pas que de plaire...

Mais ce sont là menus défauts que l'exercice et l'attention corrigeront. D'ailleurs je ne les signale que parce que Mme Edwards-Pilliet me semble destinée à

défendre souvent ses opinions (qui sont excellentes)
devant le verre d'eau sucrée — et à faire œuvre utile,
car elle plaide des causes justes et bonnes. Plus elle
se rendra apte à les gagner, plus nous y gagnerons
tous...

* *

Oh! la saine, la vive leçon que Mme le docteur a
donnée aux mamans françaises! Comme elle leur a
montré combien elles étaient coupables en flattant le
luxe, la vanité de leurs filles! C'est charmant, une taille
fine, mais le corset déprime, broie, atrophie les organes — et la coquetterie mène au dépérissement et
à la mort...

Vos filles sont-elles encore dans la première période
de la vie, sont-elles encore des bambines? Ne les sur-
menez pas! Leur cerveau est si tendre, si vite fatigué!
Si la même impression se répète sur la même cellule,
trop de chaleur et de force est alors développé, et adieu
l'attention! La nécessité du repos s'impose au bout
d'un instant. Que faire pour ménager ces têtes encore
mal façonnées? Il faut morceler et varier le travail. Il
faut agir sur des lobes différents par une diversité
constante de courtes études. Il faut agir sur tous les
sens successivement. Les leçons de choses sont tout
indiquées pour venir en aide au véritable éducateur,
car elles s'adressent à tous les organes : l'ouïe, la vue,
le toucher, la matière cérébrale, — non sur un seul,
jusqu'à épuisement, jusqu'à excès. Et quand les fillettes en seront lassées, qu'on les conduise vite en
récréation, en promenade. Pas de cour, pas de préau!
des pelouses, des espaces larges, où l'on aille à pas
pressés, où l'on s'ébatte dans la griserie de l'air et du
soleil. Brisez les barreaux de la cage — de toute la
cage, et de celle qu'a bâtie l'institutrice et de celle
que construit la couturière. Foin des soi-disant bonnes
faiseuses qui emprisonnent les petits corps dans des
corsages serrés, dans des vêtements trop ajustés! La

toilette vraiment esthétique sera simple, large, et solide surtout. Car, de peur d'abîmer un costume, les
mères tiennent trop souvent en laisse leurs gamines
— qui ne sont pas assez gamines! Les jeux de garçon,
les jeux vifs, brusques, prime-sautiers, il n'y a que cela
de vrai pour transformer les fortes fillettes en belles
adolescentes. C'est folie de les leur interdire, de leur
en faire honte...

**

Mais voici la période la plus difficile à traverser.
De ses douze ans, on va vers ses dix-huit ans. La besogne scolaire devient plus lourde. Et c'est l'âge de
la formation, de la métamorphose en femme. Dures
années de crise. Rêves, insomnies, vagues appréhensions, désirs fous d'aimer chiffons et poupées, travaillent les nouvelles, — les « éternelles blessées ». L'adolescence s'ennuie. C'est raison de plus pour les mères,
pour les directrices d'études, de réagir contre les tristesses énervantes... Des jeux! Encore des jeux! mais
plus calmes, plus atténués : les grâces, le croquet, la
danse. Surtout, faites promener longtemps, souvent,
toutes les recluses. Pourquoi n'y a-t-il pas une *Ligue
nationale de l'éducation physique*, qui ferait pénétrer
son entrain, son élan, dans les pensionnats, dans les
institutions de jeunes filles, comme elle l'a fait dans
les collèges et les lycées de garçons? Trop de maîtresses considèrent les sorties comme des corvées,
s'engourdissent à faire du crochet au coin du feu et
anémient les écolières! Trêve de paresse! Il est indispensable, pour la santé, pour le bien-être physique,
pour la montée de la sève, pour l'accroissement des
forces, qu'on marche, qu'on marche... Rendez les
courses agréables. Transformez-les en excursions.
Proposez-vous, pour exciter votre curiosité, un objet
fixe, un but utile. Allez visiter un musée, un château,
un site pittoresque. Peu importe que ce soit là un

simple prétexte — pourvu que le sang circule chaud
et riche dans les veines, pourvu que les poumons s'emplissent de salubres effluves dans les poitrines élar-
gies...

Vienne alors la puberté, l'éclosion, l'épanouissement de la plante! Aux intempéries, elle résistera,
vivace. Elle est enracinée. Elle est d'écorce assez forte
pour être battue des vents, mordue du froid. Il le faut
ainsi. A combien d'épreuves ne sera-t-elle pas soumise! Elle est la proie des examens. Elle monte, elle
s'élance vers les brevets, vers les certificats, vers les
écoles. Le jour, elle s'épuise à la besogne; la nuit,
sciences et lettres, pédagogie et beaux-arts se livrent
un combat dans sa pauvre tête douloureuse. Mme Edwards, qui a passé par le supplice qu'elle décrit, le
montre en toute son horreur. Elle dresse un effroyable
tableau des maladies qui guettent la patiente : gastrite,
méningite, chlorose, phthisie, folie, parfois monomanie du suicide.

Mais on peut éviter tout cela — et Mme le docteur
le prouve par son exemple, car elle a affronté une
kyrielle de jurys — si l'on a été préparé par l'hygiène
à cette gymnastique intellectuelle. Que recommande-
t-elle? De laisser de côté la couture absorbante, la tapisserie, tout ce qui recroqueville et pelotonne et tasse
les membres; — par contre, de calmer le système
nerveux en assurant le jeu des muscles, par des her-
borisations obligatoires, des parties joyeusement organisées et menées. Elle dénonce, comme un danger
social, la claustration même volontaire à la veille des
écrits, même des oraux. Elle la compare à la stabula-
tion, mère de la tuberculose. Elle montre comment à
la Maternité, où cent jeunes filles de dix-sept à vingt-
deux ans passent deux années à s'initier au métier
d'accoucheuses, toutes tombent malades à la veille
d'obtenir leurs diplômes, faute d'être arrachées à leur
labeur par un règlement qui leur enjoigne d'aller et
de venir ailleurs qu'en un parc où, par indolence, elles

ne se rendent point. Les douze lits de l'hospice sont toujours pleins — et il y a toujours des candidates qui postulent la succession des convalescentes...

* *

Mme Edwards ne se contente pas d'exiger qu'on assure la respiration pulmonaire, elle veut que l'on ne néglige pas la respiration cutanée. Elle réclame l'usage des bains. Elle cite telle école, tel établissement... religieux, où l'on pousse la religion de la malpropreté au point d'accorder un bain par an. Toute ablution est considérée comme un luxe, comme une coquetterie. C'est confondre le nécessaire avec le superflu. Chaque maison d'éducation devrait avoir une installation complète d'hydrothérapie. L'eau est nécessaire comme l'air. Lavez et douchez. Ne contraignez pas des pensionnaires à faire une lieue et parfois davantage, pour découvrir une cabine et une baignoire.

Et en provoquant ce plaidoyer en faveur de l'air et de l'eau, Mme le docteur s'anime, s'échauffe. Elle est presque éloquente, tant sa vocation d'apôtre se révèle. Les applaudissements éclatent très nourris. Ce sont toujours les petites mains féminines, finement gantées, qui battent, qui claquent... Le triomphe est complet quand la conférencière fait appel à la charité, à la solidarité de ses compagnes, surtout quand elle fait vibrer la note patriotique. Car elle ne pense pas seulement à régénérer les filles de la bourgeoisie aisée, qui vont en pension, mais aussi les filles du peuple qui vont à l'atelier. Elle voudrait que, chaque dimanche, des associations de dames, rassemblées par quartier, eussent à cœur d'assurer, au grand air, des distractions, des promenades aux apprenties. On a besoin, pour les combats de l'avenir, de gardes-malades, d'ambulancières robustes qui puissent fournir de longues étapes sur les routes, à la suite des armées. Ne serait-il pas pratique de les dresser dès l'heure pré-

16.

sente? Elles seront prêtes quand le danger et le dévouement les appelleront à la peine. Et à supposer même qu'on n'ait pas à utiliser leurs services, on aura fait beaucoup si l'on a formé une belle génération de filles fortes, qui font les femmes et les mères fortes — et les enfants gaillards. Il importe d'agir, et au plus tôt, si l'on veut éviter la dégénérescence et la dépopulation...

QUELQUES MAITRES

VIEUX PROFESSEURS.

Le ministère de l'instruction publique vient de publier un tableau du personnel enseignant, dans les lycées et collèges, par ordre d'ancienneté. La statistique qui en ressort est intéressante, plus même qu'intéressante, — mais consolante, réconfortante...

Il y a là des états de service qui étonnent. Le doyen des professeurs, M. Le Taillandier, à Lyon, est depuis quarante-sept ans dans l'Université. Et il n'est pas bien sûr qu'il soit le vrai doyen. Il y a, à Libourne, un M. Combe qui se met sur les rangs avec cinquante et un ans de service. A Paris, dix-huit professeurs sont en fonctions depuis plus de quarante ans.

C'est peu et c'est beaucoup. C'est peu, car la mort fauche souvent parmi ces agrégés qui sont surmenés de travail, qui ont peiné, lutté, soufflé d'ahan pour la conquête de l'épitoge et de l'hermine. Et c'est beaucoup, car après vingt-cinq ans de présence et soixante ans d'âge, on a droit à la retraite.

Ceux donc qui sont encore dans leur chaire y sont demeurés volontairement. Ils ont la vocation jusqu'au bout. Habitués à vivre avec l'enfance, ils ne se décident à la quitter, ils ne veulent abandonner leur poste de combat contre l'ignorance que le jour où la mort sonnera pour eux la dernière sortie de la dernière classe.

Autant que le soldat souvent rengagé, qui encadre

ses camarades et les mène au feu gaiement, les vieux professeurs méritent de leurs jeunes collègues — et surtout de leurs jeunes élèves — estime et respect. Car savez-vous ce que représente ce demi-siècle d'existence donné par un homme à la carrière de l'enseignement?

Il représente une grande dignité de tenue, de caractère, de la suite et de la continuité dans l'effort, du zèle, du dévouement, une lente patience, un amour tout paternel pour les chers êtres confiés par les familles au maître, une absence complète d'ambition avec, souvent, beaucoup de savoir, de talent, de qualités, qui permettaient de nourrir de vastes espérances, de rêver gloire et fortune.

Et quels efforts incessants! Quel infatigable labeur! Sans doute, il y a les vacances, les congés, — mais on oublie trop que tous les jours ne sont pas des dimanches et tous les mois des août et des septembre.

Il a fallu, pendant près de cinquante hivers, se lever dès l'aube, aller vers son lycée, écouter les mêmes leçons, répéter les mêmes explications — et cela sans laisser percer le moindre ennui, la plus légère lassitude. Il a fallu, de vif élan, malgré les tristesses, malgré les deuils, malgré tout ce qui si souvent fait la vie mauvaise, entraîner ses troupes, se présenter à elles le visage souriant, la parole enjouée, aimante — pour s'en faire aimer. Il a fallu, de retour au logis, corriger les copies, additionner les fautes, réprimer les écarts du goût, refréner les excès de hardiesse, encourager, quand on a le bonheur de les découvrir, les promesses de talent, et le soir, refaire la tâche du matin, et le lendemain, l'œuvre de la veille et ainsi dans un perpétuel recommencement. Le métier le veut et l'apostolat.

Et voilà pourquoi, moi, le nouveau, le débutant un peu orfèvre, il est vrai, mais de si fraîche date — je m'incline devant ces maîtres chevronnés : les Chambon, les Fleury, les Pressard, les Debray, devant ces

vétérans dont les cheveux blanchis sous le harnais
disent les heures utilement employées, les veilles laborieuses, la constante vertu, l'honnêteté, la modération
des désirs, le patriotisme modeste — en notre âge de
frivolité et de fiévreuse agitation. Et les pères et les
mères de France doivent aussi payer leur tribut de
respect et d'affection reconnaissante envers ces humbles héros qui, par la parole et par l'exemple, ont
élevé tant d'enfants au culte de ce qui est beau, noble,
grand, généreux, de ce qui fait, malgré les défaites, la
Patrie sérieuse et honorée.

PROFILS UNIVERSITAIRES : ÉMILE FAGUET.

Un critique à la mode. — Le professeur. — L'homme. — Les
tendances de l'œuvre.

Émile Faguet n'est pas bien loin de passer critique
à la mode; son bon sens prend place entre la fantaisie
de Jules Lemaitre et le dogmatisme de Brunetière. En
tout cas, il est critique influent. On commence à le
citer. Ses jugements font autorité, et non seulement
dans les feuilles pédagogiques et dans les manuels à
l'usage des écoliers, où, dès le début, il frappa l'attention de la petite et moyenne Université, mais dans les
gazettes lues dans les coulisses, lues au noble Faubourg, et dans les revues graves. Il n'a plus la seule
clientèle des instituteurs et des professeurs, il pénètre
dans les salons et dans les cénacles littéraires ; il a
l'oreille du public.

Non qu'il essaye de se glisser nulle part. Il aime trop
le travail pour aimer le monde, et il a trop de mérite
pour n'avoir pas beaucoup de modestie. Mais son
talent, qui est réel, parle pour lui et propage ses livres
dans les milieux à la fois les plus studieux et les plus
frivoles. Il est nécessaire de l'avoir lu, et il est de

bon ton de le parcourir au moins. D'esprit très ferme et brillant aussi, il plaît aux uns par son éclat qui est de surface, aux autres par la sincérité profonde de sa doctrine un peu rétrograde et de ses convictions frondeuses et opposantes. Comme il a horreur des idées reçues et qu'il se plaît à renverser des idoles très vénérées et très admirées, les délicats lui savent gré de ne pas penser comme la foule. Ils l'encouragent dans son attitude belliqueuse à l'égard de quelques grands hommes, qui, malgré ses attaques, n'en demeurent pas moins de très grands hommes.

C'est du reste par là où il réussit aujourd'hui, grâce aux applaudissements d'une galerie hostile aux opinions générales et populaires, que demain le succès durable lui fera défaut. Les allusions malicieuses, les réticences, les sous-entendus, les coups d'épingle qui flattaient certaines manies passagères seront vite oubliés; par bonheur, de son travail il restera autre chose qu'un essai d'illibéralisme littéraire.

Quand Faguet ne s'occupe que d'un auteur et non d'un initiateur, d'un écrivain et non d'un novateur, il peut être pris pour guide. On sent que sa distinction consiste à distinguer par elle-même sans rien emprunter à autrui. Au moins, avec lui, l'on est sûr de n'être pas trompé, ou du moins l'on est convaincu que s'il trompe, il désire et d'invincible ardeur démêler les faux-semblants des vraies beautés, l'art du procédé, de la convention, de l'imitation même savante. C'est un investigateur patient qui ne se paie pas de mots et qui ne paie point de mots ses lecteurs. L'honnêteté de ses recherches se reflète dans la probité de ses ouvrages qui, par endroits, pourraient bien devenir classiques.

．．

Classique, Émile Faguet l'est d'ailleurs d'origine, de vocation, de métier. Il est né le 17 décembre 1847, à la Roche-sur-Yon. C'est un pur Vendéen, ce qui explique un peu sa volonté de résister au courant, de nager contre le flot. Il fait ses études à Poitiers, où son père est professeur au lycée et lui inspire de bonne heure le goût des lettres. Ses aptitudes sont remarquées; il va finir ses classes au lycée Charlemagne, où il est l'élève de Boissier, de la Coulonche et de Paul Albert qui ne paraît pas avoir exercé grande influence sur son disciple. En 1867, Faguet entre à l'École normale. Il en est exclu au mois d'août 1868 avec M. Debidour, actuellement inspecteur général de l'instruction publique, et M. Texier, actuellement professeur de rhétorique à Rouen. La cause du renvoi provenait d'actes d'hostilité commis envers un directeur assez autoritaire, M. Bouilhet.

Dès lors, l'existence est assez rude au jeune homme : il traverse treize années d'efforts persévérants et de constant labeur, en province. Il passe par l'ennui de la maîtrise d'étude à Poitiers, puis il fait son tour de France comme professeur, après l'obtention de la licence et de l'agrégation. Il est nommé à la Rochelle, puis à Bourges, puis à Poitiers, à Moulins, à Clermont, à Bordeaux, au centre, à l'ouest, au sud. C'est une période de lectures acharnées, de séances aux bibliothèques pour accumuler le trésor des notes qui un jour seront utilisées. En 1881, Faguet soutient brillamment ses thèses en Sorbonne et son étude sur la tragédie au xvie siècle lui vaut le bonnet de docteur. Il est nommé à Paris, où il va de Charlemagne à Condorcet en attendant qu'en 1887, à la suite du succès obtenu par ses livres et par son enseignement, il occupe la chaire de rhétorique au lycée Janson de Sailly, il entre en Sorbonne.

* *

Et maintenant qu'il est arrivé, comme on dit, qu'il est très recherché et fêté, je le trouve, — fait bien rare en notre fin de siècle si vaniteuse, — aussi simple, aussi accueillant qu'il l'était hier. Il semble tout surpris du bruit qui se fait autour de son nom. Il chérit les lettres pour elles-mêmes et non, comme tant d'autres, pour le profit et l'honneur qu'elles procurent à leurs élus. C'est toujours, chez lui, même familiarité, même enjouement aimable. C'est, pour ses collègues, même affabilité sans prétention, même façon cordiale de donner et de recevoir une solide poignée de main, avant d'entrer en classe. Même à ne le juger que par le dehors, vous ne soupçonneriez pas en lui l'écrivain raffiné. Il ne donne pas l'idée, mais pas du tout, d'un habitué des premières qui, chaque soir, coudoie d'exquises élégances.

Il se soucie assez peu de l'étiquette. Il est brouillé avec tout ce qui est recherché dans la mise. Comme l'honnête homme de Fénelon, il se sert de ses habits pour se vêtir, non pour s'en parer. Il ne verse ni dans trop de négligence, ni dans trop de soin. Mais si le « plumage » a peu de reflets, « le ramage » est tout séduction. Faguet sait causer. Sa conversation est semée de saillies, de mots prestes et légers, d'épigrammes vivement lancés. C'est net, coupant, sifflant et dit d'une voix un peu fluette et ténue, mais qui détache bien, qui décoche bien le trait, avec une grande soudaineté de détente et d'à-propos. Point de méchanceté; de la malice et de la plus charmante. Faguet, qui est parfois moqueur et jamais railleur, est bon par tempérament et sait se montrer bon. C'est un sympathique qui a le don d'attirance, parce qu'à l'épreuve on l'a connu droit et sûr.

Sa physionomie prévient dès l'abord en sa faveur. Elle plaît, malgré l'irrégularité des lignes, par son air d'intelligence, toujours en éveil. L'œil petit, très fureteur, très interrogateur, a une étonnante intensité de vie. La lèvre fine décèlerait un excès d'esprit. Et dans l'habitude générale de la tenue, dans la démarche plutôt glissée qu'appuyée, dans le sautillement familier avec de brusques arrêts, dans la mobilité du masque tantôt tendu par la réflexion intérieure, tantôt relevé par un désir d'attention et de curiosité qui s'élance, on sent que tout l'être, corps et âme, est envahi à tout instant par une succession d'impressions parfois lentes et calmes, de sagesse méditative, parfois par un flux de sentiments précipités et heurtés, d'une nervosité brusque et saccadée, sans rien pourtant de maladif. L'on devine, à fleur de peau, un mélange de patience et d'audace, de volonté tenace et laborieuse et de caprice par échappées ; une nature à la fois très appliquée, très tendue et aussi très prime-sautière. Et l'œuvre vient de là ; elle fond ces contrastes ; elle essaie plutôt de les fondre en une harmonie où il arrive que des discordances s'accusent...

. *.

Elle est déjà vaste et imposante, cette œuvre d'un jeune. C'est d'abord, en dehors de sa thèse, des études sur Corneille et sur La Fontaine qui ont ouvert une collection destinée à introduire les classiques dans les écoles primaires. Puis c'est la série des articles donnés au *XIX* *Siècle*, à la *France*, au *Soleil*, à la *Revue des Deux Mondes*. Faguet a fait beaucoup de journalisme et il a beaucoup gagné, en netteté de conception, en souplesse et en promptitude de style, à vivre dans le commerce du public. Mais ce n'était là qu'une préparation, qu'une initiation à des travaux plus complets. Faguet, lentement, patiemment, compose et écrit une histoire littéraire, non par tableaux d'ensemble, comme un Nisard, comme un Villemain, mais par portraits, par médaillons. Il ne suit pas l'ordre chronologique ; il ne veut pas construire un lourd traité ; il va vers certaines figures qui résument les idées et les mœurs d'une époque, et il nous les rend bien vivantes, bien agissantes.

Ses *Grands Maîtres du XVII* *siècle* lui conquirent d'emblée le renom d'un maître parmi les maîtres de la jeunesse. Le volume avait encore un caractère sco-

laire; il pouvait aider à la préparation des brevets. Il y
aida beaucoup. Et déjà, de ci de là, dans l'étude sur
Mme de Maintenon, la personnalité se dégageait. Faguet
donnait la mesure de sa pénétration, de son ingéniosité.

Ses *Grands Maîtres du XIXe siècle* lui conquirent
l'Académie, qui lui conféra un de ses prix. Il y avait là
dix morceaux très soignés, très poussés. C'était à côté
de productions qui ne sont qu'une mousse légère,
qu'une broderie déliée sur un canevas trop faible, une
trame solide et serrée, tissée fortement par un ouvrier
de puissant labeur. C'était un vigoureux effort pour
comprendre et pour exprimer. Et puis c'était surtout
une continuité de petits coups portés sans avoir l'air
d'y toucher à des auteurs contemporains, morts déjà,
mais pas assez morts au gré d'auteurs contemporains
qui sont vivants, et qui le lendemain de leur décès
seront éternellement morts! Victor Hugo était quelque
peu houspillé, Balzac recevait sa part de taquineries.
On en fut tout aise à l'Institut.

Les *Grands Maîtres du XVIIIe siècle* qui ont paru
récemment viennent de lui conquérir les organes bien
pensants et les ruelles qui se croient bien disantes.
Pensez donc! Émile Faguet a dit son fait à Voltaire!
Il l'a traité de bourgeois gentilhomme. Il s'est amusé
à faire ressortir les faiblesses du patriarche! Il a malmené Diderot. Il a secoué tout ce dix-huitième siècle
— le grand siècle, selon Michelet, — le tout petit
siècle, selon Faguet — car, à son dire, il n'eut ni l'esprit patriotique, ni l'esprit chrétien. Comme si un
Plélo, un Montcalm, un chevalier d'Assas et cent autres
tombés au champ d'honneur ne surent pas mourir
pour l'idée de patrie! Comme si les idées de tolérance,
de charité, de libre arbitre, répandues dans toutes les
classes de la société par les écrits des philosophes, ne
traduisaient pas l'esprit même du christianisme!
Mais le dix-huitième siècle a préparé la Révolution,
et il fallait bien lui faire son procès!

COMMENT ON DEVIENT DOCTEUR
EN SORBONNE.

Les thèses d'aujourd'hui. — Histoire d'un employé. — A la conquête du savoir. — L'Association Philotechnique. — A bon
élève bon maître. — Le docteur Pinloche.

Les thèses se succèdent en Sorbonne. Bon nombre
de bonnets de docteur sont décrochés, en l'an de
grâce 1890. Hier, l'érudition s'imposait aux suffrages
du jury qui, de ses votes unanimes, sanctionnait
l'étude de M. Salomon Reinach sur le roi *Mithridate*.
Tout récemment, les beaux-arts trouvaient un défenseur délicat en la personne de M. Rocheblave, qui
rendait justice à ce fin connaisseur du siècle dernier,
M. de Caylus. Et la Muse tragique avait bientôt après
les honneurs de la victoire, grâce à M. Eugène Rigal
qui mettait en belle et vive lumière l'originale physionomie de cet oublié, de cet inconnu, si célèbre au
temps jadis : *Alexandre Hardy*.

Tous les sujets sont abordés tour à tour. Toutes les
obscurités historiques et littéraires disparaissent peu
à peu, grâce à l'immense effort que font, en des biographies et en des monographies lentement con-
struites, nos modernes spécialistes. Jadis, avec vingt
ou trente pages de hâtive élaboration, on pouvait
prétendre au doctorat. Aujourd'hui, longues sont les
recherches, longue l'attente. Les candidats doivent
produire un travail original, apporter une contribution vraiment sérieuse à la science. Ce ne sont plus
des ébauches qu'ils esquissent ; ce sont œuvres de
sûr et fort dessin, de conception et d'exécution achevées. En des in-quarto formidables, trop formidables
parfois, ils accumulent les résultats de leurs explora-
tions et de leurs découvertes dans les bibliothèques
françaises, dans les archives étrangères. Ils donnent à
quantité d'écrivains qui se dépensent en une stérile

fécondité l'exemple de cette patience, de ce labeur sûr
et continu, de ce creusement ferme en un même
sillon qui fait les profonds labours et les moissons
fières ! Aussi conservent-ils à notre pays, au dehors,.
ce renom de science et de conscience, cette solennelle audience que nos voisins d'outre-Rhin, entre
autres, essaient bien de lui disputer, mais sans y parvenir. Car si un docteur teuton peut égaler un de nos
docteurs par l'étendue des connaissances, par la variété des interprétations, par la valeur des documents
nouveaux qu'il produit, il ne saurait atteindre à cette
facilité de composition, à cette aisance de style, à
cette grâce légère et comme mousseuse, presque
inconnues là-bas, presque communes ici...

Aux qualités — en apparence naturelles et si souvent acquises — exigées chez les jeunes maîtres qui
aspirent à une chaire de Faculté, l'on peut juger que
si l'ambition est ouverte à beaucoup d'émules, le
succès est fermé à la majorité. Aussi ne saurait-on
accorder trop d'éloges aux patients et aux forts qui,
au prix de combien de veilles, de quelle tension du
cerveau, réussissent enfin.

Et si l'un d'entre eux se trouve être, non pas un de
ces privilégiés qui, dès l'enfance, ont été appris aux
examens et aux concours, qui ont été poussés, en-
traînés par des directeurs hors pair, qui ont eu conseils, livres, leçons, encouragements — et milieu —
à leur service, mais un enfant du peuple, un chétif,
un humble, un pauvre, de « petite estrace », qui
s'est fait lui-même, qui doit tout à son initiative et à
sa volonté, qui est sorti des rangs obscurs où le hasard
de sa naissance l'avait emprisonné, pour s'élever du
prolétariat à la sphère des intellectuels, qui a eu
d'abord les mains calleuses avant d'avoir le cerveau
meublé d'idées..., si un employé, si un apprenti, un
commis dédaigné arrive à se classer, à force d'opiniâ-
treté, parmi les savants qui comptent, ne lui doit-on
pas, à celui-là, pour l'héroïsme de son heureux entête-

ment, pour l'exemple qu'il donne à la classe ouvrière, ne lui doit-on pas plus que des félicitations banales, mais de l'estime, du respect, et un peu de ces témoignages flatteurs accordés si libéralement de nos jours au cabotinage et à la nullité bruyante ?...

*
* *

Or, il y a quelques semaines à peine, dans la petite salle de la Sorbonne où le tout-puissant jury transforme ses rares appelés en élus et les reçoit pour qu'ils puissent ailleurs refuser les imberbes adolescents au baccalauréat, un jeune maître de conférences près la Faculté de Lille ajoutait un troisième rang d'hermine à son épitoge, en des circonstances qui valent la peine d'être contées.

Il apportait d'abord un volume très curieux, très neuf, ce qui ne laisse pas que d'avoir son prix. De plus, très féru de pédagogie, il parlait dans un temps où, comme on l'a dit, la France pédagogise, d'un pédagogue — et devant un aréopage de pédagogues. Il exposait la réforme de l'éducation en Allemagne au dix-huitième siècle et il contait la vie de Basedow, l'étonnant fondateur de l'étonnant philanthropisme. Singulier personnage que son héros ! Grand buveur de chopes, grand fumeur de pipes, grand sacreur, grand fou, qui, un soir de griserie, essayait d'accrocher son chapeau à une étoile, à un clou doré ; grand fantaisiste qui, après un festin, joue aux quilles en lançant sa perruque en guise de boule, — et avec cela, grand apôtre des principes humanitaires, grand démolisseur des vieilles méthodes, des abus scolastiques, grand défenseur des idées modernes et rationnelles en matière d'instruction, grand ennemi, avant Rousseau et La Chalotais, du traditionalisme scolaire, grand apôtre des exercices physiques avant Paschal Grousset, du travail manuel, des méthodes intuitives, grand créateur enfin de la première école réaliste, vivante, humaine — du *Philanthropinum*, que Gœthe admire, que Kant ne dédaigne pas d'approuver !

Voulez-vous connaître le très bizarre et très hardi Basedow qui, au siècle dernier, et bien avant nos modernes chefs d'institutions modèles, unit la passion d'innover au génie de la réclame, qui couvrit sa patrie de prospectus pour attirer l'attention sur son œuvre — et des élèves dans son établissement de Dessau, qui entassa manuels sur essais et discours théoriques sur tableaux figuratifs? Il se livre à vous corps et âme, avec sa fougue et sa sagesse, dans tous les contrastes de sa nature heurtée, en cette page endiablée, mais d'une diablerie divine : « Je n'ai pas reçu de mes guides une éducation virile, mais c'est par elle seulement que nous formerons de vrais hommes... Alors, adieu vocabulaires, adieu volumineuses grammaires et livres de phrases, adieu exposition, analyses, imitations, paraphrases, récitations, adieu verges, adieu éplucheurs de mots et bourreaux des meilleurs auteurs! Adieu aussi, moralistes importuns, serineurs de religion qui ne savez rien de la religion du cœur... Salut à l'expérience infiniment variée, à la saine raison, au plaisir de l'enfance, à la pratique de la morale obtenue sans moraliser inutilement, à la persuasion amicale, à l'amour de Dieu, sans hypocrisie, aux études mises d'accord avec les besoins de notre temps... » Que Basedow ait eu ses manies et ses toquades, qu'il ait mené une conduite tant soit peu zigzagante, peu conforme aux exigences de son métier, ma foi, je le lui passe, en faveur d'idées si justes et lancées avec une verve si communicative, si franchement joyeuse et retentissante. Ah! qu'il nous faudrait un Basedow — une demi-douzaine de Basedow! — pour triompher de la routine et des préjugés! Car je ne sache pas qu'à la fin du dix-neuvième siècle, les études se soient mises tout à fait d'accord avec les besoins du temps...

**

Je vous ai présenté le « biographié », — voici maintenant le biographe. Pourquoi sa présence sur la sellette excitait-elle un grand concours d'étudiants et de gens graves? Pourquoi provoquait-elle l'attention? Parce que le candidat Pinloche, le professeur Pinloche, agrégé déjà, dans quelques heures docteur, arrivait à la soutenance précédé d'une légende — qui est une histoire vraie. — et édifiante. Je voudrais qu'elle fût narrée par des pères de famille à leurs enfants. Je voudrais qu'elle servit à donner élan et courage à des humbles et à des déshérités qui désespèrent; faute de moyens, de se faire leur place au soleil. C'est à la force du poignet, comme on dit, que Pinloche s'est fait sa place.

Il est né à Paris le 14 mars 1856. Son père était ouvrier maçon, un authentique « Limousin » de la Creuse; sa mère, Savoyarde, ouvrière brunisseuse. Jusqu'en 1868, jusqu'à douze ans seulement, il va à l'école primaire. Il faut travailler, gagner le pain de chaque jour. Il entre comme employé chez un mercier de la rue Saint-Denis. Il vend à l'étalage; il vend dans la rue, avec une petite boîte où sont enfermés aiguilles et lacets. Il peine quatorze heures par jour en semaine, six heures le dimanche. Pour tout salaire, notre trottin a la nourriture. En 1871, il perd son père qui, à la suite d'une chute faite en 1866, a été rendu incapable de tout travail et, infirme, a réduit la famille à la misère. Pinloche doit redoubler d'efforts : n'a-t-il pas sa mère à nourrir?

Il entre chez un miroitier comme apprenti. A sept heures du soir, il est libre! Il a tout son dimanche à lui! Il en profite pour suivre les cours de l'Association Philotechnique où il étudie les sciences, les lettres, surtout les langues vivantes : le portugais, le russe, l'espagnol, l'anglais! Il se distingue par son assiduité, par ses dispositions natives qu'accroît un labeur acharné. Il enlève, ce disciple qui, l'hiver, assiste aux leçons en galoches, car les souliers lui font défaut, il enlève prix, médailles, diplômes, certificats relatifs au commerce, aux arts industriels, aux mathématiques. Il est polyglotte d'instinct, de tempérament; il le devient d'étude. Il est capable, un jour d'examen, de faire en deux heures quatre thèmes en quatre idiomes différents, et bien. En 1875, il monte en grade. Sa connaissance des langues le fait accepter en qualité de commis acheteur dans une importante maison de commission et d'exportation.

Pinloche a dans son bagage une foule de connaissances et une foule de parchemins, mais il lui manque, — ô triomphe de la chinoiserie française! — il lui manque... le baccalauréat pour devenir *quelqu'un!* Il n'est pas bachelier, il ne sera rien dans la hiérarchie! Il sera bachelier. — Comment? Il ne sait pas le latin! C'est alors qu'un homme excellent, dont les jours se comptent par les bienfaits, M. Pressard, professeur au lycée Louis-le-Grand, qui a distingué Pinloche parmi les auditeurs de sa section, lui tend généreusement la main. Il prépare gratuitement le jeune homme au baccalauréat ès sciences. Les leçons commencent en février 1878; en juillet, le bon maître — dans la double acception du terme — voit le bon élève arriver au but.

L'ambition vient en apprenant. Pinloche veut être sténographe au Sénat. On l'informe qu'il ne sera admis à concourir que s'il est bachelier ès lettres. Il sera bachelier ès lettres. Comment? Il ne sait pas le grec! Pinloche eût été découragé pour toujours sans l'infatigable M. Pressard, qui, malgré ses classes, malgré ses travaux personnels, lui consacre encore, sans rétribution, toutes ses matinées du dimanche, même pendant les vacances! En mars 1880, Pinloche est bachelier ès lettres!

Alors la sténographie a moins d'attraits pour lui. Il devient plus gourmand. Il veut entrer dans l'Université. Sur sa route il rencontre un autre homme de bien, — ceux qui s'aident sont toujours aidés, — M. J.-N. Charles, ancien professeur au lycée Condorcet, qui le dirige vers l'enseignement des langues vivantes. En 1880, Pinloche, qui se joue des difficultés, prépare vite, vite, son programme et enlève son certificat d'allemand avec le n° 1.

Il a son premier galon. Il en prend bientôt le plus qu'il peut. Tour à tour professeur au collège de Beauvais, délégué au lycée Charlemagne, en 1883, il est reçu agrégé — il a ce bâton de maréchal que tout soldat de l'armée enseignante porte dans... sa serviette. Il est nommé au lycée de Rennes, puis, en qualité de chargé de cours, à la Faculté de la vieille ville bretonne. Entre temps, il obtient sa licence, il écrit ses thèses, fait de fréquents séjours à Berlin et dans les centres scolaires d'Allemagne, fonde la première Société de gymnastique et de tir dans la région de l'Ouest, et fait de la politique locale — et générale. Il devint conseiller municipal, — il fut sur le point d'être plus, — et pis encore ! Par bonheur, il a été nommé à Lille, où il est. C'est à Lille qu'il a eu la joie de dédier, par reconnaissance, sa thèse française à M. Pressard. Car à cet éducateur philanthrope qui lui a, pour ainsi dire, donné le jour dans l'Université, il doit le bien inestimable de la culture classique dont il avait été privé dans sa triste et dure enfance, il doit tout son bonheur intellectuel et social...

UN GRAND INSTITUTEUR : CLAUDIUS CHERVIN, DIT L'AINÉ.

L'Institution des bègues. — Courte histoire de son fondateur. — Un éducateur sous l'ancienne monarchie. — Luttes et triomphe. — Les trois Chervin.

Si, de fortune, vous passez sur l'avenue Victor-Hugo, à Passy, vous ne pouvez manquer de remarquer en face de Saint-Honoré d'Eylau une série de petits hôtels en briques rouges qu'une grille de fer sépare du trottoir. Sur la façade de l'un d'eux court un écriteau qui, depuis un quart de siècle, annonce aux promeneurs l'existence de l'*Institution des Bègues : Chervin, directeur*.

Avez-vous le désir de vous renseigner ? N'hésitez pas à gravir les quelques marches de pierre par où l'on accède dans la demeure. Vous êtes sûr d'y trouver bon accueil auprès des trois Chervin qui, depuis tant d'années, se vouent à la guérison du bégaiement.

Comment s'y prennent-ils pour remplacer le bredouillement par la netteté la plus élégante de l'articulation ? Comment accomplissent-ils ce miracle ! — et ce bienfait ! — de détruire sur les lèvres les plus rebelles et sur les langues les plus récalcitrantes la blésité, le zézaiement, le sessaiement, le jotacisme, le chuintement, que sais-je encore ? et d'habituer grands et petits à prononcer toutes les lettres avec correction ? Oh ! ce n'est pas un secret, ce n'est pas un mystère ! Nulle sorcellerie ! Ils emploient des moyens très simples, très faciles en apparence, qu'en maint volume ils ont cent fois décrits, mais qu'eux seuls, avec l'obstination héroïque de leur patience, avec l'accoutumance née de la pratique, peuvent et savent appliquer avec la certitude du succès.

C'est Claudius Chervin, dit l'aîné, — un instituteur dont le nom mérite d'être sauvé de l'oubli, — qui a

trouvé la méthode. Il rompt avec les procédés mécaniques qui semblaient imaginés pour supplicier les
patients. Arrière les légendaires cailloux de Démos-
thène, la fourchette de M. Itard, la gymnastique lin-
guale de Mme Leigh, la baleine de M. Malbouche (un
nom prédestiné, n'est-ce pas ?), le pince-nez de M. Guillaume, la cravate de M. Rates! Arrière tous les appareils douloureux, toutes les démoniaques trouvailles
qu'une atroce thérapeutique doublée d'une machiavé-
lique pédagogique avait forgés pour arracher aux
malades, non pas des sons intelligibles, mais des
plaintes et des gémissements en d'effrayantes grimaces et de hideuses contorsions! Arrière le bataillon
des instruments de torture hérités de l'empirisme
médical par la chirurgie contemporaine!

* *

Claudius Chervin et ses collaborateurs, sous prétexte de traitement, n'infligent pas un maltraitement
systématique à leur clientèle. Les exercices durent
vingt jours et se répartissent en trois périodes. Tout
d'abord, le silence est complet. Les organes se reposent.
Les habitudes vicieuses, grâce à l'inaction, s'assou-
pissent. Puis l'éducation de la parole commence. La
nature sert de guide. Le maître parle à l'intelligence
et, pour être bien compris, exécute toutes les démonstrations orales. Son explication est vivante. A chaque
instant il répète : « Regardez-moi, écoutez-moi :
faites comme moi. » Par l'imitation, par l'effort et
par l'entraînement gradués, variés, constants, l'élève
insensiblement arrive à poser la voix, à séparer les
sons, à les lier, à détacher consonnes, voyelles, syllabes, enfin mots et phrases. L'apprentissage raisonné,
fait avec une singulière précision, avec une lenteur
mesurée et calculée, sur un rythme logique, finit par
surmonter les plus tenaces difficultés. Une gymnastique particulière, d'abord respiratoire, puis muscu-

laire, fortifie les organes de la phonation, améliore le mécanisme, amène la production d'actes normaux, facilite le jeu des intonations et des inflexions régulières.

Peu à peu, les infirmes prennent confiance. Ils ne sont plus secoués, devant des interlocuteurs, par cette agitation nerveuse qui paralysait leurs efforts. Ils se laissent gagner à la douceur, à la bienveillance entêtée du professeur et ils arrivent, dans la conversation et dans la lecture, à un débit que leur envieraient même des avocats ! Les rouages, détraqués, faussés, mal agencés, se redressent, se mettent en place, se meuvent, luttent de vitesse, de vigoureuse agilité. Toute la machine oratoire met en branle ses soufflets, ses cordes, ses tuyaux, toutes les notes de son clavier sonore, et c'est merveille de l'entendre passer avec une artistique virtuosité du dièse au bémol, de la basse au fausset, moduler, susurrer, tonner, parcourir toute la gamme chromatique, toute la lyre ! Son heureux possesseur qui, au début, dans une mimique désordonnée de la tête, des bras et des jambes, poussait parfois des aboiements lamentables quand il ne lui arrivait pas de demeurer muet, peut, avant que trois semaines soient écoulées, poser sa candidature à une chaire de déclamation au Conservatoire ! Il peut en tout cas embrasser telle profession qui lui convient, sans risquer d'encourir le ridicule. Et il peut surtout manifester sa reconnaissance à l'utile et philanthropique dynastie des Chervin qui compte tout simplement dans son chef un bienfaiteur de l'humanité égal par le mérite aux L'Épée, aux Haüy, aux Braille !

*
* *

Et si tous ceux qui doivent à Claudius Chervin d'avoir pour ainsi dire recouvré la parole, savaient par quelle série de déboires et de rancœurs il a dû passer avant de découvrir à leur mal un remède efficace et durable, s'ils connaissaient son existence de lutte et de dévouement, ils l'entoureraient d'encore plus de respect et d'affection. Il n'est pas facile de faire le bien, même quand on a la passion de se dévouer : la vie de Claudius Chervin en témoigne.

Il est né à Bourg-de-Thizy, petite commune du Rhône, le 4 août 1824. Sa famille très ancienne, très considérée dans le pays, se livrait à la teinture des étoffes. Elle fut ruinée, au commencement du siècle, par la substitution du blanchiment au chlore, propagée par Berthollet, au blanchiment sur le pré. Contrainte par la gêne, elle se retira à Villefranche-sur-Saône. A peine âgé de douze ans, Claudius devient apprenti dans l'atelier où travaille son père. Il y reste quatre années, gagnant quelques sous à peine en un rude esclavage de treize heures par jour. On ne songeait guère alors à protéger l'enfance !

A côté de la maison paternelle, sur la grand'place, se trouvait l'École normale primaire d'instituteurs. Chervin, très intelligent, très désireux d'apprendre, regardait d'un œil d'envie les jeunes gens qui avaient le bonheur de s'y instruire. Un jour, le directeur qui a remarqué la vive intelligence de l'enfant demande à son père s'il veut le lui confier pour en faire un instituteur. Grande joie dans la famille. Une bourse est sollicitée et obtenue. Chervin reste quatre ans à l'École, y conquiert ses brevets et plus tard ouvre à *trois* de ses frères la carrière de l'enseignement où tous trois comme lui se distinguent.

En 1844, il est nommé instituteur communal à Albigny (Rhône). Il a 600 francs par an, en comptant la contribution scolaire. Et il trouve que c'est une fortune, cette misère ! La municipalité lui assigne une aile du château seigneurial. Comme l'édifice est en ruine, il choisit la pièce la plus confortable, l'ancienne salle d'honneur. Elle n'avait ni vitres aux fenêtres, ni plafond ; quelques poutres seules, à dix mètres de haut, essayaient d'abriter leur hôte, et fort mal,

de la pluie et du vent. A tout le moins c'était pittoresque et aéré. Et quel coup d'œil sur la vallée de
la Saône dont les flots d'argent serpentaient à l'horizon! Et puis Chervin n'était pas seul! N'avait-il pas
la compagnie de chats-huants et de tiercelets vivant
en famille tout près de lui?... Tel était le logis d'un
instituteur, au bon temps jadis, en l'an de grâce 1846!

*
* *

Chervin passe trois ans à Albigny. Il s'y fait remarquer par son zèle, par ses qualités professorales.
Parmi les enfants qui fréquentent son école, se trouve
un pauvre garçon qui bégaie horriblement. Chervin
s'adresse à un médecin, se fait prêter force livres de
physiologie et d'anatomie, s'ingénie, cherche et ne
trouve encore rien pour guérir son disciple. Mais il
atténue pourtant un peu son ânonnement. En 1847,
Chervin est nommé à Lyon instituteur. Dans son nouveau poste — ô douleur et ô joie! — il rencontre
encore un bègue. Pris de pitié pour lui, il s'acharne
à le corriger, et, en partie, à force d'énergie et de persévérance, il le corrige.

Il a trouvé sa voie. Il la suit jusqu'au bout. Il intéresse le docteur Bonnet à ses expériences. Très éclec-
tique, il essaie de tout, il expérimente tout, il prend
son bien où il le trouve, pour le bien de ses semblables. Sa réputation se propage; par malheur, elle se
propage trop. Un certain abbé Vincent, recteur de l'U-
niversité, lui enjoint d'avoir à cesser de s'occuper de
bégaiement ou de donner sa démission. Chervin,
déjà compromis par son républicanisme, — il avait
trempé dans le mouvement de 1848 — ne sait que
devenir. Il va rendre visite au docteur Bonnet,
homme de science et de progrès, qui l'engage à per-
sister et qui lui promet une pension équivalente à son
traitement, si on le casse.

Chervin poursuit son œuvre : elle reste, et lui avec,

et le recteur passe. En 1858, il est envoyé à Paris, en mission spéciale, pour suivre les cours du docteur Blanchet sur les sourds-muets. Il tire profit des leçons pour améliorer son système. Revenu à Lyon, il étend sa clientèle et sa réputation. En 1862, une commission donne aux cures que chaque jour il opère une sanction officielle. Chervin reçoit le beau nom d' « éducateur du langage ». En 1866, M. Duruy, ministre de l'instruction publique, de passage à Lyon, se fait présenter Chervin.

L'entrevue est curieuse. « Je suis bien heureux d'apprendre que vous êtes arrivé à corriger le bégaiement, dit le ministre à son subordonné. Je vous connais, en effet, un concurrent qui n'a pu obtenir autant de succès. » Chervin remercie le grand maître de l'Université de sa bienveillance et ne peut s'empêcher de lui dire, modestement, que d'autres peuvent faire et mieux que lui ce qu'il a tenté. « Oui, oui, réplique en souriant M. Duruy, mais rassurez-vous, votre concurrent a renoncé à vous disputer la palme. Il a changé de profession. Il est maintenant... ministre de l'instruction publique. » Et M. Duruy avec beaucoup de bonhomie raconte qu'au collège Henri IV, il avait fait, et en vain, tous ses efforts pour débarrasser un de ses meilleurs élèves d'un bégaiement préjudiciable à son avenir. Et il engage Chervin à venir s'établir à Paris.

L'année suivante, en 1867, Chervin fondait l'Institution des bègues. Au bout d'un an, elle avait reçu cent élèves, tant gratuits que payants. Depuis, elle en a soigné des milliers! La réussite est complète. De l'enseignement individuel, Chervin a passé, grâce à des combinaisons heureuses, à l'enseignement simultané. Il traite quinze élèves à la fois. Aujourd'hui, Chervin a formé à son école son frère Amédée et son fils, le docteur Arthur. Aujourd'hui, il a fondé des cours et bien des succursales, à Lyon, à Marseille, à Nîmes, à Valence, à Tours, au Mans, etc. Il a même rayonné au dehors, et, par l'entremise de ses collaborateurs, a porté le renom de sa méthode et de ses traditions — si françaises, si humaines — en Belgique, en Espagne, en Italie, et même en Russie... Et voilà ce que peut faire, à force d'élan et de volonté, un humble instituteur ! Aujourd'hui, après avoir beaucoup peiné pour les pauvres et pour les déshérités, il a la fortune, il a les honneurs... Ne les a-t-il pas bien mérités ?

PROFILS UNIVERSITAIRES : M. JOSEPH FABRE.

L'homme. — Le professeur. — Le député. — Le patriote. Le culte de Jeanne d'Arc.

Jeanne d'Arc est chez nous, depuis nos désastres, l'objet d'universels hommages. La bonne Lorraine devient pour le peuple de France le symbole d'une invincible espérance. Elle a, par l'épée, si vaillamment prêché d'exemple, si vivement malmené l'envahisseur, que la splendeur de ses triomphes et la tristesse infinie de son martyre, son intrépidité contemptrice de la mort, mettent en l'âme je ne sais quel élan, quelle audace vers les revanches futures. Il y a dans tous les cœurs comme d'invisibles fibres qui nous attachent à son grand cœur...

Mais à qui doit-on, en partie tout au moins, la saine et robuste affection que le patriotisme contemporain porte à la première des patriotes ? C'est sûrement à un écrivain qui, après les maitres raconteurs de la Pucelle, plus qu'eux-mêmes et au-dessus d'eux, avec plus de force, avec plus de passion et de raison, de science aussi, s'est fait le défenseur, l'apôtre, le dévot de Jeanne d'Arc : M. Joseph Fabre.

Protéger Jeanne d'Arc contre toutes les calomnies, préciser les points obscurs de sa carrière, graver la mémoire de ses exploits, de son procès, de son supplice dans l'admiration et dans la reconnaissance de la postérité : c'est la grande affaire de sa vie, c'est l'œuvre caressée, poursuivie, presque atteinte par sa résistance patiente et par son entrain. Statues, monuments élevés en l'honneur de Jeanne d'Arc, pièces à grand spectacle, vastes déroulements scéniques et hippiques, fête scolaire déjà, fête nationale bientôt : c'est lui qui, indirectement, a mis tout en branle, a pris l'initiative de tout. Il a des imitateurs qui essaient d'accaparer Jeanne, mais c'est bien lui le novateur, le rénovateur du culte, si l'on veut. Ce professeur de philosophie a prêché pour elle quand il était député ; il s'est fait historien pour elle ; pour elle il est devenu auteur dramatique. Et il a raison. Et il aura raison de plus en plus. L'amour rétrospectif qu'il a voué à la Pucelle vaut mieux que l'amour tardif voué par d'autres à de grandes dames très frondeuses et romanesques...

*
* *

M. Joseph Fabre réussira, réussit, parce que sa cause est excellente et parce que lui-même est excellent. C'est un sympathique ; et c'est un convaincu qui a une foi, une volonté et un don de se communiquer irrésistibles. Il ne faut pas causer cinq minutes avec lui pour être gagné à ses idées, tant il les soutient avec chaleur, avec sincérité, avec une logique qui a sa source dans l'émotion. A le voir seulement, on comprend que même parmi ses adversaires, hier, au Parlement, que parmi ses contradicteurs, aujourd'hui, dans la presse et dans les théâtres, il ne compte que des amis. Ses traits un peu rudes au premier coup d'œil, s'ils disent la fermeté, disent aussi la bonté, l'honnêteté profonde, une sorte de candeur que l'expérience n'a pas desséchée. L'œil, très noir, se livre bien, regarde droit, permet de lire toute la pensée, tout le sentiment en son intime vérité, et sait lire dans le regard, dans la conscience d'autrui. Tout le masque, dans la proéminence du

menton un peu fort, dans l'épanouissement de la bouche un peu large, se projette en avant, avec un air
de franchise et d'assurance, sans nuance de forfanterie
et de bravade. C'est l'attitude décidée d'un homme
qui croit à ses principes, qui tient à les propager, qui
est prêt à la lutte, résolument. La carrure est large, la
démarche vive, aisée, rapide. Tout l'être physique
est taillé pour l'action, pour la combativité, non par
désir de briller, mais par besoin de bien faire, de rendre service, de se prodiguer. La voix sonne haut et
clair, avec des éclats, des brusqueries, des emporte-
ments, que l'afflux des paroles et des arguments que
la sève montante des traits et des images provoquent,
font jaillir des lèvres toutes frémissantes d'improvisations inspirées. Même dans la conversation, l'orateur,
par échappées, s'entrevoit, prend son essor, plane...

.∙.

M. Joseph Fabre est né à Rodez, le 10 décembre 1842. D'origine obscure et pauvre, il est de ceux
qui sont à eux-mêmes leurs ancêtres. Dès le début,
il eût pu prendre comme devise le mot fier de son
héroïne : « Vive labeur! » Il fait brillamment ses
études au lycée. Dès la sortie, il se consacre au professorat. Il a là vocation de se répandre, de donner
son savoir, de dépenser sa verve, son enthousiasme.
Il est reçu licencié à Toulouse. Tour à tour, il enseigne
les lettres, puis la philosophie à Millau, à Figeac, à
Auxerre, à Toulon. En 1867, il est agrégé de philosophie. Il est nommé au lycée de Caen. Républicain
sous l'empire, il fait des conférences qui lui attirent
les foudres du pouvoir. Et puis il ne pense pas comme
les purs classiques. Ses cours sont hardis, plaisent
trop à la jeunesse. Sa parole vibre de trop fortes
claironnées en faveur de la liberté. Un inspecteur général est expédié dans sa classe. Sa visite, qui a pour
objet d'être dure, est malséante. Un conflit s'élève.

Fabre est suspendu... Oh! cette classe de Caen, oh! les classes faites par le jeune maître, comme tous ses disciples se les rappellent encore avec une sorte de frémissement, de commotion intérieure malgré l'envolement des années! La leçon n'était jamais faite en chaire. Le professeur arpentait à grands pas la salle, causait, et causait avec une telle abondance, une telle facilité, une telle précision et une telle poésie que bien souvent les plumes restaient en l'air et que le verbe s'inscrivait bien plus dans le cerveau que sur la page. J'ai pu entendre Fabre dans une de ces conférences instituées dès l'aube, au chant du coq, à Sainte-Barbe. Quiconque l'interrogeait, ne le prenait jamais en défaut. Sa mémoire abondait en citations que sa raison développait en belles conséquences. Je me souviens d'une théorie sur Kant demandée subitement et subitement exposée avec quel luxe de détails, avec quelle solidité de méthode! Les difficultés disparaissaient comme par enchantement. Tout devenait aisé, clair, engageant dans le système du criticien. Fabre m'apparut comme un magicien pour qui la dialectique était un jeu, tant il évoluait avec aisance en ses détours.

En 1872, il est chargé de cours à la Faculté de Bordeaux. Là encore l'originalité de son talent, sa vigueur de caractère lui valent une disgrâce. Il a trop de succès à ses cours de *Morale politique*. Ses *Notions de philosophie* ne sont pas assez orthodoxes. Le gouvernement de l'ordre moral ne saurait être tendre à ce moraliste qui vraiment par trop moralise et avec trop de droiture, de justesse et d'inflexibilité. Joseph Fabre est mis en non-activité par M. de Cumont en octobre 1874. En 1875, il rentre dans l'Université. Il est nommé à Louis-le-Grand, puis à Saint-Louis. En 1881, il est élu député à Rodez.

Le député vaut le professeur. Il figure avec éclat à la tribune. L'on n'a pas oublié l'intrépidité de son attitude en janvier 1882 dans la discussion des réformes constitutionnelles qui signalèrent la retraite du cabinet

Gambetta. En toute occasion, il fait œuvre utile. Son intervention contre le certificat d'aptitude pédagogique, son discours sur le serment judiciaire, surtout son rapport sur les membres des familles qui ont régné en France mettent son nom en pleine notoriété. Il défendit pied à pied le droit républicain de légitime défense contre les assauts de la réaction. Il fut éloquent, persuasif; il remonta aux principes; il se servit avec bonheur de l'histoire. Ses ripostes cinglantes démontaient ses adversaires. En 1885, sa candidature est acclamée par le Congrès républicain, mais il refuse d'être candidat pour ne pas détruire l'union du parti. Il est à l'heure actuelle maître de conférences à l'École normale de Sèvres.

Rentré dans le rang, il a repris sa tâche avec tout l'élan de sa pédagogie — un peu calmée, un peu assagie par l'âge, — avec une virtuosité croissante. C'est un éducateur incomparable. Son auditoire, composé de futures éducatrices, le tient en particulière estime. Il se surmène pour ses élèves à qui il ne refuse jamais temps, peines, conseils, encouragements, discussions théoriques. Il n'est pas rare que dans son petit appartement de la rue de Fleurus, encore tout plein du souvenir qu'y a laissé une mère adorée, les jeunes filles viennent le consulter, le feuilleter, lui soumettre leurs doutes et leurs hypothèses. Et même, parfois, dans le jardin du Luxembourg, cadre charmant pour un charmant tableau, on le voit qui péripatétise, — oh! sans pédantisme, sans vanité! — avec ses étudiantes! Souriez, si vous voulez. Moi, j'admire et je m'incline...

*
* *

...Je ne garantis pas, qu'en dehors des systèmes, depuis Thalès jusqu'à nos jours, il ne leur parle pas un peu de Jeanne d'Arc. Il en parle toujours et avec tant de chaleur. Il a été amené à la connaitre et à l'aimer en s'adonnant à la publication d'ouvrages pour l'in-

struction populaire sur l'héroïsme civique, chez Dela-
grave. Il a d'abord passé en revue les libérateurs, puis
il est arrivé à *Jeanne d'Arc, libératrice de la France*. Il
lui a consacré un livre de simplicité vigoureuse et nette,
tout soulevé d'un souffle ardent. Il est entré ensuite
plus. avant dans son sujet, entraîné par sa sympathie,
par sa pitié. Il a établi sur documents les pièces du
procès de condamnation, du procès de réhabilitation.

Et en même temps que son érudition se précisait,
que ses vues devenaient plus sûres, sa propagande
se tournait de jour en jour davantage en apostolat. Il
réclamait que le 8 ou le 30 mai fût célébré solennellement par toute la France. « La nation a sa fête de la
liberté. Elle aurait sa fête du patriotisme. » Elle faillit
l'avoir. Elle l'aura. Et déjà la France scolaire, la
France de demain, l'a obtenue...

Récits historiques, fixation d'un anniversaire, cela
ne suffit pas à Joseph Fabre. Il vient d'écrire un drame
sur Jeanne d'Arc. Pas à pas, il a suivi la tradition. Il
s'est inspiré du milieu, de l'époque. Il a, dans un langage sobrement archaïque, ici puissant, là de charmante suavité, il a, en des tableaux bien dessinés,
bien arrêtés, et de solide composition, en des épisodes
soigneusement choisis, étudiés, combinés, rendu vivante à nos yeux la figure de Jeanne. C'est vibrant et
c'est reposant. C'est le tumulte brutal de la guerre et
la tranquillité entrevue des champs. C'est la cour, le
peuple, l'armée, les paysans, c'est les Anglais et les
Français, qui agissent, luttent, se plaignent, meurent
en leur exacte attitude.

Naturellement, la Comédie-Française qui, de plus en
plus, devient le théâtre de la.... camaraderie française,
a refusé la pièce sans même la lire. Elle serait, a-t-on
répondu à l'auteur, de nul profit. De nul profit ? quand
la *Jeanne d'Arc*, de Barbier, malgré son insuffisance,
a fait recette, quand l'Hippodrome a encaissé des sommes énormes à étaler ses criardes exhibitions !

Rouen est plus avisé que Paris. Son théâtre a reçu

la *Jeanne d'Arc* de Fabre, qui y sera jouée bientôt, en la ville où la Pucelle fut brûlée. Et nous avons l'espoir que, soit la Gaîté, soit le Châtelet, en donneront le mâle spectacle au public, au grand regret de M. Claretie, qui se consolera avec *Pepa*, *les Petits oiseaux*, *Une famille* et ses autres succès ? (1)...

UN PEU D'ÉLOQUENCE (1889).

Les discours prononcés dans les distributions des prix en province et à Paris commencent à paraître. Je reçois, comme chaque année, une foule de brochures aux couvertures multicolores. J'ai passé toute une journée à lire une douzaine d'allocutions. — « Douze allocutions ! s'écrie un de mes lecteurs ! Mais vous n'êtes pas mort d'ennui ! Vous avez eu le bonheur de ne pas assister aux douze cérémonies, de ne pas être assourdi de douze musiques, de ne pas subir l'ânonnement de douze palmarès — et, d'un trait, vous avalez douze harangues ?... »

Eh ! oui, et je les avale, goutte à goutte, comme des tasses de bon moka, et je leur trouve une saveur délicieuse. Tel orateur me plaît par la gaieté de son langage, tel autre m'enchante par la poésie et par le charme qui se dégage de ses expressions, tel autre enfin a de l'esprit et de la force, et une réelle éloquence. Ah ! si l'on savait quelle floraison de talent chaque nouveau mois d'août fait éclore... Mais c'est chose entendue, jugée... Les professeurs sont toujours des pédants en robe ; ils cultivent le genre ennuyeux ; ils ne sauraient soit amuser, soit émouvoir ; le public a son opinion faite là-dessus et chacun sait que le public ne peut se tromper.

(1) La *Jeanne d'Arc* de M. J. Fabre a été jouée au théâtre du Châtelet, non sans retentissement. Elle a reçu bon accueil de la critique et du public.

*
* *

. Je me tais donc, — sans murmurer, — comme le veut un couplet d'opéra-comique, et je me contente de prendre mon plaisir où je le trouve. Sans compter que mon plaisir se double d'un profit, car les universitaires, qui, du haut de l'estrade, s'adressent aux enfants et aux familles, ne manquent pas de donner leur avis sur les méthodes nouvelles, sur les réformes projetées. Les uns se déclarent admirateurs du passé, les autres se tournent, sans renier entièrement les avantages des humanités latines, vers les humanités modernes. Les divers modes d'instruction et d'éducation sont exposés dans des mémoires qui, pour revêtir une forme appropriée à la nature de l'auditoire, n'en sont pas moins très suggestifs d'idées. A travers les périodes qui développent leur rythmique enroulement, je découvre l'indice des soucis et des aspirations qu'éprouve l'enseignement secondaire. Une phrase, un simple mot projettent une vive clarté sur un regret, sur un désir, sur un découragement, sur un espoir... Ah! le bon, le solide volume, et combien profitable aux intérêts des maîtres et des élèves l'on composerait, si l'on réunissait les meilleurs d'entre les discours qui, dans les plus humbles collèges comme dans les plus brillants lycées, marquent la fin des travaux scolaires! Ce serait une collection de rapports incomparables... Le fera-t-on jamais?...

*
* *

L'année 1889 aura été excellente pour la moisson de pensées que, pendant les vacances, je retire des discours et j'essaie de nouer en gerbes. Paris surtout s'est surpassé : il a fêté dignement le Centenaire.

A Condorcet, M. Terrier, professeur de rhétorique, a pris pour sujet : « Du patriotisme dans les lettres. »

C'est M. Foncin, le secrétaire général de l'Alliance française, qui lui a répondu — en vrai patriote...

A Charlemagne, M. Pacaut, professeur de philosophie, a traité : « Du caractère essentiellement libéral et humain des études classiques. »

A Janson de Sailly, M. Lachellier, professeur de philosophie, a rajeuni le vieux thème du travail et de l'énergie, et M. Deschanel, qui présidait la séance, a fait une conférence humoristique, digne de la salle des Capucines, sur le progrès. Comme les prix étaient donnés au Trocadéro, il a tiré des effets très ingénieux du cadre pittoresque qui entourait l'assistance.

A Michelet, M. Bauer, professeur d'allemand, a, comme M. Josse, parlé d'orfèvrerie. Il s'est étendu, avec beaucoup de sûreté et de méthode, sur l'étude des langues vivantes. Il n'a pas caché les efforts qu'il faut encore tenter pour s'assimiler les idiomes en usage chez nos voisins.

A Lakanal, M. Franck, professeur de l'enseignement spécial, a retracé en termes piquants la vie de l'écolier autrefois et sa vie actuelle. A Saint-Louis, M. Schœfer, professeur d'histoire, a brodé, avec beaucoup de finesse, des variations sur la même comparaison, mais il a pris comme termes de rapprochement les dates de 1789 et de 1889.

*
* *

J'ai gardé Stanislas, Rollin et Louis-le-Grand pour le bouquet.

A Stanislas, M. Émile Trolliet, professeur de seconde — professeur laïque — comme l'a été M. Larroumet, comme le sont MM. Desjardins, David-Sauvageot et tant d'autres, a lu des vers qui sont vraiment d'un poète. Je n'attendais pas moins de celui qui, hier encore professeur de rhétorique au lycée de Nîmes, remportait le prix d'éloquence à l'Académie française pour son *Éloge de Beaumarchais*.

Émile Trolliet a chanté le *Rêve de Phidias*. Le sculpteur athénien veut, pour son Parthénon, une statue de Minerve et il est obsédé par la crainte de ne la point faire assez belle, de ne point la revêtir d'assez de grâce. Car Minerve, pour lui, c'est l'âme même de la Grèce, c'est son génie, ce sont ses arts, c'est son patriotisme. Comment un mortel pourrait-il confier au marbre un idéal si parfait ?... Mais, confiance! La déesse conduit la main du génial ouvrier. Son œuvre naît vivante, et vivante pour toujours...

> Car tous les Darius et tous les Attilas
> Peuvent de leurs soldats, vaste mer débordée,
> Engloutir un pays, mais non pas une idée :
> Toujours surnage une âme et flotte une Pallas.

A Rollin, M. Monin, le professeur d'histoire à qui l'on doit des publications documentaires de premier ordre sur la Révolution française, a disserté sur la haute et sévère science qu'il a mission de distribuer. M. Paul Strauss, conseiller municipal, a obtenu un franc et légitime succès en se faisant l'avocat de la *Ligue nationale pour l'éducation physique*. Je voudrais que chacun fût à même de méditer et de suivre ses conseils. Ils ont quelque chose de viril et de résolu qui entraînera les plus récalcitrants. Avec la verve qu'il sait toujours introduire dans ses articles et dans ses improvisations, il fait leur procès à la routine, à l'esprit de résistance et d'immobilité. Et il le fait sans avoir l'air d'y toucher, en lettré sûr d'être compris à demi-mot.

M. Paul Strauss préconise ce qu'il appelle « la culture de l'homme ». Il demande l'égalité dans l'alternance du repos et du mouvement. Il ne cherche pas ses exemples en Angleterre, mais en Grèce. « Avec quelle sollicitude, dit-il, ne veillait-on pas sur la jeunesse pour la parer de toutes les grâces du corps et de tous les charmes de l'esprit, pour la faire s'épanouir en toute beauté, comme une admirable plante,

comme un merveilleux modèle d'art! » Et il demande
à ses auditeurs, qui « aiment la Grèce, de s'imprégner
de ses mœurs pratiques, d'en répandre le goût, d'en
vulgariser l'usage ». Et il s'écrie en terminant :
« L'heure des adhésions platoniques est passée; le
moment de la période active est venu. »

Je parie que plus de cent jeunes Rollinois, après
une si chaude exhortation, ont couru chez Paschal
Grousset et ont signé leur adhésion sur les registres
de la Ligue. On les verra sur les pelouses du Bois...

*
* *

A Louis-le-Grand, ç'a été un régal de délicats.
M. Rocheblave, professeur de troisième, s'est distingué
par son originalité. Il a, dans une allégorie, évoqué
et reproduit la physionomie morale de la jeunesse aux
époques les plus fameuses et les plus contrastantes
du siècle (1789, 1815, 1830, 1848, 1870). Quand il est
arrivé à la génération actuelle, il lui a montré le noble
rôle qu'il lui était donné de jouer dans l'histoire de la
France et il a fait appel à ses sentiments patriotiques.
Il a cité, dans sa péroraison, de beaux vers dus à
M. Eugène Manuel, qui semblaient comme le vivant
résumé de sa vision, où la réalité le disputait à la fantaisie, où le sérieux se montrait sous le caprice et sous
le songe...

*
* *

M. Eugène Manuel, président, qui avait à parler
après Paul Janet, Ludovic Halévy, E. Deschanel, les
porte-paroles des années antérieures, s'est surpassé
dans un genre où il est pourtant passé maître. Il a le
don, il a l'art de trouver le chemin des intelligences
et des cœurs. Aussi bon prosateur que distingué poète,
il excelle à rendre des nuances qui sont dessinées
par une raison aimable et nuancées par une charmante
imagination. Il a une certaine mélancolie qui toujours

se relève par un sourire. Il a l'expérience des hommes et des choses; il a beaucoup vu, et dans ses souvenirs il peut puiser à l'infini des anecdotes, des traits qu'il enveloppe d'une morale saine, infiniment insinuante et engageante en sa discrétion.

C'est bien le dixième discours de lui que j'entends ou bien que je lis. Et c'est la dixième fois que j'admire l'ingéniosité et la souplesse de son talent qui jamais ne se répète, mais, au contraire, se renouvelle et se rajeunit. M. Eugène Manuel a écrit des pages qui souffriraient la comparaison avec tel morceau célèbre de Jouffroy. Il serait à souhaiter que l'auteur des *Ouvriers* les ajoutât à ses œuvres. Le livre ne manquerait ni d'amateurs ni d'amis.

M. Eugène Manuel a prêché le goût de l'initiative, de l'effort, de l'en-avant, de l'action. Il revenait d'Algérie et il a opposé au fatalisme des Arabes qui se résout en paresse et en inaction, l'énergie des Français qui se déploie dans les splendeurs et dans les chefs-d'œuvre de l'Exposition. Il recommande aux jeunes gens le labeur incessant et fécond. « Pour payer un jour sa dette, nul ne saurait se préparer trop longtemps à l'avance, ni ménager ses forces. On commence avec l'alphabet et le chiffre, on aboutit à toutes ces merveilles. » Il veut, comme Paul Strauss, faire sa part au corps, mais il s'élève contre ceux qui crient que les cerveaux sont excédés. S'il consent à ce que l'on donne aux écoliers plus de muscles et de sang, il condamne « l'inertie raisonnée de l'esprit, l'indifférence systématique »: il réprouve avec vigueur « les siestes de l'attention et les vacances de la volonté ».

Il se déclare partisan du surmenage — non pour l'enfant et pour l'adolescent, — mais pour l'homme digne de ce nom. « Dans la lutte pour la vie, il est la condition même du combat. L'histoire ne se souvient que des nations qui se surmènent : elle oublie dédaigneusement celles qui abdiquent et qui se reposent. » La péroraison est toute vibrante, toute enflammée

d'ardeur et d'élan. « La République du vingtième siècle
aura besoin d'hommes : vous n'avez pas à vous ré-
veiller, jeunes gens, mais il ne faut pas vous endor-
mir. » C'est un *sursum corda* qui aura été entendu!

QUELQUES DISCOURS ET QUELQUES IDÉES (1890).

Il y a bien eu vingt-deux discours prononcés à Paris,
aux dernières distributions de prix, dans les lycées et
collèges de l'État. Vingt-deux ! Et je les ai étudiés.
Peut-être est-il un peu tard pour vous en parler. Mais
ils ne paraissent que quinze jours après la fête. Force
est bien de les attendre pour les connaitre. Mais est-il
bien nécessaire de les analyser? Oui, certes. Ils vous
apprennent ce que l'on pense dans l'Université, et dans
un temps où ce que l'on y pense intéresse vivement
le pays tout entier.

Pour qui lit un peu entre les lignes, il est aisé, à
travers les artifices de style et les réticences de composition, de deviner les intentions, les idées de derrière
la tête. Les allocutions, quoique surveillées, revues,
retouchées pour éviter les critiques souvent malveil-
lantes d'ennemis intéressés, reflètent les véritables
sentiments, les inquiétudes, les espérances d'une
élite.

Quelle contribution à l'histoire de l'enseignement
n'apporterait pas une collection bien classée des harangues enfantées depuis Napoléon Ier jusqu'à nos
jours? On y suivrait la vie même de l'Université, en
ses défaillances, en ses progrès. N'est-ce pas M. Eugène Manuel qui conserve, en un bon coin de sa bibliothèque, tous ces discours où de jour en jour se dessine
l'orientation des doctrines éducatives? N'est-ce pas lui
qui me disait que sous les mots qui s'envolent aux
quatre vents des vacances et de la liberté estivale, il
y avait les idées et qui restent, riche provision pour

les saisons de labeur?... Et voilà pourquoi, quand ils
m'arrivent coquets, tout habillés de blanc, de vert,
de rose, les longs discours, doublement solennels, ne
me font pas peur. Ils me donnent la moyenne des impressions éprouvées par des gens très sages, fort pon-
dérés, le *la* très exact des théories en discussion. C'est
de la pédagogie qui, pour être cicéronienne, de ses
ronflements n'endort pas l'esprit, mais l'éveille plutôt,
l'élargit, le provoque à la réflexion. Les réformes où
elle se hausse, les progrès où elle prétend, ne sont
pas réclamés à grand fracas, mais sont indiqués avec
combien d'habileté! C'est une série de causeries, de
revues monologuées, qui résument l'année scolaire et
qui, parfois, devancent les temps, scrutent l'avenir...

*
* *

Avoir à se faire le porte-parole de ses collègues
quand s'effectue la remise des prix et des couronnes :
grosse affaire pour un professeur. Les plus hardis ne
sont pas rassurés. Pénétrons dans la coulisse. Vous
comprendrez pourquoi l'invitation si souvent s'évite.
Il est presque aussi malaisé, et pour cause, d'adresser
quelques phrases aux familles et aux chers « élèves »
qu'à un académicien de dérouler ses périodes sous la
coupole de l'Institut.

« Qui est chargé du discours? » se demande-t-on,
non sans quelque appréhension, dès la Pentecôte.
Pourvu que ce soit le voisin ! Si l'on allait être choisi !
Se creuser la tête pour trouver un sujet ni trop banal
ni trop original : dure perspective ! Si l'on est le dernier venu, — le dernier nommé, je veux dire — l'on
est pris. La tradition tend à s'établir. Le nouveau paie
son entrée dans le docte corps par un petit plat d'éloquence, à moins qu'un ancien, au physique avanta-
geux, à l'organe sonore, devant une brillante assistance, ne désire briller. Cela s'est vu.

Alors les petites tribulations commencent. Mettons
que l'idée vienne vite. Dare dare, on couche le développement sur le papier. Puis on arrange, on fignole,
on cisèle les paragraphes, on sème de ci de là des
fleurs, on relève la fin des passages à effet par un trait
à sensation. C'est fini? Point. L'œuvre est soumise au
proviseur qui la soumet à l'inspecteur d'Académie qui
la soumet au recteur. Chacun ôte un mot, chacun
ajoute un mot. Chacun souligne, crayonne. Sa prose
revient à l'auteur accompagnée de ces barres noires
que la censure, si prude, si vite effarouchée, a coutume d'appliquer aux drames, aux comédies.

Au fond, c'est justice. Les correcteurs ne sont si
scrupuleux que parce qu'ils sont responsables. Si l'on
s'offensait, dans l'auditoire, d'une plaisanterie mal
comprise! Si l'on prenait en mauvaise part un soupçon
de fantaisie, une ombre de désinvolture! Les « journaux
de la localité » ont tôt fait de distribuer un blâme à
l'administration, au corps enseignant. Il y a des feuilles
de Paris qui volontiers font chorus, — on le sait. Gare
aux incidents malignement exploités !

Comment faire pour contenter mille enfants, et
leurs pères, et leurs mères surtout? Comme il convient d'être adroit, discret, de dérober les allusions,
d'escamoter les finesses ! Il y faut un art spécial,
un don. Il s'agit d'aiguiser des pointes qui ne pi-
quent pas trop, et, si l'on hasarde une épigramme,
de l'émousser, pour qu'elle ne fasse pas blessure, pour
qu'elle épargne même le premier sang. Savez-vous
nuancer les couleurs, les dégrader, les atténuer ; avez-
vous avec du tact, de l'esprit, avec un grand fonds de
sérieux, un petit rien de légèreté ; excellez-vous à
glisser sans appuyer, vous sentez-vous de force à exprimer votre pensée, et sincèrement, mais sans avoir
l'air d'y toucher, pouvez-vous prendre sur vous de ne
jamais forcer la note et grossir la voix? Alors, risquez-
vous. N'hésitez plus. Vous êtes né pour vous produire
sur une estrade, en face de chapeaux à la Rembrandt,

devant des toques vénérables. Vous aurez et à bon droit l'estampille officielle.

Vous réussirez, surtout si vous savez lire, et, sobrement, mais plastiquement, user du geste. Savoir lire... pour être écouté, c'est peut-être ce qui manque le plus à cette foule d'orateurs très distingués... qui savent si bien... écrire. En tout cas, votre production sera livrée aux typographes. Elle passera à la postérité dans les palmarès. Elle servira de préface aux succès des lauréats. Et même, tant l'*Alma Mater* est généreuse, elle vous offrira cinquante exemplaires du morceau oratoire tiré à part pour le brave agrégé qui a osé affronter le feu des lorgnettes féminines et le verre d'eau consacré. Et à la fin août, vous recevrez la brochure qui contient le balancement rythmé de vos phrases très soignées et vous pourrez la distribuer à vos amis qui se plaindront de la recevoir encore trop tôt.

* *

Les voici tous sur ma table de travail les discours qui ont résonné dans les onze lycées et collèges de Paris. Quelle dépense de talent! quel effort pour éviter l'ennui! quel souci de l'actualité aussi! Le journal quotidien produit son effet. De ci de là, je reconnais l'influence de nos chroniqueurs en renom. La plume a couru vive et sautillante. Elle a eu de jolies trouvailles. Elle renonce de jour en jour au pédantisme, à la majesté d'emprunt. Elle prend de la grâce, et, très moderne, elle est preste, enjouée, mondaine presque.

De quoi s'est-on occupé en l'an d'influenza 1889-1890? Du baccalauréat. Vite M. Deschanel, qui préside au lycée Charlemagne, en dit un mot. Il est pour le livret scolaire, « tableau géographique de la réalité ». Mais il se prononce contre les études modernes. Classique par vocation et par habitude, il défend les vieilles humanités. Il a peur des citoyens utiles en qui il voit des « esprits bas de plafond ». Dame! si le plafond est solide, il tiendra plus longtemps que l'aérienne et fragile envolée des coupoles trop audacieuses...

L'histoire est en honneur? Elle tient une large part dans les programmes? Elle a ses apologistes, un peu orfèvres, mais avec tant de bonheur! M. Guillot a montré quel parti pouvait tirer la jeunesse de ses antiques enseignements, sans cesse renouvelés par les faits. Au collège Rollin, le même thème a été abordé par M. Fénal. Il a insisté sur les avantages que la connaissance des lois historiques présentait à une démocratie. « Vous apprendre l'histoire, c'est vous préparer, dès le collège, à la vie sociale qui vous attend. » Elle est une école de patriotisme et de morale. Elle élève les âmes dans le culte de la liberté. Elle trempe le caractère. Et M. Paul Strauss, qui présidait, a repris la même question en un beau langage...

Les problèmes que soulève l'adaptation de la discipline scolaire aux mœurs du temps sont à l'ordre du jour? Trois orateurs s'en occupent. Au lycée Condorcet, M. Salomon préconise le naturel dans l'enseignement. Le maître doit se faire tout à tous, descendre à une familiarité qui n'exclut pas le respect et l'obéissance. A Louis-le-Grand, M. Hugot prend la défense des études faites en commun. « Il faut que l'enfant, né pour tous, s'accoutume à vivre avec tous. » Il veut qu'il se plie à l'effort, à la peine, au lent travail de la réflexion. Il s'élève contre la suppression des difficultés nécessaires. Il demande qu'on forge des générations prêtes à supporter les fatigues, à affronter les luttes. Et c'est par l'éducation morale que se forme l'âme d'une nation. Quelques jours auparavant, un éducateur dont l'opinion fait autorité, M. Pressard, au petit lycée Louis-le-Grand, avait donné mêmes conseils. O l'aimable et souriante homélie que cet homme de cœur a su adresser à toute cette réunion de disciples à qui depuis si longtemps il prodigue les trésors de son savoir et de son expérience! C'est gai et pourtant la leçon porte. C'est gentiment décoché, mais ça va au but sûrement. L'excellent vice-président de l'Association Philotechnique conte avec beaucoup de bonne humeur ses années de collège sous le règne de Louis-Philippe, au fin fond de la Bretagne. Il y a là un tableau à retenir sur la distribution des classes et des récréations, sur le costume : « Chapeau à haute forme, col de crin, habit bleu foncé, à pans, boutonné droit par devant, avec des boutons de cuivre que nous astiquions deux fois par semaine : chacun était muni d'une patience, d'une brosse et de blanc d'Espagne ; quelques raffinés avaient du tripoli. Les pardessus, capotes, cache-nez n'étaient point autorisés et nous ne nous en portions pas plus mal. » Pour mobilier, des bancs sans tables. On écrivait sur les genoux. Nombre de camarades qui se destinaient à être prêtres avaient, en cinquième, vingt ans. On les faisait bien enrager, avoue M. Pressard. Les punitions étaient terribles. Pour une vétille, on soumettait pendant deux jours au régime cellulaire, même un futur professeur... Et pourtant, je ne garantirais pas que M. Pressard ne regrette pas les horreurs d'un si terrifiant système. Il m'a l'air très féru d'autorité. Il reconnaît d'ailleurs que si elle se perd, la faute en est aux familles. En quoi il a mille fois raison. Mais pourquoi est-il si peu l'ami du *Lendit?* Pourquoi prend-il à partie « ses triomphes et ses attraits publiquement glorifiés » ? Pourquoi s'imagine-t-il qu'une école où l'on se fortifie — corps et âme — est une école où l'on s'amuse ?...

Par bonheur, les exercices physiques un peu moqués là ont été honorés et grandement. Au lycée Michelet, M. Eugène Lintilhac a plaidé leur cause. Il a fait ressortir leur noblesse morale. M. Gustave Larroumet, qui lui répondait, a démontré, avec beaucoup d'à-propos, l'importance attachée à la gymnastique par l'écrivain national dont la maison de Vanves porte le nom. S'il ne dit rien du cheval, de l'escrime, de la lutte, du saut, de la nage, il recommande les courses sur la montagne et aux bords de la mer. « Quel est le but de l'homme ?

écrit-il. *D'être homme*, au vrai et au complet, de dégager de lui tout ce qui est dans la nature humaine. Quelle voie et quel moyen pour cela? *L'action.* » Et c'est l'action, aussi, qu'au lycée Saint-Louis, pépinière d'officiers, prêche M. Nicolas. Il fait un panégyrique en règle du trapèze et de la barre fixe. Il invoque les auteurs en latiniste qui connaît les textes à fond. Il est heureux, à l'encontre de M. Pressard, de la petite célébrité acquise par les vainqueurs des concours athlétiques. « Un peu d'engouement était fatal, nécessaire même, pour nous sortir de la dégradation physique à laquelle nous menait l'oisiveté corporelle. » La gymnastique est nécessaire. Le bon sens, la morale, l'esthétique, tout la fait valoir. « Un bras vigoureux est un serviteur précieux pour une tête solide, et, dans une large poitrine, le cœur bat plus à l'aise... Vous êtes vaillants, soyez robustes. » Je signale toute la page à mon ami Paschal Grousset. Il a trouvé en M. Nicolas un apôtre combien convaincu, combien vibrant et enthousiaste!...

Je passe, je passe des discours et des meilleurs. Janson pourtant m'attire avec M. Stropeno, Henri IV avec M. Fiévet, Hoche avec M. Dejean de la Batie, Buffon avec M. Dietz qui, dans le nouvel établissement où pour la première fois se décernent les prix, a tenu à causer de Buffon. Mais voici des matières graves que j'entends traiter et qui sollicitent mon attention. Dans ce même lycée de Vaugirard, M. Frédéric Passy n'a-t-il pas, en une brillante improvisation, soutenu la nécessité de fonder enfin dans notre pays un enseignement moderne qui satisfasse aux exigences et aux aspirations de la société contemporaine? Et M. Bourgeois, ministre de l'instruction publique, n'a-t-il pas déclaré, en Sorbonne, devant les lauréats du concours général, qu'il prenait en main la constitution des études classiques françaises? Et, ce qu'il a annoncé, il le fera.

Oh! certes, nos lycéens ne sont pas à plaindre. On

ne se désintéresse pas de ce qui leur tient à cœur.
On les suit de près sur les bancs du collège. On se
demande même à quoi ils réfléchissent, quel est leur
« état d'âme ». On se penche sur eux avec anxiété pour
les interroger, comme MM. de Vogué et Lavisse se
penchent sur leurs frères aînés, les étudiants. M. Pel-
lisier, au lycée Lakanal, tente de les guérir de maladies dont, pour ma part, j'espère et je sais qu'ils ne
sont pas atteints : le fatalisme, la pessimisme, le dilettantisme. Il attaque avec force le culte du « moi ».
Il les convie à l'amour de la solidarité, de la fraternité
sociales. Et M. Jules Claretie, au lycée Henri IV, n'a
pas été moins dur et justement aux petits « fin de
siècle » qui ont la fatigue d'agir et le dégoût de vivre.
Il demande aux jeunes gens de nous faire une belle
fin de siècle, en restant fidèles et dévoués à ces grands
mots qui font les grandes choses : « La science, le
devoir, la famille, la patrie... »

LA POÉSIE EN SORBONNE (1891).

Que de discours! que de discours! A Paris seulement trente professeurs et présidents de cérémonies
solennelles ont parlé devant le verre d'eau sucrée. Et
il y a des allocutions tout à fait originales, marquées
du coin de la raison, de l'imagination. Ils ne sont pas
à plaindre les lauréats qui ont applaudi MM. Parigot
et Goblet à Janson-de-Sailly, M. Lavisse à Henri IV,
M. Foncin à Voltaire, M. Agabriel à Saint-Louis dans
son éloge de la « vocation militaire », M. Eugène Manuel à Charlemagne où il a évoqué devant ses « jeunes
camarades » le passé de la vieille maison universitaire... Ah! que tout cela se modernise! Où est la
harangue surannée de la bougonne pédagogie? L'ennui est mis en fuite. La verve, l'esprit français prennent sa place...

. La distribution des prix en Sorbonne a été une fête de l'esprit, tout un évènement, une révolution même! On s'attendait à une séance très curieuse. On l'a eue. La poésie a obtenu droit de cité en Sorbonne, grâce à un « maitre ès lettres modernes ».

. On se demandait : « Comment François Fabié, le poète de la *Poésie des bêtes* et du *Clocher*, s'y pren- dra-t-il pour faire accepter, en Sorbonne, un discours en vers? Comment accueillera-t-on les rimes de cet aède qui, aux yeux de quelques-uns, a le tort d'être professeur de nouveautés trop hardies pour nos clas- siques... Et M. Bourgeois, va-t-il parler de ces huma- nités modernes qu'il essaie d'introduire en France? En fera-t-il l'apologie et en quels termes? » Et l'on sentait qu'en la nouvelle Sorbonne, dans ce cadre unique que rehaussent les chefs-d'œuvre de la statuaire contem- poraine et la merveilleuse fresque de Puvis de Cha- vannes, quelque chose de nouveau allait se produire...

Quel admirable liseur que ce Fabié! On s'atten- dait en le voyant tout chétif, tout frèle, à ne percevoir qu'un filet de voix; mais, tout au contraire, son organe est d'une étonnante puissance et emplit le vaisseau de ses ondes largement, continûment. La diction nette, rude, va bien au caractère de son poème qui exprime fortement des sentiments forts. Le rythme est comme martelé par les tons graves du méridional virtuose. La nature supplée à l'art, au point qu'elle donne l'il- lusion d'une déclamation longtemps travaillée. Mais ce qui surprend, ce qui saisit et entraine, c'est la vivacité, c'est l'élan du récit, la spontanéité écla- tante, l'émotion vraie, le cri du cœur. Mounet-Sully, qui était dans les tribunes, donnait le signal des bra- vos... Pendant une demi-heure ce n'a été qu'une ova- tion. Le talent s'était imposé. La Muse avait appri- voisé toutes les résistances...

L'apologie des vers français a été faite vraiment en vers français. Il les faudrait tous citer, tant ils sont personnels, vibrants, vivants. Souvent Fabié s'est souvenu qu'il était le chantre de la moisson, de la terre, des pâtres et des bouviers, il a emprunté le meilleur de ses comparaisons, de son inspiration à la vie des champs et des monts...

M. Bourgeois, qui n'imite pas le sous-préfet de Daudet et qui ne fait pas des vers, a, en fort belle prose, parlé fort peu de pédagogie et beaucoup de philosophie morale. Le discours, très éloquent, très heureux, a été dit de ce ton que l'on sait à la fois ferme, et enveloppant, et caressant qui a concilié tant de sympathies au ministre dans les milieux d'étudiants tout comme dans le monde politique. On espérait que les « humanités modernes », que le nouvel enseignement serait présenté, défini, expliqué; mais M. Bourgeois qui, en 1890, avait tracé la silhouette du jeune homme moderne, n'a pas voulu, en 1891, récidiver. Et puis son silence est peut-être plus habile que n'eût été une harangue sur des programmes applicables seulement à l'heure actuelle...

Et M. Bourgeois a fait une allocution sur l'idéal, sur la formation du caractère. Il a dit aux lauréats quels devoirs, quelles responsabilités incombaient à leur patriotisme — qui combat pour la raison et pour l'humanité. Son langage a été salué par des acclamations d'une élite qui a su gré à l'orateur de l'avoir jugé digne de se hausser à des pensées si graves et si sérieuses.

Puis la séance s'est écoulée dans le fracas habituel des claquements et des trépignements dont chaque lycée salue ses représentants couronnés. Condorcet soigne en particulier ses camarades. Quelle frénésie! quel ouragan de salves! Les heureux parmi les heureux — et les plus chaleureusement fêtés — ont été Jordan, de Stanislas, prix d'honneur de mathématiques spéciales; — Rudler, de Louis-le-Grand, prix d'honneur de rhétorique; — Drouin, de Janson-de-Sailly, prix d'honneur de philosophie, et reçu le premier à l'École normale supérieure (section des lettres).

L'École moderne. 19

La foule, entassée sur des gradins, s'échappe par toutes les issues. Je m'en vais me répétant une des strophes de Fabié qui, dans mon souvenir, module un air conservé à toujours — et sur les marches de la cour je vois assis l'excellent Léon Cladel qui, jadis, a deviné, protégé, proclamé le talent du poète et qui l'attend pour être le premier à lui donner une fraternelle étreinte.

————

LA BIENFAISANCE SCOLAIRE

L'ORPHELINAT DE L'ENSEIGNEMENT PRIMAIRE.

C'est une joie pour moi d'avoir à parler de cette œuvre humaine entre toutes, fraternelle et sociale, qui s'appelle l'Orphelinat de l'enseignement primaire. Je suis ses progrès d'année en année avec un intérêt passionné, non par curiosité de statisticien, de dilettante, mais par sympathie, par une admiration émue pour les services qu'elle rend à ces dévoués, à ces modestes, à ces ignorés : les institutrices, les instituteurs. Je vois en elle, sous une forme qui chaque jour s'améliore, une manifestation grave et touchante de cet instinct de la solidarité, qui, en notre âge d'altruisme agissant, se traduit, entre les faibles et les humbles, par une pitié, une protection et une assistance sans cesse en éveil. La communauté de labeur, de souffrances dans le présent, de craintes dans l'avenir, provoque la communauté des services rendus, des fondations philanthropiques propres à rendre plus assurée l'existence, moins précaire et moins hasardeux le lendemain! Le sentiment qui a donné naissance à l'Orphelinat est un de ceux qui honorent le plus notre temps : c'est l'amour porté par la grande famille enseignante à ces chers êtres que la mort du père, de la mère réduit plus qu'à l'abandon, mais à la misère toute grelottante et fiévreuse...

*
* *

Avez-vous jamais songé à la situation de nos éducateurs nationaux? Ils ont le pain ou à peu près pour eux et pour leurs enfants, tant qu'ils travaillent. Si la maladie les cloue sur le lit, ils peuvent pendant quelque temps payer médicaments et médecins, donner la pâture aux bambins, grâce aux Sociétés de secours mutuels dont ils font presque tous partie. Guérissent-ils? poursuivent-ils leur tâche jusqu'à l'âge de la retraite, sans trop d'infirmités? tout est bien, car il y a quelque chance pour que la nichée soit élevée, ait pris son vol. Mais il n'en va pas ainsi le plus souvent...

Que de maîtres meurent frappés en pleine jeunesse! Combien tombent épuisés par l'excès des fatigues professionnelles, par la continuité du séjour dans un air malsain! Ils sont mariés. Ils laissent une veuve, des marmots en bas âge. Que vont devenir les infortunés? A qui s'adresseront-ils dans leur dénuement? A de plus pauvres qu'eux qui déjà ont leurs charges?... Quelle angoisse, quelle tristesse et pour celui qui s'en va, dont les derniers moments ont été encore assombris par le pressentiment des maux à venir, et pour ceux qui restent dont la fierté doit descendre à demander un peu de ce pain qu'hier encore durement et dignement on gagnait pour eux!

C'est alors qu'intervient l'Orphelinat. Si l'homme qui vient de tomber au champ d'honneur de l'école a été prévoyant, s'il a eu vraiment le sens de sa responsabilité, le souci des devoirs qui lui incombaient dès l'instant où il a fondé une famille, il s'est préoccupé de ce qu'il adviendrait d'elle si le chef disparaissait. Quand il était en pleine possession de sa vigueur, il a songé au lot d'épreuves et de rancœurs qu'il léguerait aux siens, après sa mort. Il s'est enquis autour de lui. Il a cherché les moyens d'épargner à toute sa maisonnée les maux, les pleurs, les hontes qu'il pressent.

Il s'est rendu compte que, grâce au bonheur des temps, grâce aux efforts et à l'union de ses camarades, il lui est donné de mettre sa descendance à l'abri du besoin. Il s'est adressé à l'un des comités locaux qui représentent l'Association de M. Mézières. Il a écouté des conseils, lu des prospectus. Et il a versé la modeste somme qui constitue sa contribution et son adhésion aux statuts, l'obole qui sera la sauvegarde, le salut de sa progéniture. Pour trois francs par an prélevés sur son traitement, il s'est soulagé d'un grand poids, il a libéré sa famille de la pauvreté, il lui a garanti : éducation, instruction, apprentissage, placement. Il peut faire bon visage à la mort. Ses filles, ses fils sont comme établis, sont confiés à de braves gens. Ils deviennent des pupilles sur qui l'on veille, que l'on préserve des besoins matériels et des dangers moraux.

* *

Mais où est-il cet Orphelinat, où tant d'écolières et d'écoliers trouvent un refuge dans leur deuil? Oh! ne vous figurez pas un palais monumental en pierres de taille, avec préau, cours, dortoirs, salles d'étude! Pour le construire, il eût fallu de grands frais. Sa richesse eût été faite aux dépens de ses hôtes, les petits pauvres. On a visé à l'économie et il n'y a pas un orphelinat modèle, un orphelinat type, édifié somptueusement, mais cent, deux cents, cinq cents orphelinats! Cinq cents? Quel gaspillage sous prétexte de gestion parcimonieuse! Oui, cinq cents et les frais sont minimes. Il y a autant d'orphelinats que de foyers ouverts aux orphelins, que de maisons amies qui sont susceptibles de devenir un asile à l'infortuné!

J'ouvre le bulletin et j'y lis dans les colonnes réservées aux petits pensionnaires la même éternelle mention qui conte la même éternelle histoire : *Chez sa mère* (cela plus de cent fois). La mère a survécu. Il lui est alloué 200, 300 francs, et elle continue ses soins à

sa fillette, à son garçon. *Chez sa tante, chez son oncle,*
chez son tuteur. Et neuf fois sur dix, oncle, tante, tuteur sont eux-mêmes des institutrices, des instituteurs.
La mère, le neveu vont s'ajouter aux cousines, aux
cousins; le cercle s'agrandit; et jusqu'à quinze ans la
rente accordée par les associés est payée aux orphelins. Il va de soi que les premiers secourus sont les
orphelins de père et de mère, puis les orphelins de
père, puis les orphelins de mère. C'est une gradation
descendante qu'impose la justice même. Il faut songer
à ceux qui n'ont pas de pain, pas d'asile, avant de
tendre la main aux autres.

Il va de soi aussi que tout cette gent enfantine re-
cueillie par des parents, par des collatéraux, par des
amis, par des volontaires de la charité ne reçoit pas
moindre becquée, de moindres soins attentifs, moins
vigilants, que la couvée authentique en possession de
maman et de papa. Il n'est fait aucune différence entre
les adoptés et les légitimes. On leur prodigue même
tendresse. On leur fait oublier l'inégalité de leur condition par l'égalité des caresses, des encouragements
qu'on leur verse. La cruauté de leur sort est rachetée
par le bonheur qu'on essaie de leur procurer.

⁂

Et voyez combien il était nécessaire de se montrer
secourable envers eux! La Société est née d'hier; elle
n'a que cinq ans d'existence. Or, déjà elle a pris sous
sa tutelle 725 orphelins. A l'heure actuelle, elle en a
618 à sa charge, — et avant que l'année 1891 soit finie,
elle subviendra aux dépenses de 650 d'entre eux environ. 650 orphelins! cela coûte 61,000 francs par an
en ne faisant pas des folies, en ne fournissant que le
strict nécessaire, en assignant comme séjour la campagne, où la vie est moins chère!

Avant deux ou trois ans, il est évident que l'on dé-
passera le millier! Que voulez-vous? Nos instituteurs

ne veulent pas entendre parler de la dépopulation. Ils travaillent pour la patrie, ils élèvent les enfants des autres et ils en font beaucoup, beaucoup. Le malthusianisme ne les a pas atteints. Ils ne savent ce que c'est que la grève de l'amour. Ce sont des personnes simples, qui aiment à voir autour de leur table des bouches rieuses et gourmandes en foule. Cela coûte ce que cela coûte. Tant pis. On bûchera plus ferme. Il arrive même qu'on bûche tant qu'on en périt, — et que, par un décès prématuré, l'on met sur les bras des patrons qui président aux destinées de l'Orphelinat jusqu'à dix enfants du même coup. Le poids est lourd, mais l'Orphelinat le porte tout de même et vaillamment.

Il fait, de toute cette descendance laissée par une race laborieuse, de braves filles, de braves jeunes hommes qui ne boudent pas à la tâche. Déjà quelques boursiers sont entrés dans la vie. Qu'ont-ils voulu être. Eh! ce qu'était leur père : instituteurs! Déjà mainte vocation se dessine — et quelle est cette vocation? Dame! celle qu'on a puisée dans le sang! On veut passer ses brevets, faire la classe. On ne rêve pas d'autre honneur que de passer par l'École normale et de collaborer à l'œuvre qui pourtant a causé la grande tristesse qu'on éprouve pour toujours au cœur. L'école est comme la mer. Elle a ses périls. Elle a ses naufrages, ses désastres. Et partout elle attire d'une irrésistible séduction ceux-là même qui seront ses victimes, qui par elle ont déjà gémi, pleuré. Fils de marin devient marin. Fille et fils d'instituteur deviennent institutrice, instituteur! Le sacrifice est prévu, mais il n'est pas redouté, il n'est pas fui. Il est recherché par un élan d'héroïque et sublime folie.

*
* *

Il semblerait que l'Orphelinat dût rallier l'unanimité des éducatrices et des éducateurs publics et privés.

Certes les progrès qu'il accomplit sont magnifiques.
Trente mille maîtres et maîtresses ont souscrit. Mais
c'est toutes les maîtresses, tous les maîtres que je
rêve de voir groupés autour de M. Georgin, le dévoué
secrétaire général. Chacun devrait l'aider, recruter
des donateurs, des membres fondateurs. Depuis quelques mois, son administration a réalisé des améliorations nombreuses. Elle a morigéné, avec raison, les
retardataires. Elle a rappelé aux comités qu'ils devaient faire rentrer en temps utile les cotisations. Elle
a esquissé un plan de budgets provinciaux et de budget général afin de prévoir la balance des recettes et
des débours probables. Elle a inauguré la confection
d'un livret pour chaque sociétaire. Elle a traité d'une
question qui lui tient fortement à cœur, du payement
régulier des orphelins dans les différentes circonscrip-
tions ; car les besoins sont pressants et il est fâcheux
de faire attendre qui a bon cœur et qui est dans la
gêne. « Il importe, dit le règlement qu'elle vient de
rédiger, que les intéressés puissent compter, à dates
fixes, sur les secours qui leur sont alloués, comme le
fonctionnaire sur son traitement. Il y a nécessité d'introduire dans la gestion financière la simplicité, la
précision, la célérité, l'économie. » M. Georgin, dont
le zèle est infatigable, réussira dans cette tâche malaisée. Il a l'ardeur, l'élan et il les communiquera à
ses correspondants. Il parviendra, par la persistance
de ses efforts, à mettre de l'ordre, de l'unité dans cette
diversité, dans cette dispersion des bonnes volontés.

Bientôt, l'actif disponible de l'Association, qui est
déjà de 150,000 francs grâce à une loterie dont le rapport a gentiment arrondi le total des versements, mon-
tera au chiffre d'un demi-million qu'il doit atteindre.
Bientôt il n'y aura plus en France un orphelin né
d'une institutrice, d'un instituteur, même dans la dernière école de hameau, dont l'indigence sera réduite
à implorer l'État, ou bien les indifférents. L'encaisse et
les réserves de l'Orphelinat, incessamment alimentées

par les pères et les mères, suffiront et au delà à la pension des enfants. On se sera aidés les uns les autres — et on se sera sauvés. Et d'ailleurs, en se prêtant un mutuel appui, l'on aura inspiré à des millionnaires l'idée de donner un peu de leur superflu à ces vaillants et à ces forts qui méritent de ne pas être abandonnés parce qu'ils ne s'abandonnent pas eux-mêmes. Pour faire riches tous ces sans dot, il ne faudrait pas beaucoup de donations comme celle dont vient de les gratifier généreusement M. Akler, un ancien instituteur qui a fait fortune et qui s'est souvenu de ses difficiles débuts. Il a fait cadeau à ses anciens collègues du magnifique domaine des Choues, situé dans la Côte-d'Or, et qui vaut deux cent mille francs. Il y sera établi une colonie d'orphelins — en qui se déclarera la vocation agricole. Le cadeau est accepté par les bénéficiaires — et par le gouvernement. Allons! qui imite M. Akler?

LA SOCIÉTÉ MATERNELLE (1).

Savez-vous bien qu'au moment où politiques, hygiénistes, économistes pâlissent sur le problème de la dépopulation, dissertent sur ses causes, enfilent des dissertations pathétiques sur ses conséquences, s'acharnent théoriquement à en découvrir la solution, trois admirables femmes, trois Parisiennes, par l'élan spontané de leur cœur, par le seul effort de leur charité, pratiquement, apportent un remède au mal dont notre pays est atteint? Eh! oui, c'est un triumvirat d'intelligence, d'activité, de dévouement, c'est l'intuition de Mme Sain, l'initiative de Mme Georges Charpentier, le zèle infatigable de Mme Eugène Manuel qui, en quelques mois, ont fait plus pour enrayer la

(1) Le siège est à la mairie de la rue de Grenelle.

mortalité infantile que tous les rapports, que tous les essais des physiologistes, des parlementaires et des statisticiens. Ah! la volonté, surtout la volonté féminine! Il n'y a encore que cela pour mener à bien... le bien!

Depuis longtemps, chacune des trois novatrices caressait le projet de venir en aide à toutes ces mères résidant dans les villes, qui sont obligées de se séparer, avec quels pleurs, avec quel déchirement! de leurs enfants après leur avoir donné le jour — et, surtout, de s'en séparer pour toujours, car ils succombent, les pauvres petits êtres, dans les lointaines campagnes où les entraînent des mercenaires. Elles se rendaient compte que fréquemment le départ du nourrisson s'impose, que les exigences des professions, la nécessité de lutter pour le pain quotidien, l'étroitesse du logis, l'insuffisance des ressources, l'obligation où sont toutes ces humbles : employées, commises, petites commerçantes, institutrices, de quitter leur chez soi dès l'aube, empêchent qu'on ne continue à bercer dans ses bras la douce, la frêle créature. Elles se disaient, toutes trois, que celles-là rendraient service à toutes les femmes qui parviendraient à sauver de ces innocentes victimes vouées aux privations, aux souffrances, au dépérissement, loin des caresses, loin des soins maternels, dans le danger des exils aux pays de plaines, aux pays de montagnes, d'où tant d'entre eux ne reviennent pas. Elles voulaient défendre l'existence de tous ces innocents contre l'inexpérience et l'avidité tueuse de ces étrangères, de ces inconnues qui emportent loin des mamans les poupons roses et, par incurie, par oubli de leurs devoirs, les laissent s'amaigrir, trembler la fièvre, expirer de débilité, de consomption, faute de ce lait qu'elles ont promis et que leur sein tari se refuse à donner, sans que les absentes soient averties. Elles se demandaient comment il serait possible de rapprocher les nourrices des mères, pour les placer sous leur surveillance, près de leur tendresse couveuse. Et voilà que, réfléchissant, dressant des plans séparément, elles se sont connues, elles se sont communiqué leurs desseins, et que, de leur charité et de leur pitié communes, est née la Société maternelle.

*
* *

Elle n'existe pas seulement en projet, sur le papier. Elle fonctionne. Elle est toute prête à recevoir les « jeunes élèves » qu'on voudra lui confier. Où donc ? Mais aux portes de Paris, à Rueil, sur les dernières pentes du Mont-Valérien qui, tout au nord, la domin›.

O la jolie, la coquette, l'accueillante *Nourricerie!* Dès la grille d'entrée, elle vous invite de toute sa verdure, de toute sa fraîcheur, de tous ses gazouillis d'oiseaux et de babys, à pénétrer dans l'activité de son *home* hospitalier. Le parc dévale vers vous, en pente douce, fleurie et gazonnée sous le couvert des vieux arbres chantants. Sur la plaine, dans un rayon de soleil, des nourrices, de robustes paysannes, sans falbalas, sans flots de rubans, sans manteau encombrant, mais à l'aise en de modestes vêtements, se promènent, causent, rient tout en allaitant fillettes et marmots qui, à pleine bouche, aspirent force et santé.

Près d'elles, sous leurs regards, s'ébattent en un joyeux entrain les grandes et les grands qui ont de deux ans à six ans ! Çà et là quelques toilettes claires, quelques correctes redingotes : ce sont des mamans, des papas, qui ont dit adieu à l'atelier, au bureau, à la boutique, — car c'est dimanche — ont pris campo et, dare dare, sont venus, par le tramway de l'Étoile, embrasser leur progéniture. Il ne s'agit pas de faire tout un voyage en Bretagne, en Normandie, de gaspiller la dot de l'héritière ; ce petit joujou à vapeur de la banlieue coûte si peu et vous transporte si vite près du poupon qu'on peut contempler tout le jour, et peser, et baiser, et se passer avec des cris d'admiration, et voir sourire, et voir pleurer et entendre ses premiers bégaiements. Ah ! si vous saviez ce que tout ce monde-là, dans cet Eden et dans ce printemps, a l'air heureux ! Si vous entendiez les remerciements que, chaque jour, on adresse aux fondatrices, vous comprendriez toute la valeur matérielle, toute la portée morale de leur bienfait!...

Mais voilà que tout à coup le temps se couvre. Un de ces déluges familiers au joli mois de mai commence à tomber sur la nichée. Vite les maillots sont emmitouflés de capuchons et de fichus, glissés dans de petites voitures qui, en procession, capote fermée, remontent les allées au trot des équipages à deux pattes. Et tous, portés et porteuses, sont aussitôt dans le chalet dressé au haut de la côte et qui s'ouvre à tout l'air, à toute la lumière, de ses quatre côtés, par ses deux étages aux fenêtres largement taillées dans l'épaisse boiserie. Là, par-dessus le parc Richelieu, par-dessus les bois de la Malmaison, les fortifiantes senteurs, les brises saines passent et les poumons s'emplissent de salubres effluves.

La maisonnée et les hôtes, et les parents, tous circulent dans une longue galerie vitrée qui est chauffée et qui permet de découvrir le panorama. La vue est tout égayée. Comment veut-on qu'au dehors, qu'au dedans, avec cette vision de verdure, l'enfant s'attriste et s'étiole aux laideurs des choses banales enfermées au triste logis natal ?

De la galerie, on entre de plain-pied dans deux grandes pièces qui affrontent la façade. Ce sont les salles de jour. Jamais on n'y veille. Des lits mignons, des dodos bien blancs sont disposés le long des murs. Chacun des bébés a sa chacunière. Parfois deux, trois d'entre eux sont placés sur une sorte de sofa-divan, quand ils ne veulent pas faire leur somme. C'est alors une fête de voir comme ils sont ébaubis en se regardant entre voisins, comme « Monsieur » fait

des grimaces, — « Mademoiselle », des grâces, déjà!
— comme les menottes s'agitent, les petons frétillent
gentiment. Dans un coin, un paquet tout rougeaud
repose. C'est un bonhomme qui n'a pas trois jours
et qui vient d'être amené. Non loin, ce sont deux
jumelles, deux amours, qui, à poings fermés, voya-
gent fraternellement au pays des songes.

Et, entre les rangées des siesteuses et des sies-
teurs, les nourrices passent, attentives. Elles n'ont
rien autre chose à faire que de veiller à leurs fonctions nourricières. Elles ne sont chargées d'aucun travail domestique. Elles ne lavent même pas le linge.
Elles n'ont qu'à s'entretenir en plénitude de vigueur,
pour remplir leur double tâche : donner le sein à un
bébé, — et le biberon à un autre, qui généralement
est à elles. Elles ne sont pas à plaindre, ces nourrices.
Elles sont bien rétribuées. Et elles ont le droit d'avoir
avec elles leur dernier enfant. Aux termes de la loi
Roussel, on ne les accepte que si leur dernier né a
six mois. C'est là un acte d'humanité dont elles savent
gré à leurs directrices. Car si nombre de petits citadins expédiés dans les fermes y meurent, la mortalité
sévit aussi, effroyable, intense, sur les infortunés que
les nourrices ont enfantés et qu'elles sont obligées de
fuir, en leur dérobant, pour le vendre à de petits riches,
le lait destiné pourtant à eux par la nature! Ceux-là
aussi, ces gémissants, ces délaissés, ces élus de la
misère et de l'abandon, méritaient d'exciter la com-
misération. Ils étaient à sauver, eux aussi. Ils le
seront. Leurs mères ne pourront plus, d'une demi-
année, les quitter pour courir après un gain, — et
elles ne les quitteront même plus jamais, et, avec
leurs sœurs, leurs frères de hasard, les envelopperont
d'affection...

Il va de soi qu'on exige beaucoup de ces collaboratrices
pour qui l'on a beaucoup fait et qui sont intéressées
au succès de l'œuvre. Elles sont tenues à la plus méticuleuse propreté pour elles et pour leurs enfantelets.

D'ailleurs, les lavabos abondent ; au rez-de-chaussée et en haut, ils contiennent tous les plus divers accessoires. Chaque bébé — déjà propriétaire ! — a son armoire particulière, où sont serrés sa layette, ses objets de toilette.

Au premier sont les dortoirs de nuit. Chaque nourrice a sa chambre avec son duo d'élèves. Les sevrés, qui mènent moins de tapage, qui sont moins absorbants, car ils savent « s'occuper au sommeil », comme disait l'autre, ont une nourrice sèche. Au second sont les pièces où les « quatre ans », les « cinq ans », les « six ans », les anciennes et les vétérans de la nichée font leur tour d'horloge à partir du couvre-feu.

Les petiots sont sous la responsabilité d'une sage-femme, assistée d'un médecin et même de toute une commission doctorale où brillent les Pinard, les Second, les Weill, les Richet, les Robin, etc., etc.

C'est une héroïne, Mme Redon, une ambulancière blessée à Buzenval, décorée de la médaille militaire, qu'elle porte fièrement au corsage, qui est la patronne, l'éducatrice, l'institutrice des « déjà écolières et écoliers ». Comme elle a la passion de se dépenser, comme elle adore sa petite république, je vous laisse à juger si elle rend malheureux ses campagnardes et ses ruraux qui, tout en jouant et en se fortifiant, apprennent, et à fond, l'alphabet et les quatre règles !

.˙.

Mais comment arriver à introduire un nouveau-né dans ce séjour paradisiaque ? C'est chose aisée. Les bambins, nés citoyens français, sont reçus sans distinction de culte. Il n'est besoin que de produire un acte de naissance, un certificat de vaccine — et de se soumettre au règlement. Les demandes doivent être adressées à Mme G. Charpentier, présidente du Comité.

Tout n'est pas gratuit. Les trois bonnes fées ne pos-

sèdent pas, hélas ! la baguette magique qui fait sortir
de terre les millions. Elles demandent quarante francs
par mois et un peu de linge pour chaque pensionnaire.
Pas d'autres frais, songez-y : ni étrennes au père nour-
ricier, ni sucre, ni savon! Une nourrice à domicile
ou bien au dehors, c'est une bien autre dépense ! Vous
pouvez croire que les trois bonnes fées ne s'enrichis-
sent pas avec leurs pupilles : elles les soutiennent
de leur cassette particulière. Chaque élève revient,
chaque mois, à vingt francs de plus qu'on ne fournit
pour lui. J'ai jeté un coup d'œil sur le livre de comptes.
Il est plein de curieuses révélations. Le premier mois,
la famille X... a versé 40 francs, — mais depuis un
trimestre elle n'a rien donné — et on ne lui a pas
rendu le moutard. La famille Z... ne verse que 25 francs
par mois, — et on ne lui a pas rendu sa gamine. Il
est vrai que la famille Y... y va généreusement de ses
50 francs : elle ajoute une petite pièce d'or pour ceux
qui ne paient pas... On ne lui a pas rendu sa fistonne...
évidemment.

La joie des fondatrices serait de distribuer des
bourses, des demi-bourses. Elles ont de vastes pensées, de larges espoirs. Elles désirent que tout autour
de la maison type que la province, que l'étranger
imiteront, s'élèvent d'autres chalets, d'autres constructions modèles pour choyer d'autres chéris. Ah!
si la colline si riante, toute tapissée de vignes, qui
surplombe le jardin, pouvait être achetée ! Ah ! si... Mais
la Ville de Paris ne pourra-t-elle s'associer à une entreprise toute laïque, lui accorder une subvention ? Et les
mères qui peuvent conserver chez elles, en leurs nids
bien clos, leurs enfants, n'ont-elles pas le devoir, par
des dons, par des cotisations, d'empêcher que des
enfants ne soient arrachés par la destinée aux caresses
de leurs mères? Refuseront-elles de calmer des souffrances qu'un peu d'or prélevé sur le luxe adoucirait?
Oh! Elles ont une telle réserve, un tel trésor d'affection qu'elles en accorderont une part à des déshérités

qui sont sacrés à leurs yeux par cela seul qu'ils sont
dans le temple, dans le berceau :

> Le berceau, c'est le grand rêve !
> C'est le saint poème éternel.
> C'est le premier sourire d'Ève
> Après qu'elle eut perdu le ciel.

L'ASSOCIATION TAYLOR.

Je causais hier avec M. Mantoy, vice-président, défenseur, propagateur, apôtre de l'Association Taylor.
Il y a longtemps que je le connais et que je l'aime,
ce vétéran du professorat qui, au sortir de la classe,
de la fatigue scolaire, s'applique, de toute son influence,
de toute son ardeur restée jeune et infatigable malgré
les années, à venir en aide à ses frères, à ses cadets
de l'instruction publique. De quoi pouvait-il me parler
sinon de sa chère Société qui accorde tant de secours,
tant de pensions aux membres de l'enseignement ?

Si je vous répétais tout ce que son prosélytisme et
l'ardeur de sa charité lui suggéraient de paroles cha-
leureuses, souvent éloquentes, des feuilles et des
feuilles seraient noircies — interminablement. Mais,
de sa conversation, j'ai retenu quelques idées, quelques faits, quelques conseils aussi dont mes amis les
instituteurs — et les amis de mes amis (on verra pourquoi) — tireront sûrement profit...

Vous saurez d'abord que si l'hiver a été dur pour
l'ouvrier sans salaire et l'a réduit à chercher un refuge
dans les asiles de nuit, il n'a pas épargné les vieux
retraités, les petits pensionnés de l'Association. Leurs
familles ont été éprouvées. Les vivres ont été plus
chers. Il a fallu payer tribut à la maladie, et au médecin, au pharmacien. Les petites rentes servies à chaque
trimestre ont été fort entamées. Et les ressources ont
diminué à mesure que les dépenses augmentaient. De
là des souffrances, des mécomptes. Que faire pour

tendre la main aux victimes? Le Comité a réfléchi.
Puis il a suivi la mode. Il a songé à donner une fête
pour demander à la joie le remède de ces tristesses,
de ces douleurs. Et comme les bals sont en vogue,
que l'on danse beaucoup chez nous chaque fois que
l'on veut faire un peu de bien, il a jeté son dévolu
sur une soirée dansante. Elle a eu lieu à l'Hôtel Con-
tinental, le 22 avril. Elle était patronnée par MM. Léon
Bourgeois, Gréard, J. Simon...

*
* *

Mais quelle est donc cette Société qui bientôt,
comme l'École Polytechnique, comme l'Association
des Étudiants, aura son bal annuel? M. Mantoy ne
sera pas seul à vous répondre qu'elle rend d'incessants
services à quiconque touche à l'instruction publique.

Elle est née du grand mouvement libéral de 1848.
Pendant longtemps, elle resta à l'état d'ébauche, de
projet un peu vague, — on se défiait de la hardiesse
et de l'innovation : —parmi les promoteurs, une demi-
douzaine de professeurs libres, soucieux d'assurer à
leur famille un morceau de pain pour les vieux jours.
Elle se forma, elle prit corps en 1858, sous les auspices
du philanthrope Taylor. Une trentaine de membres
constituèrent un capital de 156 francs. En trente-
trois ans, elle a inscrit 21,000 adhérents, distribué
450,000 francs, capitalisé : *Un million 600,000 francs,*
rapportant toujours plus de 60,000 francs de rente.
On cite toujours les pionniers de Rochdale. Nos pionniers français de l'éducation nationale ne mériteraient-
ils pas aussi d'être proposés comme exemple?

Est-ce une Société de bienfaisance ou bien de prévoyance? C'est les deux à la fois. Tout le monde y est
bienfaiteur, car tout le monde verse sa cotisation de
douze francs et s'interdit d'y toucher. Elle s'ajoute à la
masse commune. Elle ne produit que les intérêts. Et le
profit est général. La dignité de l'associé est sauvegar-

dée, plus tard, s'il tombe dans le besoin. Le secours reçu n'est plus qu'un échange de services dont il a fait les premiers frais. De plus, les nouveaux venus, — surtout ceux qui demain viendront à la Société, — ne seront certes pas désavantagés. Ils entreront en participation de la fortune amassée par cette ligue des générations contre l'indigence. Et comme l'augmentation des fonds est perpétuelle, qu'elle ne subit pas d'arrêt, dans quelques siècles il faudra chercher des sociétaires pour utiliser les rentes! C'est l'extinction du paupérisme! C'est le paradis de l'avenir. Heureux nos descendants, nos héritiers! A l'heure présente, on n'est pas encore entré tout à fait dans l'Eden promis. Tout n'est pas bénéfices. Il y a la part des sacrifices et il faut reconnaître que de plus en plus on consent à se les imposer.

Est-on inspecteur, directeur, professeur, instituteur? on n'a qu'à frapper à sa porte. On est reçu à bras ouverts et l'on peut entrer, sa femme au bras, ses enfants à ses trousses. La femme aussi, si elle enseigne, peut servir d'introductrice à son mari, à sa progéniture. Pas n'est besoin d'ailleurs d'avoir une chaire, des diplômes officiels; toute personne est admise qui concourt à l'instruction par ses travaux, par ses encouragements. Appartenez-vous à un comité de patronage? à la Société du sou des écoles? Vous avez droit de cité. Donnez votre nom, surtout votre annuité, avec persévérance, et un jour vous passerez à la caisse.

Et même votre attente ne sera pas longue. Le stage, grâce aux économies des devanciers, ne durera que vingt ans. Si vous vous faites coucher sur les listes à vingt ans, et si vous vous habituez à donner vingt sous par mois, au moment de doubler le cap de la quarantaine, vous êtes assuré de toucher vos rentes. Vous aurez sorti de votre poche 240 francs en tout — et vous y mettrez 300 francs chaque année. Et si vous avez eu la précaution d'enrégimenter madame votre épouse, puis votre nichée, vous aurez encore, au printemps de la vie, votre loyer payé — et même les étrennes de votre concierge. Et si vous fuyez la ville et vivez aux champs, vous pourrez vous livrer aux douceurs du *farniente*, et de la pêche à la ligne, et vous offrir un abonnement à une feuille publique, sans compter une station quotidienne dans le café où l'on cause avec ses contemporains...

La perspective est agréable. Mais comment se manient, se répartissent les fonds? Comment le trésor se déverse-t-il entre les soupirants, quand arrive leur tour? Le principal, qui n'est pas confié à des Macé ou à des Mary Raynaud, n'est jamais touché. Il reste au fond de coffres fidèles sous forme d'obligations choisies avec un soin jaloux. Le montant seul des coupons se transforme en bonnes espèces sonnantes et trébuchantes.

Les 60,000 francs de revenu sont divisés en parties égales entre la prime faite à la prévoyance sous le nom de pension et à la bienfaisance à titre de secours passagers.

Tout sociétaire reçoit, lors de son premier versement, un numéro d'inscription — comme qui dirait un billet de tombola. Et à son jour, à son heure, au fur et à mesure des extinctions, il reçoit ses 300 francs. Le titulaire n'a le droit ni de refuser ni d'aliéner la pension. S'il la refusait, il gênerait ses camarades qui l'acceptent. D'ailleurs, il peut en avoir besoin, après l'avoir abandonnée. Le cas s'est présenté plus d'une fois. Tel qui s'en était dessaisi s'est vu forcé de la reprendre. Car « qui se peut assurer d'être toujours heureux? » — comme dit le poëte. On est à son aise. Survient un moment de crise, une perte d'argent, de santé, vite on a recours aux 300 francs jadis négligés. L'expérience des aînés aidant, nul ne dédaigne les bienheureux 300 francs, quitte à les distribuer soi-même en dons charitables, car les âmes d'élite sont toujours jeunes pour faire le bien. Puis, songez-y! Il ne faut pas les demander : c'est un droit! Et l'on ne peut y renoncer : c'est un devoir ! Ah ! la belle, la saine utopie ! Et elle est réalisée !

L'autre moitié des rentes est distribuée en secours sur demande écrite du postulant. Le Comité, qui statue sur les requêtes, est informé des besoins par ses correspondants de la province et de l'étranger. Il y a des délégués aux Antilles comme à Londres, au Tonkin comme à Odessa, partout où l'A B C français est balbutié par des lèvres d'enfants, sous la direction d'un maître français ! Que de misères, par leur entremise, sont soulagées ! Ici, c'est un vieux professeur atteint par la transformation d'un collège en lycée et qui n'a pas assez de titres pour conserver sa chaire. Là, c'est un jeune homme qui est à la veille de passer un examen. Il lui faut de quoi acquitter ses droits. Il l'obtient. Le plus souvent, c'est un instituteur déplacé. Le départ est brusque, inattendu. Les frais sont lourds. Il faut des fonds, et vite. Ils sont avancés. Et les lentes convalescences, et les infirmités précoces ! Que de maux, et comme le remède est apprécié, quand il est offert promptement, quand le traitement est en partie fourni, quand le suppléant est rétribué, sans qu'on se mine de soucis et d'angoisses !... Et lorsque le père meurt, la veuve est secourue. Elle reçoit appui et assistance, si elle poursuit une instance auprès des pouvoirs publics. Elle est conseillée, patronnée, soutenue d'une protection matérielle, d'une autorité morale.

Mais, de tous les services, les plus efficaces sont ceux que la Société rend aux enfants. Elle se fait la mère, l'éducatrice des orphelins. En général, elle se charge du plus jeune quand il y a beaucoup de petits frères et de petites sœurs. Elle lui donne un tuteur officieux qui la renseigne sur ses besoins, qui s'intéresse à ses succès, à son avenir. Elle en fait l'égal de son père pour l'instruction. Elle lui continue ses bienfaits jusqu'à ce que sa tâche soit tout à fait remplie. En 1891, quarante fillettes et garçons sont ses pupilles... et, dans les pensionnats, dans les collèges, lui font honneur.

Certes, il ne faut pas voir tout en noir en ce monde, mais il ne faut pas voir tout en rose. Les cheveux blancs viennent vite, et la faiblesse, et le désir du repos; dans toute la gent enseignante, on est un invalide avant d'être un vieillard. Plus les fonctions ont été pénibles, plus on s'est dévoué, et plus on a droit à une halte un peu longue sur le déclin de l'existence, avant la halte suprême du tombeau. Il y faut penser, et quand il est temps. De jour en jour, les pensions civiles de retraite vont diminuant. Les instituteurs s'en aperçoivent à leurs dépens. Il est nécessaire qu'en dehors de la petite somme due aux retenues mensuelles, ils s'occupent d'avoir à gauche, à droite, de nombreuses, de fructueuses réserves. L'Association Taylor, qui est une Société de braves gens, est tout indiquée pour leurs placements. Ils feront une bonne affaire et, avant de retirer leur mise, ils contribueront à faire une bonne action. Et vraiment, il court tant d'aventuriers et de fripons par le monde qu'il serait prudent de savoir où bien caser ses pauvres sous et ses pauvres aumônes...

Et puis — et la considération vaut qu'on s'y arrête — il leur plaira — à tous ces dévoués de l'école, grands et petits, il leur fera chaud au cœur de réaliser une union d'argent et surtout de solidarité, d'affection, qui fasse passer dans la pratique le plus noble terme de la devise républicaine. La véritable égalité démocratique est réalisée dans le programme de l'Association. Comme on l'a dit, et fièrement : « Le professeur le plus distingué de l'Université y donne la main au plus modeste maître d'école; le directeur le plus éminent des services administratifs y coudoie le plus humble fonctionnaire; les trois ordres de l'enseignement s'y trouvent confondus en une seule famille, et tous, marchant la main dans la main, combattent l'égoïsme et l'imprévoyance. »

LES INVALIDES DE L'ENSEIGNEMENT.

Les instituteurs et la retraite. — Misères à éviter. --- L'asile-
hôtel de M. Chappiez. — Idée heureuse à mettre en pratique.

Si vous causez avec un instituteur, soit de la ville,
soit de la campagne, et si vous l'interrogez sur les
avantages et sur les inconvénients de sa profession,
deux fois sur dix il vous répondra que son métier lui
plait, qu'il enseigne l'enfance par vocation, que l'insuffisance de son traitement ne refroidit en rien
l'ardeur de son zèle, car il accomplit une œuvre patriotique et que l'on peut bien endurer quelques
souffrances pour son pays quand on est dans la force
de l'âge et qu'on les peut vaillamment supporter.

Presque toujours, vous vous trouvez en présence
d'un homme assez content de son sort qui, s'il ne lui
donne pas l'aisance, lui donne la sécurité, le pain
quotidien, l'existence assurée pendant la durée de ses
fonctions actives. Mais aussi, si vous poussez plus
avant vos investigations, vous serez forcé de reconnaître que votre interlocuteur nourrit des craintes
pour l'avenir, se demande, non sans quelque anxiété,
ce qu'il deviendra dans ses vieux jours.

Aura-t-il de quoi subsister, de quoi faire quelque
figure dans son pays natal, quand aura sonné l'heure
de la retraite? Pourra-t-il éviter et repousser la misère? Avec la pension qui lui est allouée par l'État —
combien petite, combien restreinte! — parviendra-t-il
à éviter cette existence triste, humiliée, qu'il a vu
mener autour de lui à des collègues, à des vieillards
chargés de famille? Ne sera-t-il pas, lui aussi, rencontré avec des habits râpés, avec cet air lamentable,
avec cette attitude chagrine et honteuse qu'il a tant
de fois surprise chez les anciens? Il fait bien quelques
économies; mais pourra-t-il amasser un pécule qui
suffise à lui assurer une fin honorable! O la caducité

geignarde et besogneuse! O la promiscuité, dans les hospices, dans les établissements charitables, avec des gens que l'inconduite réduit à tendre la main! Quelle douloureuse perspective pour demain, pour l'instant prochain où il aura atteint la limite d'âge qui le séparera de sa classe, de ses élèves, des chers enfants qu'il a élevés pendant près d'un demi-siècle...

Oh! certes, je comprends que les éducateurs nationaux réclament, se remuent, se concertent depuis quelques mois pour qu'on ne porte pas atteinte à leurs droits à la pension de retraite, pour qu'on ne dérobe pas à la retenue les traitements supplémentaires fournis par les communes! Toute diminution des versements·qu'ils effectuent à l'heure du travail est pour eux une diminution de nourriture — et de dignité, — une augmentation navrante de soucis — et de privations — à l'heure du repos. Car le repos doit être un repos, non une crise, non un tourment que la mort tranche enfin!

*
* *

Et pourtant, si l'on voulait, si l'on était prévoyant, si l'on savait s'entendre, s'entr'aider, si l'on se résolvait à appliquer les idées de fraternité et de solidarité sociales que l'on préconise si volontiers en paroles, quels résultats on obtiendrait, à quel recul on contraindrait la misère matérielle et morale! Si l'union fait la force, elle fait aussi la fortune!

« C'est la mutualité organisée scientifiquement, s'écriait Proudhon, qui sera la solution du problème social. » C'est par la mutualité que le personnel des écoles primaires publiques peut et doit se mettre à l'abri du besoin, peut et doit trouver le surcroît des ressources nécessaires à son entretien en dehors du premier douzième, et du vingtième mensuel prélevés officiellement sur les sommes qui lui sont attribuées.

Le mouvement est imprimé. Déjà les instituteurs de

la Seine, se groupant en associations de prévoyance, font preuve d'initiative libre et féconde. Déjà, en province, des sociétés de secours se forment qui rendent d'incessants services et déjà aussi des orphelinats, dont quelques-uns sont très recherchés, recueillent les enfants des membres décédés.

Mais la corporation universitaire n'est pas encore suffisamment armée contre la maladie, contre les infirmités qui attendent ses vétérans, ceux-là surtout qui ont lutté le plus rudement sur la brèche. Y a-t-il moyen, après trente ou bien quarante années de 'pénibles services, d'échapper à l'isolement et à la pénurie quand on dispose de 600 francs environ par an!

Pourtant, comment faire? La plaie est large et profonde. Quel remède employer pour la soigner, pour la cicatriser?... C'est un modeste instituteur du Biot (Haute-Savoie), M. Chappiez, qui, avec ce bonheur d'inspiration que donnent la pitié et la générosité naturelles, me paraît avoir trouvé la plus sûre méthode pour amener la guérison.

Comment? Il demande au malade de ne devoir son salut qu'à lui-même. Il fait appel, non pas à l'État-providence, mais aux intéressés eux-mêmes, qui sont leur propre providence, s'ils le veulent bien.

Il propose de créer pour le petit monde de l'Université urbaine et rurale une sorte d'Hôtel des Invalides, où les retraités des deux sexes auraient le vivre, le couvert, le confort, la sécurité. Il désire adjoindre à la maison hospitalière un asile et un orphelinat pour les enfants des sociétaires morts au champ d'honneur scolaire, prématurément. Il veut en faire un centre d'éducation donnée aux jeunes par les anciens, un foyer de propagande, une sorte de congrès pédagogique permanent, un office d'informations, un bureau de placement pour les « intellectuels » en quête de places et de leçons. Il compte que les praticiens et orateurs des lycées et des Facultés viendront y donner de fréquentes conférences à des auditeurs toujours désireux de les entendre et de suivre le progrès des idées pédagogiques.

Il trace, dans l'élan de son enthousiasme et de sa foi, un tableau charmant de l'Eden rêvé — de l'Eden que de toutes ses forces, de toute son activité, de tout son courage, il essaie de réaliser. .

Il voit les obscurs bienfaiteurs du peuple finissant désormais leurs jours sans trop de chagrin et d'inquiétude, dans un refuge digne d'eux et du pays qu'ils ont servi, — et ces maîtres recevant le tribut de respect dû à leurs cheveux blancs et aux fonctions jadis remplies, vivant dans la compagnie aimable de collègues qui partagent leurs goûts, qui sont prêts à les consoler en cas de maladie, à leur fermer les yeux, à les accompagner pieusement à leur dernière demeure...

J'avoue que je me sens tout remué par les sentiments qu'évoque l'auteur du sujet. Son plan est non seulement utile, il est humain... Est-il pratique ? Est-il susceptible de passer de la théorie, du papier, à l'acte, à la construction et solide et durable ? M. Chappiez est loin d'être un idéologue. Il sait ce qu'il veut et comment il le veut.

Est-il besoin, pour commencer à mettre l'œuvre debout, qu'on dispose de capitaux immenses ? Non pas : 180,000 francs suffiraient, d'après les calculs du promoteur, pour un *Asile-Hôtel* (c'est le nom qu'il lui donne) de 200 vieillards.

180 mille francs, c'est peu de chose pour les milliers d'instituteurs que compte la France. Avec les 3 francs que M. Chappiez les engage à déposer chaque année comme cotisation, avec les 365 francs — un franc par jour — qu'il réclame aux sexagénaires qui s'y retireraient, la somme prévue serait bien vite encaissée ! Et même l'asile-hôtel, loin d'être en perte, ferait bientôt des bénéfices, s'il prenait quelques pensionnaires — toujours des universitaires — de passage dans les villes où il serait établi.

Je ne sais, mais il me semble que l'idée de M. Chappiez est appelée à faire son chemin dans le monde. *Trois francs* par an ne sont pas pour arrêter les plus économes, — d'ailleurs, la véritable économie songe à l'avenir autant qu'au présent. De plus, *un franc* par jour ne constitue pas une dépense excessive pour les retraités. Il ferait plus cher vivre dans le plus perdu des villages! Songez-y! Avoir avec un franc des aliments confortables, le logement — une chambre garnie par chaque adhérent, une chaumière à chacun! — le droit au chauffage, à l'éclairage, au blanchissage, aux soins de pharmacie et de médecine, et, le plus tard possible, aux frais funéraires : c'est vraiment pour rien!

Et M. Chappiez dote son paradisiaque séjour de bibliothèques, de cours, de préaux, de jardins, d'ateliers, de jeux et de divertissements. Et il a la précaution de déclarer que ses confrères jouiront de la plus grande liberté, ne seront astreints à aucune discipline gênante.

Allons! Il y a de quoi tenter les plus récalcitrants, les plus épris d'indépendance.

D'ici un demi-siècle, il n'y aura pas seulement un asile-hôtel à Paris et dans les départements, il y en aura cinquante, il y en aura cent. Et non pas pour le seul personnel enseignant, mais pour tous les corps de métier, pour tous les fonctionnaires, pour tous les ouvriers. C'est le progrès qui le veut ainsi.

Et comme ce sera M. Chappiez qui, au début, « aura battu le rappel des cœurs et des initiatives », ce brave homme sera un grand homme et il aura sa statue dans quelque somptueux asile-hôtel où, pour toujours, en bronze ou bien en marbre, il prendra ses invalides.

LA CHARITÉ A L'ÉCOLE.

Sait-on qu'à l'asile des Arts libéraux la charité publique a donné l'hospitalité, par ce triste et long hiver de 1891, à des files grelottantes d'enfants ! Que deviendront-ils demain ? A-t-on lu qu'il en est mort, de ces pauvres petits êtres, délaissés par leurs familles, sur nos routes de France? La neige, implacablement blanche, a servi de linceul à plus d'un abandonné, mort de froid, mort de faim, à deux pas d'un village, d'une ferme, d'où des êtres soi-disant humains l'ont chassé brutalement. Se rend-on assez compte qu'une société, qu'une civilisation soit encore à l'état de barbarie, quand, avec les ressources dont elle dispose, deux créatures innocentes, qui ont droit à la vie, expirent à la porte d'une étable, comme ces deux ramoneurs, tout enfants, tout chétifs et si faibles, que dans un fossé l'on a trouvés s'enlaçant dans l'étreinte de l'agonie? Quelle condamnation de nos mœurs! Comme cet abandon, comme cette torture crient contre notre indifférence et contre notre insensibilité!

Oh ! je ne veux pas faire son procès à la paysanne qui, de rudesse bretonne, de rustique avarice, n'a pas cru que deux vagabonds inconnus fussent dignes d'occuper un coin sur la paille à côté des bœufs ruminants et chauds devant la crèche jamais vide. Ses enfants, à cette femme, étaient là-haut, douillettement endormis en leurs couches bien closes, et puisqu'ils n'étaient pas mordus par le froid, nul dans la nature ne grelottait. Raisonnement de la bête et de l'égoïsterie satisfaite! Eternel démenti à la bonté qui, dit-on, est l'apanage de l'homme!... A quoi bon récriminer? Pourquoi demander à une machine sans pensée, partant sans cœur, de s'apitoyer sur une souffrance qu'elle et les siens n'éprouvent pas? Par bonheur, la fermière, tueuse d'enfants, est un monstre parmi nos faneuses et nos faucheuses de France. Une vraie mère de chez nous, aux champs comme à la ville, répand un peu de son amour maternel sur tous les pauvrets qui, de leurs bras et de leurs cris, l'implorent...

*
* *

N'importe! Il ne faut plus qu'en province, comme à Paris aussi, le malheur, la misère, les privations, et, à court terme, la maladie et la mort étreignent, déciment l'enfance. Cet âge est sans force. Il ne peut être sans soutien, sans encouragement, sans direction, sans foyer. A cette fillette qu'une famille éhontée brutalisera si, à la fin de la journée, elle n'a pas rapporté de quoi satisfaire l'ivrognerie d'un père, d'une mère, nous devons plus qu'une aumône, mais une protection. A ce gamin, pris en flagrant délit de vol à l'étalage et que ses proches attendent au coin d'une rue pour vendre son butin, ce n'est souvent pas la prison qu'il faut, mais un intérieur de braves gens où on le ramènera au bien, au devoir. A quoi bon sévir contre lui ? Est-il responsable des délits que la peur le force à commettre ? Changez-le de milieu ; arrachez-le à ses bourreaux. Vous le sauverez. Vous en ferez un honnête homme. Le malfaiteur précoce et inconscient, vous le transformerez en citoyen utile. Le service que vous lui aurez rendu se tournera en service pour la société tout entière...

*
* *

Est-ce à dire qu'on ne fasse rien pour sauver tous ces corps douloureux, toutes ces âmes en détresse ? Jamais on ne s'est penché vers eux avec une générosité plus inquiète, dans un élan de tendresse plus sincère. De toutes parts s'ouvrent des asiles, des ouvroirs pour les recueillir. Un immense effort est tenté en faveur de tous ces déshérités, qu'un sort immérité ne saurait vouer à l'expiation de fautes accomplies par des parents dénaturés. Mais que peuvent des particuliers, que peuvent des associations encore peu connues pour soulager tant d'infortunes ? On organise des concerts, des bals, des souscriptions, des ventes. Certes, de grosses sommes sont inscrites. Mais les besoins sont si nombreux, si pressants! Comment y suffire?

Voyez l'*Union Française pour le sauvetage de l'Enfance* qui a été fondée en 1887. C'est par milliers que les prières la sollicitent de tous côtés. Combien de suppliants satisfait-elle à l'heure actuelle? 138! Oui, 138 en tout! Car les charges sont lourdes et légères les ressources! Il faut beaucoup, beaucoup d'argent pour payer la pension des pupilles qu'elle protège de sa tutelle. Quand on a passé par tout, quand on a pourvu à l'habillement, à la nourriture, à l'éducation, à l'apprentissage, et pendant plusieurs années, jusqu'à ce que le métier soit acquis et permette de gagner la vie, que de billets bleus ont été dépensés! L'économie a beau présider aux moindres frais, le produit des quêtes et des fêtes est vite épuisé. La conférence annuelle, les articles quotidiens de M. Jules Simon font recette; mais le bénéfice est loin de répondre aux débours. Les dames patronnesses, la fondatrice Mᵐᵉ Kergomard, par leur bonne grâce, leur charme persuasif, vendent à haut prix les objets que chacun leur donne pour leur étalage, à chaque février nouveau; mais que sont 50, 60,000 francs quand il en faudrait 500, 600,000 et plus?

* *

Cent trente-huit enfants sont secourus — et plus de dix, plus de vingt mille attendent de l'être. C'est tout ce qu'a pu la générosité de nos millionnaires! Que faire? L'immensité du mal, la faiblesse du remède doivent-elles arrêter les promoteurs de l'œuvre, les incliner vers le découragement, les amener à désespérer de la guérison? Non pas. Mais pour tirer de l'abîme les enfants qui manquent de tout, de gîte, de nourriture, de vêtements, de caresses, il est urgent, il est pratique de s'adresser aux enfants qui, en abondance, outre le nécessaire, ont le superflu, jouissent soit de la fortune,

soit de la médiocrité dorée conquise par leurs parents.
Il y a dans des mansardes des nichées grouillantes
qui crient, qui n'ont point d'air, point de feu, point
d'aliments. C'est l'hôpital qui, grelottants de fièvre,
les attend. C'est la prison qui, tout tremblants de peur,
au lendemain du vol, les guette. Pourquoi de l'hôpital,
de la prison ne seraient-ils pas préservés par l'école
— par l'écolier qui a tout à souhait, et miche bien
fraîche où à pleines dents il mord, et costumes bien
doublés qui lui font dédaigner la bise et la pluie, et
bons baisers maternels sonnant sur les joues chaque
matin et chaque soir.

L'enfance riche, l'enfance aisée est née pour traiter
fraternellement l'enfance pauvre. Le bambin, la gamine, qui, dans la loterie de la vie, ont gagné un père
travailleur, une mère affectueuse, doivent se montrer
pitoyables aux orphelins délaissés, aux maltraités qui
sont exposés aux pièges de l'ignorance, du vagabon-
dage et du vice. Leur devoir est de tirer de leur trésor
enfantin, chaque semaine, un petit sou. — « Un petit sou me rend la vie! » — disait le petit Savoyard.
Un petit sou répété cent mille fois, un million de fois,
fait de fortes, très fortes rentes, qui rendront la vie
matérielle, morale, à des milliers de petits Français.
Et ce seraient de petits Français qui auraient fait ce
prodige.

Je me joins à M. Jules Steeg, qui déjà, dans l'*Ecolier
illustré*, leur a adressé un appel. Les instituteurs,
grâce à une excellente circulaire de M. Bourgeois,
ministre de l'instruction publique, ont le droit de
commencer des collectes, d'inscrire leurs classes. Il
suffit que la cotisation souscrite par le groupe des
adhérents s'élève à douze francs. Douze francs ré-
partis entre quarante, cinquante sociétaires. C'est à

peine un demi-sou par mois. Je prédis une abondante récolte.

Et je prévois aussi, j'entends déjà d'admirables leçons professées par nos éducateurs nationaux. Quelle occasion pour eux d'appliquer à des faits positifs, — trop vrais, hélas! en leur navrante brutalité! — les programmes d'instruction morale et civique. Comme ils pourront mettre de façon vivante et émouvante la morale en action! Comme ils sauront initier leur auditoire au sentiment de la solidarité humaine! Le bien que peut faire le bien, ils le montreront par des exemples d'hier, d'aujourd'hui et qui feront impression.

Ils n'auront qu'à commenter en quelques traits sobres et expressifs les notices contenues dans le rapport de l'*Union*. Quel écolier refuserait son obole à un maître qui lui lira et lui expliquera toutes les angoisses et tous les bonheurs qu'enferme la suite des résumés biographiques d'éloquente et dramatique concision...

« Emilie M..., née à Paris, en 1873. Abandonnée par son père, maltraitée par sa mère, trainée par les cheveux dans les escaliers. Arrêtée sur le pont de Grenelle au moment où elle voulait se jeter à l'eau. Confiée à l'*Union Française*. Placée comme giletière. Elle gagne sa vie et a demandé à payer sa cotisation. »

« Augustine M..., née à Paris, en 1877. Orpheline de mère. Père et belle-mère mendiants. Enfant employée à la mendicité; devait rapporter au moins deux francs par jour en semaine et trois francs le dimanche, sous peine d'être rouée de coups; a été piétinée sur la place Maubert. Confiée par le tribunal sur la demande de l'*Union Française*. Placée à l'École professionnelle et ménagère de Chaumont... »

Voilà qui portera! Voilà qui, d'une part, fera apprécier avec reconnaissance les bontés incessantes de la famille — qui, d'autre part, entrainera les petits écoliers à contribuer de leurs piécettes blanches au

relèvement des petits vagabonds... Je suis sûr que
dans la dernière école de hameau, avant peu, les enfants seront inscrits sur les registres de la bienfaisance
enfantine.

Et je suis sûr aussi que les lycées et les collèges
seront admis à l'honneur du bienfait. Là, il y a plus
d'argent. Là, déjà, chaque année, dès qu'elles sont organisées pour les pauvres, ne pourrait-on permettre à
chaque classe de distraire *deux francs* de la masse commune pour l'*Union Française*? Les douze francs donnés
aux enfants ne feraient pas défaut aux femmes et aux
vieillards. Ils seraient vite retrouvés. Il ne s'agit que
d'une autorisation. Certainement elle ne se fera pas
attendre.

UNE GRANDE ÉDUCATRICE DES AVEUGLES :
Mlle MULOT.

Les aveugles étaient jadis traités en parias, consi-
sidérés en masse comme des mendiants, des inutiles,
tout au plus dignes d'être secourus à cause de leur
chien, tenu pour plus intéressant que le maître. Mais
de nos jours, depuis qu'au commencement du siècle
l'admirable Valentin Haüy s'est penché vers leur misère, ils sont devenus l'objet d'une pitié qui se traduit
en protection et en aide efficaces. De jour en jour le
non-voyant, dont on a appris à reconnaître l'intelligence, l'habileté manuelle, le goût musical, la mémoire, est soutenu, encouragé davantage par son frère
le voyant. Le malheureux trouve sympathie et assistance matérielle et morale auprès de ceux que le bonheur de la naissance a préservés de cet épouvantable
supplice : la cécité.

Et savez-vous ce qu'il y a d'aveugles de par le
monde? Deux millions, disent les statistiques. Il y en
a 200,000 en Europe, 32,000 dans la seule France!

C'est ainsi. 32.000 de nos compatriotes ne voient pas la lumière du jour, n'ont jamais contemplé ses effets s'irradiant dans l'eau, dans le vert des prairies, dans le bleu du ciel! Ils passent de la nuit dans la nuit, de la naissance à la tombe par des ténèbres palpables, sans fin. Ils sont séquestrés de la nature, retranchés de l'humanité dont ils devinent les formes, dont ils perçoivent les sons sans pouvoir s'en figurer les mouvantes apparences. Ils vivent près de nous, dans notre atmosphère, dans notre milieu social, et seulement par le toucher, par l'ouïe, par la parole, ils peuvent communiquer avec leurs semblables, à condition qu'ils soient à leurs côtés. Dans la tristesse de leur isolement, dans sa sombre horreur, ils ne sont pas visités et réconfortés par la chaude présence des chefs-d'œuvre que les lettres — à défaut de l'art, qui leur est à jamais fermé — ont produits pour le charme et la consolation des humaines afflictions. S'il leur est donné d'entendre de belle prose, de beaux vers, quand une voix amie, doucement, d'infinie patience, les verse en leur oreille, il ne leur est permis que dans quelques rares volumes, imprimés à leur usage, de les goûter par eux-mêmes, par leurs doigts — qui au bout ont des yeux. Et, jamais, eux qui ont la faculté de correspondre avec des infirmes comme eux, ils n'entrent par écrit en communication avec des voyants, avec des absents aimés, dont les lettres sont aussi indéchiffrables à leur tact, que leurs épîtres le sont aux regards des créatures dont l'œil n'est pas mort.

*
* *

Or, voici qu'une institutrice, qu'une infatigable *typhlophile*, émue de compassion pour des maux dont la solitude accroît l'intensité, s'est employée, sans repos, à la recherche d'une écriture, d'un *guide*, qui mît facilement en rapport l'aveugle et celui qui voit. Après une longue étude, après un essai persévérant de tous les systèmes usités, après avoir hésité, tâtonné, erré longtemps, elle est arrivée enfin à une découverte qui fait honneur à son adresse, à son originalité, et aussi à sa patience, à son courage, à l'intrépidité de sa bonté féminine. A tout cela? Oui, à tout cela! On verra bientôt pourquoi. Car il sera terrible de constater une fois de plus que ce n'est pas tout que de faire le bien. Il faut le répandre, le vulgariser — et il y a tant d'intérêts, tant de passions, tant de préjugés et de routines qui se coalisent pour empêcher qu'il ne soit accepté!

Mlle Mulot qui, à la suite de Valentin Haüy, de Braille, de Beaufort, a imaginé une combinaison alphabétique, une clef plutôt, une merveille d'ingéniosité, a lutté d'abord contre la difficulté de l'invention, et maintenant qu'il lui est donné, grâce à son système, d'améliorer le sort de ses chers déshérités, elle lutte contre l'entêtement du mandarinat officiel qui s'occupe des aveugles — et qui se refuse à voir l'évidence.

Non que Mlle Mulot cherche à conquérir argent et renommée, non qu'elle désire porter ombrage à ses collègues dans l'enseignement. Elle mène peu de bruit autour de sa découverte et si elle tente de la propager, c'est pour rendre service à de touchantes infortunes, pour tirer ces délaissés de leur mortel abandon. Et pourtant, elle a contre elle des inimitiés qui ne désarment pas. Mais n'est-ce pas la condition de tous les novateurs, dans la charité, dans la bonté, dans la fraternité humaine — comme dans tout, comme dans la science? Elle fait preuve de curiosité, d'initiative. Directrice d'une école en province, à Angers, où elle est adorée de ses pupilles qui chaque jour la bénissent et lui doivent d'être entrés dans la société qui ne les comprenait pas et qui se détournait d'elles, elle se heurte aux défenseurs de la tradition, aux partisans des méthodes envieillies, qui, cantonnés dans la classique forteresse de l'institution nationale, essaient de lasser son courage par leurs sarcasmes et leur entêtement de résistance. C'est la logique même des choses. C'est dans l'ordre, n'est-ce pas ?

* *

Mais en quoi consiste l'innovation de Mlle Mulot ? En une simple modification aux appareils de ses devanciers, mais si commode, si pratique, si bien appropriée à l'usage des aveugles, qu'elle est appelée à faire reléguer les autres instruments au musée des Antiques, ou bien en quelque Conservatoire de reliques sacrées, au même titre qu'on y exile la première machine à vapeur, la première pile électrique. C'est l'accès du monde, c'est l'entrée dans la grande famille sociale qui s'ouvre devant le non-voyant; c'est une vie nouvelle qui lui est donnée...

Le docteur Legludic, député de la Sarthe, qui s'est fait le champion, le porte-parole éloquent de Mlle Mulot, le montre nettement en une brochure qui est le résumé de ses conférences, le bréviaire de sa croisade.

Certes, Valentin Haüy, qui s'est servi des caractères mobiles, puis qui a eu l'idée de produire des lettres faisant saillie au verso, soit d'une feuille métallique, soit d'un papier, Valentin Haüy, le créateur de l'impression en relief, a ouvert largement la voie. C'est par lui que l'aveugle peut lire.

Et c'est par Braille que l'aveugle peut écrire. Son alphabet, qui consiste en une combinaison de six points, sa tablette aux rainures transversales, à la réglette en cuivre, où le « style » est écrit de droite à gauche, ont permis à l'aveugle de correspondre avec l'aveugle. La lecture due à Haüy se complétait de l'écriture.

Mais c'est par Mlle Mulot que la lecture et l'écriture qui établissaient seulement des relations entre aveugles, se transforment en lecture et en écriture d'aveugles à clairvoyants et réciproquement. Elle a si heureusement, si complètement achevé l'appareil stylographique en relief ébauché par M. de Beaufort qu'elle a supprimé tout tâtonnement, toute irrégularité dans les lignes, et qu'elle a obtenu, en lettres courantes, une écriture absolument rectiligne, lisible sans effort, sans étude spéciale, à la première inspection. Le trait est assuré, précis, conforme. Les trois droites : verticale, horizontale et oblique, s'adaptant, se rapprochant, forment des caractères vulgaires, accessibles aux profanes comme aux initiés !

* *

Voulez-vous la description du guide ? M. Legludic vous la donnera, pour que vous puissiez en fabriquer un. Le mécanisme est d'ailleurs des moins compliqués : « Il se compose de deux plaques métalliques découpées à jour, donnant ensemble la grandeur d'une feuille de papier à lettre, et reliées par une charnière qui permet de les plier en portefeuille. L'aveugle fixe, à l'aide de punaises, cette double grille sur le papier, au-dessous duquel il a tout d'abord glissé une feuille de buvard formant coussin. S'il s'adresse à des voyants, il lui faut placer, entre le papier à lettre et le buvard, une feuille à décalquer qui mettra ses lettres en lumière.

« Les grilles sont formées d'ajours semblables disposés en lignes horizontales et dans lesquelles l'aveugle trace ses lettres. Chaque ajour présente aux doigts de l'aveugle un carré dans l'intérieur duquel il peut sûrement glisser son style. Néanmoins, une découpure pratiquée dans le métal, à chacun des angles, permet au style de sortir du carré et d'en prolonger en haut et en bas les verticales de droite et de gauche. D'un angle à l'autre du carré, l'aveugle peut tracer des diagonales, c'est-à-dire des lignes obliques. Enfin, moyennant quatre points de repère placés à chaque face du carré, et formant encoche sur la grille, il lui est également facile de tracer des obliques d'une encoche à l'autre, ainsi que des perpendiculaires ou horizontales traversant l'intérieur du carré. »

Voilà qui est parfait, en principe. Mais qu'en pensent les intéressés? Qu'en font-ils? Leur faut-il beaucoup de leçons pour arriver à se débrouiller? Des expériences ont-elles été tentées? Sont-elles concluantes? Ou bien est-ce pure théorie?

Mlle Mulot obtient des résultats surprenants. Après quelques heures de travail, elle parvient à faire épeler, à faire écrire des phrases, à faire chiffrer. Et ses disciples ont cette joie d'envoyer des nouvelles à leurs amis, à leurs parents, d'entendre leur langage matérialisé! Ils ne seraient pas déplacés dans une école primaire où vont leurs camarades, les voyants! Dictées, compositions de style, d'histoire, d'arithmétique, tout est fait en caractères ordinaires et peut être vérifié et corrigé aisément. Les devoirs de classe peuvent être communs sans que personne ait à en souffrir.

La preuve en est que plus d'un petit aveugle confié à Mlle Mulot se présente à l'heure actuelle à son certificat d'études et est en train d'être reçu. Et la preuve en est surtout qu'une jeune fille, Mlle Plessy, a subi, devant la commission du brevet élémentaire, à Angers, toutes les épreuves, soit écrites, soit orales, que son infirmité ne lui interdisait pas de façon absolue.

« La commission, dit M. Legludic, a corrigé elle-même les compositions de Mlle Plessy, parce que ces compositions n'étaient pas écrites avec le système *Braille*, mais avec une méthode nouvelle qui met l'aveugle à même d'écrire en caractères ordinaires.

« La dictée a été faite par Mlle Plessy dans le même temps que par les autres concurrents. — Note : 16 sur 20. »

.·.

M'est avis qu'au lieu d'équivoquer, de perdre son temps à des sophismes et à des arguties, il vaudrait

mieux convenir qu'on reconnaît enfin la supériorité de
la réforme préconisée par l'école d'Angers. Elle vaut
mieux que ce qui est. Donc, qu'on l'adopte. Il n'y faut
pas tant de façons. Car enfin, que reproche-t-on à
Mlle Mulot? D'avoir tiré parti de ce que Haüy, Braille,
Beaufort ont agencé avant elle? Belle raison, vraiment, qu'il y ait eu d'autres *guides*, pour s'opposer à
l'introduction d'un outil perfectionné, qui ne cesse de
faire ses preuves et dont l'emploi s'impose, au profit
de tous !

Est-ce que, sous prétexte que Fulton a su pousser
par la vapeur un bateau rudimentaire, nous devons
éviter de mettre sur chantier et de lancer des paque-
bots transatlantiques, des cuirassés qui se feront un
jeu d'affronter les tempêtes, alors que le moindre coup
de vent eût brisé la frêle coquille de noix, leur primitif et grossier modèle! Est-ce que l'exemple de Volta
a pu condamner les Ampère, les Edison, les Despretz
à se complaire dans une admiration béate et à s'interdire d'interroger les secrets de l'électricité?

On croit rêver quand on entend soutenir qu'on ne
rend pas hommage à un homme — qui en son temps
a été un novateur — si l'on marche sur ses traces et
si l'on va plus loin que lui! Mais où en serions-nous si
l'on s'immobilisait ainsi, si l'on décrétait l'inaction,
par respect des anciens — qui se sont peu souciés des
anciens venus avant eux! — n'est-ce pas prononcer la
condamnation du progrès? S'il ne faut profiter de rien,
toujours tout reprendre à nouveau, s'abstenir de s'é-
lancer du connu vers l'inconnu, le savoir humain ne
sera-t-il pas un éternel recommencement? Passe encore de piétiner sur place quand le luxe seul en souffre. Mais se retrancher dans la froideur et dans l'indifférence, se barricader dans la tradition et dans la
négation, lorsque des infortunés, des tristes pâtissent,
c'est ce qu'on ne saurait tolérer, sans protestations in-
dignées.

Les querelles d'école peuvent amuser beaucoup

l'école; elles affligent le public. Il ne comprend pas, mais pas du tout, qu'on tergiverse, qu'on dispute quand il s'agit de procurer à l'aveugle une plus grande somme de satisfactions, de consolations! L'attente est longue à qui, dans sa nuit, ne pense qu'à son martyre. Pourquoi ne pas promptement soulager ces grandes détresses physiques? Pourquoi ne pas resserrer les liens qui, d'esprit à esprit, de cœur à cœur, par l'échange de la lettre écrite et de la lettre moulée, peuvent unir cette armée dolente d'incurables disséminée par toute la terre à la masse des privilégiés, qu'elle coudoie, qu'elle entend, qu'elle envie!

Est-ce qu'il y aurait sous toutes ces colères et sous toutes ces échappatoires une énigme que certains affirment avoir éclaircie? Est-ce que de petites ambitions se glisseraient là où seule l'humanité serait à sa place? Est-ce que les champions des vieux errements s'insurgeraient par crainte de n'avoir plus l'occasion de jouer les utilités — pour ne pas dire les inutilités? En tout cas, le mot de M. Legludic est piquant : « Eh! oui, Mademoiselle, voici l'explication de cette guerre acharnée que vous fait la routine. N'entendez-vous pas qu'on vous crie : « Mais avec un pareil système, « nous n'aurons bientôt plus d'aveugles! » Que vont devenir et les professeurs de méthodes surannées, et les administrateurs attachés aux vieux errements, et les fabricants de tablettes *Braille*, et les imprimeurs de livres en points saillants, en un mot, tous les marchands du temple? »

Et cela a été dit à la salle des Capucines et nul n'y a contredit! Et ce qui a été dit aussi, en manière de conclusion, et qui a été couvert d'applaudissements, mérite également d'être recueilli. Car c'est l'éloge que méritait la vaillante éducatrice qui a tant peiné, qui, aujourd'hui encore, est obligée de s'épuiser en tant d'efforts :

« Marchez votre chemin, Mademoiselle. Ne vous inquiétez pas des petites jalousies et des mesquines

oppositions. Vous avez le droit d'être fière de votre
œuvre. La sympathie que celle-ci recueillera, je n'en
doute pas, dans un avenir prochain, vous récompen-
sera de vos efforts et de vos peines. Les aveugles sauront reconnaître en vous l'une de leurs plus grandes
et de leurs plus généreuses bienfaitrices. L'humanité
rendra hommage à votre intelligence, à votre dévouement et à votre courage. »

VARIÉTÉS SCOLAIRES

LA CRISE DES DIPLOMÉS.

Quand on veut se gausser un peu de nous, à l'étranger, on a vite sur le bout des lèvres la classique plaisanterie : « Le peuple français. Vous savez? Le peuple le plus « décoré de la terre! » J'ai bien peur qu'avant peu à « décoré » ne s'ajoute « diplômé ». Car vraiment la fièvre, la folie du diplôme, du parchemin, s'emparent de nous et font plus que de nous tuer, nous ridiculisent.

On ne pourra bientôt plus être concierge, balayeur, frotteur, sans avoir passé un examen. Ne s'était-on pas avisé de placer, il y a quelque temps, les apprentis cochers devant un jury et de leur poser des questions gravement, et, non moins gravement, de leur conférer l'autorisation légale d'écraser les gens? Il est vrai qu'ils avaient l'avantage de connaître la topographie du lieu où ils avaient opéré leur petit assassinat...

Passe encore la douche de diplômes qui pleut sur nos contemporains, pourvu que le savoir gagne, que les connaissances s'étendent, que l'ignorance et l'incuriosité soient mises en fuite. Mais la chute de papiers officiels, de paraphes estampillés par les mairies et les Facultés, prouve tout bonnement que chaque jour le peuple français se *chinoise* davantage.

Sa réputation d'esprit me paraît menacée. Il prend trop les mots pour les choses. Il se laisse piper aux simulacres et aux apparences avec une facilité qui fait craindre pour la solidité de son bon sens. Il a une admiration pour les boutons de cristal, pour le mandarinat, pour la hiérarchie des brevets et des certificats qui, bientôt, le rendra lui-même admirable.

*
**

C'est le baccalauréat qui ouvre la marche, qui, le premier, a tracé la voie où se sont engagés tous les petits et grands Français, de l'école primaire à l'Institut. C'est lui encore qui a la palme, qui a l'honneur et les honneurs. Il semble que toutes les vanités, que toute la gloriole humaine tiennent dans cette phrase prononcée par les familles solennellement : « Il est bachelier! » Peu importe qu'on l'ait mérité, ce sacré bachot qui devient presque chez nous le bachot sacré, tant il est fait à l'usage d'une société où le savoir-faire l'emporte sur le mérite, la sottise sur le sérieux du caractère! L'important, le tout est de le détenir, de l'étaler, de le déployer à la face des familles, effarées d'une telle splendeur, d'un tel rayonnement.

Avoir appris quelque chose au collège, ne fût-ce qu'à apprendre? S'être imprégné d'idées saines, de sentiments virils? Avoir pris le pli d'une méthode applicable à tout labeur, à toute entreprise? C'est bien l'affaire! On ne vous le demande pas. La valeur propre, le talent personnel : niaiseries, vieilleries. On s'occupe bien d'intérêts si secondaires. Au bal, à l'atelier, dans les boutiques, à table, à pied, en voiture, couché, nu, malade, on vous pose cette éternelle et lancinante question : « Êtes-vous bachelier? » Et si tu n'es pas bachelier, bon jeune homme, si tu es seulement, dans la noble et fière acception du mot : un homme, ah! malheureux! fuis loin, plus loin encore, chez les Hottentots, chez les Iroquois!

« Vous n'êtes pas bachelier, dit l'épicier parvenu, au soupirant pâmé qui lui demande sa fille en mariage, touchez là, vous ne serez pas mon gendre! » — « Vous n'êtes pas bachelier! dit le négociant au solliciteur qui lui demande une place dans ses bureaux, et qui peut-être a des qualités sérieuses, de l'application, de l'exactitude, le goût du commerce, le don des affaires, — mais le dernier de mes employés, le plus infime de mes garçons est bachelier. Je n'ai pas d'emploi pour vous. »

* *
*

Et le préjugé, la tyrannie, l'obsession du parchemin, du diplôme, qui pèse sur la haute et moyenne bourgeoisie, écrase maintenant de tout son poids les classes populaires. Les lycées et collèges ont donné l'exemple et les écoles se sont hâtées de suivre.

Savez-vous combien on peut passer d'examens, par combien de laminoirs on a le droit de se faire moudre? Un de mes amis, statisticien à ses heures, a eu la bonne volonté, et la malice aussi, de faire le dénombrement fantastique des écrits et des oraux que peut subir, en l'an de grâce 1891, un citoyen français. Il n'en a pas compté moins de 61, dont 13 — oui, 13 — baccalauréats, — depuis qu'on l'a réformé! Oui, 61! Oui, il y a 61 commissions, 61 présidents, cinq fois autant de membres derrière des tapis noirs. A 100, nous ferons la croix. D'ici quelques années, la moitié de la nation sera occupée à faire passer des examens à l'autre moitié...

Il y a, et le brevet simple, et le brevet supérieur, et le certificat d'aptitude pédagogique, et le certificat pour le professorat des écoles maternelles, des écoles normales, des écoles professionnelles, et le certificat pour l'inspection, pour la direction... Que sais-je encore? Un inspecteur d'Académie ne parvient plus à se débrouiller dans la liste des infortunés qu'il doit convoquer chaque semaine, soit pour poser des questions, soit pour y répondre. Il tient un registre spécial qui est couvert d'indications, de notes, de contre-notes

— où il se perd. On prétend que le prix du parchemin hausse·sur le marché et qu'il va falloir abattre je ne sais combien d'ânes pour débiter de la peau tannée et barbouiller de grimoire à je ne sais combien de doctoresses et de savants!

Est-ce une boutade contre l'instruction ? oh! que non pas!... Ne cessons de la répandre... mais dans un autre but que de délivrer d'inutiles imprimés.

Décidément il y a pléthore de diplômés dans notre pays. Il a fallu, dans ces derniers temps, pour répandre l'instruction, à l'école primaire, des instituteurs laïques, dans les lycées et collèges, des licenciés. Aussitôt commissions d'examen, dans les Hôtels de Ville, Facultés et Sorbonne, ont siégé et, fournée sur fournée, ont cuit à point nombre de candidats. Les premiers chauffés ont été placés : alors il y avait des postes. Aujourd'hui, rares sont les vacances et dans l'enseignement primaire et dans l'enseignement secondaire, — car tout se tient, — et nombreuses les demandes des postulants. D'où un cercle vicieux dont on ne peut faire sortir, semble-t-il, une légion de gens... vertueux par excellence.

Les chiffres qui ont fait le tour de la presse — portent en soi un enseignement, — à l'usage de l'enseignement.

Puisque à Paris seulement il n'y a pas moins de 8,932 solliciteurs et quémandeuses — un corps d'armée! — hommes et femmes, confondus en une anxieuse et piaffante expectative, pour... 129 places! Puisque en province le total des mandarins et des mandarines sans mandarinat se trouve presque centuplé et centuplées ainsi les angoisses et les douleurs! Puisque la question sociale semble se poser dans sa brutalité palpable et vivante chez les « intellectuels » de l'a b c, ne faut-il pas clamer aux familles :

« Prenez garde! Vous êtes responsables de la crise et vous ne sauriez déplorer en toute justice que votre aveuglement! Quand un jury d'examen délivre un certificat, il ne s'engage pas à fournir du pain à l'impétrant en même temps qu'un parchemin. Ne faites pas le malheur de vos enfants en croyant que l'instruction dont ils sont nourris les nourrira vraiment. Cessez de les engager sur une fausse voie. Montrez-leur que le travail des mains vaut le travail du cerveau. Munissez-les d'un métier. Dirigez-les vers les écoles professionnelles. Là est le remède; là, le salut! Là, après trois années d'apprentissage gratuit, vos filles et vos fils deviendront ouvrières d'élite, artisans habiles et ne seront plus exposés, pour vivre, à attendre indéfiniment que le titulaire d'une école veuille bien mourir, consente à se faire porter en terre pour qu'un successeur éduque marmots et gamines après lui. »

Voilà ce qu'il faut, sans se lasser, crier aux parents. Car ne croyez pas que ce soit uniquement pour mon plaisir, pour avoir la joie de décrire le jeune monde du bois, du fer, du livre, du crochet et de l'aiguille, que je vais chez les petits serruriers, les petits ébénistes, les petits typos et les petites couturières. J'y vais pour les faire connaître, pour rendre service à qui ne peut les voir, pour indiquer la voie à suivre aux inexpérimentés, pour leur épargner des erreurs de manœuvre et d'aiguillage dont ils porteraient la peine indéfiniment. J'y vais pour constater que ces ateliers-écoles doivent être multipliés, pour le dire, pour pousser à ce que l'œuvre ébauchée soit terminée...

Et ce n'est pas tout d'avertir les pères et les mères, de leur faire toucher du doigt certaines erreurs, certains maux qu'ils peuvent éviter; il faut encore, d'autre part, réclamer des mesures administratives qui arrêtent peu à peu l'incessante fabrication des brevetés et des brevetées — marchandise... cérébrale qui ne trouve plus preneur sur le marché.

Ne pourrait-on établir deux brevets de capacité? L'un serait réservé aux jeunes personnes qui demandent à un papier légalement et subitement paraphé la

21.

simple sanction d'études primaires, qui se présentent
et se font recevoir, par genre, par mode, par coquetterie conjugale ! Ça fait si bien, un brevet, dans un
trousseau de mariée ! On ne se montrerait pas trop
sévère pour l'accorder, ce diplôme anodin, aimable, à
l'usage des demoiselles bien élevées.

Le second brevet serait sérieux, très sérieux : il
aurait un caractère éducatif, pédagogique — et aussi
très littéraire et très scientifique. Je le rendrais abor-
dable seulement aux intelligences qui veulent savoir
quelque chose pour apprendre vraiment quelque chose
aux autres. Ne l'aurait pas qui voudrait. Il faudrait,
pour l'obtenir, une lente et fructueuse préparation, des
efforts répétés : — ce serait une petite licence ou plutôt
une façon de baccalauréat sans grec et sans latin
qu'instituteurs et institutrices auraient à décrocher.
On éviterait ainsi l'encombrement qui se produit à
l'heure actuelle et qui provoque des souffrances si
angoissantes. Il va de soi que l'on ne toucherait en rien
aux droits acquis. Les anciens diplômés, les brevetés
d'hier conserveraient leurs situations, mais puisqu'on
envie si fort leurs fonctions, on serait forcé de se
donner quelque peine pour y parvenir.

Et ce qui serait bon pour les *primaires* ne serait pas
à dédaigner pour les *secondaires*. Hier, un licencié
était sûr d'avoir une classe au moins dans un collège;
maintenant il végète dans la maîtrise d'étude. Que
faire? Cinq cents licenciés attendent que les vieux
fassent place aux jeunes. La crise est aiguë et elle
n'était pas une des questions les moins importantes
qu'en leur congrès devaient agiter les maîtres répétiteurs.

Il n'y a qu'un moyen de sortir de l'impasse. Il y
a peu d'élus, il est nécessaire qu'il y ait moins d'appelés. Il convient de diminuer les bourses de licence
dans les Facultés. — « Mais alors, certaines Facultés
n'auront pas d'étudiants ? » — « Qu'on les supprime,
dussent-elles se lamenter comme Douai. » — « Mais les

intérêts privés ?... » — « Ils doivent céder devant
l'intérêt général. » — Quelques grands centres sub-
sisteront seulement qui produiront, au fur et à mesure
des besoins et des vacances, les licenciés nécessaires
au remplacement des malades et des décédés.

« C'est bien pour l'avenir, mais que faire des cinq
cents licenciés qui sont maîtres d'étude? » — « Il est
juste de les caser dès qu'un vide se fait. Ils sont à la
peine, ils méritent d'être à l'honneur. »

M. L'EXAMINATEUR.

Il a reçu sa commission, son brevet d'examinateur
hier. Une grande lettre est venue, de la préfecture.
Un laquais très galonné l'a portée ; elle annonçait à
notre homme qu'il interrogerait, sur l'histoire, les
aspirants au brevet élémentaire.

Cette grande lettre, avec en-tête administratif, avec
paraphe officiel, comme il avait rêvé longtemps de
la posséder! Il n'osait le dire, mais. il guettait, à
chaque mars, à chaque juillet nouveau, le personnel
de l'hôtel préfectoral, tous les huissiers de la solennelle demeure, dont l'apparition au coin de la rue lui
semblait être l'annonce de la bonne nouvelle. Que de
fois son attente avait été vaine! Que de fois, avec
colère, dans des accès de féroce et incompressible
jalousie, il s'était vu préférer un rival, bien en cour,
qui ne le valait pas!

Et pourtant il avait tous les droits à l'honneur am-
bitionné de retoquer ses semblables. Il avait les
mêmes opinions que les gens au pouvoir. Jadis orléa-
niste, puis bonapartiste, n'était-il pas sur le tard,
pour ne pas passer pour l'homme absurde qui ne
change jamais, devenu républicain ? Son évolution
lente ne l'avait-elle pas conduit au Conseil municipal? Et là, ne sachant trop de quoi il était capable

— ou plutôt incapable — n'avait-il pas jugé qu'il
était suffisamment instruit pour s'occuper de l'instruction publique ? Il avait fait ses classes jadis, avant
d'être négociant. Quand on a usé, même en pure
perte, quelques fonds de culottes sur les bancs, on
est de taille à donner son avis en matière d'enseignement. Et il l'avait donné, son avis, et il s'était vu
écouté, sans trouver de contradicteur, comme il doit
arriver à un édile riche, qui, au besoin, sait verser
cent francs à la Caisse des écoles, fonder un prix
d'encouragement, offrir un livret de caisse d'épargne.

*
* *

N'avait-il pas siégé, trôné plutôt, dans la commission scolaire pendant près de quatre ans ? N'avait-il
pas été désigné pour prononcer deux discours de distribution des prix devant des garçons et des fillettes ?
N'avait-il pas été suffisamment banal, ronflant, gonflé
de son importance oratoire et pédagogique ? N'avait-
il pas, par ses commentaires trop évidents de trop
évidentes vérités, fait sourire les gens du métier qui,
tout de même, par politesse, avaient applaudi ? Et les
claquements de mains, les bravos dociles des enfants,
des parents et des maitres, les hurlements de la
fanfare urbaine, n'avaient-ils pas mis en relief le mérite du président ? Les éminents services que sa
bourse et sa bonne volonté, que ses convictions récemment ralliées avaient rendus à la cause de l'éducation populaire ne valaient-ils pas qu'on couronnât
une carrière si courte, quoique si bien remplie, par cet
honneur envié, cette sanction souhaitée, ce titre si
flatteur pour l'amour-propre : la nomination de membre du jury !

*
* *

C'est fait. Il est membre du jury ! Il a grandi de
quelques doigts depuis qu'il le sait. Il le dit à femme,

à fille, à fils, à servante, à valet. Il le dirait à ses
bêtes si elles pouvaient l'entendre. Sa nouvelle dignité
l'éblouit lui-même, le grise irrésistiblement. Premières fumées de la gloire, vous fûtes toujours capi-
teuses aux pauvres humains !

Son premier soin est de parcourir son appartement
d'un pas fiévreux et saccadé. Il ne se possède plus. Il
a besoin d'aller devant lui, de calmer ses transports.
O bonheur ! Voici une glace. Il s'y contemple. Il se
trouve autrement fait que la veille. Il a l'air plus
intelligent, lui qui, demain, dosera les intelligences
de ses contemporains.

Mais il lui semble qu'il a l'abord trop gai, le visage
trop riant, toute une habitude de corps trop allègre
et trop fringante. Vite il compose sa mine. Il fronce
le sourcil. Il essaie d'avoir l'œil dur, froid, comme
renfermé sur lui-même. Il prend le masque de l'im-
passibilité. S'il ne se découvre pas un front sévère,
une mine de juge froidement inaccessible, qui le
prendra pour impartial ? Et sa voix ? Elle est trop
douce, trop familière. Vite il la guinde, il lui donne
un ton affecté. Et sa tenue ? Quoi ! un veston, une
jaquette ? Remplaçons vite ces habits trop vulgaires
et trop commodes par une roide redingote, haut boutonnée, moins boutonnée encore que la conscience
de M. le membre du jury... Est-ce bien ? La transformation est-elle complète ? Oui. L'on peut affronter les
regards des mères, des candidates et des candidats.
Ah ! encore une précaution... Défense expresse est
faite aux domestiques de recevoir les visiteurs, surtout les visiteuses qui viendraient recommander
progéniture et protégées. Toute lettre, toute carte,
non moins que toute personne, doit être refusée. La
consigne est absolue. Pour plus de sûreté, M. l'examinateur coupe le cordon de sa sonnette, que nul
frémissement n'agitera plus jusqu'au lendemain du
grand jour.

*
* *

Le grand jour a lieu, précédé de journées déli-
cieuses pour la large naïveté de M. le membre du
jury. Au cercle, on l'a félicité. Dans le salon de
madame la mairesse, on l'a complimenté. Il y avait
bien, dans un coin, l'ancien juge de paix et l'ex-receveur de l'enregistrement qui ont, en rechignant,
balbutié une politesse forcée, de leurs lèvres bou-
gonnes. Ah! ils n'avaient guère envie de se réjouir,
ceux-là. Le receveur surtout était furieux! Il comptait
que le choix s'arrêterait sur lui. L'inspecteur d'Académie le lui avait bien promis. Et il avait préparé un
tas de petites questions insidieuses, à double sens,
très amusantes et très perfides à poser à ses jeunes
concitoyennes. La galerie aurait beaucoup ri. On
aurait admiré l'esprit, l'improvisation endiablée de
ses interrogations...

Si le receveur enrage et si le juge ne décolère pas,
c'est raison de plus pour le négociant Mécène, pour le
grand protecteur du savoir chez les autres, d'étaler
sa joie, de s'épanouir dans sa rayonnante gaieté.
O bonheur! O volupté! L'heure de se rendre dans
la salle où l'on va dicter les épreuves a sonné.
M. l'examinateur, gravement, superbement, très cravaté et très ganté, se dirige vers le lieu sacré. Il y
a dans l'atmosphère, dans toute la nature, quelque
chose qui l'enveloppe, qui le caresse plus amoureusement qu'à l'ordinaire et qui salue en lui M. l'examinateur. Les arbres le savent et le protègent de
leurs feuilles les plus ombreuses, les murailles le
savent et lui renvoient, dans la crudité de leur blancheur étincelante, sa correcte silhouette. Et quand il
arrive devant l'Hôtel de Ville, c'est alors qu'il marche
dans l'extase de son apothéose. Toutes les mamans
sont là qui s'inclinent devant Son Eminence. Toutes
les concurrentes sont là, qui, dans un froufrou dis-

cret de leurs robes brunes, lui livrent passage pour qu'il rejoigne ses confrères des mathématiques, de la géographie, de la littérature. Pendant qu'il fend les rangs de l'assistance, il exulte, il nage dans le contentement. Il lui semble qu'il a des ailes, et, de son portefeuille encore vide qui bientôt s'emplira de copies, l'on dirait qu'il va battre l'air pour prendre son vol.

* *

Il entre. Il est entré. Il est chargé de surveiller la première séance, *sa* composition. Il ouvre le pli cacheté qui contient le sujet, avec quelle solennité, avec quelle pontifiante majesté! Et quel regard il promène sur les pauvrettes qui attendent, qui attendent, avant de daigner leur lire le texte! Comme il prolonge leur anxiété! Et quel ton de voix il prend pour dicter deux lignes insignifiantes! Toute la suffisance de son insuffisance s'étale béatement...

Pendant que les plumes trottent, galopent sur le papier, lui, se promène, déambule à grands pas, craquants, battants. Il est féroce. Il ne veut pas qu'on bouge, qu'on tourne la tête. Il épie les mouchoirs, les manchettes : il a peur qu'on y ait inscrit des dates. Il exclut les étourdies au moindre chuchottement, au plus furtif murmure. C'est l'homme du devoir. Il est à cheval sur la discipline. Avec lui, l'on ne copie pas.

Quand il ramasse les copies, il ne se départ pas de son affabilité. Il les prend des mains plus qu'il ne les accepte. A l'heure juste, à la minute précise, il passe devant les tables. Tant pis si l'on a encore une ligne à ajouter, un mot seulement. Il arrache les feuilles aux retardataires. Il interdit une dernière revision. Et, la besogne finie, il part, son paquet sous le bras, de plus en plus grandi à l'étiage de son estime par la grandeur de sa mission.

Tout le jour, il corrige, il corrige. Il a dans un livre

lu, relu le corrigé. Ce livre, il le tient ouvert sous
son nez, pour ne pas commettre d'erreurs. Ce livre,
c'est sa bible, c'est la science infuse, c'est le « larron »
des brevets... Pense-t-on autrement que lui, donne-
t-on d'autres faits, M. le correcteur biffe, rature,
rogne, déchiquète l'écriture à coups de crayon
enragés, met des notes épouvantables, refuse, entasse des hécatombes d'échecs. Se rapproche-t-on du
livre? du chapitre imprimé? Est-on aussi terne, aussi
plat que lui, aussi plein de menus faits, de détails et
de broutilles, aussi pauvre d'idées? M. le correcteur
cote haut les perroquets si bien servis par leur
mémoire, si peu par leur jugement. Sa mesure, son
étalon métrique, c'est le livre recommandé par sa voisine, madame la directrice des cours secondaires, c'est
le livre inscrit sur la liste départementale. Hors du
livre, hors de la lettre moulée, point de salut!

Après l'écrit, l'oral. C'est pour M. l'examinateur le
quart d'heure de Rabelais. Il paie pourtant, il paie
surtout d'audace. Il a passé toute sa nuit à repasser
un manuel où l'histoire de France par demandes et
par réponses déroule son emmêlement de traités, de
réformes et de batailles. Il a appris par cœur une
centaine de paragraphes. Il a même, sur des bouts
de carte, tout petits, tout étroits et inégaux, jeté quelques notes dont il s'inspirera si ses souvenirs viennent
à s'embrouiller. Il ne craint rien, sinon d'avoir affaire
à une élève bien préparée, qui sache trop bien et
dont la naissante érudition mette en déroute ses connaissances de surface. Mais il l'arrêtera net. Il lui
donnera vite le maximum pour l'empêcher de vaga-
bonder hors des routes connues, dans la liberté des
découvertes interdites à son ignorance...

*
* *

Oh! cet examen, cet examen! Il est on ne peut
plus amusant: il frise le comique. C'est à qui, de

celle qui est devant la table et de celui qui est derrière
— du bon côté, — se dupera le mieux pour dissimuler sa nullité. Le manuel par la bouche de M. l'interrogateur demande ceci, cela. « Ne répondez, Mademoiselle, que ce que répond le manuel. Sinon,
M. l'interrogateur sera embarrassé et un bon zéro,
bien appliqué, vous apprendra à ne pas le mettre
dans une situation gênante. » Parfois, il y a des silences brusques. Ni Mademoiselle ni Monsieur ne se
rappellent quoi que ce soit. Monsieur s'en tire en em-
pruntant à ses carrés de vélin consultés à la dérobée
une autre question. Il agit ainsi par bonté pure, par
pitié. Que diable ! on ne peut pas se montrer impitoyable vis-à-vis de ces jeunesses. Elles ne peuvent
avoir tout retenu, tout gravé dans leurs souvenirs...

Au fond, M. l'interrogateur n'est pas à la fête. C'est
pour lui le revers de la médaille. Mais il fait contre
fortune bon cœur. Il y a tant de satisfaction pour
quelques heures d'ennui ! Et puis il est si doux d'entourer son front de la prestigieuse auréole fournie à
ses élus par un savoir même d'emprunt que, pour de
si grands avantages, il vaut la peine de ne pas être,
une ou deux après-midi durant, dans ses petits souliers... Enfin le défilé des timides et des effrontées,
des rieuses et des pleurnicheuses, des brunes et des
blondes, des maigres et des boulottes, a cessé. Et
avec lui a fini le défilé des estimations approxima-
tives, établies d'après les catégoriques et péremp-
toires articles de l'infaillible manuel. M. l'examinateur peut se reposer. Son œuvre est accomplie. Il ne
mourra pas obscur. Au 14 juillet prochain, la nation
sera informée qu'il est officier d'Académie. Et vingt-
quatre heures après avoir été honoré de la flatteuse
et violette distinction, il aura ce suprême bonheur
d'accompagner à sa dernière demeure l'ex-receveur
de l'enregistrement, son rival, mort de congestion à
la nouvelle que les palmes ont été attribuées non à
lui, mais au prochain. Et M. l'examinateur le piquera,

ce ruban vainqueur, à sa boutonnière, pour les obsèques du défunt, et il y aura dans la foule un frémissement de respect et d'admiration pour le promu d'hier, dont la décoration ajoute un lustre de plus à sa ville natale...

LE MAITRE RÉPÉTITEUR.

Elle a fait son temps, la légende du pion, du maître d'étude, hirsute, revêche, désagréable, toujours prêt à punir. Arrivés à l'âge d'homme, nous avons tous reconnu que si parfois des êtres excellents, patients, travailleurs nous avaient infligé quelque consigne, nous avions bien mérité le châtiment par notre taquinerie et notre mauvaise humeur. Et nous avons reconnu ce qu'il y avait de sérieux, d'austère, de noblement dévoué dans les fonctions toutes de zèle et d'abnégation que de jeunes hommes accomplissaient auprès de nous. La réflexion nous est venue avec l'âge — et avec elle l'estime pour des étudiants, pour des frères aînés, contraints d'incliner leur fierté à un labeur ingrat, — ingrat surtout à cause de notre indiscipline et de nos pratiques frondeuses. Ah! si nous avions eu plus d'expérience! Si nous avions plus vécu — plus souffert — combien d'impertinences, de brusques révoltes nous aurions refoulées, combien d'amertumes nous leur aurions épargnées, combien, par notre obéissance et notre respect, nous aurions facilité leur tâche...

Je sais bien que quelques exceptions, quelques bohèmes, quelques paresseux impénitents faisaient tort à la corporation et lui ôtaient un peu de son lustre. A côté des piocheurs, il y avait par-ci par-là des piliers d'estaminets que la fréquentation assidue, très affichée des cafés ne désignait pas à l'imitation de la jeunesse. Mais un type de hasard, un être de contrebande ne constituent pas toute une classe, toute une catégorie — pas plus qu'une hirondelle ne fait le printemps. En général, nos surveillants suivaient des cours de droit, de médecine, poursuivaient la conquête des licences et ne songeaient guère à mener bêtement la noce — et une noce de dix-huitième ordre, de barrière, de sous-officiers en goguette...

*
* *

Et aujourd'hui, l'exception même a disparu qui gâtait le bon renom de la collectivité. Évanoui à tout jamais, enfoui, au pays des vieilles lunes, le disciplinaire grognon qui, au sortir de la beuverie, éprouvait la nécessité d'exercer sur ses élèves ses foudres de Jupiter tonnant. Effacé dans la brume des rêves, le personnage râpé, ronchonnant, rabrouant, épave des examens, échoué dans une chaire, dont les faits et gestes soigneusement étaient épiés à travers les judas des portes et le corridor par le censeur en éveil...

Le maître répétiteur, au pion, au maître d'étude, a succédé — et définitivement. Mieux traité par ses chefs, considéré comme un égal par les professeurs, il est devenu leur collaborateur dans cette œuvre nationale : l'éducation laïque de la bourgeoisie. Il a compris l'importance du rôle qu'il devait jouer. Il est entré avec joie, avec élan et confiance, dans le mouvement de réforme qui s'est imposé à la pédagogie contemporaine. Il a su renoncer aux punitions démodées, d'une rigueur inutile, sans les regretter. Il applique avec tact, avec une mesure qu'on ne saurait trop louer, les règlements mis à l'essai dans les lycées et les collèges. Il fait appel non plus aux retenues, au piquet, mais à l'autorité morale, à l'ascendant personnel que la force et la souplesse du caractère donnent à l'homme sur l'enfant...

D'ailleurs sa besogne est moins rude que par le passé. Grâce à l'union et à la persévérance, il a chaque jour gagné quelque avantage que jadis on lui déniait

injustement. Il a formé, avec ses camarades de Paris
et de province, une forte association qui s'est solidement constituée, qui, par sa modération, la sagesse de
ses revendications, est parvenue à se concilier des sympathies dans les familles, dans l'Université, dans le
presse, dans le Parlement. Il était mal payé. Il ne pouvait, avec ses maigres appointements, se tenir avec la
correction qu'on pouvait exiger dans sa mise. Il a
obtenu une augmentation qui lui permet de faire figure
dans le monde et de ne pas étaler des habits ridicules
aux yeux de petits riches, prêts à se moquer des irré-
gularités de coupe et de confection. Il était chargé et
surchargé de service. Il était une façon de Maître Jacques
qui cédait sous le poids du fardeau et des responsabilités. Il a vu, grâce à un régime républicain, s'améliorer sa condition. Il ne préside plus à certains actes
de la vie scolaire, à certaines opérations stratégiques,
à certaines stations à poste fixe pendant les cours de
dessin, de gymnastique, et ailleurs encore, où sa présence n'avait d'autre utilité que de resserrer son esclavage. Il ne pouvait se reposer une heure d'affilée pendant toute une journée. Il fallait qu'il fût ici, qu'il
parût là, partout, toujours. Il a été traité en bon ouvrier. Ses fatigues sont coupées par des haltes où il
peut souffler. Il avait l'air d'être exclu de la famille
universitaire. Il était malmené, — mené à la baguette.
C'était le paria. On s'en servait beaucoup ; on le dédaignait fort ; on l'ignorait, on le dédaignait tout à fait.
Il n'avait pas assez de boutons de cristal pour être
admis dans le mandarinat. Mais le paria a donné un
coup de collier. Il a décroché les boutons de cristal.
Il a gagné licences — et il a pris rang dans les assemblées de professeurs, il a eu part aux votes ; il a eu
ses délégués dans les conseils de discipline. Aujour-
d'hui, il ne dépend plus des caprices d'un proviseur.
Il est nommé par les directeurs. Il est fonctionnaire.
Il est quelqu'un dans la hiérarchie ! Oh ! tous ces progrès, il ne les a pas effectués en un jour ! Il a dû lutter

contre des préjugés, contre la routine. Il a livré un
assaut en règle aux sottises envieillies, aux errements
de système empruntés au jésuitisme renforcé de l'im-
périalisme. D'aucuns trouvent qu'il a été parfois trop
agressif en ses réclamations. Dame! que voulez-vous?
Il était jeune, ardent, très résolu. Il était initié, en un
temps de démocratie, d'idées qui étaient de son temps.
D'enclume, il a été parfois marteau. Dans son journal
— car il a un journal à lui, fondé pour sa défense —
il a été trop brusque, jadis, en ses attaques. Il n'a pas
craint de secouer quelques personnages qui se trans-
formaient en tyranneaux de province et tenaient leur
personnel dans le traitement. Il a crevé, à coups
d'épingle, un certain nombre de vanités administratives. Il a frappé de rudes coups. Mais alors c'était la
bataille. Dans le feu de l'action, sans doute, il a été un
peu violent... mais les colères sont dissipées, l'ardeur
s'est amortie. Son journal a renoncé aux polémiques
et aux personnalités. Il s'est assagi comme son rédacteur. Il s'occupe sérieusement d'intérêts généraux et
il le fait avec une sagesse, une mesure, qu'on ne
saurait trop louer.

Voilà ce qu'a fait le maitre répétiteur. Voilà ce qu'il
est. Est-ce le dernier terme de son évolution? Non pas.
Comme l'a dit M. Bourgeois, qui a pris sa cause en
main : « Il sera un directeur d'études. » Il remplacera
« auprès de l'enfant la famille pour assurer la direction
et la formation morale du caractère ». Est-ce une utopie? Sommes-nous en pleine idéologie? Je ne le crois
pas. Cela a été dit à la tribune par un ministre de l'instruction publique et vous verrez que cela se réalisera.
Et pourquoi? Parce que le maître répétiteur a compris, a senti ce qu'on attend de lui, a vu quelle était
sa mission, son apostolat dans l'enseignement secon-

daire républicain, — et il veut se montrer digne des espérances que l'on fonde sur lui.

Il sera un directeur d'études. Mais à quelles conditions ? M. Louis Coste, du lycée Condorcet, le dit en une brochure éditée par l'Association. Et il le dit bien, avec beaucoup de bon sens, de sagesse mûrie par l'expérience, en moraliste autant qu'en novateur... M. Coste va au vif de la question. Après avoir montré que le directeur d'études doit avoir la direction générale de chaque élève — direction morale, intellectuelle, en dehors des classes, il se demande comment il lui sera permis d'entrer dans l'intimité de la vie de ses pupilles, de lire en leur âme, de démêler leurs instincts pour les maîtriser. « C'est à lui qu'incombera la tâche souvent pénible de faire faire le bien à l'élève, sans paraître l'y avoir amené ; de l'empêcher de faire le mal, en s'adressant tantôt à sa raison, tantôt à son cœur, et aussi, quand il le faudra, au souci de son intérêt. Tâche non seulement pénible, mais surtout complexe et variable en ses procédés : incessante avec les petits, moins apparente, mais plus délicate avec les moyens et les grands... qui exige, pour être accomplie, la plus grande initiative. »

Or, il ne pourra la prendre, cette initiative, que s'il a moins d'enfants à garder pendant la récréation. Comment veut-on qu'il agisse sur une multitude, sur une tourbe entassée dans une cour, sous des préaux ? Les agglomérations ne produisent que des accidents ou bien des révoltes. Mais est-il possible de donner un conseil ? de parler à cœur ouvert avec deux, trois jeunes disciples, quand tourbillonnent trois cents internes, dans la fièvre de l'emportement et du jeu ? Il faut que les groupes d'élèves soient non plus simultanément ensemble, mais successivement. Il faut qu'il y ait un roulement dans les exercices. A quoi bon l'uniformité absolue ? Soixante enfants joueraient — soixante, pas davantage — pendant que les autres travailleraient. Il y aurait un moyen d'agir sur eux, de

les connaître, de pénétrer en leur moi, de les relever
s'ils sont abattus, de leur donner un encouragement,
un blâme, de leur prouver qu'on n'est pas un étranger
pour eux. Alors l'éducation au collège ne sera pas un
vain mot — et l'internat deviendra l'école de l'âme,
du cœur — comme de l'esprit...

Et dans les études, que fera le directeur? Il sortira
de sa surveillance passive. Il interviendra dans le
devoir de l'élève — mais pour le contrôler, pour le
faciliter, sans se substituer en rien à l'effort personnel. S'occupe-t-il de sciences? Il dirigera des élèves
orientés vers les mathématiques. A-t-il ses grades dans
les lettres? Il veillera à ce que les textes ne soient pas
dénaturés, à ce que la copie ne soit pas bâclée, à ce
que le devoir soit fait sérieusement. Il aidera un peu
l'intelligence mal éveillée encore, la bonne volonté mal
récompensée de ses recherches...

L'objet est double. D'une part, le directeur doit avoir
en vue l'éducation; de l'autre, l'instruction : d'où un
dédoublement qui s'impose. Il y arrive, dans l'organisation proposée par M. Coste : — ici un *éducateur*, chargé
des récréations, des promenades — de la direction
morale, — là un *aide-professeur*, ayant reçu une solide
culture soit littéraire, soit scientifique et pourvu de
ses titres. Ces deux fonctions seront égales et parallèles. L'éducateur, quand il se sera signalé par son
zèle et ses bons services, est un candidat tout désigné
aux fonctions de censeur. L'aide-professeur trouvera
son avancement naturel dans le professorat.

Quant au dortoir, il ne sera à la charge ni de l'un
ni de l'autre. La surveillance de nuit sera confiée à des
stagiaires, à des nouveaux venus qui feraient l'apprentissage du métier, puis deviendraient soit éducateurs,
soit aides-professeurs.

Et l'argent? En faudra-t-il beaucoup pour mettre
debout le plan de M. Coste? Non pas. Il y a 1,100 répétiteurs titulaires remplissant des fonctions actives dans
les lycées : 1,000 suffisent pour mettre le projet à exé-

cution. Reste à nommer les stagiaires. Comme leur emploi ne serait pas bien fatigant — dormir, mais, il est vrai, ne dormir que d'un œil — les crédits nécessaires seraient peu de chose... J'espère qu'on votera des fonds, à titre d'essai, pour un collège et un lycée. Et si l'expérience réussit, on n'aura qu'à la généraliser...

LE PROFESSEUR LIBRE.

Pourquoi libre? C'est esclave qu'il faudrait dire. Esclave de l'heure, esclave des élèves contemporains, esclave des pères, des mères, des valets. Il est encore compté pour un peu moins que le précepteur. Il est celui qui passe, le Juif errant de l'enseignement auquel on ne s'attache pas, qui donne sa leçon de soixante minutes, montre en main, tire son chapeau, sort, et revient le lendemain, pour recommencer jusqu'à ce qu'on le remercie. On le voit peu; on n'a pas le temps de l'étudier, de pénétrer en ses sentiments, de le connaître, de l'estimer, de l'aimer. Il est le livre parlant, le manuel ambulant qui est chargé de distribuer à domicile de la science à tant le cachet. On sait à peine son nom. On oublie qu'il est homme.

Pauvre précepteur libre! Ses souffrances vont commencer. Les vacances ont pris fin. Les cancres sont rentrés. Que va-t-il devenir sans la légion des paresseux menacés de redoubler leur classe et qui lui ont demandé de les entraîner pour sauter l'obstacle de l'examen de passage? Son gagne-pain à tunique est sous clef. Que faire? Que devenir? Qui interroger? A qui révéler les mystères du rudiment, à qui ouvrir les arcanes de la géométrie et de l'algèbre? Après l'été, la saison où la vie a été à peu près facile, où l'on a pu glaner les gerbes laissées par ceux qui allaient vers les champs, vers les grèves, voici, sans soleil, sans feu souvent, sans logis où l'on mange à sa faim, voici les jours noirs, tristes, détestés, du grelottant et maigre hiver. La pauvreté, la misère même sont là qui guettent l'infortuné sans place, sans position stable, hiérarchisée dans le grand mandarinat des savants et des lettrés.

***

Il faut pourtant se tirer d'affaire. On luttera, on tentera des efforts désespérés. La femme attend. Les enfants qui grandissent, réclament, outre les caresses que le brave homme tendrement leur prodigue, des soins, une nourriture fortifiante, de chauds vêtements, toutes ces délicatesses que seul l'argent départ.

Et le professeur libre part, le matin, dès l'aube, de son lointain quartier, de l'Observatoire, du Val-de-Grâce, de la Bastille, de Montmartre, de tous ces coins où il cache son indigence, au fond des vertigineux sixièmes; il descend vers les riches avenues, vers les alentours des somptueux hôtels où il a chance de découvrir un soutien, un sauveur, une Providence... un élève!

Il a mis sa redingote des dimanches. Si la forme en est vieille, la trame usée, elle a encore l'air suffisamment solennelle en sa méticuleuse propreté. Le chapeau de soie a reçu un coup de fer qui l'a rendu presque pimpant, qui l'a remis en sa fraîcheur et nouveauté premières. La cravate est bien nouée, correcte. Quand on enseigne la syntaxe, il faut éviter les grosses fautes d'orthographe dans la tenue. Le plus beau pantalon a été tiré de l'armoire, et, bien brossé, bien suspendu aux bretelles, il ne fait pas de plis sur les souliers tout reluisants, tout rayonnants de cirage, aux endroits surtout où, sous le lustre du noir, il est utile de dissimuler la couture d'un grimaçant rapiéçage. Et sous le costume des fêtes, le corps se redresse dans une attitude d'élan juvénile et hardi. Et, au-dessus du

L'École moderne.

22

roide col, dans l'auréole blanche de la chemise fortement empesée, la figure du malheureux fait effort pour
sourire, pour avoir l'apparence satisfaite. Si sur son
visage se peignaient les transes dont il est angoissé,
si ses soucis, si ses peurs se lisaient à fleur de peau,
il ferait mieux de s'aller jeter à la Seine tout droit.
Qui oserait songer à être bon pour lui et secourable
s'il paraissait avoir trop besoin d'être secouru? Qui
l'introduirait dans une de ces riches familles, où si
souvent l'on redoute le contact de tout ce qui n'est pas
élégance et luxe, si sa mise excitait vraiment la pitié,
si ses traits disaient les privations d'hier, les affres de
demain?

* *

Ses rancœurs, ses anxiétés, au plus profond de son
être, il les refoule. Il est confiant, il va d'une allure
délibérée. Là-bas, aux Champs-Élysées, il a préparé
au baccalauréat, il y a deux ans, une aimable incapa-
cité qui a un frère dont la candidature vient d'échouer
devant le jury de la Sorbonne en juillet dernier. Il y a
une bonne aubaine en perspective. Il se recommandera du succès antérieur. Il aura le client. Il entre
dans la demeure de son ex-disciple. Il essuie un refus.
Il apprend qu'il est venu trop tard et qu'il y a un autre
« colleur » en fonctions. Il frappe à une autre porte. Il
a une lettre pour Monsieur. C'est Madame qui gouverne
et Madame a fait choix d'un répétiteur qui lui plaît.
D'échec en échec, de déboire en déboire, la journée
se passe. Et huit jours se passent ainsi. La déveine
noire s'attache aux pas du misérable, qui perd de plus
en plus son assurance de surface et qui n'aborde plus
son monde que d'un ton contrit, suppliant, humilié.
Et alors c'est raison de plus pour que partout il soit
rabroué. Et même il n'est plus reçu. L'ordre est donné
de le faire attendre, puis de lui dire qu'on n'y est pas
encore, qu'on n'y est plus. Solliciteur intrépide, il
revient à la charge, non pour lui, mais pour les siens.

Il est encore, il est toujours repoussé. Il y a tant de licenciés jeunes fournis par les Facultés, il y a tant de « boursiers » instruits qui mènent de front leurs études et les études des enfants millionnaires ! Il y a tant d'abbés complaisants, empressés, zélés, aux manières aimables, insinuantes, enveloppantes, qu'il faut battre en retraite devant eux. La concurrence est impossible aux vieux barbons contre les générations montantes, nourries aux nouvelles méthodes, éprises de mondaine pédagogie...

* *

Les relations se sont récusées, les amitiés se sont retirées. Protection et affection fuient les gueux. Mais la mère et les enfants vont pâtir. Allons, courage ! Tente l'impossible, mon pauvre homme. Fie-toi au hasard, aux occasions de rencontre. Tu t'es adressé en vain à qui te connaissait, tourne-toi vers les inconnus. Pour eux, tu ne seras peut-être pas démonétisé, démodé, ô miséreux !...

Il te reste encore quelques pièces de monnaie. Rassemble-les, porte-les à un journal, rédige une annonce bien attirante qui, sous la rubrique : « Institutions, maîtres et institutrices », s'étalera. Il ne te vient rien ?... Tu ne reçois aucune réponse ? Tu demandes en vain au guichet de la gazette s'il n'est rien arrivé à tes initiales ? Fais autre chose. Va chez les libraires, chez les papetiers où nos fils se fournissent de bouquins, de plumes et d'encre, remets ta carte avec, sous ton nom, tes titres et qualités. Mets un « prix modique » qui pourrait séduire des bourgeois économes... Rien ? Rien encore ? Le soir, quand tombera l'ombre sur Paris, près des « bahuts » — et près des « boîtes » — tu me comprends bien ? cher frère — colle sur les murs des réclames manuscrites. N'oublie pas le timbre, sinon tu paierais une amende qui te réduirait pour toujours à la mendicité... Rien, rien toujours ? Cours les agences de placement. Confie-leur ton dossier. Peut-être, non sans prélever sur tes honoraires de forts intérêts, peut-être, à la longue, te dénicheront-elles un petit rastaquouère, un petit malade, un petit éclopé, — quelque épave de l'instruction à sauver!...

*
* *

L'on sourira de mon speech au professeur libre. Tant pis pour qui sourira. Et que ne puis-je attendrir ceux qui ont le devoir de faire un peu de bien. Comme je voudrais qu'on se penchât vers cette armée de faibles, d'humbles qui composent l'Université d'en bas ! Comme je souhaiterais que tous ces invalides, tous ces infortunés de la bohème enseignante eussent quelques ressources pour les années de vieillesse. Comme je bénirais ceux qui leur tendraient la main pendant le chômage plus dur encore pour eux que pour l'ouvrier, car la douleur est d'autant plus ressentie par eux, d'autant plus exacerbée en eux, qu'ils sont plus affinés et plus sensibles ! Que n'organise-t-on la charité scolaire en notre pays ? On a beaucoup songé à l'enfant, jamais au maître...

« Mais les professeurs libres sont des irréguliers, va-t-on me dire. Ils n'avaient qu'à rester dans le rang. Pourquoi sont-ils sortis des sentiers battus ? » Eh bien! oui, admettons qu'ils aient un peu obéi au caprice et à la fantaisie, qu'ils n'aient pu s'astreindre à une règle : en ont-ils, à côté du gros de l'armée, rendu moins de services? Ils ont fait leur temps, eux aussi, payé leur dette. Ils ont combattu le bon combat. Les tirailleurs, les enfants perdus ne nuisent pas aux fantassins enrégimentés. Et quand ils n'auraient fait que les débarrasser de menues corvées, de petites escarmouches où les forces se seraient usées inutilement? Quand ils auraient accepté des fatigues qui ont été ainsi épargnées à l'élite, leur œuvre aurait-elle été stérile, leur collaboration inutile?... Je ne sais, mais il me semble qu'on est bien injuste, bien méprisant et bien à tort, pour ces prétendus « ratés » et « déclassés », pour ces soi-disant « fruits secs », que souvent les circonstances, la nécessité de subvenir à la subsistance de vieux parents, l'impossibilité matérielle de conquérir des diplômes ont condamnés à cet ironique métier : le professorat libre?...

*
* *

Jadis ils n'étaient pas à plaindre. Il y avait une foule de pensionnats, d'institutions, de cours particuliers. Dans le voisinage des internats, des maisons s'étaient fondées, qui, à l'exemple des Massin, des Jauffret, prenaient des pensionnaires, les envoyaient en longues files suivre les classes du lycée le plus rapproché. C'était une mine que ces établissements. Il y avait alors des leçons et elles étaient payées grassement. Aujourd'hui, elles sont tombées. Ce que l'Université n'a pas, les ecclésiastiques le prennent, et de jour en jour davantage. La loi Falloux tue l'enseignement laïque... et avec lui ceux qui en vivaient. Combien d'entre nous déplorent la disparition de ces écoles, où l'on travaillait, d'où sont sortis tant d'écrivains, tant d'artistes, qui ont fait honneur à leur pays! C'étaient des foyers de libéralisme, de progrès, de vrais centres intellectuels. Tout cela est bien loin. Par dizaines, ces maisons ont disparu. Et avec elles le professeur libre qui y dirigeait les explications, qui y passait sa matinée ou son après-midi, peu à peu disparaîtra. C'est un type qui s'en va, qui, dans le passé, déjà s'évanouit. Les étudiants qui, à l'heure actuelle, sont sur les bancs de l'Université, ne songent guère à être professeurs libres.

Ils rêvent de députation, de mandat sénatorial. Rendront-ils plus de services par leurs discours au Parlement, que dans le tête-à-tête, que dans le monologue, souvent, avec un « retoqué » dont ils auraient combattu le mutisme et l'ignorance?...

Bientôt on cherchera au quartier Latin et dans les arrondissements excentriques le dernier des professeurs libres. Mais comme ils sont encore quelques centaines à battre le pavé, comme beaucoup d'entre eux tirent la langue et ont l'estomac vide, je supplie qu'on ne les repousse pas.

Ils ont de l'expérience, de l'acquis, le maniement « des ficelles », l'habitude des épreuves écrites, la pratique des questionnaires insidieux et perfides. Ils hisseront encore quelques nullités, par un tour de force, jusqu'au mât de cocagne du baccalauréat. Mais que les nullités se dépêchent et, dare dare, les utilisent en les rétribuant richement : ces prestidigitateurs des examens, ces jongleurs du bachot, ces gymnastes des classiques acrobaties, ne feront plus de tours avant peu, car vraiment la « société » qui est en rond autour d'eux jette trop peu de sous sur leur tapis....

LA PAUPÉRICULTURE SCOLAIRE.

Eh bien! non, je ne m'y laisserai plus prendre! C'est ruineux, et l'abus est trop fort. Ma porte et ma bourse sont consignées à toute cette fausse indigence qui depuis deux ans tendait des pièges à ma facile naïveté. Certes, je plains tous les malheureux dont les souffrances sont réelles, dont la misère a été causée par un enchaînement de forces fatales, par les maladies, les infirmités, la malechance, les incapacités de travail si fréquentes en notre âge follement surmené. Je m'apitoie surtout par métier, par sympathies de veilles communes et d'efforts partagés, sur le sort de ces sœurs, de ces frères en pédagogie, sur les tribulations des institutrices, des marcheuses, des surveillantes, des professeurs libres, des précepteurs, des répétiteurs et instituteurs, de toute cette petite université dolente en quête de leçons, de cachets, si rares qu'ils en sont introuvables, de places au pair promises par les agences et par les annonces et obtenues après quelles démarches, quels déboires!

* *

Ceux-là, ce sont les pauvres honteux de l'enseignement. Ils cachent leurs tourments intérieurs. Ils mettent leur orgueil à dissimuler le nu, le froid de leur lointain logis. Ils s'ingénient à ne pas trahir l'attente où ils sont du pain bi-quotidien, la poursuite où ils sont réduits de la pièce blanche insaisissable, fuyante, entrevue dans la fièvre du rêve. Ils ont de la tenue, et pour cause. Si la redingote, si la robe impeccablement correctes ne les revêtaient pas quand ils passent à l'inspection chez des bourgeois riches, chez du monde à « élèves », ne seraient-ils pas éconduits par un valet à livrée galonnée, avant présentation aux maîtres?

Ils vont, les habits tirés avec soin et brossés, époussetés, la mine presque souriante malgré les angoisses de l'âme, les affres de la faim. Ils livrent vaillamment l'éternel combat de la vie si rude à gagner quand, sur le pavé de Paris et des grandes villes, des diplômés et des brevetés par milliers se disputent quelques centaines de tristes « répétitions » à l'usage d'enfants souffreteux, malingres, de courte et débile intelligence. Ils luttent jusqu'au bout, femmes et hommes. Ils ne tendent point la main. Ils ne s'abaissent pas. Ils sont soutenus, soulevés par leur idéal. Et s'ils ne parviennent pas à vivre en se donnant, en se communiquant, s'ils ne peuvent tirer parti de leur cerveau, de leur parole, du capital intellectuel acquis à si grands frais aux heures de jeunesse et d'espérance, alors ils utilisent de leur mieux leur savoir. Ils se font, celles-là commises, caissières, employées des postes,

ceux-ci comptables, copistes, en attendant de revenir
à la vocation dès que l'occasion d'accomplir l'apostolat
aimé luira de nouveau.

L'occasion! Il ne faut que cela pour rendre heureux
ces désespérés. Et chaque fois que j'ai pu et que je
puis encore contribuer à la produire, à la faire naître,
je m'y emploie vivement. Je n'ai pas de joie plus profonde que de recommander un brave garçon, sérieux,
appliqué, à quelque famille où il pourra surveiller et
suivre dans ses études un bambin encore novice à la
confection des devoirs. Je suis tout enchanté quand
une jeune fille qui a peiné pour conquérir le droit
d'enseigner et qui a besoin de son salaire pour nourrir
les siens, me doit son entrée dans un cours, dans un
pensionnat où ses services sont appréciés et où elle
est casée à son gré pour longtemps. Il ne faut souvent qu'un mot, qu'une visite, que le hasard d'une
vacance dont on est averti pour contenter des décou-
ragés qui demain seront tirés d'affaire et pourront à
leur tour aider quelques déshérités.

* *

Et pourtant je le répète : « Je ne m'y laisserai plus
reprendre. » A quoi? A faire un peu de bien, qui
coûte si peu et qui fait si chaud au cœur quand ce
bien n'est pas perdu, mais profite à de braves gens?
Oh! que non pas! A cela je serai toujours prêt, dans
la mesure, hélas! trop limitée, de mes relations et de
mes ressources. Mais ce à quoi je me refuse dorénavant, c'est à demeurer la dupe d'effrontés et de vagabonds qui s'amusent de ma crédulité et systématiquement l'exploitent...

J'ai décidément été trompé trop souvent. Ç'a été
pendant des mois une continuelle ascension de mes
cinq étages pour me conter des infortunes dont je ne
crois plus un mot. La vraie pauvreté n'est pas si
audacieuse, si obstinée. Elle n'emploie pas tant de

ruses. Elle n'a point pour habitude de geindre, de feindre. Elle souffre silencieusement. Elle s'attriste de voir son secret découvert. Elle ne s'étale pas en public. Elle ne fait pas profession de spéculer sur ses plaies et sur ses douleurs. Elle a d'autant plus de pudeur, elle s'enveloppe d'une ombre et d'un mystère d'autant plus épais qu'elle est plus instruite, nourrie à des sentiments plus élevés et plus nobles.

La mendicité scolaire a pris toutes les formes pour m'assiéger. La réussite des premières tentatives avait donné l'éveil à toute une légion de loqueteux qui savaient par où m'attendrir. Le point faible était connu. Il suffisait d'affirmer qu'on avait enseigné dans quelque école pour être bien reçu et pourvu d'une obole.

En ai-je vu d'anciens instituteurs — souvent fort jeunes! Et des bruns, et des blonds, et des maigres, et des gras! C'était une procession de déguenillés qui finissait par épouvanter ma concierge et par mettre en déroute ma cuisinière! Les attestations pleuvaient. Il y a des gens qui vraiment ont l'apostille complaisante — à moins que les apostilles de mes « paupériculteurs » professionnels ne soient des imitations fabriquées en bloc par le faussaire de la bande. Tous mes écornifleurs sortaient de l'hôpital. Ils se procuraient, je ne sais comment, des papiers, avec en-tête administratifs et signatures de médecins connus. Tel mendiait pour ne pas coucher le soir sous un pont. Tel n'avait pas mangé de deux jours. Celui-ci allait rejoindre sa famille et me suppliait de compléter le prix du billet. Celui-là m'attendrissait par le tableau du dénuement où s'étiolaient sa femme et ses enfants.

Où j'ai commencé à avoir des soupçons, c'est quand un ivrogne est venu chez moi avec un billet d'un confrère qui est un ami. J'étais très familier avec son écriture et son paraphe. La contrefaçon en était grossière. Je fis grise mine au visiteur, étonné d'être éconduit sans obtenir le plus léger secours.

Où j'ai été tout à fait sûr que j'étais la victime d'une

exploitation en règle qui se faisait sur mon dos, c'est tout récemment, quand un ancien chef d'institution, soi-disant bachelier, voire licencié, m'a tendu une lettre constellée de monstres et de monstrillons grammaticaux. O orthographe qu'on veut abolir! orthographe que l'on proscrit! Je te dois mon salut.

La désorthographe de l'épître était telle, si désordonnée, si fantastique, si échevelée, que nulle Faculté, nulle Salamanque n'avait pu délivrer le moindre bout de peau d'âne à son auteur.

.
. .

Je causai un instant avec le prétendu titulaire du grade. Je m'aperçus bien vite que la licence dont il se targuait était pour lui un mot vide de sens. Il le prononçait par habitude entre deux absorptions d'absinthe. Il me montra pourtant ses parchemins, très paraphés. D'où les tenait-il! Le nom de « l'impétrant » était gratté. Il y avait une surcharge visible. Sans doute dans quelque escalade, dans quelque effraction, il avait volé la pièce. Tout indigné, je lui intimai l'ordre de sortir. Il était si aviné, si hébété de fainéantise, qu'il ne comprit rien à ma colère. Il n'y comprend rien encore. Mais voilà pourquoi j'ai consigné ma porte — et ma bourse — à la nuée de fripons dont j'étais envahi. Le mérite besogneux est digne et fier; — je saurai bien le découvrir et lui prêterai secours, si faiblement que ce soit. Il a le droit de gagner le peu que perdra tout ce rebut, toute cette lie de l'armée enseignante qui n'a jamais figuré sous les drapeaux ou qui a déserté, à moins d'avoir reçu un arrêt d'expulsion pour des causes souvent innommables.

POUR L'ORTHOGRAPHE ET POUR LA DICTÉE.

Nouvel assaut des novateurs. — L'abolition de la dictée.
A quoi sert la dictée.

Il y a grand branle-bas dans toutes les assemblées,
dans toutes les revues d'instituteurs. Il semble que
nos éducateurs, gens calmes et pacifiques, vont partir
en guerre. Et je comprends leur colère et leur belliqueuse ardeur. Figurez-vous qu'après avoir essayé de
réformer l'orthographe, de démolir les mots, de dé-
sagréger les syllabes, et de torturer les consonnes,
sous prétexte de tout simplifier, les novateurs qui se
sont trouvés tout à coup en face d'une formidable
opposition, d'un énergique « veto » prononcé par l'opinion publique, n'ont rien imaginé de mieux pour gagner la bataille que de supprimer la dictée aux examens des certificats primaires, que de chasser la dictée
de l'école.

Je dis « supprimer « et « chasser », et j'ai tort ; car,
malgré toute leur audace et tout leur élan, ils ne sont
pas encore parvenus à renverser la solide et bonne
dictée. Et j'espère qu'ils en seront pour leur courte
honte, comme lorsqu'il s'est agi de leurs fameuses
inventions, de ces fantaisistes contractions et de ces
imaginatifs allongements, qu'ils demandaient à l'Académie française d'imposer par décret, par ordre supérieur !

Ah çà ! mais que leur prend-il donc à ces entêtés de
révolution, à ces fanfarons de bouleversement ? Ne
leur suffit-il pas d'avoir fait verser des flots d'encre
par tous les plumitifs de France et de Navarre ; d'avoir
organisé un pétitionnement où la qualité des signatures
manque autant que la quantité ; d'avoir créé une agitation factice autour d'une idée qu'ils n'ont su ni bien
définir ni bien présenter ? N'ont-ils donc pas compris
qu'ils ont lassé l'attention publique à force de l'attirer

beaucoup plus sur leurs personnes que sur les mots
dont ils se faisaient modestement les régents, les re-
dresseurs, que sais-je? Est-ce qu'ils n'ont pas vu qu'ils
prêtaient à rire, ces lexicographes et ces linguistes
brouillons, quand ils affichaient la prétention de tailler
dans le vif des vocables, dans la chair et le sang de
« l'écriture » moderne !

* *

Mais qui donc leur a donné mission de tyranniser
la langue française, de supprimer, d'ajouter, d'arran-
ger, d'enjoliver à leur guise l'idiome national, en vertu
de je ne sais quelle fausse logique, de je ne sais quelle
manie argutieuse, dont ils ont été soudain affolés?
Nous ne reconnaissons pas, nous, public, nous, tout
le monde, nous, vous et moi, à des génies supérieurs
le droit de changer la physionomie d'une expression
courante, et nous admettrions qu'une douzaine de mé-
diocrités eussent qualité pour s'ériger en arbitres des
règles grammaticales? Ils se sont réveillés un beau
jour, quelques-uns, quelques fortes têtes ! avec la
pensée et l'espoir de se singulariser, d'étonner leurs
contemporains, d'emplir les gazettes de leurs noms,
et ils ont lancé leur petite affaire comme une réclame
pour le meilleur des chocolats, comme un prospectus
pour le plus imperméable des caoutchoucs.

Ils ont arraché quelques paraphes à des écrivains
qui ne savaient guère au début où l'on voulait les mener et qui maintenant se repentent de leur crédulité.
Il ont pris des airs convaincus, un ton d'apôtres. Ils
ont dressé la courte échelle devant l'Institut et ils ont
penétré dans la coupole — et maintenant ils veulent
s'insinuer dans la maison d'école.

Ils se disent que si les enfants ne sont plus astreints
à lutter contre les difficultés du rudiment et de la discipline actuellement en honneur, ils seront acquis
au nouveau système, ils deviendront les partisans et

les propagateurs de la méthode rêvée. Ils écriront comme ils prononcent, et s'ils prononcent mal, tant pis !

Il y aura autant de façons de coucher les sons sur le papier qu'il y aura de variations dans les intonations, dans les articulations, dans les fantaisies vocales. « Abolissons la dictée, pensent-ils, et demain la liberté triomphera ; chacun emploiera les lettres qui le séduiront le plus, chacun puisera dans l'alphabet ce qu'il voudra prendre, selon son goût, à son moment, sans avoir à rendre de comptes à personne. A quoi bon contraindre les cerveaux à des exercices hirsutes, revêches, hérissés de pièges ? Pourquoi user le temps de la jeunesse à couler les termes dans un moule qui devrait être rompu, et dont les débris seraient tout au plus bons à être jetés à tous les vents ?... »

Beaux arguments, ma foi, et qui font sourire dans la bouche de gens qui se disent graves et qui se prennent au sérieux. Rayer la dictée de l'école, l'expulser des premières épreuves que l'on subit devant un jury ? Mais alors autant vaut fermer la maison d'école, casser l'instituteur aux gages et le jeter hors de sa chaire !

Excusez mes vivacités, mais j'enrage quand je vois combien le bon sens est décidément la chose du monde la moins partagée, même en notre pays qui passe pour être sa patrie ! Il y a dans les petites classes un procédé unique, merveilleux, étonnamment suggestif, fait à souhait pour la formation et pour l'élargissement des intelligences ; il est consacré par la tradition, il a servi à élever et à instruire, depuis un siècle, plus de trois générations. Et c'est précisément sur lui que l'on ose porter des mains sacrilèges !

*
* *

Eh ! je sais bien que la dictée a ses imperfections. Je n'ignore pas que certains cuistres qui se croient malins parce qu'ils sont fourbes s'obstinent à l'émailler de chinoiseries, de casse-tête dont ils ne sorti-

L'École moderne.
23

raient pas eux-mêmes à leur honneur ! Mais est-ce une
raison de la condamner, parce que de-ci de-là, quelques routiniers, par bonheur très rares aujourd'hui,
s'amusent à la transformer en chausse-trape et eu
piège à loup?

On lui reproche encore de ne pas donner lieu dans
les examens à une estimation rationnelle, vraiment
équitable des qualités et des défauts qui caractérisent
le candidat. L'ignorance — qui est passagère — et la
sottise — qui peut être viagère — sont cotées au même
tarif. Toutes les fautes — fautes de sens et fautes de
forme — sont traitées avec la même sévérité...

Mais voilà où est l'erreur. Est-ce que le Conseil supérieur de l'instruction publique ne s'est pas prononcé
contre cette conformité ridicule de rigueur et de ré-
pression? Est-ce qu'il n'a pas rédigé une circulaire
pour recommander le discernement des intentions, la
recherche des nuances, la découverte de ce qui est
erreur et de ce qui est déraison, la reconnaissance
bien constatée de ce qui échappe à l'étourderie et de
ce qui a pour cause la nullité?

Il y a tel cas où un point placé au hasard là où il
estropie le texte d'un écrivain doit coûter plus cher à
son auteur qu'un double *l* inséré à l'aveuglette là où il
n'a que faire.

C'est aux correcteurs à peser, à supputer, à tenir la
balance exacte entre le bien et le mal, entre la toquade
et la jugeotte. La dictée n'est pas plus responsable
des verdicts qu'on lui fait rendre que ne l'est un article du Code interprété par un conseiller à la Cour
maladroit! Mettez à pied le juge, destituez l'examinateur, mais ne touchez pas au paragraphe qui n'en peut
mais, à la dictée qui est innocente ! « Il nous paraît
difficile d'admettre, s'écrie dans un vigoureux accès
d'indignation le rédacteur de l'*Instituteur*, que les commissions n'arrivent pas à se corriger elles-mêmes en
corrigeant les autres. »

*
* *

« La dictée? |Mais je ne vois vraiment pas comment
on pourrait s'en passer! N'est-ce pas grâce à elle que
l'enfant acquiert les plus indispensables connaissances? Si elle est empruntée aux maitres, elle enseigne à
l'écolier l'art de s'exprimer avec correction, avec élégance. Elle lui prêche d'exemple, à se débarrasser des
locutions vicieuses, à choisir le mot propre. Elle lui
montre un certain idéal qui l'attire, qui le fascine, qui
l'arrache aux vulgarités de son milieu villageois et
même urbain...

Et n'a-t-elle pas pour utilité de suppléer, par sa
richesse, à la pauvreté de son vocabulaire? Ne met-
elle pas à sa disposition toutes les notes de ce clavier
humain dont tout d'abord il bégaie à peine les premiers sons? Ne vient-elle pas à son aide pour l'amener
à traduire ses impressions, à rendre avec quelque
précision et quelque abondance ses ébauches de composition?

Ah! si l'on voulait, si l'on se donnait un peu de
peine, quel beau recueil de maximes, quel ensemble
de pages inoubliables on mettrait, au jour le jour, dans
la mémoire et dans le cœur des fillettes et des garçons! On les munirait pour la vie de leçons et d'exemples dont ils tireraient sûrement profit. Comme il
serait facile aussi de meubler leur esprit de notions
exactes, appropriées aux besoins locaux, grâce à une
série de morceaux gradués, soigneusement empruntés
à des spécialistes — qui n'aient pas toutefois la spécialité d'être ennuyeux.

Êtes-vous dans un pays d'industrie? Vite, faites-moi
connaître à vos disciples de bonnes descriptions d'usines, de machines. Vivez-vous chez des agriculteurs?
Montrez-leur toutes les beautés des champs qu'ils auront à cultiver quand leurs bras seront plus forts,
plus larges leurs poitrines. Partez du connu pour

aller au nouveau, à l'inexploré. Profitez de ces lignes que vous pouvez scander à voix haute et confier aux fidèles cahiers de votre fidèle auditoire pour parcourir, en deux ou trois ans, toute une encyclopédie enfantine. Tantôt vous ferez quelques emprunts aux beaux-arts, tantôt à la marine, tantôt aux sciences...

Mais je donne là une foule de conseils que dans la dernière école de France l'on met déjà en pratique. Peu à peu la dictée échappe à la routine, aux minuties où jadis on l'emprisonnait... Et c'est le moment où elle rend le plus de services que choisissent nos « agités » songe-creux pour parler de la reléguer au pays des vieilles lunes !

LICENCES ORTHOGRAPHIQUES.

Les partisans de la réforme orthographique viennent de remporter une petite victoire, et, sans être de leur camp, on ne peut s'empêcher d'applaudir à leur succès. Ce qu'ils obtiennent, c'est le bon sens même qui commandait de le leur accorder.

La dictée — si attaquée, si menacée — est maintenue aux examens, mais elle ne sera pas éliminatoire au certificat d'études primaires, et, au brevet élémentaire, elle cessera d'être hérissée de singularités difficiles, de minutieuses subtilités. On constatera, comme on en a le droit avant de délivrer les diplômes d'institutrice ou d'instituteur, que les candidats connaissent les principales règles de la grammaire, ont retenu l'aspect des mots usuels, mais on ne cherchera pas à les embarrasser en des phrases compliquées, toutes semées de pièges.

Il est recommandé à MM. les membres des jurys de peser les fautes, non de les compter, de rompre avec la tarification mécanique des erreurs.

Les commissions, d'ordinaire si inflexibles, sont invitées à se montrer tolérantes en trois cas bien déterminés :

1° Il faut d'abord renoncer à une rigueur absolue toutes les fois qu'il y a doute ou partage d'opinion, toutes les fois que l'usage n'est pas encore fixé ou l'a été tout récemment, que la pratique courante varie, que les auteurs diffèrent d'avis et que l'Académie elle-même enregistre les hésitations de l'opinion. Jusqu'en 1878 on devait écrire *consonnance*, l'Académie admet maintenant *consonance*, par analogie avec *dissonance*.

2° La même indulgence est réclamée pour l'enfant quand la logique lui donne raison contre l'usage et quand la faute qu'il commet prouve qu'il respecte mieux que ne l'a fait la langue elle-même les lois naturelles de l'analogie. Suivent des exemples : *prétention* et *extension*, *agrégation* et *agglomération*, *abatis* et *abattoir*, etc.

3° Il convient de glisser légèrement quand il y a doute. Il est peu utile d'approfondir les règles de *tout* et de *même*, de *vingt* et de *cent*, de *nu* et de *demi*.

Les trois cas — qui se subdivisent en tant de remarques et d'exceptions ! — sont probants. Les nuances grammatico-orthographiques sont de vrais casse-tête... chinois qui ne valent guère la peine de retenir l'attention. Comme le dit fort bien le document qui, pour être administratif, n'en est pas moins spirituel, « le souci des finesses érudites fait prendre des habitudes d'ergotage aux enfants » — surtout aux jeunes filles, aurait-il pu ajouter.

« A tant éplucher les mots, ils risquent de perdre de vue la pensée, et ils ne sauront jamais ce que c'est qu'écrire, si leur premier mouvement n'est pas de chercher dans le discours, sous l'enveloppe des mots, la pensée qui en est l'âme. »

Voilà le bon parti, celui qu'il fallait prendre. Il n'encouragera pas les bruyants et violents assauts que les novateurs, que les décadents de la syntaxe donnent au rudiment et au dictionnaire. Il ne découragera pas

non plus les partisans de la stabilité qui redoutaient
dans la langue une invasion de mots hirsutes et bar-
bares, un flot montant et renversant de syllabes et
de voyelles anarchiquement discordantes — quelque
chose comme, en littérature, l'outrance du symbo-
lisme et le fanatisme de la méthode évolutive-instru-
mentiste. Car enfin on a déjà tant de peine à se reconnaître dans la disposition des termes combinés et
arrangés par nos révolutionnaires en « écriture » soi-
disant « artiste », que l'on veut au moins sauver
l'extériorité, la physionomie des vocables ordinaires,
afin de n'être pas exposé à n'y voir plus goutte en face
d'une page intentionnellement rédigée en français.

En somme, ni destruction ni fétichisme, concilia-
tion philologique et philosophique. Voilà le sens de
la circulaire qui fait le tour des écoles et de la presse.
L'inspiration sagement libérale de M. Buisson, le directeur de l'enseignement primaire, s'y reconnaît.
Nul doute qu'elle ne soit généralement applaudie, et,
à bref délai, appliquée dans les examens.

ADIEUX A LA TUNIQUE.

La tunique est supprimée. — Ses misères. — Ses splendeurs.
Ses ennemis et ses partisans. — La gloire humaine.

Elle a vécu, la tunique des collégiens! Une petite
décision émanée d'une grande commission où pédagogues et tailleurs fraternisaient, lui a signifié son
arrêt de mort. Je ne me lamenterai pas sur sa disparition. C'était pour tous les hommes de ma génération
la livrée de servitude et de misère. L'on n'était jamais
si heureux que lorsqu'on avait pu la déposer, le jour
de sortie, chez le portier d'à côté.

O Concierge-Providence! Il remisait les habits civils
des internes. Il les soignait, il les époussetait. Il pré-

tait sa loge pour qu'en un clin d'œil la métamorphose
s'opérât. Cinq minutes après qu'on avait franchi le seuil
du lycée, l'on était transformé. Dans le jeune homme
élégant, sanglé dans une irréprochable jaquette, une
fleur à la boutonnière, correct en ses escarpins vernis,
fringant dans son pantalon de couleur claire, dans ce
pékin mis à la dernière mode, vous n'auriez pas reconnu le déhanché potache, à la chemise fruste, non
empesée, non repassée, à la cravate effiloquée et mal
retombante, à l'uniforme ridicule, tantôt par l'excessive
ampleur des pans, tantôt par la mesquine étroitesse
de la coupe. Et le soir à contre-cœur, quand l'heure
de la rentrée avait sonné, comme on repassait en rechignant les manches de la détestable tunique, vraie
tunique de Nessus qui représentait toute une semaine
de vers latins et de haricots, de thèmes grecs et de
claustration !

.•.

Et pourtant, avait-on assez rêvé de la revêtir, de s'en
parer, quand on était tout enfant ! Vous rappelez-vous
le coup d'œil d'envie que l'on jetait sur les « grands »,
sur ceux qui, le jeudi, à la promenade, avaient le droit
de l'étaler sur leur dos et de s'en draper les flancs ?
Elle signifiait, pour nous, que la tutelle de l'école
primaire était terminée, que le professeur succédait,
dans l'instruction, à l'instituteur, que le bébé avait
fait place à l'homme, au demi-homme, au moins ! Je
connais plus d'un camarade qui a désiré d'être pensionnaire pour porter ces quelques aunes d'étoffe
noire lisérée de rouge ! Ça vous posait dans la société...
enfantine. Ça vous donnait des airs sérieux et ça vous
permettait de traiter de haut en bas cousines et cousins !...

Il est vrai que bientôt les regrets naissaient. Décidément, c'était bien beau, la tunique de « sergot »,
mais la liberté, c'était encore plus beau ! Que de soupirs

dévorés en silence ! Que de larmes cachées, refoulées, quel repentir pour avoir ainsi sacrifié à l'orgueil, à la gloriole, à la manie si française du panache, les bonnes et douces joies que l'on savourait dans la maison paternelle ! Ah ! la tunique, on la maudissait ! On l'exécrait, la cruelle, la fascinatrice, l'enjôleuse, elle qui avait éveillé les désirs, elle qui avait allumé les convoitises.

Comment avait-on pu se laisser prendre à ses pièges ? Elle n'avait que des séductions extérieures, mais, quand elle s'était collée à la peau, que de maux elle faisait subir à ses victimes ! Elle ne boutonnait que par le haut, et mal. Ou elle flottait, large, autour du cou et l'exposait à des angines et à des torticolis, ou elle le serrait, l'étranglait au point de l'étouffer. Elle ne réchauffait pas le corps. Elle ne s'adaptait pas à la carcasse humaine. C'était en décembre une glacière qu'il fallait couvrir d'un caban — et c'était en juillet une chaudière que l'on pouvait supporter seulement — sous le bras ! Qui diable l'avait inventée ? Qui avait découvert cet instrument de torture, incommode, disgracieux ? Qui avait imaginé de le donner comme successeur aux longues vestes, aux courts vestons, aux redingotes interminables, aux fracs encombrants que, sous l'Empire, sous la Restauration, avaient traînés les écoliers ? Les costumes qui avaient précédé la tunique n'étaient que grotesques ; la tunique, en sa fausse élégance, prêtait à rire, mais, outre l'hilarité, elle provoquait rhumes et fluxions de poitrine. Nous lui devions tant de refroidissements et de suées mémorables ; — et que de séjours à l'infirmerie !

*
* *

Et voilà pourquoi je ne la regretterai pas. Et je crois qu'aucun de mes contemporains ne l'accompagnera chez le brocanteur, son dernier asile, d'une oraison funèbre arrosée de vraies larmes. Vraiment, elle était trop enlaidissante pour les formes graciles des adoles-

cents. Elle les mannequinait trop. Elle ne se prêtait à
aucun mouvement aisé, à aucune souplesse, à aucune
désinvolture de manières. Elle accusait avec une rare
maladresse, elle soulignait avec la plus indélicate per-
fidie toutes les courbes des tailles trop tôt grandissantes.
Que de fois, au beau milieu d'une échine, elle posait
ses deux rangs de boutons, pour bien montrer que
son maître avait eu une subite croissance ! Elle n'avait
qu'un avantage par où elle rachetait quelques inconvénients. Elle était munie de deux poches, par derrière,
de deux *profondes*, qui, le dimanche soir, engloutis-
saient pêle-mêle pots de confiture, saucissons, cho-
colat, livre à la mode. Toute la pâture intellectuelle
et matérielle de sept jours ! Elle permettait, grâce aux
deux magasins, aux deux gouffres qui se creusaient au
bas des reins, de passer victuailles, prose et vers défendus devant l'œil surveillant du censeur !...

C'était là sa seule utilité. Elle jouait à merveille le
rôle de recéleuse : et elle ne trompait, elle ne vendait
jamais son complice ! La discrétion empêchait que les
coupables ne fussent pris en flagrant délit de gourmandise gastronomique et littéraire. Elle était secourable aux affamés de solide viande et d'idéal, aux
bonnes fourchettes et aux bons poètes et romanciers
en herbe !

*
* *

Et elle avait même un autre agrément ! Elle savait,
sous le ciseau des futurs saint-cyriens, prendre une
tournure très crâne, très militaire qui lui allait à ravir.
Un bachelier se préparait-il à devenir officier, dare
dare il raccourcissait de dix centimètres au moins
sa tunique, et se donnait des airs de sous-lieutenant
en bonne fortune ! Le vrai potache, le potache barbu,
connaissait à fond l'art de réduire sa lévite universitaire aux proportions réglementaires. Il savait la pin-
cer au-dessus des hanches, la cambrer, l'arrondir, lui
imprimer des courbes faites pour séduire l'œil, pour

captiver l'attention ! Il l'élargissait aux épaules, l'amincissait sur les côtés après l'avoir renflée, gonflée, ballonnée sur les pectoraux : il excellait à marier la force et la grâce, la sveltesse et la solidité ; sans l'aide du ceinturon, grâce à un coup de canif donné à l'endroit précis, il la fermait, il la façonnait, il se faisait une taille de guêpe.

Aussi, quel succès dans les jardins publics et sur les boulevards ! N'auriez-vous pas dit que vous aviez affaire à un gradé, très galonné ? Surtout, si le pourpoint arrangé, apprêté, fini par un tour de main spécial, était surmonté d'un faux col immense, digne de Paulus, et si, sur le chef du sous-lieutenant en expectative, trônait un képi à visière basse, à fond énorme, un vrai *Saumur*, fièrement, dignement campé, au sommet de la surface cranienne. Ah ! quel chic ! Quelle élégance ! Quelle distinction donnait la tunique modifiée, s. g. d. g., à une minorité dont la majorité, sans cesse, se moquait !

Plus d'une fois, un candidat très spécial à l'École spéciale, roide et vaillant, comprimé dans son elbeuf bleuâtre formant corset, plus d'une fois un dévot de l'épaulette avait le bonheur, en province, quand il passait devant un corps de garde, de voir la sentinelle lui présenter les armes. O joie ! ô délices ! Il était pris, grâce aux artifices d'un harnais supérieurement astiqué, pour un officier véritable, pour un officier en chair et en os ! « Il marchait tout vivant dans son rêve étoilé » — avant d'avoir les étoiles de général ! Il réussissait, surtout en voyage, sur les quais des gares, quand il opérait sur les nouvelles recrues ! La tenue clouait le fantassin, voire même le cavalier — dans la fixité d'une pose automatique, imprimait à la main droite, mue par le ressort du respect, un immédiat mouvement d'extase et de subordination !...

...Et les splendeurs s'en vont comme les misères, et les gaietés de la tunique se dissipent comme ses tristesses. Nous n'apercevrons plus, le long des trottoirs, les longues théories des sombres tuniques découpant

sur les murs de fantastiques silhouettes, des maigreurs
et des désossements désarticulés, — et nous ne con-
templerons plus, au bal, au théâtre, sur le turf, le vif
et sémillant défilé des tuniques guerrières, accommo-
dées au goût du jour par l'énervant caprice de nos fils.
C'est tout un passé héroï-comique qui se meurt. Ce
sont des souvenirs qui s'évanouissent avec leurs sou-
rires et leurs rancœurs. Et voilà pourquoi, sans l'avoir
jamais aimée, j'ai dit un adieu, mi-joyeux, mi-attendri,
à la tunique. Bientôt une vareuse va se substituer à
elle pour les « petits » et pour les « moyens » — et
bientôt, pour les « grands », une sorte de dolman usité
dans la marine la remplacera ! Et la vareuse et le
dolman auront leur histoire vite oubliée aussi, quand
on les pendra au clou à leur tour, — au clou du fri-
pier, au clou de l'oubli ! Ainsi va la gloire des choses
humaines — et des tuniques !

LES LAURÉATS.

Les lauriers sont coupés... et, tournés en vertes
couronnes, ornent les têtes des triomphateurs dans
les distributions de prix. La semaine est aux écoliers,
grands et petits — et ceux du Conservatoire qui attris-
tent les Muses du chant, de la musique et de la déclamation, et ceux des Beaux-Arts qui se fatiguent à
dénaturer la nature, et les bambins qui, à l'école primaire, ont entassé toute une encyclopédie de connaissances en leur cerveau pour conquérir un livret
de caisse d'épargne, et les collégiens qui ont sauté
par-dessus pièges et embuscades tendus par les thèmes
et les versions, sans compter les jeunes filles dont la
persévérance et la bonne tenue ont mérité force volumes garantis moraux par les autorités compé-
tentes...

Partout, sur les estrades, les musiques régimen-
taires envoient aux quatre vents du ciel leurs retentissantes fanfares. Partout, des robes noires à épi-
toges multicolores dominent des assemblées où la
foule des parents habitue ses mains à devenir calleuses
par la fréquence et l'intensité des applaudissements.

Ce ne sont que proclamations de palmarès, discours, ascensions et descentes de marches recou-
vertes de tapis rouges, devant des tables surchargées
de dorures, et de-ci de-là, récitations en public, repré-
sentations de pièces, voire de tragédies grecques en
grec, à grand fracas, à grand orchestre.

Où que l'on aille, en omnibus, à pied, en voiture,
on ne rencontre que fillettes et garçons portant sous
le bras de reluisants paquets, chefs-d'œuvre de style
rarement, presque toujours chefs-d'œuvre de mauvais
goût. C'est surtout sur les quais des gares que la
légion des vainqueurs afflue. Les ruraux vont vers
les villes, les citadins vers les campagnes, dans ce
grand lâcher de joie et d'estivale liberté qui se dé-
chaîne chaque année aux vacances. Voulez-vous un
conseil ? Ne voyagez jamais dans un train aux approches
ches du 1er août. Vous serez envahi par les porte-
tuniques qui, de leurs cris, vous assourdiront, et de
leurs orgies tabagiques vous empoisonneront. Car le
premier devoir du vrai potache, c'est, hors des classes
et des cours solennelles, hors des consignes et des
pensums, de lancer à bouche que veux-tu et lazzis et
bouffées de fumée bleuâtre. Lauréats pas plus que
cancres n'échappent à la contagion...

*
* *

Ma foi, je la comprends et je l'excuse, cette griserie
des vacances, du plein air, des courses rêvées, des
exploits cynégétiques, nautiques, pédestres et autres
projetés pendant les dix mois de claustration scolaire.
Elle agite et elle soulève comme hors d'eux-mêmes

et bons et mauvais élèves, en une montée puissante
et généreuse de sève que tous, n'est-ce pas ? nous
avons éprouvée. Et cette autre griserie, très capiteuse,
très pétillante et mousseuse du succès, qui fouette
les nerfs de ceux qu'entre camarades on appelle les
« forts », je ne la blâme pas non plus, je la comprends et, — pourquoi ne pas le dire ? — je l'aime.

Oh ! je connais la vieille, la sempiternelle antienne
des railleurs. « Mais, avec vos prix, vos accessits,
vos concours, vos compositions, vos communiqués
à la presse, vos orphéonesques solennités, et vos
hourras, et vos embrassades, et vos accolades, et
tout ce tintamarre de furieuse réclame qui éclate chaudement aux chaleurs de Messidor, vous surexcitez
l'orgueil de toute cette jeunesse qui, demain, lourdement tombée de son rêve et de son apothéose, sera
aux prises avec les brutales réalités et souffrira d'autant plus qu'elle aura été plus adulée, plus leurrée de
flatteuses espérances... » Et quand l'argument est
lancé, il va jusqu'au bout. Et l'on rappelle que ni les
Hugo, ni les Lamartine, ni les Claude Bernard, ni les
Thiers, ni tant d'autres qui ont brillé dans la vie n'ont
brillé au collège... Et l'on cite « tel fort en thème »
qui s'est montré dans les foires, et tel autre « prodige »
qu'Alphonse Karr a rendu légendaire et qui, dans une
baraque, faisait le « flot » dans les tempêtes scéniques,
à la grande joie des badauds qui ne devinaient pas
tant de savoir sous tant de toile !

* *
*

Eh ! oui, tout cela serait vrai, tristement vrai, si
l'on apprenait aux enfants que les récompenses universitaires sont un signe d'élection, une marque
assurée de génie. Mais qui le prétend ? C'est un so-
phisme imaginé pour les besoins d'une thèse plus
spirituelle que solide. Quel est le pédant, féru de correction et entiché de banales élégances, quel est le

cuistre ultra-classique qui a jamais affirmé à un de
ses disciples que la confection d'une copie établie
selon les règles d'une honnêteté officiellement constatée et estampillée fût le gage de la renommée littéraire, la garantie infaillible d'une solide gloire ?...

Être lauréat, recevoir avec des félicitations consa-
crées par l'usage un traditionnel bouquin, richement
relié et doré, cela ne prouve pas qu'on est et qu'on
sera un homme de talent, un être supérieur. Cela ne
prouve même pas qu'on aura un gagne-pain, sa place
au soleil, comme un débrouillard. Cela ne prouve pas
qu'on pourra se rendre utile, exercer une influence sur
la société, sur le milieu ambiant. D'accord. Mais cela
ne prouve pas non plus que les promesses données par
l'adolescence ne seront pas tenues par l'âge mûr, que
tel de ces fêtés et de ces applaudis, de ces heureux
du jour, n'arrivera pas à creuser son sillon dans le
champ de la science, de l'art, de la pensée.

Si l'affirmation des prochaines et décisives victoires
est une hypothèse, la négation est un paradoxe tout
aussi fantaisiste. Ce qui est vrai, évident, indéniable,
c'est que ce travailleur a eu le mérite, à un moment
donné, de l'emporter, grâce à l'effort, à la persévérance, à la fixité de son attention, sur des concurrents qui, à un moment donné, avaient moins d'acquis, moins de mérite.

Certes, nul ne garantit que ce piocheur a le don,
la facilité et aussi cette patience·héroïque, cet entêtement fou dans le labeur, qui fait les grands
hommes ; mais qui oserait affirmer qu'il ne l'a pas et,
en tout cas, il a le sentiment, l'amour du devoir : et
cela mène loin et haut !

Si la liste des génies qui n'ont pas été lauréats est
longue, long aussi est le dénombrement des lauréats
qui ont été des génies. Pour ma part, j'ai toujours
relu avec plaisir, souvent même avec émotion, les
discours de ces lauréats qu'attendait la célébrité :
Michelet, Musset, Sainte-Beuve, Prévost-Paradol,

pour ne citer que les morts dont l'immortalité pourrait bien avoir commencé sur les bancs du collège...

*   *
*

Non qu'il faille donner une prime aux illusions, qui, si souvent, plus tard, se changent en déceptions navrantes, mais il est nécessaire de ne pas jeter, par un scepticisme hâtif, le découragement parmi tous ces vaillants qui, de haute lutte, espèrent renverser les obstacles et, la foi au cœur, la gaieté au front, d'un bel élan, se jettent dans la mêlée des intérêts et des passions. Loin de leur persuader que l'honneur de leur première réussite est un luxe inutile, un rien, un hochet, une ridicule gloriole, il conviendrait de les convaincre qu'il n'est pas à dédaigner, qu'il a son sens, sa portée. Et j'avoue que je préfère l'exagération qui fortifie l'émulation, à l'exagération qui la tue. Car déjà, plus d'un enfant qui joue à l'homme consent bien à accepter prix et lauriers, mais a l'air de s'en moquer, de les recevoir par pure condescendance, avec une moue de dédain. Il veut déjà n'être dupe ni des mots ni des choses. L'on sera bien avancé quand, à force de rires et de sarcasmes, on aura enseigné aux écoliers à déprécier ces couronnes dont, jadis, on ornait si fièrement son front! Qu'espère-t-on obtenir de générations blasées, dégoûtées de tout, même des ambitions juvéniles, éprises d'inaction, desséchées par un pessimisme prématuré? Croit-on qu'elles fourniraient moins de déclassés que les anciennes promotions, si naïves, si peu déniaisées, rivalisant d'entrain pour lier à larges et fortes brassées la moisson de l'année?...

Folie! Vanité! Puérilité! Tant qu'on voudra. Demandez aux mères, demandez aux pères s'ils ne souffrent pas quand, au logis, le fils rentre les mains vides. Certes, l'on se console, mais l'on ne convainc pas le fils et l'on n'est pas convaincu soi-même qu'un

échec soit un bienfait et l'assurance d'une éclatante
destinée...

Et parmi ces « bêtes à concours », comme on les
nomme ironiquement, habituées aux profonds labours,
aux tâches régulières, aux longs et droits tracés, qui,
par un coup de collier suprême, ont atteint, à l'extrémité du champ bien retourné, la borne triomphale,
enguirlandée de feuilles et de fleurs, n'est-il pas permis
d'espérer qu'il se rencontrera une de ces intelligences,
un de ces caractères dont l'humanité, dont la patrie
s'enorgueilliront ! Que de fois, en province, à Paris,
sous les tentes accrochées de platane en platane, dans
la cour ensoleillée d'un lycée méridional, ou bien
dans la salle fastueuse du Trocadéro, sous tant d'or
« qui se relève en bosse », parmi ces appelés dont
vibrent les noms, prénoms et lieu de naissance, je
cherche l'élu de demain. Est-ce toi, petit calculateur
commençant à chiffrer dans la division enfantine, qui
nous donneras un second Arago? De l'addition où tu
brilles, tu t'élèveras peut-être vers les problèmes les
plus ardus, qu'en te jouant tu résoudras. Est-ce toi,
jeune géographe de cabinet, qui découvriras cet inconnu de l'Afrique dont l'énigme échappe même à un
Trivier? Est-ce toi, bachelier de la veille, toi que tes
camarades vont bientôt acclamer à la Sorbonne, qui
nous rendras les historiens disparus? Et, parmi cette
élite, parmi tous les admissibles à Saint-Cyr, à Polytechnique, quel sera l'homme de guerre qui trouvera
la formule de la tactique nouvelle, quel sera le vainqueur dont les batailles coûteront des larmes à nos
ennemis sans rien coûter à la liberté de ses concitoyens? Où est-il surtout celui d'entre eux qui, tout
attendri de pitié, se penchera vers les misères humaines, essaiera de calmer les souffrances et, de toute
son âme, de tout son cerveau, de tout son cœur,
entreprendra pour les humbles et pour les déshérités,
pour les misérables de tous les pays, la grande croisade de la charité et de la bonté? Oh ! celui-là, qu'il

se lève, qu'il apparaisse! Nous l'attendons pour le montrer au monde. Nous le donnerez-vous, lauréats de nos concours?...

UNE SOUTENANCE EN SORBONNE.

C'était grand'fête en Sorbonne, le lundi 27 juillet 1891. Par-devant la Faculté, M. Ferdinand Buisson, directeur de l'enseignement primaire, soutenait ses thèses pour le doctorat ès lettres. La petite pièce du troisième étage était comble. On eût dit d'une première ou bien d'une séance très courue aux assises. Outre le public ordinaire de professeurs et d'étudiants, il y avait des curieuses, des curieux. Les toilettes claires des dames tranchaient sur le noir de très rares robes ecclésiastiques, sur les redingotes très serrées, très nombreuses des pasteurs. Et tout ce monde, malgré la difficulté des sujets traités, malgré les aspérités d'une discussion toute technique, de terminologie souvent obscure, malgré une chaleur de 40 degrés, tout ce monde pendant près de sept heures d'horloge est demeuré à son poste, qui, pressé sur les bancs, qui, rangé le long des murs, encaqué entre des voisins suant eux-mêmes sang et eau.

Je ne crois pas que de mémoire universitaire l'estrade ait été plus et mieux remplie. Quiconque a le droit de se mettre aux places d'honneur avait voulu y figurer. Toute la maison avait tenu à encourager de sa présence le maître qui, malgré les soucis d'une lourde administration, malgré le rôle que, depuis vingt ans, il a joué en des fonctions éminentes, demandait à des maîtres dignes de le juger, cette suprême consécration de son talent et de ses travaux. Il y avait quelque chose de touchant et de grave à la fois dans ce témoignage de déférence donné au docte aréopage par un homme qui, dans le fond, n'avait pas besoin d'ajouter un grade de plus, aux titres et aux honneurs dont il était revêtu...

Et voilà pourquoi il y avait une telle affluence entre les quatre murs jaunis de l'antique et étroite salle. Et voilà pourquoi, derrière le jury, s'étaient assis les Gréard, les Liard, les Rabier, les Lachelier, les Ravaisson, les Berthelot... D'ailleurs on s'attendait à une argumentation intéressante, à un débat qui serait relevé de questions piquantes, de répliques adroites, à une joute à la fois serrée et brillante, qui mettrait en valeur les adversaires aux prises. Et puis, on avait lu le titre de la thèse future présentée par M. Buisson : *De la Liberté de Dieu*, et l'on se demandait de quoi il allait retourner. L'apôtre de la laïcisation, le coadjuteur de M. Jules Ferry, son collaborateur dans l'œuvre des « lois scélérates » allait-il détruire les attributs de Dieu, à la façon d'un Kant, démolir ce que l'École en laisse encore debout?...

* *
* *

C'est sans cérémonial, sans apprêts que s'ouvre la séance. Point de robe, point de toque. Tous les philosophes sont présents pour interroger le patient. M. Himly, le doyen, qui est géographe et qui déclare ne pas entendre grand'chose à la métaphysique, souhaite la bienvenue à M. Buisson qui, modestement, s'est intitulé sur la couverture de son opuscule : agrégé de philosophie. On sait quelle est la bonhomie bienveillante et affable du doyen. Elle s'exerce dès le début, et, à plusieurs reprises, quand MM. les philosophes épilogueront sur des arguties et sur des pointes d'aiguilles, elle se manifestera en saillies prime-sautières, en paroles encourageantes, toutes de verve et de cœur, familièrement et bonnement, à la française. Ce n'est peut-être pas très solennel ; mais c'est bon enfant, et cela fait plaisir à entendre et cela repose des théories qui, à force d'être profondes, pourraient bien n'être que creuses.

L'exposé de rigueur est fait par le postulant. C'est un modèle de clarté, de facilité élégante, que ce résumé préliminaire. L'idée se développe, se concentre, au gré de l'orateur. Ce sont tantôt des explications de lucide précision, tantôt des formules au contour net, qui enferment, qui condensent la pensée. L'idée se dégage, apparaît en plein relief. Ce n'est pas d'une dissertation, d'une élucubration livresque qu'il s'agit, c'est d'une méditation où le sentiment a plus de part que l'esprit. Au « je pense, donc je suis » de Descartes, est substitué le : « Je dois, donc je suis, » — fondement de la loi morale. La divinité niée, mise en doute? Ceux qui comptaient sur la démonstration de son néant sont tout déçus. C'est la défense et l'apologie du *Pater Noster* de la doctrine évangélique qui est présentée par un croyant, par un voyant. En vain, MM. Boutroux, Waddington, Brochard, livrent assaut aux preuves dont il étaie ses conclusions, tentent de le mettre en contradiction avec lui-même, en opposition avec les données de la science moderne, il se retranche derrière ses convictions, derrière sa foi — derrière « les raisons que la raison n'entend pas. »

Certes, il est permis de ne pas partager les opinions du candidat. Mais il convient de rendre justice à son courage — car il en fallait vraiment pour venir ainsi plaider la cause du mysticisme devant un tribunal plutôt sceptique. C'était hardi et c'était original. Ça vous avait un air de crânerie, sans jactance, qui gagnait les sympathies. En outre, on était tout remué dans l'auditoire par l'accent de sincérité, de loyauté, d'intime persuasion dont les réponses étaient marquées. Et quelle ressource d'improvisation, quelle impétuosité, quelle souplesse de riposte, quelle prose vive, colorée, exacte, toujours adéquate à l'objet dont elle forme le ferme et léger revêtement! Et quelle éléva-

tion d'idées aussi! On était charmé. A plusieurs
reprises, des applaudissements ont éclaté. Ils étaient
arrachés aux plus récalcitrants par la spontanéité de
l'admiration. C'est ainsi : l'on a applaudi, en Sorbonne, où, le plus souvent, comme au Français,
comme à l'Opéra, on souligne l'approbation du bout
des gants à peine. Mais quelle comparaison profane!...
en parlant d'un théologien, d'un théosophiste, qui eût
pu aussi bien se présenter devant une assemblée de
prélats que devant un cénacle de laïques.

.

Si la foi est l'inspiration de la thèse latine, c'est la
tolérance qui emplit de son souffle la thèse française
sur Sébastien Castellion. Ç'avait été, d'abord, l'apothéose du moralisme, c'est encore le triomphe du moralisme : triomphe, non plus cette fois de l'acte volontaire sur les dogmatismes et l'agnosticisme de la
théologie naturelle, — mais, triomphe de l'élément
intérieur et moral, en religion, sur les dogmes dé-
finis, sur les fidéismes à formules, sur les *credo* fixes
et imposés...

MM. les historiens ont succédé comme examinateurs
à MM. les philosophes. Éloges et critiques, objections
et réfutations se sont croisées, mais avec moins de
subtilité, dans une absence heureuse de sophismes
laborieusement enchevêtrés. Il y a eu moins de passes
d'arme.

Chacun des antagonistes a résumé son opinion sur
le héros et sur l'auteur. La longueur du travail paraît
avoir effrayé toute la Faculté. Le doyen a rappelé
que l'énorme in-octavo de 750 pages!... fut commencé
il y a vingt-cinq ans et que le jury n'a pas eu vingt-
cinq jours pour le lire. Il trouve trop de personnages
épisodiques, des centaines de petits portraits, trop de
descriptions. Il aurait souhaité que la figure du nova-

teur fût mieux tracée et ses traits groupés dans une conclusion formant synthèse.

M. Lavisse (oh! quelle incomparable maîtrise, quel ton ferme, vivant, quel accent posé, quelle critique sûre!) M. Lavisse, qui ne descend dans l'arène que si le tournoi en vaut la peine, rompt des lances en faveur des humanistes contre les réformistes. Il insiste sur des questions vraiment intéressantes, sur les raisons d'ordre politique et historique qu'avait François Ier de ne pas mettre la France sur le chemin du protestantisme. Il appuie sur ce fait très vrai, très curieux que la première moitié du XVIe siècle n'a pas connu l'opposition, la scission du christianisme en deux églises...

M. Gebhard, après avoir dit qu'il se faisait tard et qu'il serait bref, parle une demi-heure. Non sans malice, fort spirituel en l'occurrence, il revient sur l'humanisme et la réforme. Il montre que des lettrés tels qu'Erasme et Rabelais, firent un pas vers la Réforme, puis s'en détournèrent « parce qu'elle ne donnait nullement la liberté qu'ils cherchaient. »

M. Lenient, que la politique a rendu « aux chères études », rend hommage à Etienne Dolet, et en profite pour se livrer, lui troisième, à un éreintement de Calvin. Il l'appelle parvenu, tyran, Robespierre de la Réforme (tous deux Picards). Qu'avait Robespierre à démêler là-dedans ? Enfin !...

Puis c'est M. Rambaud... Puis c'est M. Luchaire... Tous, tous! douze contradicteurs, douze Sorboniens d'affilée!... Enfin c'est M. Laroumet qui fait une petite rentrée d'essai avant de reprendre définitivement son siège et qui, de la rue de Valois à la rue Saint-Jacques transporte sa souriante amabilité. Il ne s'est pas joint aux assaillants toujours frais et renouvelés qui s'acharnaient contre un jouteur visiblement fatigué. Il a prononcé gentiment le mot de la fin : « Vous auriez dû, » a-t-il dit, donner à votre ouvrage un autre titre » pour en bien exprimer tout le contenu : *Castellion et*

» *Ferdinand Buisson*, par F. Buisson. Les deux s'y trou-
» vent en effet, et ce sont, en vérité, deux hommes
» très remarquables et surtout sympathiques... » Il
va de soi que la délibération a été courte et que le
nouveau docteur a été reçu à l'unanimité. Voilà un
bonnet bien gagné...

En somme M. Buisson s'est déclaré libéral. Il s'est
proclamé religieux. Vous verrez qu'on persistera tout
de même à clamer qu'il a chassé la liberté et Dieu de
l'école, tandis qu'il pratique la neutralité entre les
diverses opinions et confessions... Mais n'est-il pas à
craindre qu'il n'y ait eu dans sa thèse tendance à diminuer la part de l'analyse, de la science, de la critique,
du libre examen au profit d'une discipline sanctifiante,
d'un *moralisme* qui à mes yeux n'est pas sans péril
pour les intérêts du travail et de l'exercice intellectuel
chez les jeunes générations ? N'y a-t-il pas là comme
une ébauche de résistance contre l'effort évolutioniste
où la jeunesse se retrempait malgré certaines défiances
officielles ?

FIN.

TABLE DES MATIÈRES

Lettre de M. Eugène Manuel.................... v

La question du français.

Anciens et modernes........................... 1
Humanités modernes et humanistes.............. 5
L'enseignement moderne........................ 10

    I. Le nom............................... 10
    II. Programmes et sanction............. 12
    III. Le personnel..................... 15

L'avenir de l'enseignement moderne............ 18
Les langues vivantes.......................... 25
Trop d'uniformité............................. 33
Pas de lycée spécial.......................... 35
Le lycée Voltaire............................. 39
Les candidats de la faim...................... 45

Au pays des écoliers.

L'enseignement et la République............... 53

    I. Le triomphe de l'école............. 54
    II. Le succès des nouvelles méthodes... 55

L'instituteur................................. 56
Le musée pédagogique.......................... 63
L'école de travail............................ 69

L'école Salicis.................................... 75
Le travail manuel à l'école primaire.............. 81
L'école coloniale................................. 88
Caravanes et colonies de vacances................. 94
Les bataillons scolaires.......................... 101
Les jeux à l'école primaire....................... 106
Le Lendit de 1890................................. 109

    I. Succès des jeux............................ 110
    II. Pour les exercices physiques.............. 111

Le Lendit de 1891................................. 115
Après le Lendit................................... 120
L'hypnotisme et l'enfance......................... 122
L'éducation morale au collège..................... 127
Une nouvelle discipline........................... 131

Au pays des étudiants.

L'Association des étudiants....................... 139
Universités et facultés.......................... 145
Chez les étudiants............................... 151
La jeunesse et la démocratie..................... 155
Les étudiants et les ouvriers.................... 158

L'instruction populaire.

L'Université municipale.......................... 164
De l'école au régiment........................... 171
Les instituteurs et les cours d'adultes.......... 176
Les conférences populaires....................... 182
Instituteurs et conférenciers.................... 189
Paris scolaire nocturne.......................... 191

Pédagogie féminine.

La brevetomanie.................................. 198
La défense du brevet............................. 203
Nos jeunes filles................................ 210
Nos agrégées..................................... 217

L'école professionnelle de la rue Bouret............ 224

Aux fourneaux................................ 229

L'école de cuisine............................ 236

La femme à l'école des Beaux-Arts................ 242

La femme examinatrice......................... 249

Madame l'inspectrice.......................... 253

L'étudiante russe............................ 258

Mes bas-bleus !............................... 264

Bobichonette................................ 270

La pédagogie d'une femme médecin.............. 276

Quelques maîtres.

Vieux professeurs............................ 283

Profils universitaires : M. Émile Faguet............ 285

Comment on devient docteur en Sorbonne........... 291

Un grand instituteur : Claudius Chervin, dit l'aîné.. 298

Profils universitaires : M. Joseph Fabre............ 304

Un peu d'éloquence........................... 310

Quelques discours et quelques idées.............. 316

La poésie en Sorbonne........................ 323

La bienfaisance scolaire.

L'Orphelinat de l'enseignement primaire........... 326

La Société maternelle......................... 333

L'Association Taylor.......................... 340

Les Invalides de l'enseignement................. 346

La charité à l'école.......................... 350

Une grande éducatrice des aveugles : Mlle Mulot..... 356

Variétés scolaires.

La crise des diplômés......................... 365

M. l'examinateur............................. 371

Le maître répétiteur.......................... 378

Le professeur libre........................... 384

La paupériculture scolaire..................... 390

Pour l'orthographe et pour la dictée.............. 395

Licences orthographiques.................... 400

Adieux à la tunique........................ ..,.... 402

Les lauréats..................................... 407

Une soutenance en Sorbonne....... 413

FIN DE LA TABLE DES MATIÈRES.

9836-91. — CORBEIL. Imprimerie E. CRÉTÉ.

Original en couleur

NF Z 43-120-8

BIBLIOTHÈQUE
NATIONALE

CHÂTEAU
de
SABLÉ

1991

www.ingramcontent.com/pod-product-compliance
Lightning Source LLC
Chambersburg PA
CBHW071952270326
41928CB00009B/1416